沥青路面黏弹性变形机理与车辙防治技术

（第二版）

马　涛　张久鹏　顾临皓　著

科学出版社

北　京

内 容 简 介

车辙是沥青路面的一种典型病害，主要源自于沥青混合料的黏弹塑性变形，而高温、重载和慢速交通是加剧路面车辙产生的重要外因。随着我国经济发展与车辆保有量持续增长，道路交通量也显著增长，车辙问题愈发严重。本书结合试验研究、理论分析和数值模拟等方法，系统研究沥青和沥青混合料的黏弹塑性变形特性，揭示沥青混合料的时间-温度-应力等效性，阐述重载慢速交通对沥青路面车辙的作用机理，重新认识超载、重载对沥青路面结构的影响，进而针对传统半刚性基层路面与新型柔性基层沥青路面等不同路面结构提出抗车辙沥青混合料的多层次优化设计方法、灌浆型半柔性路面材料和超大粒径沥青混合料设计方法、沥青稳定碎石抗车辙优化设计方法和级配碎石抗车辙优化设计方法，形成有效防治沥青路面车辙的综合技术体系。

本书可供从事道路工程教学、科研和设计的人员参考，也可供相关专业研究生学习参考。

图书在版编目(CIP)数据

沥青路面黏弹性变形机理与车辙防治技术 / 马涛，张久鹏，顾临皓著. —2版. —北京：科学出版社，2024.6
ISBN 978-7-03-074493-7

Ⅰ. ①沥… Ⅱ. ①马… ②张… ③顾… Ⅲ. ①沥青路面-弹性变形-研究 ②沥青路面-车辙-防治-研究 Ⅳ. ①U416.217

中国版本图书馆 CIP 数据核字（2022）第 257160 号

责任编辑：杨 丹 / 责任校对：高辰雷
责任印制：徐晓晨 / 封面设计：陈 敬

科 学 出 版 社 出版
北京东黄城根北街 16 号
邮政编码：100717
http://www.sciencep.com
北京中石油彩色印刷有限责任公司印刷
科学出版社发行 各地新华书店经销
*
2024 年 6 月第 二 版 开本：720×1000 1/16
2024 年 6 月第一次印刷 印张：26 1/4
字数：528 000
定价：298.00 元
（如有印装质量问题，我社负责调换）

第 一 版 序

　　车辙是近十年来我国高速公路沥青路面领域最受关注的病害类型，其产生和发展不仅直接关系到路面的使用性能，而且影响道路运营的安全性和耐久性。以往的研究从不同的层次和视角试图切中病害根源，以提出问题的解决方案。这些研究虽没有根治车辙，也没有扭转车辙的发展趋势，但为《沥青路面黏弹性变形机理与车辙防治技术》一书的研究奠定了基础。

　　车辙是表象，根源是变形，基础是材料的黏弹性。因此该书从沥青混合料的黏弹性变形机理出发，通过理论推导、试验研究、数值模拟的综合应用，聚焦重载慢速交通、持续高温天气工况下沥青混合料的变形行为，揭示了沥青混合料的时间-温度-应力等效性，阐述了重载、慢速交通和高温对沥青路面车辙的作用机理。

　　车辙的产生根源是复杂的、多方面的，车辙的防治也应该是全方位的，是一项系统工程。防治结合，才能标本兼治。该书系统地发展了多层次优化沥青混合料、灌浆型半柔性路面材料、超大粒径沥青混合料的组成设计方法，提出了路面结构"由柔变刚"、沥青混合料公称粒径"由小变大"、中下面层"特别设计"、沥青混合料"外掺改性"和运营期"主动预防"等车辙防治思路，形成了有效防治沥青路面车辙的综合技术体系。

　　该书观点前沿、方法新颖，理论分析透彻，防治对策科学，反映了年轻一代学者在科学研究上的不拘一格、理论研究上的独树一帜、对策研究上的独辟蹊径。希望这些系统而深入的理论思考、经过现场检验的实践探索能够引起大家对车辙机理和防治的重新思考，幸莫大焉。

黄晓明

2014 年 7 月 1 日

第二版前言

交通运输部发布的《2022年交通运输行业发展统计公报》显示，截至2022年底，我国公路总里程已达535.48万公里，高速公路达17.73万公里，建设规模稳居全球第一。由于我国公路建设初期面临经费投入有限、交通超载车辆多等现实状况，形成了以半刚性基层沥青路面为主的公路沥青路面结构形式。随着我国经济水平与公路建设水平的持续增长，对路面结构使用性能和耐久性的要求随之提高，对环境保护日益重视，柔性基层沥青路面得到了越来越多的关注，在多个地区开始了推广应用。相较于半刚性基层沥青路面，柔性基层沥青路面无反射裂缝病害，路面结构厚度减薄，对石料消耗降低，能够有效减少原材料开采、生产过程中造成的污染，符合绿色环保的理念。我国沥青路面车辙病害的理论分析与处治技术主要围绕半刚性基层展开，对柔性基层沥青路面的车辙发展规律与防治技术的研究较少。

因此，本书修订一方面围绕沥青路面黏弹性变形的力学分析方法开展，首先在第一章"绪论"中补充了黏弹黏塑性力学模型的相关介绍，然后基于黏弹黏塑性力学模型，在第三章"沥青路面永久变形数值分析方法"中补充和更新了本构模型数值实现方法，以及车辙发展与分布规律的力学分析，并且补充了柔性基层沥青路面温度场分布、车辙变形与车辙发展规律的相关内容。另一方面，围绕柔性基层沥青路面的车辙处治技术，增加了第八章"柔性基层沥青路面材料抗车辙优化"，分析了柔性基层沥青路面力学响应特性，并开展沥青混合料、沥青稳定碎石以及级配碎石等不同结构层位路面材料的抗车辙性能优化。

本书第二版紧跟我国沥青路面发展方向，对内容的广度和深度均进行了提升，巩固了本书知识体系的完整性和新颖性。

本书第二版由马涛统稿，张久鹏审核，顾临皓参与第三章内容的修订与第八章部分内容的撰写。

东南大学的黄晓明仔细审阅了书稿，对写作大纲和书稿提出了诸多宝贵的修改意见，长安大学的裴建中对书稿进行了修正和润色，在此深表谢意。写作过程中参考了童巨声、夏菲等的研究成果，在此一并表示感谢。

由于作者水平有限，书中难免有疏漏和不足之处，恳请广大读者批评指正。

第一版前言

沥青路面因其良好的性能受到世界各国的青睐，在现代高等级道路建设中得到了广泛的应用。由于交通量激增、车辆重载和超载以及渠化交通运行，再加上持续高温天气频繁出现，沥青路面在建成 2～4 年甚至更短的时间内就会出现车辙等严重的早期损害。这不仅降低了道路的使用性能，而且缩短了道路的使用寿命，造成了巨大的经济损失和不良的社会影响。车辙是当前沥青路面病害的一种主要形式，制约了我国公路沥青路面的可持续发展。

几十年来，车辙问题的研究呈波动式前进，一方面，由于其研究涉及大量非线性固体力学理论而成为路面工程研究的难点之一；另一方面，更加苛刻的使用条件，对路面的性能要求也在不断地提高。为了解决车辙问题，研究人员从材料性能改善的角度，使用改性沥青、优化集料级配、局部修正设计指标和加强施工质量控制，以提高沥青路面的抗车辙性能，延长使用寿命。但是，我国普遍采用半刚性基层沥青路面结构，较少发生结构型车辙，而失稳型车辙是其主要形态。沥青路面失稳型车辙的形成机理与沥青混合料在荷载作用下的黏弹塑性密切相关，尤其是重载慢速交通、持续高温天气等不利工况下，沥青路面车辙更加严重，发生中下面层流动性车辙的比例不断增加。对此，本书提出路面结构"由柔变刚"、沥青混合料公称粒径"由小变大"、中下面层"特别设计"、沥青混合料"外掺改性"和运营管理期"主动预防"等车辙防治思路，从全新的视角分析沥青和沥青混合料的黏弹变形特性，揭示沥青混合料时间-温度-应力等效性，阐述重载慢速交通对沥青路面车辙的作用机理，重新认识超载、重载对沥青路面结构的影响，进而提出抗车辙沥青混合料的多层次优化设计方法、灌浆型半柔性路面材料和超大粒径沥青混合料设计方法，形成有效防治沥青路面车辙的综合技术体系。

本书分为七章。第一章为绪论，在调查、调研的基础上提出沥青路面车辙防治的综合思路。第二章为重载慢速交通下沥青混合料的变形特性，分析重载慢速交通下沥青胶浆高温流变特性、沥青混合料的蠕变变形特性，提出沥青混合料的时间-温度-应力等效性。第三章为沥青路面车辙数值分析及其黏弹性变形机理，建立沥青路面车辙数值分析模型，模拟研究等效温度场下沥青路面车辙的发展规律。第四章为多轴重载交通作用下爬坡路段沥青路面力学响应分析，从爬坡路段车辆运行特性出发分析多轴车、悬轴车以及轴载不均匀分布条件下爬坡路段沥青路面的力学响应。第五章为抗车辙沥青混合料的多层次优化设计，从沥青胶结料流变行为、细集料填充效应和粗集料骨架效应等角度,提出抗车辙沥青混合料的多层次优化设计方法。第六章为灌浆型半柔性路面材料组成设计与使用性能,提出母体多孔沥青混合料、流动性水泥灌浆材料、高性能流动性水泥灌浆材料等组成设计和优化方法,探讨半柔性路面的使用性能和解决车辙问题的适应性。第七章为超大粒径沥青混合料组成设计及其使用性能,系统研究超大粒径沥青混合料级配设计方法、沥青混合料成型方法及其体积特性研究,探讨超大粒径沥青混合料强度形成机理和抗车辙性能,提出基于不同层位需求的超大粒径沥青混合料优化设计流程和施工技术。

本书由张久鹏统稿、审核,袁卓亚参与撰写第六章的部分内容,毕玉峰参与撰写第七章的部分内容。

东南大学的黄晓明仔细审阅了书稿,对写作大纲和书稿提出了诸多宝贵的修改意见,并欣然为本书作序,在此深表谢意。长安大学的裴建中提供了大量的参考资料,并对书稿进行了修正、补充和润色,在此深表谢意。在写作过程中参考了党国兴、陈勇、陈祥峰、高文阳等的研究成果,在此一并表示感谢。

由于作者水平有限,书中难免有疏漏和不足之处,望请国内外同行专家、学者和读者不吝赐教,批评指正。

目　　录

第一章 绪 论

第一节 沥青路面车辙成因及其分布特性

一、沥青路面车辙的成因和影响因素

1. 沥青路面车辙的成因

沥青路面车辙包括沥青混合料的塑性剪切流动、土基与基层的变形以及一定程度的再压实作用和材料的磨耗等。对于施工过程中压实良好的路面，以及具有良好土基和基层的路面，通常认为车辙是沥青混合料的压密和剪切变形共同作用的结果，压密的影响主要表现在交通荷载作用的初始阶段，而后期主要表现为塑性剪切变形[1]。

一般认为，沥青混合料是典型的黏弹黏塑性综合体，在低温小变形范围内接近线弹性体，在高温大变形范围内表现为黏塑性体，在一般温度范围内则为黏弹性体。其力学特性不同于传统的弹性固体材料，也不同于传统的黏性流体材料，但在某些特殊条件下表现出与弹性固体和黏性流体相似的特征[2]。

为了更明确沥青混合料高温流变中变形的组成，可以进行蠕变恢复试验[3]，其典型应变和时间的关系曲线如图 1.1 所示。其中，ε_{total} 为总应变；ε_0 为瞬时应变，与时间无关，在加载瞬间产生；ε_e 为弹性应变，与时间无关，卸载后瞬时恢复；ε_p 为塑性应变，与时间无关，不可恢复；ε_{ve} 为黏弹性应变，与时间有关，随

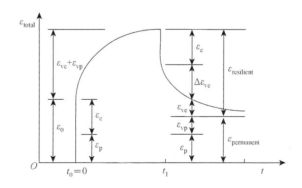

图 1.1 蠕变恢复试验典型的应变和时间的关系曲线

卸载时间的延长而逐渐恢复；ε_{vp} 为黏塑性应变，与时间有关，不可恢复。蠕变恢复试验研究结果表明，沥青混合料的变形由两部分组成：①可恢复的瞬时弹性变形和黏弹性变形($\varepsilon_{resilient}$)；②不可恢复的黏塑性变形和瞬时塑性变形($\varepsilon_{permanent}$)。其中不可恢复的黏塑性变形和瞬时塑性变形与车辙密切相关。

2. 沥青路面车辙的影响因素

沥青路面车辙是在行车荷载反复作用下产生竖向永久变形的累积，是内在因素和外部条件综合作用的结果，其影响因素如图 1.2 所示。内在因素主要反映在材料本身的性质上，而外部条件主要包括温度和荷载条件。此外，路基、路面基层和路面结构组成及其施工质量也会影响沥青路面的抗车辙性能。

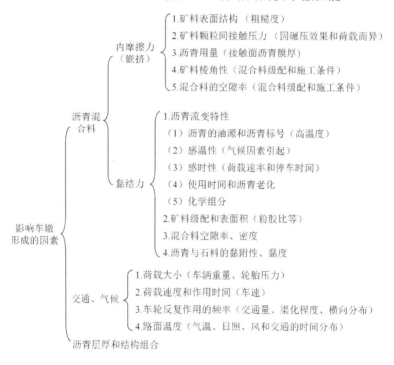

图 1.2 沥青路面车辙影响因素

3. 沥青路面车辙影响因素的灰关联熵分析

灰关联分析是一种系统分析方法，通过一定数据处理，计算目标值(参考数列)与影响因素(比较数列)的关联度和关联度的排序，寻求影响目标值的主要因素。灰色系统关联度(简称灰关联)分析由邓聚龙提出，但是一般灰关联分析在确定灰关联度时，局部点关联测度值控制整个灰关联倾向，并造成信息损失，而灰熵关联度能克服上述不足，评定结果更为准确[4]。灰关联熵分析步骤如下。

设 $Y_0 = \{y_0(k), k = 1, 2, \cdots, r\}$ 为参考序列，$Y_j = \{y_j(k), k = 1, 2, \cdots, r\}$ 为比较序列，其中 $j = 1, 2, \cdots, n$。对每个序列进行初值化处理，即

$$X_0 = \{x_0(k), k = 1, 2, \cdots, r\} = \left\{ \frac{y_0(k)}{y_0(1)}, k = 1, 2, \cdots, r \right\} \quad (1.1)$$

$$X_j = \{x_j(k), k = 1, 2, \cdots, r\} = \left\{ \frac{y_j(k)}{y_j(1)}, k = 1, 2, \cdots, r \right\} \quad (1.2)$$

式中，X_0 为初值化处理后的参考序列；X_j 为初值化处理后的比较序列。因此有

$$r[x_0(k), x_j(k)] \triangleq \frac{\min\limits_{j} \left[\min\limits_{k} \left| x_0(k) - x_j(k) \right| \right] + \xi \max\limits_{j} \left[\max\limits_{k} \left| x_0(k) - x_j(k) \right| \right]}{\left| x_0(k) - x_j(k) \right| + \xi \max\limits_{j} \left[\max\limits_{k} \left| x_0(k) - x_j(k) \right| \right]} \quad (1.3)$$

$$r(X_0, X_j) \triangleq \frac{1}{r} \sum_{k=1}^{r} r[x_0(k), x_j(k)] \quad (1.4)$$

式中，$r[x_0(k), x_j(k)]$ 为灰关联系数；ξ 为分辨系数，取值为 $0 \sim 1$；$r(X_0, X_j)$ 为序列 X_j 的一般灰关联度。

为避免失真，需保证比较序列始终在参考序列的上方或者下方[5]，即规定对 $\forall X_j, j = 1, 2, \cdots, n$，恒有 $x_0(k) \leqslant$（或者 $\geqslant$）$x_j(k)$，$k = 1, 2, \cdots, r$。

设 $R_j = \{r[x_0(k), x_j(k)], k = 1, 2, \cdots, r\}$，则建立灰关联系数分布映射为

$$p_h \triangleq \frac{r[x_0(h), x_j(h)]}{\sum\limits_{k=1}^{r} r[x_0(k), x_j(k)]}, \quad p_h \in P_j, \quad h = 1, 2, \cdots, r \quad (1.5)$$

式中，P_j 为灰关联系数分布映射；p_h 为映射值，满足 $\forall h$，$p_h \geqslant 0$ 且 $\sum p_h = 1$。

函数 $H(R_j) \triangleq -\sum\limits_{h=1}^{r} p_h \ln p_h$，称为序列 X_j 的灰关联熵，其灰熵关联度为

$$E_r(X_j) \triangleq \frac{H(R_j)}{H_m} \quad (1.6)$$

式中，$E_r(X_j)$ 为序列 X_j 的灰熵关联度；H_m 为灰关联熵的最大值，$H_m = \ln r$。灰熵关联度越大，表示影响越显著。

进行不同条件下沥青混合料车辙试验，沥青混合料的级配组成如表 1.1 所示，车辙试验结果如表 1.2 所示。以变形量为参考序列，各影响因素的灰关联熵如表 1.3 所示。

表 1.1 沥青混合料的级配组成

| 级配 | 级配类型 | 下列筛孔(mm)通过率/% | | | | | | | | | | | |
		26.5	19	16	13.2	9.5	4.75	2.36	1.18	0.6	0.3	0.15	0.075
A	AC-13	—	—	100	96.3	70.1	42.1	29.6	21.0	16.4	11.2	8.1	6.4
B	AC-16	—	100	98.9	91.4	71.9	43.6	25.2	17.7	11.6	9.0	7.6	6.8
C	SMA-13	—	—	100	95.4	61.1	30	23.7	17.5	13.0	11.7	11.2	10.2
D	AC-20 改进型	100	95	86	75	64	45	31	21	14.5	10.5	7.5	5
E	AC-20I	100	97.5	82.5	71	62	48	37	27	21	15	10	6

表 1.2 不同条件下车辙试验结果

编号	1	2	3	4	5	6	7	8	9	10	11	12
级配	A	A	A	B	B	B	B	C	D	D	D	E
沥青用量/%	4.7	4.7	4.7	4.8	4.8	4.8	4.8	5.9	3.8	4.3	4.8	4.2
空隙率/%	5.6	5.7	5.5	5.3	5.3	5.3	5.3	3.5	6	4.7	4	6
$P_{4.75mm}$/%	42.1	42.1	42.1	43.6	43.6	43.6	43.6	30	45	45	45	48
粉胶比	1.36	1.36	1.36	1.46	1.46	1.46	1.46	1.73	1.30	1.16	1.05	1.43
荷载/MPa	0.89	0.78	0.7	0.7	0.7	0.7	0.7	0.78	0.7	0.7	0.7	0.89
温度/℃	60	60	60	45	55	58	60	60	60	60	60	60
公称最大粒径/mm	13.2	13.2	13.2	16.0	16.0	16.0	16.0	13.2	19	19	19	19
变形量/mm	4.870	3.669	2.849	1.002	1.443	1.571	3.361	2.420	1.706	1.469	1.922	3.750

表 1.3 各影响因素的灰关联熵

编号	1	2	3	4	5	6	7	8	9	10	11	12
沥青用量/%	0.2786	0.2304	0.2066	0.1670	0.1744	0.1767	0.2178	0.2002	0.1845	0.1841	0.1716	0.2521
空隙率/%	0.2704	0.2198	0.2013	0.1664	0.1742	0.1767	0.2210	0.1680	0.1852	0.2117	0.2431	0.2143
$P_{4.75mm}$/%	0.2811	0.2328	0.2089	0.1678	0.1752	0.1775	0.2181	0.1770	0.1728	0.1809	0.2379	0.2147
粉胶比	0.2816	0.2333	0.2093	0.1655	0.1726	0.1748	0.2137	0.1880	0.1935	0.2143	0.1728	0.2282
荷载/MPa	0.2598	0.2337	0.2198	0.1720	0.1812	0.1841	0.2389	0.1873	0.1818	0.1926	0.1941	0.2152
温度/℃	0.2775	0.2294	0.2056	0.1907	0.1830	0.1807	0.2197	0.1802	0.1758	0.1844	0.1951	0.2320
公称最大粒径/mm	0.2997	0.2513	0.2265	0.1700	0.1766	0.1786	0.2134	0.1645	0.1614	0.1674	0.2156	0.1977

各影响因素的灰熵关联度为 $E_{r,a} = 0.9835$; $E_{r,v} = 0.9868$; $E_{r,P_{4.75}} = 0.9839$;

$E_{r,f}$ =0.9850；$E_{r,s}$ =0.9750；$E_{r,p}$ =0.9902；$E_{r,T}$ =0.9876。其中，E_r 表示各影响因素的灰熵关联度；a 表示沥青用量；v 表示空隙率；$P_{4.75}$ 表示 4.75 mm 筛孔通过率；f 表示粉胶比；s 表示公称最大粒径；p 表示荷载；T 表示温度。研究表明，各影响因素对沥青混合料车辙深度的影响大小为荷载>温度>空隙率>粉胶比>4.75mm筛孔通过率>沥青用量>公称最大粒径。对实际路面，温度不受人为因素影响，可以认为荷载和空隙率是影响沥青路面抗车辙性能最重要的两个因素。

二、沥青路面车辙的时间分布特性

1. 沥青混合料变形的时间依赖性

根据弹性静力学的观点，弹性材料的应变响应只与现时的应力状态相关，与应力状态的变化无关，即在考察弹性体的变形时，只需考察其当前的荷载状况，而不需要了解其加载历史，换句话说，弹性材料的力学响应与时间无关。然而，对于黏弹性材料，在考察其当前的应变响应时，以前的加载历史将对以后的变形产生影响。并且，对黏弹性体施加的作用与当前的时间间隔越长，对现时响应产生的影响越小。也就是说，加载速度越快，黏弹性材料的弹性特征越显著，而加载速度越慢，其黏性特征越明显。黏弹性材料与加载速度的这种相关性实际上是时间相关性的另一种表现形式。

因此，沥青混合料的变形可以描述为荷载作用时间的函数，并且由瞬时弹性变形、黏弹性变形和黏性流动变形组成。卸载后弹性变形立即恢复，黏弹性变形随时间延长而逐渐恢复，黏性流动变形因为不能恢复而称为永久变形。对于某一种给定的沥青混合料，弹性变形部分和永久变形部分的比例，与应力、荷载作用时间和温度有关。在高温条件下，或在长时间荷载作用下沥青混合料的行为响应接近黏性，而在低温条件下或短时间荷载作用下则呈现弹性。

在静态荷载(重复荷载)作用下,沥青混合料蠕变(永久)应变规律如图 1.3 所示。可以将其分为三个阶段[6]：第一阶段为迁移期，蠕变(永久)应变在瞬间迅速增大，但应变速率随时间迅速减小；第二阶段为稳定期，蠕变(永久)应变呈直线形稳定增长，应变速率保持稳定，该过程为总过程的主要部分；第三阶段为破坏期，蠕变(永久)应变和应变速率均急剧增大，直至破坏。

应变速率随荷载作用时间(次数)的变化曲线如图 1.4 所示。在较低的应力水平下，材料主要表现为第一和第二阶段，蠕变变形速率逐渐减小，而总应变达到一定值；在较高的应力水平下，第二阶段的蠕变变形速率可能逐渐减小，也有可能增大，即发展到第三阶段。

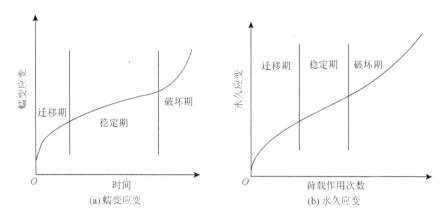

图 1.3　沥青混合料变形规律

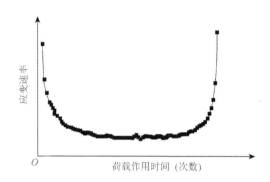

图 1.4　应变速率随荷载作用时间(次数)的变化曲线

2. 沥青路面车辙的时间分布特性

实际新建或加速加载试验路面车辙的形成过程可划分为三个阶段[7]：①开始阶段的压密过程；②沥青混合料的流动过程；③矿质骨架的重新排列和矿质骨架的破坏过程。开放交通初期，在车辆荷载作用下，混合料被压密，其变形有一个迅速增大的过程；但变形速率迅速下降，这与迁移期相对应；通车一段时间后，车辙变形速率趋于稳定，对应于稳定期；到路面使用后期，达到一定的标准轴次，辙槽处路面极易开裂破坏，最终导致其变形迅速增大，对应于破坏期。图 1.5 是在美国 WesTrack 试验路 Section 23 上实测的车辙深度与累计当量标准轴次(ESAL)的关系。

我国的东南大学开展了环道车辙试验[8]，环道试验温度为 60℃，路面结构形式如表 1.4 所示，不同荷载作用次数下环道路面内外侧平均绝对车辙变化如图 1.6 所示。研究表明，六种路面结构均表现出三阶段的变形特性。

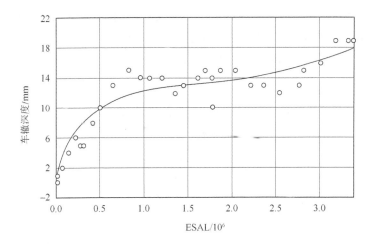

图 1.5 WesTrack 试验路 Section 23 现场车辙深度与 ESAL 关系

表 1.4 环道车辙试验路面结构形式

结构	A	B	C	D	E	F
上面层(4cm)	AK-13A(SBS)	AK-13A(SBS)	SMA13(SBS)	SUP13(SBS)	AK-13A(SBS)	SMA13(SBS)
中面层(6cm)	AC-20I 改(SBS)	AC-20I 改(AH70)	AC-20I 改(SBS)	SUP20(SBS)	AC-20I 改(SBS)	AC-20I 改(SBS)
下面层(8cm)	AC-25I 改(AH70)	AC-25I 改(AH70)	AC-25I 改(AH70)	SUP 25(AH70)	AC-25I 改(AH70)	AC-25I 改(AH70)
基层(36cm)	水泥稳定碎石	水泥稳定碎石	水泥稳定碎石	水泥稳定碎石	沥青稳定碎石 (18cm)	水泥稳定碎石

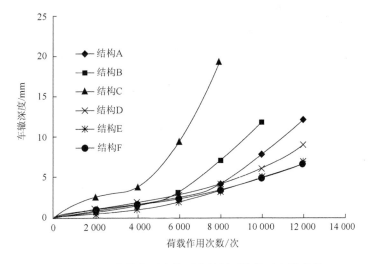

图 1.6 不同荷载作用次数下内外侧平均绝对车辙变化

交通运输部公路科学研究院开展了加速加载(ALF)车辙试验[9]，该试验段沥青面层设计为 8cm 的 AC-13 型、AC-16 型和 AC-20 型普通密级配沥青混合料，基层采用 30cm 的水泥稳定碎石，路面结构如图 1.7 所示。共完成 4 次加速加载试验，加载模式如下。

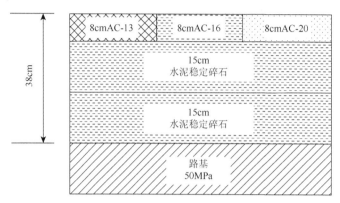

图 1.7　ALF 试验路段的路面结构组合示意图

(1) 加载模式 1：60℃沥青层，160kN 的半轴轴载，0.8MPa 轮胎内压。
(2) 加载模式 2：45℃沥青层，160kN 的半轴轴载，0.8MPa 轮胎内压。
(3) 加载模式 3：60℃沥青层，100kN 的半轴轴载，0.7MPa 轮胎内压。
(4) 加载模式 4：45℃沥青层，100kN 的半轴轴载，0.7MPa 轮胎内压。

图 1.8 为不同加载模式下三种混合料的车辙深度随加载次数(荷载作用次数)变化曲线。研究表明，三种沥青混合料均不同程度地表现出三阶段的变形特性，其中 AC-13 与 AC-16 两种混合料车辙发展速度比较快，在重载和高温下第一阶段和第二阶段特性不明显；AC-20 混合料车辙发展相对较慢，在开始有一小段的较快发展阶段，而后速度减缓，进入稳定蠕变变形阶段，车辙发展呈现加速趋势。

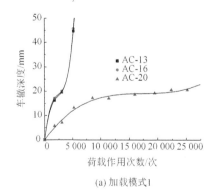

(a) 加载模式1

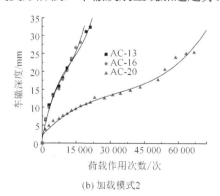

(b) 加载模式2

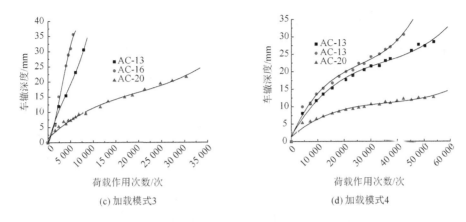

(c) 加载模式3　　　　　　　　　　(d) 加载模式4

图 1.8　不同加载模式下车辙深度与荷载作用次数的关系

三、沥青路面车辙的空间分布特性

车辙的空间分布包括纵向车辙分布、横向车辙分布和深度方向车辙分布。对于陡长坡路段沥青路面，纵坡的坡度、坡长和位置都会对车辙产生影响。因此，选取了具有代表性的两条连续爬坡路段，如图 1.9 和图 1.10 所示。分别选取典型段落，每段长 95m，以 20m 为一段测量其车辙深度平均值。图中"L"表示调查路段的总长度；"i"表示调查段落的坡度；"○"表示典型段落的具体位置。

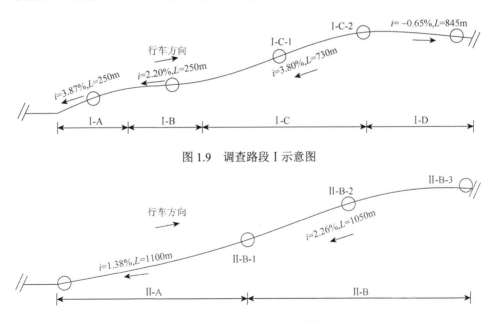

图 1.9　调查路段 I 示意图

图 1.10　调查路段 II 示意图

1. **车辙沿纵向的分布特性**

车辙调查采用三米直尺法，测量间隔为 4m，20m 为一测量段，每段测 5 次取平均值。依据车辙测量均值，绘制车辙分布图，如图 1.11 和图 1.12 所示。

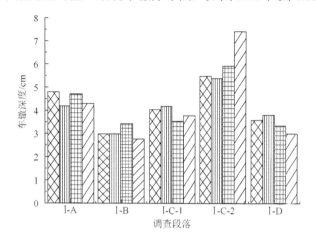

图 1.11　路段 I 不同段落车辙分布

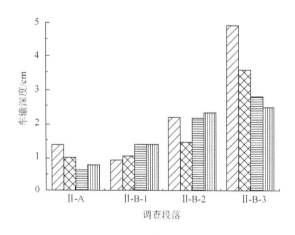

图 1.12　路段 II 不同段落车辙分布

研究表明，路段 I 为连续爬坡路段， I -A 段和 I -C 段的坡度比较接近，但是 I -C 段的坡长远大于 I -A 段，因此 I -C 段的坡顶 I -C-2 处的车辙深度最大； I -C-1 处的坡长与 I -A 段基本相当，二者车辙深度相差不大；中间 I -B 段的坡度较小，车辙深度较小； I -D 段开始下坡，车辙深度也较小。

路段 II 的整体坡度小于路段 I ，因此总体车辙深度较小；路段 II 连续爬坡路段的起始坡度较小，坡底处车辙较小；当坡度由 1.38% 增至 2.26%，随着车辆的连续爬坡，车辆行驶能力不足，在Ⅱ-B-2段和Ⅱ-B-3段，即在连续上坡路段坡中至坡顶处，车辙深度达到最大。

2. 车辙沿横向的分布特性

对Ⅰ-D段4个段落的超车道车辙进行测量，Ⅰ-D段行车道和超车道车辙深度比较如图1.13所示，行车道车辙横向分布如图1.14所示。

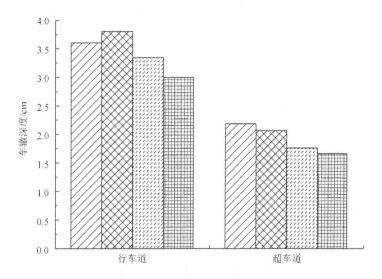

图1.13 Ⅰ-D段行车道和超车道车辙深度对比

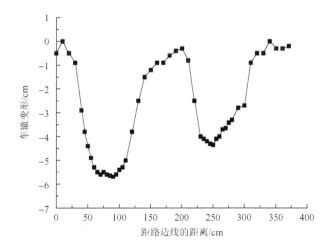

图1.14 行车道车辙横向分布

研究表明，车辙在轮迹带凹陷，两边伴有隆起，断面呈"W"形，为失稳型车辙;由于行车道上多是重车慢速行驶,而超车道上多是小车快速行驶,所以行车道的车辙比超车道严重,在行车道上也是靠近超车道一侧的辙槽深度较小[10]。

3. 车辙沿深度方向的分布特性

选择某高速公路的 5 个有代表性的道路段面,分别在行车道的车辙槽处和停车道上钻芯取样,断面芯样位置和取芯数目如图 1.15 所示,其中行车道内在每个车辙轮迹内取 1 个芯样,停车道位置取 2 个芯样。对不同面层的混合料先后进行厚度测量、空隙率测定、沥青抽提试验和集料筛分试验,分析变化规律。

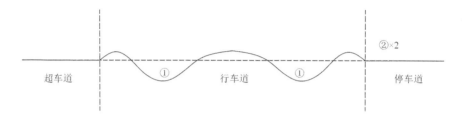

图 1.15　断面芯样位置和取芯数目示意图

芯件的总厚度和各结构层的厚度测量数据如表 1.5 所示,路表和各结构层车辙深度如表 1.6 所示。

表 1.5　芯件的总厚度和各结构层的厚度

断面	总厚度/cm		上面层厚度/cm		中面层厚度/cm		下面层厚度/cm	
	车辙处	停车道	车辙处	停车道	车辙处	停车道	车辙处	停车道
1	16.9	18	3.8	4.0	5.4	6	7.7	8.0
2	16.6	17.9	3.3	3.5	5.3	6	8	8.4
3	15.3	16.5	3.6	3.8	5.7	6.3	6	6.4
4	17.0	18.9	3.8	4.2	5.8	6.7	7.4	8
5	16.7	18.8	3.6	4.0	4.8	5.8	8.3	9.0

表 1.6　路表及各结构层的车辙深度

断面	路表车辙深度/cm	上面层车辙深度/cm	中面层车辙深度/cm	下面层车辙深度/cm
1	1.1	0.2	0.6	0.3
2	1.3	0.2	0.7	0.4
3	1.2	0.2	0.6	0.4
4	1.9	0.4	0.9	0.6
5	2.1	0.4	1.0	0.7

从芯样各结构层的厚度分析结果来看，上、中、下面层均有车辙产生。总体来说，中面层产生的车辙深度最大，下面层次之，上面层产生的车辙深度最小，即路面车辙主要是由中、下面层的厚度变化引起的。其主要原因是上面层温度较高，所承受的压应力最大，但剪应力比中面层要小。此外，上面层选用的结合料和集料均为优质材料，沥青结合料在 60℃以上的高温条件下仍具有较高的黏结强度，混合料抗车辙能力较强，所以产生的车辙深度并不大；中、下面层所受压应力比上面层小，但中面层所受剪应力比上、下面层要大，在持续高温季节，中、下面层的温度均可达到 50℃以上，这一温度已远远超过所使用基质沥青的软化点，此时沥青结合料的黏度急剧下降，抗剪强度大幅降低，沥青混合料抗车辙性能大幅度下降，车辙深度增大。

4. 车辙处芯样级配的变化

取芯试件在沥青抽提试验之后，进行了筛分试验，某断面处芯件的筛分试验结果如表 1.7 所示。

表 1.7　某断面处芯件筛分试验结果 （单位：%）

筛孔 /mm	上面层		中面层		下面层	
	停车道	车辙处	停车道	车辙处	停车道	车辙处
26.5	100.0	100.0	100.0	100.0	100.0	100.0
19	100.0	100.0	93.9	97.9	94.3	96.8
16	100.0	100.0	87.4	90.3	89.0	91.9
13.2	96.2	97.8	74.1	81.8	80.0	83.4
9.5	75.7	80.5	63.8	69.9	67.8	69.3
4.75	48.6	48.9	45.0	49.2	47.2	47.4
2.36	29.1	29.3	28.1	30.3	33.0	33.5
1.18	21.9	22.0	18.4	19.6	24.7	25.0
0.6	14.9	15.2	11.4	12.2	16.7	17.3
0.3	9.9	10.9	8.5	9.1	11.1	10.7
0.15	7.5	7.6	7.0	7.4	7.9	7.5
0.075	5.1	5.0	5.9	6.3	6.3	5.6

以上筛分数据研究表明，车辙处级配均细于停车道处，尤其是 4.75～13.2mm 筛孔的通过率变化比较明显。在行车荷载作用下，车辙处集料被压碎造成车辙处的级配变细，沥青混合料的骨架结构破坏，有可能导致沥青混合料的抗车辙能力进一步下降。

5. 车辙处芯样油石比的变化

利用离心分离法进行沥青抽提试验,测得油石比如表 1.8 所示。

表 1.8　芯样油石比　　　　　　　　(单位:%)

断面	上面层		中面层		下面层	
	车辙处	停车道	车辙处	停车道	车辙处	停车道
1	5.36	5.21	4.74	4.89	4.52	4.63
2	6.16	6.06	4.17	4.49	4.17	4.25
3	5.41	5.29	4.45	4.47	4.47	4.66
4	6.41	6.28	4.33	4.65	3.91	3.99
5	6.40	6.29	4.26	4.70	4.12	4.21

由表 1.8 可知,相对于停车道处,上面层车辙处芯样油石比增大,而中、下面层芯样油石比减小。这种变化规律可以理解为在行车荷载作用下沥青在面层结构内部向上迁移,这种迁移可以运用非线性黏弹性力学理论解释[11]。非线性黏弹性力学理论表明,剪切应力会产生法向应力,而法向应力将使黏弹性材料沿法向运动。从物理学角度看,不相等的法向应力分量的产生来源于剪应力作用下黏弹性材料的各向异性行为。黏弹性体的法向应力差可表示为

$$N = \sigma_{xx} - \sigma_{yy} = A\gamma'^2 + O\left(\gamma'^4\right) \tag{1.7}$$

式中, N 为法向应力差; σ_{xx} 、 σ_{yy} 分别为法向应力分量; γ' 为剪切速率; A 为材料常数。

研究表明,法向应力是剪切速率的偶函数。在一定剪切速率范围下,法向应力差与剪切速率之间具有幂律行为,可表示为

$$N = A\gamma'^m \tag{1.8}$$

式中, A 、 m 为材料常数, $1 < m < 2$ 。

最著名的法向应力试验现象是 Weissenberg 效应,如图 1.16 所示。将一根旋转棒浸入装有黏弹性材料的容器,黏弹性材料沿旋转棒爬行从而形成一个很高的自由表面。一般情况下, σ_{yy} 可以忽略不计。Weissenberg 效应可视为法向应力 σ_{xx} 的直接作用结果,其作用类似围绕杆的环状应力使材料"咬住"杆并沿杆运动。法向应力 σ_{xx} 是黏弹性材料爬杆迁移的源动力, σ_{xx} 越大,迁移越强烈。

如果用一根两端开口的试管取代旋转棒并在试管底部安装一个产生剪应力的旋转盘,Weissenberg 效应将使黏弹性材料在试管内向上流动,流动持续至法向应力与重力平衡,这就是"法向力泵"原理。伴随法向流动的另一个物理现象是"挤

出胀大"，如图 1.17 所示。当黏弹性材料在法向力的作用下沿管口流出后，其通常会膨胀，而且直径 D 大于出口孔的直径 d。"挤出胀大"随流动速率的增大而增大，而且不可逆。在较小的剪切速率(即较小的荷载应力)下，法向应力可忽略不计；在较大的剪切速率(即较大的荷载应力)下，法向应力不可忽略；在高速剪切速率下，法向应力甚至会大于剪切应力。高分子黏弹性材料的有关研究表明，法向应力差以指数倍数的关系随剪切应力的增大而增大，达 10 倍以上[12]。

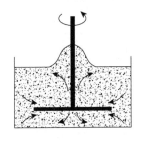

图 1.16 Weissenberg 效应

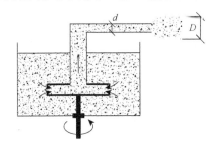

图 1.17 "法向力泵"原理与"挤出胀大"现象

沥青混合料实际上是由矿料、沥青胶结料和空隙构成的一种复合材料，因此具有黏弹性材料的特性。从宏观力学角度看，在剪应力作用下，沥青混合料产生整体流动而形成车辙。从复合材料细观力学看，集料是弹性体，不产生法向应力；沥青是黏弹性体，会产生法向应力。把集料间隙看成管壁，则集料与沥青的法向力差将导致沥青沿剪应力的法向流动而产生迁移。

法向应力由两大因素决定：一是剪切速率 γ'；二是材料常数 A。因为路面结构中面层承受的剪应力较大，并且材料性能欠佳，沥青迁移比较强烈，直接导致中面层混合料的油石比减小较多。此外，重载作用下，荷载应力越大，说明剪切速率 γ' 越大，则法向应力越大，沥青迁移越强烈。温度越高，沥青的黏度和弹性模量越小，沥青路面越容易产生沥青迁移。

第二节 沥青混合料永久变形的力学模型和车辙预估

沥青混合料所固有的黏弹性、影响沥青路面高温特性因素的多样性、车辙形成的复杂性，使得其永久变形成为世界性的难题。如何描述沥青混合料的永久变形，并据此预估沥青路面的车辙是各国公路技术人员的重要研究课题。

一、沥青混合料永久变形的试验方法

研究沥青混合料永久变形性能的试验方法有很多，总体上可以分为室内试验和室外试验两类。室内试验包括圆柱形试件的单轴静态、动态、重复荷载试验，

三轴静态、动态、重复荷载试验，简单剪切的静态、动态、重复荷载试验，还有棱柱的梁试件的弯曲蠕变试验，小型模拟试验有车辙试验，大型模拟试验有大型环道、直道试验等。室外试验主要指现场试验路的真实交通荷载试验和室外试验路面的加速车辙试验等[13]。沥青混合料永久变形试验方法比较如表 1.9 所示。

表 1.9 沥青混合料永久变形试验方法比较

试验方法	试件形状	试验指标	优缺点	现场模拟	简单性
单轴静态 (蠕变)	圆柱试件 $\phi 100mm \times H200mm$；轴向加载	蠕变模量-时间，应变-时间	广泛应用，设备简单，容易推广	差	简单
单轴重复		回弹模量、永久变形、泊松比	较好表达交通条件；设备比较复杂，荷载波形和频率对测量值有较大影响		
单轴动态		动态模量，阻尼比、泊松比，永久变形	可测定不同温度时作为频率函数的阻尼比		
三轴静态 (有侧限蠕变)	圆柱试件 $\phi 100mm \times H200mm$	蠕变模量-时间，应变-时间，回弹模量、永久变形、周期、泊松比	多种应力状态，较好表达交通条件；设备比较复杂	较好	较复杂
三轴重复					
三轴动态		动态模量，阻尼比、泊松比，永久变形	可测定不同温度时作为频率函数的阻尼比；数据使用众说纷纭		
弯曲蠕变	棱柱形；恒载下蠕变	测量试件挠度计算蠕变参数	高温试验要求试验和检测设备有较高的分辨率	差	简单
马歇尔试验	标准马歇尔试件	马歇尔稳定度、流值	试验简单；稳定度与路面车辙相关性较差	极差	简单
车辙试验	车辙板	荷载作用次数-变形、动稳定度	模拟现场应力状态较好，设备精度要求不高，与实际车辙深度相关性好；不能测得材料基本性质	好	一般
大型环道、直道试验	足尺寸	荷载作用次数-变形	能够模拟真实路面状况，试验条件可以控制，便于分析；试验成本高、周期长	好	十分复杂

美国国家公路合作研究计划(NCHRP)报告总结了已有的研究成果，最终选择出几种能够准确可靠地反映沥青混合料特性并与路面在不同程度交通和气候环境下的破坏高度相关的试验方法和参数，即简单性能试验(SPT)，其中一个主要部分是研究车辙的室内试验，其实质就是研究沥青混合料的流动变形特性。三轴动态模量试验、静态三轴蠕变试验和三轴重复荷载永久变形试验作为研究评价热拌沥青混合料抗车辙性能的推荐方法。其中，动态模量 E^* 已经用于 AASHTO2002 设计指南中的路面设计，静态三轴蠕变试验和三轴重复荷载永久变形试验的参数

F_T(流变时间)和 F_N(流变次数)也是评价和研究沥青混合料抗车辙性能的重要指标。SPT 永久变形试验方法的优缺点如表 1.10 所示。

表 1.10 SPT 永久变形试验方法的优缺点

试验类型	试验指标	试验条件	优点	缺点
三轴动态模量试验	$\dfrac{E^*}{\sin\delta}$	正弦荷载，54.4℃，5Hz	与 AASHTO2002 设计指南有直接联系；可用于结构分析；可建立标准；不必研究主曲线，在有效温度下评价；可以与 Witczak 的回归公式建立联系	需钻芯取样；测试系统要能测量高温下的小变形；可能由于线性可变差动变压器(LVDT)的安装引起小问题；需进一步研究开级配混合料在有侧限试验的精确性
	E^*	正弦荷载，54.4℃，5Hz		
静态三轴蠕变试验	F_T	无侧限，54.4℃	试验设备简单；费用较省；有侧限试验的车辙与实际路面车辙相关性最好	或许在建立标准方面有难度；需钻芯取样；开级配混合料(SMA)试验需要有侧限条件；静态试验不能模拟现场动态特性；试验的复杂性增加
		有侧限，54.4℃		
三轴重复荷载永久变形试验	F_N	无侧限，54.4℃	较好地模拟现场情况(尤其是有侧限)；参数有多种用途	
		有侧限，54.4℃		
	$\varepsilon_p@N{=}2000$（或斜率）	无侧限，54.4℃	较好地模拟现场情况(尤其是有侧限)；参数有多种用途；与 F_N 相比，建立指南可能更容易些	需要钻芯取样；开级配混合料试验需要有侧限条件；有侧限条件增加了试验的复杂性
		有侧限，54.4℃		
重复剪切试验	$\gamma_p@N{=}1000$	恒高度，54.4℃，$\tau{=}10{\sim}15\text{psi}$ (1psi=6.8946kPa)	可以测试现场的芯样；已有较多经验(现有标准 TAI、CLM)	制定指南困难；不是以 AASHTO2002 的结构模型为基础
	$\gamma_p@N{=}1000$			
动态剪切模量试验	G^* 或 $\dfrac{G^*}{\sin\delta}$	54.4℃，100με，5Hz	可以测试现场取得的试件	在 AASHTO2002 中无法使用 G^*；需钻芯取样；试验边界条件不明确

注：G^* 为剪切模量；ε_p 为塑性压应变；γ_p 为塑性剪应变；N 为加载次数。

以上试验方法都有各自优缺点，每一种试验方法的适用性也不同，在选取沥青混合料高温蠕变试验方法时，尽可能真实地反映沥青混合料的受力特性。试验方法的不同主要体现在试验参数的不同，包括试件形状与尺寸、荷载条件、边界条件和温度条件等，这些条件或多或少地影响沥青混合料的流变性能，进而影响试验方法的准确性。

1. 试件的形状与尺寸

使用最多的试件形状是棱柱体和圆柱体。棱柱体试件主要用于弯曲蠕变试验，其只能模拟沥青混合料单向受力的状态，应用受到一定限制。圆柱体试件容易设计成三向受力状态，因而应用更为广泛。理想的圆柱体试件尺寸是能够准确反映沥青混合料特性并且试件尺寸和集料粒径对其没有影响的最小试件尺寸。一般认为沥青混合料最小试件尺寸应当是最大粒径的 4~6 倍，当能够模拟实际路面压实或直接从路面钻芯取样时，该倍数可以减小到 3 倍。von Quintus 等建议对钻芯试件的最小尺寸为公称最大粒径的 2 倍，对室内压实试件为 4 倍[14]。

试件尺寸的另外一个重要指标是高径比(试件高度与试件直径之比)，经验认为，单轴试验高径比取 2。von Quintus 等建议，如果试件两端是无摩擦情况，高径比可取 1。Kamil 经过研究认为，对于公称最大粒径不超过 37.5mm 的混合料，能够准确描述混合料整个流动变形过程中试件尺寸的，最小直径为 100mm，最小高径比为 1.5[15]。Chehab 建议使用旋转压实的试件尺寸为 $\phi100\text{mm} \times H150\text{mm}$，因为试件沿高度有最小的空隙率变异性[16]。

2. 试验的荷载和温度条件

荷载条件包括预加应力、所施加的总应力水平、荷载的波形(动载)，另外还应包括有无围压以及围压的应力水平，即单轴还是三轴加载。

为了使试验机压头与试件端面良好接触，避免加载时对试件的冲击及卸载时压头与试件脱空，以及防止荷载偏心，通常要对试件施加预加荷载。一般预载应力水平高，相应的蠕变劲度就大。主要原因是施加较高的预载时，试件的初始永久变形在预载下已全部完成或部分完成，使得施加试验荷载时，试件的后期蠕变变形相应减小，蠕变劲度增大。壳牌法的静载蠕变试验中建议的预载水平为总应力水平的 2%，即 2kPa。

对于有无侧限的条件，Kamil 研究认为[15]，骨架型的混合料如 SMA，如果用无侧限的试验，有可能将其抗变形能力归为差的一类。实际路面中，因为有侧向约束，可以很好地发挥 SMA 骨架作用，其抗车辙性能较好，所以对于骨架型混合料最好使用有侧限的试验方法。对于其他类型的混合料，也宜使用有侧限条件。一方面是因为有侧限的室内试验回归结果与实际路面回归值更接近；另一方面，有围压的试验比没有围压的试验对混合料空隙率更敏感，这或许意味着无侧限试验不能真实反映材料特性。因此，有侧限的重复荷载永久变形试验是模拟实际路面受力的一种更好的试验方法。由于试验设备等因素的限制，目前我国大多数研究试验是在无围压状态下进行的。

在无侧限蠕变试验中，欧洲标准是施加轴向应力 15psi，温度为 86～104℉(30～40℃)，美国一般取轴向压力 15～30psi，温度为 104℉(40℃)。在有侧限的蠕变试验中，一般取围压 5～30psi，轴向压力为 30～80psi。为了真实地模拟交通和环境状况，建议无侧限蠕变试验轴向应力为 120psi(0.827MPa)，温度为 140℉(60℃)；对于有侧限试验，围压应力取 20psi，轴向应力取 120psi。当然，在这样的试验条件下，无侧限试验在大多数情况下会由于试件较快的破坏而无法测得结果。

3. 试验的时间因素

沥青混合料的各项性能与时间有密切的关系，在动态荷载试验中时间因素主要体现在荷载作用时间(或荷载频率)和荷载间歇时间上。

荷载作用时间主要与车速、路面结构层厚度有关。黄仰贤认为，荷载作用时间取决于车速和轮胎接触面积半径，当荷载离某点的距离为 6 倍半径时，认为荷载对该点没有影响[17]。Barksdale 根据美国国家公路与运输协会(AASHTO)试验路所测的竖向应力脉冲，在考虑惯性和黏性作用后，建立了荷载作用时间与汽车行驶速度和路面深度的关系[18]。一般认为车速越慢、荷载作用时间越长，沥青路面产生的车辙越大。AASHTO 研究认为，由于车速的增大，车辆荷载作用于路面的时间减小，所以车辙深度减小，这与一般的认识一致；当车速高于一定值，即车速高于 72km/h 后，车辙深度基本保持不变[19]。

荷载间歇时间是动态试验中另一个重要的时间参数，间歇时间定义为两次荷载作用周期的间歇，可以理解为路面上某一点依次通过两辆车的时间间隔，与行车速度、车头间距等因素有关。对于高温重载下的沥青混合料，其黏塑性表现明显，间歇时间的长短严重影响试件的变形恢复程度，对材料的性能产生影响。NCHRP 研究认为，由于车速变化很大，且在设计阶段路面深度是未知的，所以建议采用历时 0.1s 和间歇 0.9s 的半正弦荷载作为动态试验的加载模式[20]。

4. 试验的边界条件

边界条件主要是指试件两端是否进行了端面处理，即试验压头对试件两端是否有摩擦约束作用。在完全约束的情况下，试件变形随试件高度的增大而增加，即蠕变劲度减小。相关试验也发现，试件端部经处理摩擦力减小后，比端部有约束试件的蠕变劲度要大，试验精度也高。一般的端部光滑处理措施是在切割、磨光后再采用涂硅油、石墨粉混合剂的方法进一步减小摩擦阻力，另外也可在试件端部垫聚四氟乙烯薄膜，这种处理效果相对更好。

总之，试验中的温度、荷载、时间和试件尺寸等参数对沥青混合料性能有极大的影响，需要根据实际路面的受力状态去设计试验，否则无法准确反映沥青混合料的变形规律。

二、沥青混合料永久变形的经验性模型

表征沥青混合料的本构关系有很多，包括各种经验性模型和力学模型。经验性模型一般通过单轴或者三轴试验获得沥青混合料的永久变形与荷载作用次数的关系，可以准确描述特定混合料的变形规律。道路工作者应用过的经验性模型主要有以下几种。

(1) 半对数模型[18]:

$$\varepsilon_{\mathrm{p}} = a + b \lg N \tag{1.9}$$

(2) 幂函数模型如下。

Monismith 模型[20]:

$$\varepsilon_{\mathrm{p}} = a N^b \tag{1.10}$$

VESYS 模型[21]:

$$\varepsilon_{\mathrm{pn}} = \mu \varepsilon_{\mathrm{r}} N^{-\alpha} \tag{1.11}$$

Superpave 模型[22]:

$$\lg \varepsilon_{\mathrm{p}} = \lg \varepsilon_{\mathrm{p}}(1) + S \lg N \tag{1.12}$$

AASHTO2002 模型[22]:

$$\lg \frac{\varepsilon_{\mathrm{p}}}{\varepsilon_{\mathrm{r}}} = -3.74938 + 0.4262 \log N + 2.02755 \log T \tag{1.13}$$

Tseng 和 Lytton 模型[23]:

$$\varepsilon_{\mathrm{p}} = \varepsilon_0 \mathrm{e}^{-(\rho/N)^{\beta}} \tag{1.14}$$

式中，ε_{p} 为累积永久应变；ε_{r} 为回弹应变；N 为荷载作用次数；$\varepsilon_{\mathrm{pn}}$ 为一次荷载循环作用后的永久应变；$\varepsilon_{\mathrm{p}}(1)$ 为第一次荷载循环作用后的永久应变；μ、α、S、a、b 为回归系数。

通过计算上述所有模型导数，可以求出应变率。研究表明，其值均随 N 或 t 的增大一直减小。由此可见，这些模型均不能完整地描述沥青混合料三阶段变形规律。Bayomy 用分段函数的形式提出初始阶段和破坏阶段永久变形的模型[24]，Kaloush 和 Witczak 引入当量轴次，把初始阶段的模型和破坏阶段的模型组合起来，具体如下。

初始阶段：

$$\varepsilon_{\mathrm{p}} = a N^b \tag{1.15}$$

破坏阶段：

$$\varepsilon_{\mathrm{p}} = a_1 \mathrm{e}^{b_1 N} \tag{1.16}$$

$$\mathrm{RD}_{23} = a \cdot \mathrm{ESAL}^b + c \cdot \left(\mathrm{e}^{d \cdot \mathrm{ESAL}} - 1 \right) \tag{1.17}$$

此外，Monisimith 和 Mclean 也提出了一种双对数 3 次方模型，即

$$\lg \varepsilon_{\mathrm{p}} = C_0 + C_1 (\lg N) + C_2 (\lg N)^2 + C_3 (\lg N)^3 \tag{1.18}$$

在前人分析的基础上，Zhou 根据永久变形不同阶段应变率的特点，记 F_S 为迁移期和稳定期的分界点，F_N 为稳定期和破坏期的分界点，利用分阶段回归的方

法对三阶段永久变形特性进行经验性描述[25]。对于迁移期，永久应变和作用次数在双对数坐标系中呈线性关系，可以采用幂函数模型为

$$\varepsilon_{\mathrm{p}} = aN^b, \quad N < F_S \tag{1.19}$$

式中，a 为 $N=1$ 时的永久应变；b 反映了永久应变随荷载作用次数 N 的变化率。a 和 b 均可以通过在双对数坐标系下对直线部分进行线性回归得到。

稳定期永久应变随荷载作用次数线性增大，因此可以用线性模型表示，如式(1.20)所示。

$$\varepsilon_{\mathrm{p}} = \varepsilon_{F_S} + c(N - F_S), \quad F_S \leqslant N < F_N \tag{1.20}$$

式中，ε_{F_S} 为稳定期起始点的永久应变，$\varepsilon_{F_S} = a\left(F_S\right)^b$；$c$ 为回归系数，反映了变形增大的速率。

破坏期可以采用指数模型来描述，如式(1.21)所示。

$$\varepsilon_{\mathrm{p}} = \varepsilon_{F_N} + d(\mathrm{e}^{f(N - F_N)} - 1), \quad N \geqslant F_N \tag{1.21}$$

式中，ε_{F_N} 为破坏期起始点的永久应变，$\varepsilon_{F_N} = \varepsilon_{F_S} + c(F_N - F_S)$；$d$、$f$ 为回归系数。

该模型能够描述三阶段沥青混合料永久变形特性，反映出不同阶段应变率的特点，但这是一种经验方法，并且不得不采用分段函数的形式来满足数学拟合的要求，其参数的物理意义并不明确，也不便用于路面结构的力学分析。

三、沥青混合料永久变形的黏弹性力学模型

1. 黏弹性基本元件

流变学的模型理论认为，弹、黏是认识材料力学特性的最基本单元，这些基本单元用一定的力学模型和本构关系来表达，称为力学元件。一般以弹簧代表弹性元件，以黏壶代表黏性元件。

(1) 弹簧[H]代表弹性元件。

弹簧在外力作用下瞬时产生与外力成比例的变形，撤除外力后弹簧的变形将瞬时恢复，如图 1.18 所示。

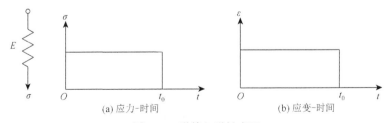

(a) 应力-时间   (b) 应变-时间

图 1.18 弹簧与弹性变形

以弹簧代表胡克弹性体，其应力、应变关系满足胡克定律：

$$\sigma = E \cdot \varepsilon \tag{1.22}$$

(2) 黏壶[N]代表黏性元件。

黏壶在外力作用的瞬时时刻并不能使黏性液体产生流动变形，保持外力不变，黏壶中的黏性液体将和时间成比例持续发生流动变形，自黏壶中流出的黏性液体即使在外力撤除后也不能恢复，如图 1.19 所示。

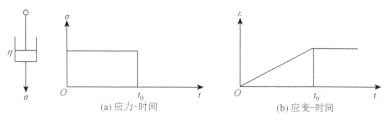

图 1.19　黏壶与流动变形

以黏壶代表牛顿流体，其应力、应变关系满足牛顿内摩擦定律。采用与胡克定律相同的符号体系，有

$$\sigma = \eta \cdot \dot{\varepsilon} \tag{1.23}$$

力学元件通过并联和串联组合，可以形成更为复杂的组合模型，从而最大程度地反映材料真实的力学特性[26]。并串联元件中的应力-应变分配情况就是并串联特性：当元件为串联时，总应力等于各个分应力，总应变等于各个分应变之和；当元件为并联时，总应力等于各个分应力之和，总应变等于各个分应变。

2. 常见的黏弹性力学模型

由于材料组成的复杂性和试验技术的限制，沥青混合料的力学模型多种多样，常见的模型主要有以下几种。

1) Maxwell 模型

Maxwell 模型是由一个弹性元件(弹簧)和一个黏性元件(黏壶)串联组成的，如图 1.20 所示。以符号(—)表示串联，记 Maxwell 模型为[M]，则[M]=[H]—[N]。

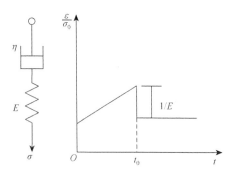

图 1.20　Maxwell 模型及其蠕变曲线

串联模型的本构方程可以按照各元件应力相等、应变相加的原则建立，容易得到[M]体的本构关系为

$$\dot{\varepsilon} = \frac{\dot{\sigma}}{E} + \frac{\sigma}{\eta} \tag{1.24}$$

在 $t=0$ 的瞬间给[M]体施加恒定应力 σ_0，代入初始条件，解微分方程得

$$\varepsilon(t) = \frac{\sigma_0}{E} + \frac{\sigma_0}{\eta} t \tag{1.25}$$

在 $t=t_0$ 时刻卸载，有

$$\varepsilon(t) = \frac{\sigma_0}{\eta} t_0 \tag{1.26}$$

研究表明，在任何微小应力作用下，变形将随荷载作用时间无限增大，而且变形仅有弹性、黏性流动，不含黏弹性变形，而黏性流动变形是时间的线性函数，这与沥青混合料变形特性相差甚远。

2) Kelvin 模型

Kelvin 模型由一个弹性元件(弹簧)和一个黏性元件(黏壶)并联组成，如图 1.21 所示。以符号(|)表示并联，记 Kelvin 模型为[K]，则[K]=[H]|[N]。

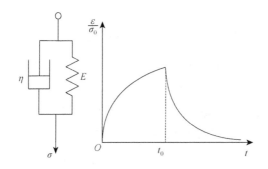

图 1.21　Kelvin 模型及其蠕变曲线

并联模型的本构方程可以按照各元件应变相等、应力相加的原则建立，容易得到[K]体的本构关系为

$$\sigma = E\varepsilon + \eta\dot{\varepsilon} \tag{1.27}$$

在 $t=0$ 的瞬间给[K]体施加恒定应力 σ_0，代入初始条件，解微分方程得

$$\varepsilon(t) = \frac{\sigma_0}{E}\left(1 - \mathrm{e}^{-\frac{E}{\eta}t}\right) \tag{1.28}$$

在 $t=t_0$ 时刻卸载，将此时的应变记为 ε_0，有

$$\varepsilon(t) = \varepsilon_0 \mathrm{e}^{-\frac{E}{\eta}t} \tag{1.29}$$

[K]体在恒定应力输入条件下的响应称为蠕变，从变形方程可以看出，[K]体不能反映瞬时弹性应变，而且卸载后弹簧的变形受黏壶的限制不能瞬时恢复，应变随着时间的增加逐渐减小，经历无限长时间后，这一应变完全恢复，因此不能反映永久变形，这也不符合沥青混合料的变形特性。

3) van der Pool 模型

van der Pool 是由一个[K]体与一个弹簧串联组成，可以记为[H]—[K]，如图 1.22 所示。

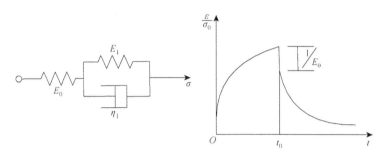

图 1.22　van der Pool 模型及其蠕变曲线

记[H]体应变为 ε_1，[K]体的应变为 ε_2，进行拉普拉斯变换，分别得到 $\bar{\sigma}(s) = E_0\bar{\varepsilon}_1(s)$，$\bar{\sigma}(s) = E_1\bar{\varepsilon}_2(s) + s \cdot \eta\bar{\varepsilon}_2(s)$。这两个拉普拉斯变换式乘以适当的系数后，将两个应变相加，取拉普拉斯变化反演，得

$$(E_0 + E_1)\sigma + \eta\dot{\sigma} = E_0 E_1 \varepsilon + E_0 \eta \dot{\varepsilon} \tag{1.30}$$

在 $t=0$ 的瞬间给[H]—[K]体施加恒定应力 σ_0，代入初始条件，解微分方程得模型蠕变方程为

$$\varepsilon(t) = \frac{\sigma_0}{E_0} + \frac{\sigma_0}{E_1}\left(1 - e^{-\frac{E_1}{\eta_1}t}\right) \tag{1.31}$$

在 $t=t_0$ 时刻卸载，有

$$\varepsilon(t) = \frac{\sigma_0}{E_1}\left(1 - e^{-\frac{E_1}{\eta_1}t_0}\right)e^{-\frac{E_1}{\eta_1}(t-t_0)} \tag{1.32}$$

van der Pool 模型相比[K]体有较好的改进，体现在其能反映瞬时弹性变形，但是仍存在不能反映永久变形这一缺陷。变形曲线研究表明，该模型能较好地表征沥青混合料在加载过程中的变形特性，而表征沥青混合料在整个加－卸载过程中的变形特性效果很差。

4) Burgers 模型和修正的 Burgers 模型

Burgers 模型是由[M]体与[K]体串联组成，记为[M]—[K]，如图 1.23 所示。Burgers 模型的本构方程为

$$\sigma + \frac{(\eta_1 + \eta_2)E_1 + \eta_1 E_2}{E_1 E_2}\dot{\sigma} + \frac{\eta_1 \eta_2}{E_1 E_2}\ddot{\sigma} = \eta_1\dot{\varepsilon} + \frac{\eta_1 \eta_2}{E_2}\ddot{\varepsilon} \tag{1.33}$$

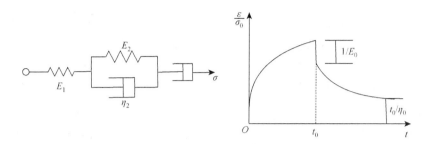

图 1.23　Burgers 模型及其蠕变曲线

在 $t=0$ 的瞬间给[M]—[K]体施加恒定应力 σ_0，代入初始条件，解微分方程得 Burgers 模型的蠕变方程为

$$\varepsilon(t) = \sigma_0 \left[\frac{1}{E_1} + \frac{1}{\eta_1} t + \frac{1}{E_2} \left(1 - e^{-\frac{E_2}{\eta_2} t} \right) \right] \qquad (1.34)$$

在 $t=t_0$ 时刻卸载，有

$$\varepsilon(t) = \sigma_0 \left[\frac{1}{\eta_1} t_0 + \frac{1}{E_2} \left(1 - e^{-\frac{E_2}{\eta_2} t_0} \right) e^{-\frac{E_2}{\eta_2}(t-t_0)} \right] \qquad (1.35)$$

Burgers 模型比 van der Pool 模型增加了一个黏壶单元，弥补了 van der Pool 模型不能反映永久变形的不足。但是，Burgers 模型把沥青混合料的永久变形表征为时间的线性函数。实际上沥青混合料的黏性流动变形并不随荷载作用时间的延长而无限增加，而是随着时间的推移，黏性流动变形的增量逐渐减小，最终使黏性流动变形趋于一个稳定值，即产生所谓的"固结效应"。

修正的 Burgers 模型是在 Burgers 模型的基础上，对[M]体的黏壶进行非线性修正，使其黏度为 $\eta_1 = Ae^{Bt}$，其蠕变方程为

$$\varepsilon(t) = \sigma_0 \left[\frac{1}{E_1} + \frac{1 - e^{-Bt}}{AB} + \frac{1}{E_2} \left(1 - e^{-\frac{E_2}{\eta_2} t} \right) \right] \qquad (1.36)$$

在 $t=t_0$ 时刻卸载，有

$$\varepsilon(t) = \sigma_0 \left[\frac{1 - e^{-Bt_0}}{AB} + \frac{1}{E_2} \left(1 - e^{-\frac{E_2}{\eta_2} t_0} \right) e^{-\frac{E_2}{\eta_2}(t-t_0)} \right] \qquad (1.37)$$

研究表明，修正的 Burgers 模型弥补了 Burgers 模型的不足，能够反映出沥青混合料永久变形的"固结效应"。对修正的 Burgers 模型进行深入分析，其应变速

率随荷载作用时间逐渐减小，即该模型较好地表征了沥青混合料迁移期的变形特性，但不能反映沥青混合料稳定期和破坏期的变形特性。

5) 广义模型

组成黏弹性力学模型的元件越多，越能准确地描述黏弹性材料的力学性能，可以定义两类不同的广义模型，即广义 Maxwell 模型和广义 Kelvin 模型。广义 Maxwell 模型由 n 个[M]体与一个[K]体并联组成，比较适合描述复杂的应力松弛行为；广义 Kelvin 模型由 n 个[K]体与一个[M]体串联组成，比较适合描述复杂的蠕变行为。以广义 Kelvin 模型为例进行说明，其蠕变方程为

$$\varepsilon = \frac{\sigma}{E_0}\left(1 + \frac{t}{\tau_0}\right) + \sum_{i=1}^{n}\frac{\sigma}{E_i}\left[1 - \exp\left(-\frac{t}{\tau_i}\right)\right] \tag{1.38}$$

由广义 Kelvin 模型得到的蠕变变形曲线与 Burgers 模型的变形曲线十分类似，除瞬时弹性变形和黏性流动变形部分外，延迟弹性变形部分则具有不同的物理意义。广义 Kelvin 模型仍然不能反映沥青混合料永久变形特性的固结效应，而且模型参数较多，应用比较困难。

3. 描述三阶段变形特性的力学模型

在较低的应力和温度下，沥青混合料处于第一和第二阶段(或者需要很长的荷载作用时间才能进入第三阶段)，沥青混合料的硬化特征明显，蠕变变形速率逐渐减小到零，而总应变达到一定值。"四单元五参数"模型，即对 Burgers 模型串联的黏性元件进行非线性修正，黏壶黏度随时间增加而增大，而黏性流动变形随加载时间增加而减小，当时间为无穷大时，应变趋于定值，以此来考虑硬化效应，取得了较好的成果[27]。然而在重载和高温条件下，第二阶段的时间很短，沥青混合料只需要很短的荷载作用时间就进入破坏阶段，此时应变速率随时间迅速增大，Burgers 模型、"四单元五参数"模型和广义 Kelvin 模型等都无法描述。针对三阶段的变形特性，本书以 Burgers 模型为基础，把模型看成由三单元 van der Pool 模型与黏壶串联组成，对 Burgers 模型中串联黏壶的黏滞系数进行修正，这样将黏性流动应变与弹性应变(瞬时弹性和黏弹性应变)分开考虑，而重复荷载作用下的永久应变就是黏性流动应变与残余黏弹性应变之和[28]。串联黏壶的黏滞系数修正为

$$\eta_0(t) = \frac{\eta_0}{at^2 + bt + 1} \tag{1.39}$$

式中，a、b 为常数，$a>0$，$b<0$，且 $b^2-4a<0$；η_0 为初始黏滞系数。

先考虑第 i 个半正弦波荷载产生的永久应变 ε_{pi}。假定在第 i 个半正弦荷载作用的 τ 时刻，之前的荷载已经作用了 $(i-1)t_0$，则串联黏壶的黏度 $\eta_{0,i}(\tau)$ 为

$$\eta_{0,i}(\tau) = \frac{\eta_0}{a\left[(i-1)t_0 + \tau\right]^2 + b\left[(i-1)t_0 + \tau\right] + 1} \tag{1.40}$$

则第 i 个半正弦波荷载产生的黏性流动应变 $\varepsilon_{v,i}$ 为

$$\begin{aligned}\varepsilon_{v,i} = \int \frac{\sigma(\tau)}{\eta_{0,i}(\tau)} \mathrm{d}\tau &= \frac{2a\sigma_0 t_0^3}{\pi\eta_0}(i-1)^2 + \left(\frac{2b\sigma_0 t_0^2}{\pi\eta_0} + \frac{2a\sigma_0 t_0^3}{\pi\eta_0}\right)(i-1) \\ &+ \frac{\sigma_0}{\pi\eta_0}\left(2t_0 + bt_0^2 + at_0^3 - \frac{4at_0^3}{\pi^2}\right)\end{aligned} \tag{1.41}$$

卸载后，第 i 个半正弦波荷载产生的黏性流动应变不能随时间恢复，荷载间歇时间对其没有影响，因此 N 次荷载作用以后，黏性流动应变为

$$\begin{aligned}\varepsilon_{v,N} = \sum_{i=1}^{N}\varepsilon_{v,i} &= \frac{2a\sigma_0 t_0^3}{\pi\eta_0}\frac{N(N-1)(2N-1)}{6} + \left(\frac{2b\sigma_0 t_0^2}{\pi\eta_0} + \frac{2a\sigma_0 t_0^3}{\pi\eta_0}\right)\frac{N(N-1)}{2} \\ &+ \frac{\sigma_0}{\pi\eta_0}\left(2t_0 + bt_0^2 + at_0^3 - \frac{4at_0^3}{\pi^2}\right)N\end{aligned} \tag{1.42}$$

三单元 van der Pool 模型是线性黏弹性模型，其蠕变柔量 $J(t)$ 为

$$J(t) = \frac{1}{E_0} + \frac{1}{E_1}\left(1 - \mathrm{e}^{-E_1 t/\eta_1}\right) \tag{1.43}$$

根据 Boltzmann 线性叠加原理[29]，第 i 个半正弦波间歇荷载产生的黏弹性变形到第 N 个半正弦波间歇荷载作用结束时刻，残余的黏弹性变形为

$$\begin{aligned}\varepsilon_{Rve,i} &= \int_0^{t_0} J[t - (i-1)T - \tau]\frac{\mathrm{d}\sigma(\tau)}{\mathrm{d}\tau}\mathrm{d}\tau \\ &= \frac{\pi\sigma_0 t_0\left(1 + \mathrm{e}^{\frac{E_1}{\eta_1}t_0}\right)}{\eta_1\left(\frac{E_1^2}{\eta_1^2}t_0^2 + \pi^2\right)}\mathrm{e}^{-\frac{E_1}{\eta_1}[N-(i-1)]T}\end{aligned} \tag{1.44}$$

则半正弦波间歇荷载作用 N 次后，残余黏弹性应变为

$$\varepsilon_{ve,N} = \sum_{i=1}^{N}\varepsilon_{Rve,i} = \frac{\pi\sigma_0 t_0\left(1 + \mathrm{e}^{\frac{E_1}{\eta_1}t_0}\right)\mathrm{e}^{-\frac{E_1}{\eta_1}T}}{\eta_1\left(\frac{E_1^2}{\eta_1^2}t_0^2 + \pi^2\right)\left(1 - \mathrm{e}^{-\frac{E_1}{\eta_1}T}\right)}\left(1 - \mathrm{e}^{-\frac{E_1}{\eta_1}NT}\right) \tag{1.45}$$

令

$$\alpha = \frac{2at_0^3}{3\eta_0\pi}, \quad \beta = \frac{bt_0^2}{\eta_0\pi}, \quad \gamma = \frac{6\pi^2t_0 + \pi^2 at_0^3 - 12at_0^3}{3\eta_0\pi^3}, \quad \kappa = \frac{E_1}{\eta_1}$$

$$\lambda = \frac{\pi t_0 \left(1 + e^{\frac{E_1}{\eta_1}t_0}\right) e^{-\frac{E_1}{\eta_1}T}}{\eta_1 \left(\frac{E_1^2}{\eta_1}t_0^2 + \pi^2\right)\left(1 - e^{-\frac{E_1}{\eta_1}T}\right)}$$

则在第 N 次半正弦波间歇荷载作用结束时刻，永久应变为

$$\varepsilon_{\mathrm{p},N} = \sigma_0\alpha N^3 + \sigma_0\beta N^2 + \sigma_0\gamma N + \sigma_0\lambda\left(1 - e^{-\kappa NT}\right) \tag{1.46}$$

永久应变率、应变加速度的表达式分别为

$$\dot{\varepsilon}_{\mathrm{p},N} = 3\sigma_0\alpha N^2 + 2\sigma_0\beta N + \sigma_0\gamma + \kappa T\sigma_0\lambda e^{-\kappa NT} \tag{1.47}$$

$$\ddot{\varepsilon}_{\mathrm{p},N} = 6\sigma_0\alpha N + 2\sigma_0\beta - \left(\kappa T\right)^2\sigma_0\lambda e^{-\kappa NT} \tag{1.48}$$

令 $\ddot{\varepsilon}=0$，即可求得式(1.48)的解，即流变数 F_N。当 $0<N<F_N$ 时，$\varepsilon>0$，$\dot{\varepsilon}>0$，$\ddot{\varepsilon}<0$；当 $N>F_N$ 时，$\varepsilon>0$，$\dot{\varepsilon}>0$，$\ddot{\varepsilon}>0$。

某种沥青混合料 40℃、50℃、60℃下实测永久应变和拟合曲线如图 1.24～图 1.26 所示，60℃下残余黏弹性应变如图 1.27 所示。图例命名规则为"试验温度-荷载大小-平行试件编号"，以"40-1.0-1 实测应变"为例，代表 40℃、1.0MPa 荷载条件下，1 号试件的永久应变实测数据。研究表明，模型能够全面反映重复荷载作用下沥青混合料三阶段永久变形特性。

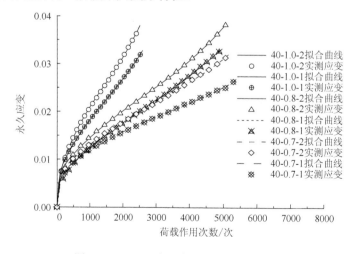

图 1.24　40℃下实测永久应变和拟合曲线

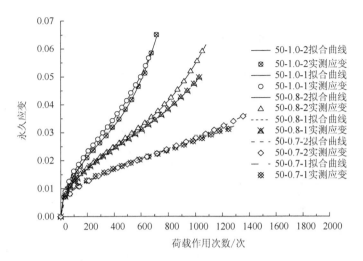

图 1.25 50℃下实测永久应变和拟合曲线

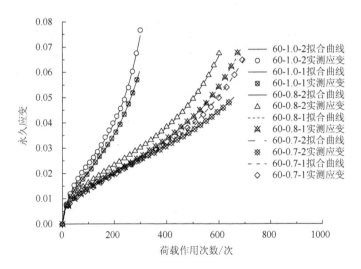

图 1.26 60℃下实测永久应变和拟合曲线

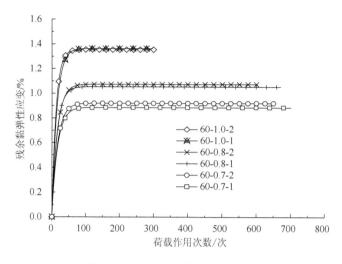

图 1.27　60℃下残余黏弹性应变

四、沥青混合料永久变形的黏弹黏塑性力学模型

1. 黏弹塑性理论基本概念

在处理沥青混合料永久变形问题上，黏弹性力学模型尽管能够较为可行地分析并描述实验室蠕变等永久变形试验现象，但在实际的沥青路面永久变形发展中，存在一定问题[30]。第一，依据黏弹性模型推导出的永久变形模型不存在屈服极限的概念，无论施加多小的荷载都会出现永久变形的发展；第二，由于沥青混合料在高温下泊松比接近 0.5，可以视为不可压缩材料，静水压力并不会导致材料发生不可恢复的形变，因此沥青混合料的永久变形只与偏应力张量相关，与应力张量并不是完全对应的关系。

沥青混合料在本节中被定义为黏弹黏塑性材料，其中黏指时间依赖性，弹指可恢复的变形，塑指不可恢复的永久变形。因此，黏弹性、弹塑性、黏塑性的定义分别如下[31]。

黏弹性：指材料的变形具有时间依赖性，且变形可以恢复。应变与应力张量对应，但应变与应力关系同时受到作用时间的影响。

弹塑性：指材料的变形与时间无关的稳态变形理论，其中弹性应变与应力相关，塑性应变与偏应力相关。

黏塑性：指材料的变形具有时间依赖性，且变形不可恢复。塑性应变主要与偏应力张量相关，与应力张量并非对应关系。

因此，可以依据黏弹黏塑性力学将沥青混合料的力学行为分为两个部分。用黏弹性部分描述沥青混合料的可恢复变形部分，用黏塑性部分描述沥青混合料的永久变形部分，用式(1.49)进行描述：

$$\varepsilon_{ij} = \varepsilon_{ij}^{ve} + \varepsilon_{ij}^{vp} \tag{1.49}$$

式中，ε_{ij} 为沥青混合料的总应变；ε_{ij}^{ve} 为沥青混合料的黏弹性应变；ε_{ij}^{vp} 为沥青混合料的黏塑性应变。

2. 沥青混合料的黏弹性本构模型

在黏弹黏塑性本构模型中，沥青混合料的黏弹性部分仅用于描述材料的可恢复变形的部分，因此用前文中的黏弹性单元表示，则必须用弹簧与其他部分进行并联，如图 1.28 所示。图 1.29 所示的广义 Maxwell 模型是一种被广泛认可的沥青混合料模型，能用简单的黏壶与弹簧单元进行组合而成，其松弛模量的形式被称为 Prony 级数，如式(1.50)所示：

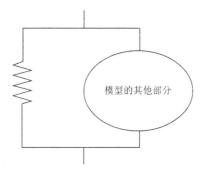

图 1.28　可恢复黏弹性模型

$$E(t) = E_0 + \sum_{i=1}^{n} E_i \cdot e^{-\frac{t}{\rho_i}} \tag{1.50}$$

式中，E_0 为沥青混合料的线弹性模量；E_i 为沥青混合料的黏弹性模量；ρ_i 为松弛时间。

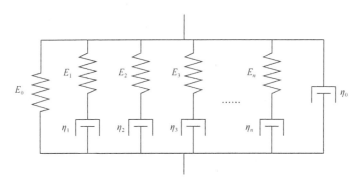

图 1.29　广义 Maxwell 模型

广义 Maxwell 模型在理论上可以表示为任意的由黏壶与弹簧组成的黏弹性模型，当 $E_0 = 0$，$n = 0$ 时，广义 Maxwell 模型则退化为 Burgers 模型。广义 Maxwell 在应用于积分性本构模型时也因其自然指数的形式而方便进行迭代计算。

由黏弹性力学介绍中对部分模型的蠕变曲线与松弛曲线的求解可知，蠕变柔量与松弛模量并不是一个定值，而是关于时间的函数。

因此，若在恒应力 $\sigma(t)=\sigma_0 H(t)$ 作用下，t 时刻应变为

$$\varepsilon(t)=J(t)\sigma_0 \tag{1.51}$$

式中，$J(t)$ 为沥青混合料的蠕变柔量。

$$H(t)=\begin{cases}0, & t \leqslant 0^- \\ 1, & t \geqslant 0^+\end{cases} \tag{1.52}$$

若在 τ 时刻开始作用恒力 $\sigma(t)=\sigma_0 H(t-\tau)$，则 t 时刻的应变为

$$\varepsilon(t)=\begin{cases}0, & t \leqslant \tau \\ J(t-\tau)\sigma_0, & t \geqslant \tau\end{cases} \tag{1.53}$$

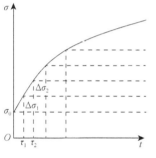

图 1.30　应力的线性叠加

上述两种是恒力作用的情况。事实上，在工程实际中，受到外荷载的变化以及结构体本身变形的影响，一点处的应力很少保持恒定的状态。因此，考虑具有任意应力函数 $\sigma(t)$ 作用下的应变函数。对于应力曲线，可以划分为无数个恒力叠加的形式，如图 1.30 所示。

也就是说，对于变力 $\sigma(t)$ 可以用一系列恒力进行无限逼近：0 时刻作用恒力 σ_0，τ_1 时刻作用恒力 $\Delta\sigma_1$，τ_2 时刻作用恒力 $\Delta\sigma_2$。

因此，t 时刻在应力 $\sigma(t)$ 作用下，应变为

$$\varepsilon(t)=\sigma_0 J(t)+\sum_{k=1}^{n}J(t-\tau_k)\Delta\sigma_k \tag{1.54}$$

这种将变力等效为一系列恒力的形式，称为 Boltzmann 线性叠加原理。在此基础上将应力序列改写为连续函数的形式，即

$$\varepsilon(t)=\sigma_0 J(t)+\int_0^t J(t-\tau)\frac{\mathrm{d}\sigma(t)}{\mathrm{d}\tau}\mathrm{d}\tau \tag{1.55}$$

式(1.55)即是黏弹性材料在任意应力作用下的蠕变性本构方程。考虑到

$$\sigma_0 J(t)=\int_{0^-}^{0^+} J(t-\tau)\frac{\mathrm{d}\sigma(t)}{\mathrm{d}\tau}\mathrm{d}\tau \tag{1.56}$$

$$\int_{-\infty}^{0^-} J(t-\tau)\frac{\mathrm{d}\sigma(t)}{\mathrm{d}\tau}\mathrm{d}\tau = 0 \tag{1.57}$$

因此，蠕变性本构方程也可以写为

$$\varepsilon(t) = \int_{0^-}^{t} J(t-\tau)\frac{\mathrm{d}\sigma(t)}{\mathrm{d}\tau}\mathrm{d}\tau = \int_{-\infty}^{t} J(t-\tau)\frac{\mathrm{d}\sigma(t)}{\mathrm{d}\tau}\mathrm{d}\tau \tag{1.58}$$

上述方程实际上是卷积的形式，也称为遗传积分。关于卷积的概念与相关计算方法可参考有关的书籍。根据卷积的概念，上述本构方程同样可以写为

$$\varepsilon(t) = \int_{0^-}^{t} J(t-\tau)\mathrm{d}\sigma(t) = \int_{0^-}^{t} \sigma(t)\mathrm{d}J(t-\tau) \tag{1.59}$$

与蠕变性本构方程类似，松弛型本构方程也可以通过 Boltzmann 叠加原理建立卷积形式：

$$\sigma(t) = \int_{0^-}^{t} Y(t-\tau)\frac{\mathrm{d}\varepsilon(\tau)}{\mathrm{d}\tau}\mathrm{d}\tau \tag{1.60}$$

3. 沥青混合料的黏塑性本构模型

在黏塑性模型中，可以用应变率的方式表示时间的影响。可以用以下形式来表示沥青混合料的黏塑性本构模型：

$$\dot{\varepsilon}_{ij} = \dot{\varepsilon}_{ij}^{\mathrm{ve}} + \dot{\varepsilon}_{ij}^{\mathrm{vp}} \tag{1.61}$$

式中，$\dot{\varepsilon}_{ij}$ 为总应变率；$\dot{\varepsilon}_{ij}^{\mathrm{ve}}$ 为黏弹性应变率；$\dot{\varepsilon}_{ij}^{\mathrm{vp}}$ 为黏塑性应变率。

黏塑性应变率的一般形式为

$$\dot{\varepsilon}_{ij}^{\mathrm{vp}} = \Gamma \cdot \langle f \rangle^{N} \cdot \frac{\partial g}{\partial \sigma_{ij}} \tag{1.62}$$

式中，系数 Γ 与指数 N 为材料常数，作为一种数学模型中的参数，可以根据具体材料试验获取。其目的是与屈服函数组合，计算出塑性屈服速率，可以是与该模型相同的幂函数的形式，也可根据材料的力学特征，构建其他函数形式。

g 为材料的塑性势能函数，其可以与屈服函数相同，也可根据材料的具体力学特征构造数学形式。

$\langle f \rangle$ 为屈服函数的阈值函数，即

$$\langle f \rangle = \begin{cases} f, & f \geqslant 0 \\ 0, & f < 0 \end{cases} \tag{1.63}$$

可以发现，在黏塑性模型中，应力会影响黏塑性应变的发展，但是黏塑性应变不像黏弹性应变，通过松弛模量影响应力。黏塑性模型的核心为屈服函数与塑形势能函数。当势函数与屈服函数相同时，表示塑形发展的方向垂直于屈服面，一般金属材料等较为均质的各向同性材料是这种形式，而沥青混合料这类非均质、各向异性材料，当材料发生塑形变形时，往往受到材料内部级配组成的限制而无法沿垂直于屈服面的方向发展，取独立构造的塑形势能函数是更为合理的。

4. 屈服函数的常见模型

通常，塑形模型的处理方式是将应力张量拆分为静水压力与偏应力张量：

$$\sigma_{ij} = \sigma_{kk} \cdot \delta_{ij} + S_{ij} \tag{1.64}$$

式中，

$$\sigma_{kk} = \frac{1}{3}(\sigma_{11} + \sigma_{22} + \sigma_{33}) \tag{1.65}$$

$$S_{ij} = \sigma_{ij} - \sigma_{kk} \cdot \delta_{ij} = \begin{bmatrix} \sigma_{11} - \sigma_{kk} & \sigma_{12} & \sigma_{13} \\ \sigma_{21} & \sigma_{22} - \sigma_{kk} & \sigma_{23} \\ \sigma_{31} & \sigma_{32} & \sigma_{33} - \sigma_{kk} \end{bmatrix} \tag{1.66}$$

在主应力(σ_1，σ_2，σ_3)空间中，由于切应力不存在，可以将任一应力状态置于图 1.31 的坐标系中。在主应力坐标系中，应力第一不变量 I_1 与三个主应力轴的夹角相等，$I_1 = \sigma_1 + \sigma_2 + \sigma_3 = \sigma_{11} + \sigma_{22} + \sigma_{33}$。$I_1$ 轴上任一点仅存在静水压力，偏应力为 0。与 I_1 轴垂直的平面称为 π 平面，π 平面上任一点到 I_1 轴距离为偏应力第二不变量的 0.5 次方，即 $\sqrt{J_2}$，$J_2 = \frac{1}{2} S_{ij} \cdot S_{ji}$。因此，对于任一中应力状态，在主应力空间中，既可以用三个主应力(σ_1，σ_2，σ_3)表示，也可以用 $\left(\frac{1}{3} I_1, \sqrt{J_2} \right)$ 表示。

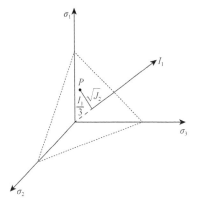

图 1.31　主应力坐标空间

在 $\left(\frac{1}{3} I_1, \sqrt{J_2} \right)$ 空间中，若静水压力对于屈服函数没有影响，应力在 π 平面上距 I_1 轴的距离 $\sqrt{J_2}$ 与屈服函数呈线性关系，则可以得到 Mises 屈服准则。大多数金属材料的屈服行为仅与偏应力相关，使用 Mises 屈服准则较为合理。Mises 屈服

准则的一般形式可以写为

$$f = \sqrt{J_2} - \sigma_Y \tag{1.67}$$

或

$$f = \sqrt{3J_2} - \sigma_{Y0} \tag{1.68}$$

式中，σ_Y 为 Mises 屈服强度；σ_{Y0} 为单轴压缩条件下测得的屈服强度。

对于沥青混合料和水泥混凝土类材料，材料的屈服强度不仅仅与偏应力相关，静水压力也会使材料内部集料之间的嵌挤、摩擦力增加。在 $\left(\dfrac{1}{3}I_1,\ \sqrt{J_2}\right)$ 空间中，若静水压力与 $\sqrt{J_2}$ 对于屈服强度的影响均是线性的，则可以得到 Drucker-Prager 屈服准则，即

$$f = \sqrt{3J_2} - \alpha I_1 - \beta \tag{1.69}$$

式中，α 与 β 分别为材料参数，在沥青混合料中分别反映了集料之间的内摩擦力以及沥青胶结料产生的黏聚力。

Mises 屈服准则与 Drucker-Prager 屈服准则在 $\left(\dfrac{1}{3}I_1,\ \sqrt{J_2}\right)$ 的对比如图 1.32 所示。对于混合料类材料，使用 Drucker-Prager 屈服准则是较为合理的。

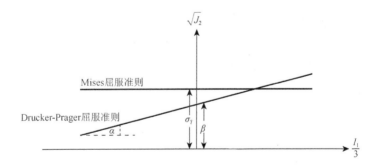

图 1.32 Mises 屈服准则与 Drucker-Prager 屈服准则对比

5. 塑形势能函数的常见模型

在黏塑性模型的基本形式中，屈服函数与材料参数 $\Gamma \cdot \langle f \rangle^N$ 仅仅是标量，与黏塑性应变率这个二阶张量形成等价需要塑形势能函数提供塑形屈服方向形成二阶张量。

塑形势能函数最基本的形式与屈服函数相同，表示沿屈服面垂直方向屈服势最大，屈服方向垂直于屈服面。

对于 Mises 屈服准则，有

$$\frac{\partial\left(\sqrt{3J_2}-\sigma_{Y0}\right)}{\partial\sigma_{ij}}=\frac{\sqrt{3}}{2\sqrt{J_2}}S_{ij} \tag{1.70}$$

即对于金属类满足 Mises 屈服准则的材料，屈服方向与偏应力方向完全一致。

对于 Drucker-Prager 屈服准则，有

$$\frac{\partial\left(\sqrt{3J_2}-\alpha I_1-\beta\right)}{\partial\sigma_{ij}}=\frac{\sqrt{3}}{2\sqrt{J_2}}S_{ij}-\alpha\delta_{ij} \tag{1.71}$$

即满足 Drucker-Prager 屈服准则的材料，屈服方向在 π 平面上与 Mises 屈服准则一致，如图 1.33 所示，但由于静水压力的影响，屈服函数并不垂直于静水压力轴。

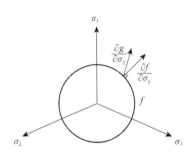

图 1.33　π 平面上势函数对比

Drucker-Prager 屈服准则屈服判定适合混合料这类既存在级配嵌挤结构又存在胶结料黏聚力结构的材料。但当材料发生塑性流动时，塑性流动的方向往往会被骨架阻挡，材料的流动方向受到骨架的约束。由于混合料内部的级配排布具有一定的随机性，在实际的操作层面，往往采用数学形式直接构造势函数，通过对蠕变等塑性试验中材料流动方向的观测，进行参数拟合，常用的势函数形式可参照 Drucker-Prager 屈服准则进行构造：

$$g=A\sqrt{J_2}-BI_1 \tag{1.72}$$

$$\frac{\partial g}{\partial\sigma_{ij}}=\frac{A}{2\sqrt{J_2}}S_{ij}-B\delta_{ij} \tag{1.73}$$

即假设在 π 平面上的投影仍垂直于屈面，但在静水压力轴上的投影则并不垂直屈服面。

五、沥青路面车辙预估方法

目前，国内外基本形成三种车辙的预估方法，即经验法、半经验-半理论法和理论法。由于经验法和半经验-半理论法都需要大量的实际路面车辙观测数据，而车辙一般需要几年甚至十几年才能形成，所以目前车辙预估方法仍以理论法为主流。理论法以弹性层状体系理论或黏弹性理论为基础[32]，计算路面体系内的应力，并利用路面沥青混合料永久应变和应力的关系来计算路面的永久应变，进而求出

车辙。理论分析方法主要包括层应变法和黏弹性方法，以黏弹性理论为基础的车辙计算方法逐渐成为理论计算方法的主流和发展趋势。

1. 弹性理论法

层应变法是把路面的每层划分成更小的亚层，以弹性层状理论为基础计算各亚层的应力分布，然后通过与室内试验的联系，预估路面各层永久变形造成的路表车辙，其计算公式为

$$\Delta P = \sum_{i=1}^{n} \varepsilon_i^{\mathrm{p}} \Delta_{z_i} \tag{1.74}$$

式中，ΔP 为总永久变形；$\varepsilon_i^{\mathrm{p}}$ 为每一亚层的塑性应变；Δ_{z_i} 为每一亚层的厚度。

这种方法的优点是理论简单，能基本满足工程精度的要求。其缺点如下。①只考虑了轮胎中心下区域的应力-应变，没考虑轮迹边缘的剪切变形；②永久变形仅依赖路面的弹性应力；③使用线性的或非线性的弹性理论和引起车辙的一些实际行为不相符(如轮迹边缘的剪切流动和荷载移动后发生的永久变形未模拟)；④预估不太精确。

还可以采用剪应变来描述沥青路面的车辙行为。这种方法是把路面模拟成多层弹性体系，沥青混凝土模量由恒定高度的重复荷载简单剪切实验(RSST-CH)得到。假设车辙由剪应变控制，并假设在轮迹边缘下 50mm 深度处的永久(非弹性)剪应变的累积计算公式为

$$\gamma^{\mathrm{i}} = a \exp(b\tau)\gamma^{\mathrm{e}} N^{c} \tag{1.75}$$

式中，γ^{i} 为在 50mm 深度处的永久(非弹性)剪应变；τ 为在同样深度处剪应力；γ^{e} 为弹性剪应变；N 为荷载重复次数；a、b、c 为回归常数。非弹性的剪切变形的累积以 1h 作为基础计算，车辙深度计算公式为

$$D_{\mathrm{R}} = K\gamma_j^{\mathrm{i}} \tag{1.76}$$

式中，γ_j^{i} 为在第 j 小时的非弹性剪应变；K 为常数。

这种方法的优点是考虑了轮胎边缘下的剪切变形，但是基于线弹性理论，与沥青混合料的黏弹性特性不符。

Shell 法是根据蠕变试验和轮迹试验的结果，在一系列假设条件基础上建立的系统的车辙预估方法。在 Shell 模型中假设蠕变试验中得到的沥青混合料劲度与沥青劲度的关系等同于沥青混合料黏滞部分劲度与沥青黏滞部分劲度的关系，进而用沥青混合料的劲度来代替反映沥青永久变形的沥青混合料黏滞部分劲度，并考虑动态修正，其车辙预估公式为

$$\Delta h = C_m \cdot \sum_{i=1}^{n} \frac{(\sigma)_i}{(S_{\text{mix}\eta})_i} \cdot h_i \tag{1.77}$$

式中，Δh 为沥青路面面层的车辙深度；C_m 为动态修正系数；$(\sigma)_i$ 为第 i 层内的平均压应力；$(S_{\text{mix}\eta})_i$ 为第 i 层混合料的黏滞劲度；h_i 为第 i 层的厚度。

另一种改进的层应变方法是将 Shell 法第 i 层混合料的黏滞劲度 $(S_{\text{mix}\eta})_i$ 定义为预估时刻沥青层黏滞部分的广义劲度模量，提出了一种使用车辙试验确定材料永久变形的车辙预估模型。改进的层应变方法可以达到结构设计和材料组成设计一体化。通过一些试验路的检验，表明该方法计算的车辙深度和车辙发展曲线梯度与实测值比较符合，但该方法还需要大量的实体工程来验证。

2. 线性黏弹性理论法

线性黏弹性理论法是把路面各层对荷载的反应假定为线性黏弹性，这种用黏弹性理论计算车辙的思想是值得借鉴的，所推导车辙公式也具有一定的普遍性。该方法在进行路面车辙计算时，首先采用弹性层状体系程序 Bisar 计算路面内的应力、应变分布；其次根据行车速度将静态应力、应变转化为时间的函数，即黏弹性应力、应变；最后结合所选用的流变学模型，并假定应力、应变之间为线性关系，提出沥青层永久变形预估公式为[33]

$$\Delta h = \int_0^t \int_0^h \varepsilon_{(z,t)} \mathrm{d}z\mathrm{d}t = \int_0^t \int_0^h \sigma_{(a,t)} / \eta_{(t)} \mathrm{d}z\mathrm{d}t \tag{1.78}$$

式中，Δh 为沥青层的永久变形；$\sigma_{(a,t)}$ 为沥青层 z 处竖向压应力；$\eta_{(t)}$ 为流变学模型的参数，即黏壶元件的黏度；t 为加载时间。

在以黏弹性理论为基础的方法中，美国联邦公路管理局提出的 VESYS 车辙预估模型最具有代表性。该模型认为，沥青路面的永久变形和应力、加载时间及路面弯沉等参数有关，且假设荷载重复作用之间有足够的间歇时间，并且每次荷载作用下面层弯沉不变，随着荷载作用次数的增加，永久变形量逐渐减小。这种方法的车辙预估值比实测值要小，而 20 世纪 90 年代发展的 VESYS-5 路面设计模型在精度上有了很大的提高。

3. 非线性黏弹(塑)性理论法

Sousa 等建立了一个非线性的黏弹塑性模型，该模型的黏弹性元件由 8 个 Maxwell 模型并联而成[34]。模型的黏弹性元件代表了荷载速率和温度依赖的黏结料。模型的弹塑性元件代表了沥青混合料中的骨料。采用了 Mises 塑性力学模型及其相关的流动规则，以及线性的各向同性和运动硬化定律。通过一系列的试验，最后得到车辙深度和最大永久剪应变之间的关系为

$$D_R = k\gamma_{max} \tag{1.79}$$

式中，D_R 为车辙深度；γ_{max} 为最大永久剪应变；k 为系数。

该模型的优点如下。①可以预估剪应力；②预估的残余变形是合理的；③考虑了材料的非线性，提高了预测的能力。其缺点如下。①广义的 Maxwell 黏弹性模型不能很好地描述沥青混凝土材料的黏弹性恢复；②塑性元件需要改进。

徐世法在分析沥青路面永久变形时，应用了线性黏弹性理论，采用了"四单元五参数"的模型，也提出了一种预估车辙的方法[27]。其计算公式为

$$D_R = W_p(1 + K_L)C_d \tag{1.80}$$

式中，D_R 为车辙深度，mm；W_p 为沥青层的竖向永久变形(即厚度减薄量)；K_L 为侧向隆起系数，取 0.5；C_d 为动态修正系数。

这种方法的优点如下。①直接考虑了运动的轮载；②用时间依赖的特性去定义应力-应变状态，符合沥青混凝土的黏弹性特性；③考虑了材料的侧向塑性流动。但是"四单元五参数"模型反映的是沥青混合料的总变形，其中包括部分可恢复的黏弹性变形，预估的车辙偏大，而且在实际应用中确定材料的参数比较困难。

4. 有限元法

实践证明，理论法是相对完善的方法，而作为理论法的数值发展——有限元法，可以克服层状理论的缺点，能正确地确定路面的应力状态，在各种复杂荷载组合作用下模拟整个车辙区域，并可以方便地计算和区分各种非线性应力和变形。有限元法可以在一个有限元模型里应用多个本构关系，从而进行复杂的模拟，并且能够在一个模型中部分或全部模拟路面车辙的非线性特性最终得到一个合理的车辙预测结果。虽然有限元法尚未发展到特别成熟的阶段，但在合理准确的力学模型下精度较高，尤其是投入费用少，能节约大量人力和物力等资源。目前，很多研究者采用商用有限元软件 ABAQUS、ANSYS 和 MARC 等来建立车辙的预估模型。由于计算机计算容量和效率都在快速提高，使用这种方法更加合理和经济。

综上所述，车辙预估方法的发展经历了以下过程。①从理论研究方面来看，随着计算机技术和黏弹性理论的发展，其发展过程从弹性理论到黏弹性理论，从线性黏弹性理论到非线性黏弹性理论；②从计算方法来看，其从弹性层状体系的解析向有限元数值分析的方向上发展。综合评价以上车辙预估方法，可以得出以下结论。

(1) 目前对于车辙预估的研究通常只考虑沥青层本身的永久变形，而基层和土基的永久变形较小，尤其是半刚性基层结构，对其永久变形考虑相对较少。

(2) 经验法和半经验-半理论法虽然在特殊条件下可靠度较高，但由于其较强

的地域局限性以及试验过程中材料参数确定的复杂性，应用范围受到限制，不能得到推广。因此，由经验向理论过渡是车辙预估中的一种趋势。

(3) 预估方法中的弹性层状体系理论虽然得到了相对广泛的应用，但并不能合理地反映沥青混合料的材料-荷载特性。与之相比，黏弹性理论对沥青混合料材料特性的描述更为准确，且使用非线性黏弹性理论预估比线性黏弹性理论预估更精确。另外，计算机技术的迅速发展与应用为其提供了更广阔的发展空间。

(4) 理论法(含有限元法)现阶段仍然存在材料特性模型和参数确定困难、计算步骤复杂、预估精度不理想等问题。与其他方法相比，理论法模型本身更为合理，不存在通用性的问题。一般而言，只要力学模型构建合理，理论法是最有发展前途的预估方法。

(5) 有限元法作为理论法的数值发展，可以克服层状体系理论的缺点，能够准确地确定复杂荷载作用下路面的应力状态，考虑车辙的整个区域，是路面车辙预估的一个发展方向。随着车辙预估模型中黏弹塑性理论和流变模型等力学模型的引入和不断发展，以及有限元分析工具的应用，国内外对车辙预估的研究正朝着通用、高精度的方向发展。

第三节　沥青路面车辙的防治思路

一、沥青路面结构与组合

1. 对半刚性基层沥青路面结构组合的思考

与国外的沥青路面相比，我国的沥青路面结构形式具有以下特点。①我国的沥青路面主要为半刚性基层类型，而国外除了半刚性基层沥青路面外，柔性基层沥青路面结构形式占较大的比例；②我国沥青路面结构总厚度与国外的总厚度大体相同，但面层厚度却小于国外。我国的沥青路面沥青层总厚度一般不超过 18cm，而国外大部分公路的沥青层总厚度至少为 20cm。

国外的经验和研究表明，较厚的沥青面层有利于降低沥青层底的拉应变，从而降低其疲劳开裂的可能性，同时，大部分车辙主要发生在沥青层表面。对于薄的沥青面层，由交通量引起的土基应变会对车辙产生较大的影响，并且容易产生贯穿沥青层的裂缝。值得注意的是，我国早期修建的京津塘高速公路和后来修建的广深高速公路都比同期修建的其他公路使用寿命长。经对比分析，重要原因就是这两条路都采用了较厚的沥青面层。

多年的使用经验表明，半刚性基层虽然在力学性能和经济上具有很好的优势，但是由于材料本身的缺陷，如温缩及干缩开裂、水稳定性较差等，路面在使用一段时间后往往出现开裂、唧浆、松散等破坏现象，路面使用性能下降，大大缩短了公路沥青路面的使用寿命。我国修建的高速公路半刚性基层沥青路面多达不到设计使用年限，一般使用 5 年左右就需要进行大修或中修，严重妨碍了高速公路的畅通。

半刚性基层沥青路面的主要病害为半刚性基层到沥青面层的反射裂缝。半刚性基层在温度变化和水分散失时容易产生较大的收缩变形，从而形成基层的收缩裂缝，铺筑沥青面层后，在行车荷载作用下，基层的收缩裂缝会反射到沥青面层。初期的路面裂缝对路面的服务性能影响很小，但是在行车荷载、雨水的作用下会进一步扩展，并导致唧泥、路面变形等病害，严重影响道路的使用性能。我国已建成高等级公路的使用状况调查表明，半刚性沥青路面的裂缝问题日益突出，已成为该路面结构形式的主要病害。

与我国发展情况类似，欧美发达国家的高速公路沥青路面结构也经历了一个演变的过程，从目前路面的结构形式来看，除了半刚性基层以外，其他不同基层也占了很大的比例，这些道路的使用寿命一般远大于我国的沥青路面的使用寿命，可达 20 年左右。

2. 对沥青路面结构面层厚度的思考

目前，我国进行半刚性基层沥青路面设计时，存在这样一种观点，认为沥青路面的车辙与沥青层的厚度关系很大，沥青层越厚，车辙越大。为了防止车辙，必须采用薄的沥青层，甚至把减薄沥青层作为抵抗重载交通的一种技术措施。再加上与国外设计理念的不同，认为半刚性基层是主要的承重层，而沥青面层只起保证行车平稳、舒适、保护基层与延长基层的使用寿命等功能，不起强度作用，于是出现"强基薄面"的现象。然而这种路面结构存在很大问题，出现了严重的早期病害，原以为不会发生的车辙变形也很大。

沥青层厚度是影响车辙的重要因素，但是不能认为沥青层厚度越大，车辙越严重。实际上，在其他条件不变，当小于某一临界厚度时，随着沥青层厚度增加，车辙增大，是增函数；当大于该临界厚度时，沥青层厚度的增加不会使车辙无限制地增大。1997 年英国通过对干线公路 M6 等 51 条道路的柔性路面进行开挖调查发现，对于施工良好的沥青路面，当沥青层厚度大于 18cm 时，车辙的发生速率迅速降低。也就是说，当沥青层厚度小于 18cm 时，增大沥青层厚度会使车辙显著增加，而沥青层厚度超过 18cm，增加厚度对车辙增大的影响就很小了。沥青层厚度在 18~36cm 时，车辙深度与沥青层厚度的关系不大。

对我国沥青路面的使用情况调查发现，我国两条最厚沥青层高速公路京津塘高速公路和广深高速公路，其车辙情况并不严重，这两条路没有使用改性沥青，沥青层是极普通的密级配沥青混凝土，当地的温度、荷载也同样苛刻。京津塘高速公路沥青层厚度为 20～25cm，广深高速公路的沥青层厚度超过 30cm。这两条高速公路在通车十余年内并没有发生大的车辙，京津塘高速公路因为车辆控制，白天高温时段没有重载车通行也许是车辙发生较小的一个因素，而广深高速公路的车辙深度也只有 10mm 左右。然而，与广深高速公路相接的广佛高速公路，车辙深度却大得多。在其他高速公路上，沥青层普遍只有 12～16cm，发生了很大的车辙变形，并且只发生在沥青层，半刚性基层几乎没有变形。我国其他一些试验路，如山西祁临高速 ALF 试验段和江苏沿江高速试验路等，都发现沥青层厚度较大的沥青路面结构并没有产生较大的车辙变形，相比半刚性基层沥青路面，厚度增大对抗车辙能力没有明显的不利影响。

3. 沥青路面结构"由刚变柔"

大规模采用柔性基层是国外沥青路面的一个重要特点。柔性基层可以从根本上消除沥青路面反射裂缝。同时国外的应用结果表明，采用较厚的沥青路面层和柔性基层的路面结构具有较长的使用寿命，且路面病害(如车辙、开裂等)往往发生在路面上层，而不易像半刚性基层沥青路面那样出现由下向上的结构性破坏。这样，路面维修时只需要对路面上层进行修复而不必从基层开始处理，大大节省了路面维修的费用和时间，减少了对交通的影响。

柔性基层沥青路面是以沥青类材料、粒料等作为基层的沥青路面。欧美及日本等很多地区和国家的高速公路沥青路面结构中大部分采用柔性基层，而沥青稳定碎石是最常用的基层材料。级配碎石主要用于中、轻交通道路基层。组合式基层沥青路面是以柔性基层与半刚性底基层组合使用的路面。半刚性材料作为底基层，其上不直接铺筑沥青混凝土面层，其间有沥青碎石基层或者粒料基层作为半刚性基层与沥青层之间的过渡层。设置碎石过渡层的结构也称为倒装结构、三明治式基层沥青路面等。从本质上说，其属于柔性基层沥青路面，但与完全采用柔性基层的沥青路面有区别。最常用的结构形式为沥青混凝土面层+沥青碎石基层+半刚性底基层，或者沥青混凝土面层+沥青碎石基层+粒料过渡层+半刚性底基层。

以柔性基层或组合式基层代替半刚性基层可以缓解我国沥青路面反射裂缝的难题。但对于此类路面结构，人们普遍担心车辙问题，并存在这样一种观点：半刚性基层沥青路面的车辙仅发生在沥青面层，而组合式基层沥青路面由于采用了沥青稳定碎石基层，加厚了沥青层，车辙变大；对于柔性基层沥青路面，车辙更加严重，其不仅包括沥青层自身的永久变形，还包括级配碎石层和路床的永久变形。因此，柔性基层或组合式基层沥青路面抗车辙性能比半刚性基层沥青路面差。但事实并不一定如此，经过良好设计的柔性基层或组合式基层沥青路面的抗车辙性能并不亚于半刚性基层沥青路面。主要原因是柔性基层或组合式基层刚度较小，使得面层对柔性基层的作用应力较为均匀，则沥青面层内应力也相对较小，从而变形不大。半刚性基层沥青路面中基层和土基的永久变形量虽然不大，但是面层的变形量很大，相对柔性基层或组合式基层并没有显现出特别的优势。

耐久性沥青路面通常是指在 40～50 年的设计年限期间不发生结构性损坏，仅需要对面层进行维护的长寿命沥青路面。耐久性路面是一种按照不同的破坏模式进行设计的路面结构。下面层沥青用量较高(富油层)，或者路面整体较厚，使得下面层的拉应变减小到不显著的水平，能够很好地抵抗由下至上的疲劳开裂。较高的沥青用量还能提供耐久性。中面层通过集料之间的嵌挤结构提供抗车辙能力，合适的材料和集料表面较厚的油膜保证了其耐久性。沥青上面层具有抗车辙、抗老化、抗疲劳开裂、耐磨损的特点，一般采用 SMA 或密级配的 Superpave 混合料。一些地区为了提高表面排水能力采用开级配磨耗层。耐久性路面示意图如图 1.34所示。

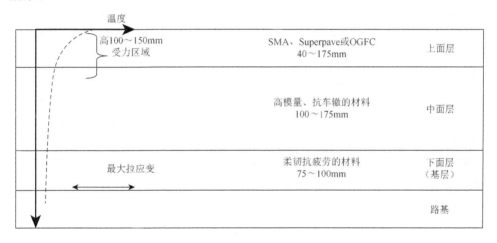

图 1.34 耐久性路面示意图

理论分析表明，耐久性路面在使用期间不会出现结构性损坏，仅需要对面层的破坏情况进行观测，发现裂缝到了一定深度再进行维护。理论分析和试验研究均发现，对于具有较厚沥青层的结构，破坏大多出现在面层。由于只需对面层进行处理，维护十分方便、快速，而且费用低，对交通影响小。因此，对于重交通量道路和主要机场，其优势带来的经济效益十分可观。

4. 沥青路面结构"由柔变刚"

国内外关于长寿命路面的研究中，有相当一部分是基于刚性基层的耐久性沥青路面。其结构设计理念是，按功能合理设置路面结构层，要求路面结构的上面层为车辆提供良好的行驶界面，具有足够的抗滑能力及较强的抗车辙、抗低温变形和抗磨耗的能力；中间层具有良好的不透水性和良好的高、低温稳定性；基层具有优良的抗疲劳能力和耐久性。一般而言，设计良好的刚性基层沥青路面的使用寿命较长，能保持较高的服务能力，相对减少行程时间费、车辆运行费和事故费。

此外，可以考虑通过提高沥青面层的刚性来改善路面的路用性能等。常规沥青路面为柔性路面，在高温季节渠化交通的作用下，容易产生车辙等病害。许多发达国家已将半柔性路面在各级公路和城市道路中铺筑使用。半柔性路面指在母体沥青混合料(空隙率高达 20%~28%)路面中，灌入以水泥为主要成分的特殊浆剂而形成的路面，具有高于水泥混凝土的柔性和高于沥青混凝土的刚性的特点。

二、沥青面层材料优化技术

大量调研结果表明，中面层是车辙控制的关键。一般来说，在高温条件下，上面层温度较高，承受的压应力最大，但剪应力比中面层要小。此外，上面层选用的结合料和集料均为优质材料，沥青结合料在 60℃以上的高温条件下仍具有较高的黏结强度，混合料抗车辙能力较强，所以产生的车辙变形并不大；中、下面层所受压应力虽然比上面层小，但中面层所受剪应力比上面层大，在持续高温季节中，中、下面层的温度均可达到 50℃以上，已超过所使用基质沥青的软化点，此时沥青结合料的黏度急剧下降，抗剪强度大幅降低，沥青混合料抗车辙性能大幅度下降，产生的车辙变形量增大，并且下面层的厚度要大于上面层和中面层的厚度。因此，中、下面层产生的车辙深度要大于上面层的车辙深度，有很大的改善余地。为了有效地防治车辙，有必要对中下面层沥青混合料进行优化设计，以提高其抗车辙能力。

1. 沥青改性技术

为了提高沥青路面抗车辙能力，可以通过改善集料的嵌挤作用，而沥青结合料的品质与沥青结合料路用温度下的黏度也是影响沥青混合料抗车辙能力的关键因素，直接关系混合料的黏聚力。目前用于提高沥青混合料的高温稳定性的改性剂如下。

1) RESIN ALLOY 抗车辙剂

RESIN ALLOY(RA)抗车辙剂是我国交通运输部公路科学研究院自主研发的一种高效抗车辙剂，其系列产品已经通过了交通运输部组织的中试试验，实现了规模化生产，并在十多个代表性项目的实体路面工程中进行了工程应用，掺量一般为混合料质量的 0.3%~0.5%。RA 抗车辙剂具有突出的抗车辙性能和抗水损坏性能，适合在大交通量、重载路段和高温多雨地区的高等级公路中使用，在市政道路公交车停车站、交叉路口和山区公路的长上坡路段、重载工业区道路等车辙现象突出的地段也非常适合。

2) PR PLAST.S 抗车辙剂

法国的 PR PLAST.S 抗车辙剂在欧洲数十个国家已有多年的应用经验。通过国内实验室的室内研究分析以及多条重载高速公路多年实际使用经验，发现添加 PR PLAST.S 抗车辙剂的沥青混合料能明显提高高温抗车辙能力，在低温抗裂和水稳定性方面也有所提高，使沥青混合料的综合性能得到显著改善，尤其在高温、重载路段能够增加路面使用年限，具有较高的经济效益。

3) DUROFLEX 添加剂

德国的 DUROFLEX 添加剂是一种高强度沥青混凝土改性剂，对沥青混合料的水稳定性和高温稳定性能改善的效果非常显著，能够显著提高沥青路面的抗车辙病害能力。添加 DUROFLEX 能够大大延长道路的使用寿命，减少道路养护量，全面节约道路的建设成本和养护成本。在欧亚各国的使用实践证明：DUROFLEX 添加剂适用于各类道路，是高速公路和重载交通道路改性剂中的高性价比产品。DUROFLEX 添加剂一般用量为沥青混合料的 0.5%~0.8%，上面层用量一般为 0.8%，下面层用量一般为 0.3%~0.5%。掺入方式是在拌制沥青混合料时，直接将 DUROFLEX 添加剂加入拌和锅中。DUROFLEX 添加剂必须与矿料同时进入拌和锅内，以保证添加剂和矿料混合均匀。

4) 其他抗车辙剂

"车辙王"抗车辙剂适合铺筑在大交通量、重载较多的路段和夏季气温较高地区的高速公路中面层上。在普通沥青混合料中掺加 0.3%~0.5%的车辙王，即可显著提高沥青混合料的高温性能，并可改善抗水损坏性能、抗低温开裂性能等。

路面强力剂(pavement strong, PS)可大幅度提高沥青路面的高温稳定性，同时对其他路用性能也有不同程度的提高。PS 的干拌时间应控制在 5~10s。

路孚 8000 是一种性能良好的改性剂，可以有效地改善道路的高温、低温、水稳定性能，尤其是高温性能方面，因此适用于高温地区重交通高等级公路沥青路面、重载车较多的地区和上坡等地方，具有优良的性价比。

各类添加剂的改性效果不尽相同，价格差异也比较大。面对市场上种类繁多的抗车辙添加剂，工程人员在选择添加剂时须综合考虑工程项目对改性效果的要求以及经济效益。

2. 纤维改性技术

提高沥青混合料的高温稳定性的另一种途径是在混合料中掺加纤维，纤维作为一种高强、耐久、质轻的增强材料，能极大地提高沥青路面的力学性能和使用寿命。纤维沥青混凝土就是掺入纤维的沥青混凝土，通过纤维的加筋与桥接作用来提高沥青混合料的力学性能。纤维的种类、材料一直是国内外工程界学者研究的对象。

纤维通常分为硬纤维和软纤维两类。硬纤维通常是指经过拉、拔、轧、切工艺制作的钢纤维。软纤维是由合成纤维制成的,一般分为两类,一类为木质素纤维、聚酯纤维、聚丙烯腈纤维等聚合物有机纤维;另一类为石棉纤维、玻璃纤维、玄武岩纤维等矿物无机纤维。目前路用纤维主要集中在木质素纤维、聚酯纤维和矿物纤维三大类,其性能比较如表1.11所示。通常情况下,木质素纤维掺量不宜小于沥青混合料总质量的0.3%;聚酯纤维可提高沥青路面中后期抵抗车辙的能力和改善沥青混合料的水敏感性,其掺量控制在0.2%~0.25%比较合适;矿物纤维掺量不宜小于沥青混合料总质量的0.4%。

表 1.11　纤维性能比较

项目	木质素纤维	聚酯纤维	矿物纤维
长径比	较大	较大	最大
抗拉强度	低	较高	最高
耐热性	差	较好	好
吸油性	好	较差	较好
与沥青的黏附性	好	好	好
化学稳定性	不稳定	较稳定	稳定
施工性	一般	较好	好
成本	较高	高	低

无论哪种纤维,都能较好地改善沥青路面的力学性能,提高其抗车辙的能力,从而延长道路使用寿命。针对不同的气候环境、不同的道路性能要求以及经济基础,需要对纤维的类型、用法、用量等进行慎重选择。当然纤维的使用也不一定局限在以上几个方面,在条件允许的情况下应该进行一些新的探索,如几种纤维的混合使用,或者研制新型高性能、环保、低成本的纤维等。

3. 沥青调配技术

调配沥青是指将主配沥青和其他若干种调配沥青以及各种添加剂按照一定的比例掺和的沥青,其目的是弥补主配沥青在某些性能上的不足。通常用于改善主配沥青抗车辙性能的调配沥青有岩沥青、湖沥青和低标号硬质沥青。

1) 岩沥青

岩沥青是不断从壳中冒出,存在于山体、岩石裂隙中的石油,经长期蒸发凝固而形成的天然沥青,是一种碳氢脂类化合物。岩沥青一般用在重交通区域,以减少沥青路面车辙现象。室内研究结果和工程实践表明:加入岩沥青后,岩沥青改性沥青混合料马歇尔稳定度提高,流值减少。岩沥青改性沥青混合料动稳定度相比基质沥青有很大提高，抗高温车辙的效果非常明显。最大的可提高 5.82 倍，最小的也能提高 2.05 倍。岩沥青改性沥青混合料残留稳定度和劈裂强度明显高于基质沥青，且随着岩沥青掺量的增加而增大，混合料水稳定性大幅度提高。加入岩沥青后，可大幅度提高沥青混合料的抗疲劳性能，且抗疲劳性能随着岩沥青掺量的增加而提高。需要注意的是，天然沥青的掺量不应过高，一般为 8%~15%，以保证改性后沥青的路用性能。

2) 湖沥青

湖沥青全称特立尼达天然湖沥青，与从石油中提炼的普通沥青不同，其是性能稳定、使用广泛、储存量大的纯天然沥青，该沥青的质量成分稳定性远远超过普通石油沥青和 SBS 改性沥青。特立尼达改性沥青的老化过程十分缓慢，高温下的稳定性和抗变形能力强。以湖沥青作为调配沥青，可使沥青混合料的高温性能、低温性能和水稳定性得到显著改善，物理力学性能优良。湖沥青在道路工程主配沥青中的掺量一般为 25%~30%。据资料分析，应用湖沥青铺设的路面均具有下列特性。①结合料具有持久的稠度特性(耐老化)；②结合料的温度敏感性降低；③提高了高温条件下的动稳定度和承载能力；④改善了繁重荷载下的变形抵抗性；⑤改善了寒冷地区和繁重荷载下的开裂抵抗性；⑥在各种气候条件下均具有良好的韧性；⑦良好的路面表面功能；⑧提高了燃料油渗漏的抵抗性；⑨使用周期长，使用寿命可达 20~50 年。

使用调配沥青虽然能够改善主配沥青某些方面的性能，但是也可能导致某些性能或指标下降，因此在选择调配沥青时，应该注意道路所在地区的气候状况，根据需要改善的性能指标，选择调配沥青的类型及其合适的掺量。在保证其他性能满足要求的情况下对某些性能进行改善，如果因为某些性能下降而导致严重的后果，调配沥青便失去了其使用价值。

3) 低标号硬质沥青

硬质沥青在国外道路中的应用已有很多先例，也可用于改善沥青混合料的路用性能。例如，硬质沥青掺配聚烯烃类，将其改性成高劲度胶结料，可用于基层或底基层。当前国内已经能够生产针入度较低的硬质沥青，《公路沥青路面施工技术规范》(JTG F40—2004)明确提到了 30 号沥青，但仅要求该种沥青用于沥青稳定基层。

实际上，采用硬沥青作结合料的沥青混凝土结构层有较高的模量，较强的抗高温车辙和向下层传递荷载的能力，适用于重载交通条件下的高等级公路路面结构。同时，稠沥青与集料有良好的黏结性能，可有效提高抵抗荷载的作用，提高抗水损害性能和抗疲劳性能。近年来，硬质沥青在国外已越来越多地应用于面层。应用结果表明，路面不仅具有较好的抗车辙性能，而且路面微观构造的衰减也比其他沥青材料要慢，性能显著。另外，硬质沥青还用于制造泡沫沥青，降低沥青的黏度，提高沥青材料对集料的包裹能力和黏附性，应用于常温拌沥青混合料，在路面施工经济、环保的条件下，达到提高路面抗变形能力。

4. 骨架型级配设计

为设计出抗车辙沥青混合料，除了采用外掺剂、高黏度沥青以外，改善矿料级配使之充分嵌挤也是一种有效的方法。目前众多级配设计理论多以最大密实度为目标进行设计，但由于各设计理论所依据的工程经验和设计理念不同而形成了不同的级配设计理论。近年来，在重载交通条件下，沥青路面的车辙成为一种常见病害形式，相应的级配设计理论也发生了明显的变化，混合料的骨架特性受到越来越多的重视，并提出了相应的骨架型混合料设计方法，其中典型的有贝雷法和 SAC 设计方法。

1) 贝雷法

贝雷法[35]是由美国以利诺州交通部贝雷(Bailey)发明的一套确定沥青混合料级配的方法，该方法设计的沥青混合料具有良好的骨架结构，同时可以达到密实的效果。贝雷理论认为，沥青混合料矿料组成中可以分为形成骨架的粗骨料和形成填充的细集料。根据平面模型，形成填充的粒径与骨料直径的关系根据圆形与片状的不同，系数为 0.15～0.29。统一考虑，形成第一级填充的细集料平均直径为公称最大粒径的 0.22，即公称最大粒径乘以 0.22 为主要控制粒径(PCS)。其设计原理是级配要求细集料的体积数量等于粗集料空隙的体积。同样，细集料也按照此原理分成细集料中的粗集料和细集料中的细集料，并形成依次的填充状态。贝雷法级配设计理论如图 1.35 所示。

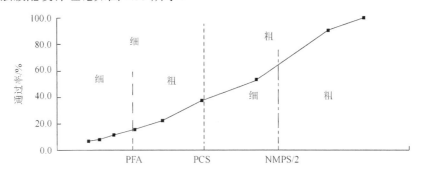

图 1.35　贝雷法级配设计理论

PFA：细集料的粗细分界粒径；NMPS：公称最大粒径

为进一步对粗集料(CA)的不同粒径进行约束，采用 CA 比指标对粗集料的级配进行约束，要求 CA 比为 0.4～0.8。根据美国的经验，如果 CA 比大于 1，则混合料无法形成良好的骨架结构；如果 CA 比小于 0.4，则混合料容易产生离析并难以压实。

$$CA比 = \frac{P_{NMPS/2} - P_{PCS}}{100\% - p_{NMPS/2}} \tag{1.81}$$

式中，$P_{NMPS/2}$ 为公称最大粒径的 1/2 所对应筛孔的通过率；P_{PCS} 为关键筛孔的通过率。

为确定细集料中较粗部分与较细部分的比例关系，将 PCS 乘以 0.22 对应的筛孔作为细集料中的粗细分界点 FA_C，将 FA_C 乘以 0.22 作为 FA_F 点，然后根据 FA_C 比和 FA_F 比确定各部分的组成含量，一般要求 FA_C 比和 FA_F 比小于 0.5。

$$FA_C比 = \frac{P_{FA_C}}{P_{PCS}} \tag{1.82}$$

$$FA_F比 = \frac{P_{FA_F}}{P_{FA_C}} \tag{1.83}$$

贝雷法的计算和修订过程非常复杂，需要计算每一种原材料在混合料中可能形成的状态，以及根据原材料级配的不均匀性修正骨料的分布和数量，整个过程需要有相应的试验规程和计算机设计程序。

2) SAC 设计方法

SAC 设计方法[36]中，SAC 矿料级配分三部分，即粗集料、细集料和填料。粗、细集料的分界线统一定为 4.75mm，即 4.75mm 以上集料为承重的主体。对于粗集料，描述其级配曲线的幂函数应该具有较大的幂值，而用于填充孔隙的细集料则要求比较密实。所以，描述细集料级配曲线的幂函数应该具有较小的幂值，两段曲线连接在一起组成一根完整的中断级配曲线。计算时只需设定三个或四个控制筛孔(公称最大粒径、4.75mm、4.75～0.075mm 的某个筛孔和 0.075mm)的通过率，利用式(1.84)～式(1.86)即可求得初试级配。

粗集料级配计算公式为

$$P_{d_i} = A(d_i / D_{max})^B \tag{1.84}$$

$$P_1 = A(d_1 / D_{max})^B \tag{1.85}$$

$$P_2 = A(d_2 / D_{max})^B \tag{1.86}$$

式中，d_i 为某筛孔尺寸，mm；P_{d_i} 为筛孔尺寸 d_i 的通过率，%；D_{max} 为矿料的最大粒径，mm；P_1 为公称最大粒径筛孔通过率，%；P_2 为 4.75mm 筛孔通过率，%；d_1 为公称最大粒径筛孔尺寸，mm；d_2 为 4.75mm；A、B 为系数。

联立式(1.84)和式(1.85)可求得系数 A、B 的值，然后将其代入式(1.86)即可求得粗集料任意筛孔的通过率。

细集料级配计算公式与粗集料级配计算公式相同，只是将式(1.84)右侧的 D_{max} 改为 4.75mm，并联立式(1.87)和式(1.88)：

$$P_2 = A(d_2/4.75)^B \tag{1.87}$$

$$P_3 = A(d_3/4.75)^B \tag{1.88}$$

式中，P_3 为 0.075mm 筛孔的通过率，%；d_3 为 0.075mm；其余参数与上述相同。

将系数 A、B 值代入细集料级配计算公式即可求得细集料任意筛孔的通过率。连接两条级配曲线即得到所需初始级配。得到初始级配后，可根据原材料试验数据进行级配初步检验，称为 VCA_{DRF} 检验。其原理是使粗集料形成的空隙率由细集料体积、填料体积、沥青体积和压实成型后所要求的剩余空隙率填满。

粗集料在沥青混凝土中所处的状态，不仅与矿料级配有关，还与试件制作所采用的方法有很大的关系。当初试级配经初步检验调整后，即可选用适当的方法进行试件的制作，同时用压实成型试件的粗集料骨架间隙率对级配进行再次检验与调整，称为 VCA_{AC} 检验，其原理是对预定类型密实结构的沥青混凝土，其压实成型试件的粗集料骨架间隙率恰好由细集料、填料、沥青的体积和预留的空隙率填满。

5. 大粒径沥青混合料

研究表明，我国大部分面层用热拌沥青混凝土的公称最大粒径不超过26.5mm，这一类面层的潜在问题之一就是沥青用量普遍较高。高温季节，沥青路面在车辆反复碾压下产生塑性流动以及附加压密从而形成车辙。如何提高沥青路面抗车辙能力，成为一个很重要的研究课题。在这一领域，有代表性的研究方向是大粒径碎石沥青混合料(large stone asphalt mixes，LSM)，其矿料的最大粒径为25～63mm。美国、英国、南非、日本、澳大利亚、加拿大等对大粒径沥青混合料进行了较深入的研究，修筑了许多试验路，开发了大粒径沥青混合料设计程序，并制定了大粒径沥青混合料基层设计和施工指南。应用结果表明，不同集料的公称最大粒径会显著影响沥青混合料的性能，使用较大公称尺寸的集料，在减少沥青用量的同时，还能提高沥青混合料的稳定性和抗滑性能。

大粒径碎石沥青混合料作为下面层时，优点在于通过增大粒径，可降低沥青用量，在不增加造价的情况下，可以增强沥青路面的抗车辙能力。大粒径沥青混合料作为基层，有很强的柔性和变形能力；作为应力消散层，大大延缓路面反射裂缝的发生。此外，大粒径沥青碎石基层可以与沥青混凝土面层黏结牢固，并且由于其模量接近，路面结构受力更均匀。大粒径碎石沥青混合料的骨架稳定性是其高温稳定性的关键。良好的骨架作用使集料承受荷载后具有较小的变形和较高的承载能力。若大粒径沥青碎石没有形成骨架作用，在高温、慢速加载、粗集料形成的结构层太厚或组合排列的稳定性较差时，有可能产生失稳破坏。一旦粗集料骨架失稳，将大大削弱骨架的支撑作用，其混合料的受力和传力作用将不再由固体颗粒承担，而是由固体颗粒的摩擦力来完成，最易破碎面是沿集料间空隙较大的接触面。因此，保证和提高大粒径沥青碎石的骨架作用是提高其稳定性、避免失稳的前提。另外，大粒径碎石沥青混合料容易在施工过程中出现离析问题。如何解决离析问题从而使大粒径碎石沥青混合料最大程度地发挥其优势，是一个亟待解决的问题。

大粒径碎石沥青混合料的抗车辙能力越高,是否等同于集料粒径越大抗车辙能力越高呢？从集料粒径角度来看，传统思路认为：最大粒径越大，沥青混合料的抗车辙能力越强。因为集料的级配从很大程度上影响着沥青混合料的高温稳定性。沥青混合料的抗剪强度取决于混合料的黏结力 c 和内摩擦角 φ，矿料粒径越大、越粗糙、φ 值越大，高温稳定性越强。但是，对于表面层来说，单纯增大集料公称粒径对沥青路面抗车辙能力的影响并不显著。车辙试验表明，对AC-13、AC-16、AC-25 混合料，动稳定度并没有显著差别。许多资料表明，在最佳沥青含量时，中粒式沥青混凝土车辙最小，细粒式次之，粗粒式大于细粒式，沥青碎石最大。因此，对增大集料粒径特别是对于表面层，应该重新审视或者换一个角度来思考。考虑到增大公称最大粒径并不一定能获得更好的抗车辙能力，可尝试增加同一公称粒径下粗集料的含量，相当于从另一个角度增大了集料的粒径。

三、运营期主动预防

在选材考究、结构设计合理、施工质量保障的基础上，是否就不会出现车辙病害或者可以放松对车辙病害防治的警惕呢？显然是不可以的。一条公路从建设期到运营管理期，会受到各种自然、人为因素的影响，由于各种原因，无法达到理想的使用效果。出现问题后才去治理会降低道路使用质量和缩短道路使用寿命。基于此，对于道路使用过程中常见的车辙等病害，可以从运营管理期开始，采取"主动预防"的策略，变被动为主动，维持道路使用质量、延长道路使用寿命。运营管理期的"主动预防"可以从以下几个角度着手。

1. 路面温度控制

高温对沥青的劲度模量影响非常大，即会对沥青混合料的抗车辙性能产生非常大的影响。根据跟踪观测结果，气温低于30℃一般不会有大的车辙，甚至气温低于35℃，即路面温度低于55℃的情况下，车辙能够控制在几毫米的范围内，而当气温超过 38℃，沥青路面长时间处于高温状态，在外部荷载的作用下很容易产生流动变形，车辙会很快增长。如果气温连续超过 40℃，几天就会出现严重的车辙病害，车辙深度以厘米级速度发展。因此，持续高温天气是车辙产生的主要外因，控制这一因素尤为重要。虽然不能直接对气温进行控制，但是可以通过一系列措施对路面温度进行控制，只要达到降低路面温度的目的即可。对路面温度进行控制的措施主要有洒水降温、增加路面热反射涂层和热阻层等。

1) 洒水降温

城市道路中最常见的降温措施就是洒水车洒水降温。在路面温度超过 50℃时，定期、定时对路面进行洒水，在降低路面温度的同时还要保证不能造成水损坏。洒水需要在达到沥青路面软化点时间前 30min 进行，洒水次数根据当地气温决定。当采用洒水车进行路面洒水降温时，洒水车速度一般在 30km/h 左右，洒水必须均匀，且主要集中在路面行车道。洒水后要对路面温度进行观测，当路面温度接近洒水前温度时要进行再一次洒水。前面所述高速公路特殊路段，如桥梁铺面、隧道内路面或者长大纵坡等，同样也可以进行洒水降温[37]。

采用路面洒水的措施能够在短时间内有效降低路面温度，有效预防路面车辙病害的发生。洒水降温作为高速公路预防性养护具有不影响交通、费用低的特点，特别是针对已建成运营通车的高速公路具有参考价值。

2) 路面热反射涂层

针对高温引发的沥青路面车辙问题，在沥青路面表面涂布一层热反射涂料，可大大增加路面的反射率，降低路面的吸热量，如图 1.36 所示。

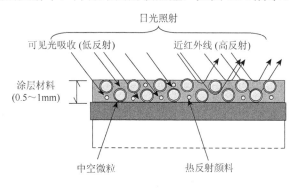

图 1.36　热反射涂层示意图

热反射涂层是一种涂覆于物体表面的功能性涂层材料，其对太阳辐射中的可见光波段(0.4～0.76μm)和近红外波段(0.76～2.5μm)具有高反射率，并将吸收的热能以长波(2.5～15μm)的形式辐射到外部空间，从而在不消耗能量的情况下降低太阳光吸收，抑制涂层表面温度的上升，起到隔热降温作用。

将这种涂料涂在沥青路面的表面,在强烈的太阳光热辐射下可以减缓沥青路面的温度上升,且太阳光照射越强烈,沥青路面升温越大,从而在很大程度上降低太阳光热辐射的危害。相关研究表明,在夏季高温季节,热反射涂层可有效降低路面温度 5~10℃,从而大幅度提高沥青混合料的高温稳定性,减少路面车辙病害的发生。需要特别注意的是,随着热反射涂层用量的增加,路面抗滑性降低。

3) 热阻层

沥青路面热阻主要从改变沥青路面的热物特性入手,采用隔热类骨料,改变沥青混合料自身的热物特性,实现对沥青路面温度场的自主控制,减少热能在沥青混合料中的累积,降低路面温度,从根本上解决路面的车辙问题。

由于陶粒导热系数低 [0.10~0.30W/(m·K)],用其配制的混凝土导热系数大大降低。密度等级 D1700 左右的粉煤灰陶粒混凝土,其导热系数为 0.70~0.85W/(m·K)。密度等级为 D1900 的陶粒混凝土,其导热系数为 1.01W/(m·K),而普通混凝土则高达 1.80W/(m·K)。因此,与普通沥青混合料相比,在混合料中掺20%的陶瓷就可以使试件上下表面的温度差从 3.5℃增大到 8.5℃,说明陶瓷有很好的隔热作用,在沥青混合料中掺加陶瓷可以有效降低温度在路面中的累积。在一定高温作用下,功能、厚度适宜的热阻层可以改善路面结构温度场,降低炎热气候下中下面层沥青混合料的工作温度,维持沥青混合料的高温稳定性,从而减少路面车辙病害的发生。

2. 高温时段交通控制

对于客观条件气温和路面温度无法改变时,可针对高温时段采取交通控制措施。由于高温时段沥青软化,路面承载能力下降,产生车辙的可能性大大增加。在显著影响路面车辙分析的基础上,本书建立连续变温的日车辙预估模型[38]:

$$RD = 6 \times 10^{-3} \times \left(-77.63 + T_a^{\max} + 1.374 T_a^{\min} + 1.361 Q\right) \times p^{1.43}$$
$$\times \left(1 - e^{-(0.063t)^{3.031}}\right), \quad R^2 = 91.5\% \tag{1.89}$$

式中,RD 为日总车辙深度,mm;$T_a^{\max}$ 为日最高气温,℃;$T_a^{\min}$ 为日最低气温,℃;Q 为日太阳辐射总量,MJ·m^{-2};p 为轮胎平均接地压力,MPa;t 为对应时刻,h。

不考虑太阳辐射的简化车辙预估模型,其形式为

$$RD = 11.1 \times 10^{-3} \times \left(-34.98 + T_a^{\max} + 0.57 T_a^{\min}\right) \times p^{1.43}$$
$$\times \left(1 - e^{-(0.063t)^{3.031}}\right), \quad R^2 = 86.9\% \tag{1.90}$$

至此,可以根据具体的气象数据和交通条件,利用式(1.89)和式(1.90)计算车辙,进行具体条件下的车辙预估。在计算车辙时,各气象参数和交通参数可以是

具体一天的数据，也可以利用较长时期(如一个月)内相应的分类统计值进行计算并汇总得出。

如不考虑太阳辐射的影响，对式(1.90)求解一阶和二阶导数，分别得到沥青路面日车辙发展速率和加速度，图 1.37 和图 1.38 分别给出了某一气象条件下沥青路面日车辙发展速率和加速度的变化曲线。

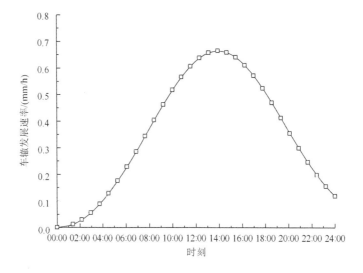

图 1.37　沥青路面日车辙发展速率

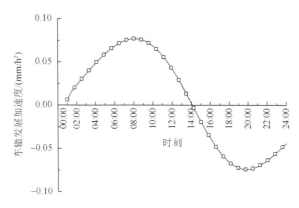

图 1.38　沥青路面日车辙发展加速度

研究表明，在 14:00 左右沥青路面日车辙发展速率最大，原因为 14:00 左右路面温度可能达到最高值，且此时的交通量也较大。在 14:00 之前，沥青路面升温，交通量也逐渐增大，路面车辙呈加速发展趋势；14:00 之后，虽然交通量仍然较大，但路面开始降温，车辙呈减速发展趋势。沥青路面车辙发展加速度在 8:00 和 19:00 左右分别出现峰值和峰谷，可以以沥青路面日车辙发展加速度曲线上的峰值对应时刻为每天车辙开始时刻 t_s，峰谷对应时刻为每天车辙终止时刻 t_e，显然这两种时间与气象条件密切相关。

根据以上方法，利用每天的气象预报数据或多天的平均数据，并根据实际道路的代表交通条件，进行车辙预估，根据车辙发展速率采取相应措施，以防止车辙在短期内快速、大量产生，有效保护路面的使用质量，延长道路的使用寿命。具体措施如下。在高温季节，宣传引导车辆，尤其是速度相对较低的重载货车避开车辙产生的高温时段($t_s \sim t_e$)，在温度相对较低的晚间出行，这样既有利于道路的保护，又有利于避免车辆在高温下行驶出现疲劳驾驶以及爆胎事故发生的危险。调节交通的时间分布，避开高温时段出现大量的交通量(尤其是低速重载车辆)，是减少车辙产生的有力措施。除此之外，鉴于道路车辙损害的使用成本因素，可以在高温季节的高温时段适当提高道路通行费用，而在温度较低的晚间则适当降低通行费用。采取这种分时段的收费方式既尊重了道路使用者的权利和个别特殊情况下不可拖延的必要通行需求，又在提高道路建设成本回收量的同时，通过经济杠杆作用使交通量的时间分布得以自动调节。

第二章　重载慢速交通下沥青混合料的变形特性

第一节　沥青胶浆高温流变特性

事实上，在混合料中沥青结合料先与矿粉发生剧烈的物理化学反应，形成性能更为稳定的沥青胶浆，沥青胶浆对沥青混合料抗车辙性能有着非常重要的影响。

一、粉胶比对沥青胶浆高温流变特性的影响

1. 不同粉胶比下的针入度和软化点

研究采用 SK-70 号基质沥青和石灰岩矿粉,其技术性质分别见表 2.1 和表 2.2。选取 0.6、0.8、1.0、1.2 和 1.4 5 个粉胶比制备沥青胶浆，分别测试其针入度和软化点，试验结果如图 2.1 和图 2.2 所示。

表 2.1　SK-70 号基质沥青的技术性质

项目		测定值
针入度(25℃，5s，100g)/(0.1mm)		61
软化点 $T_{R\&B}$/℃		46
60℃动力黏度/(Pa·s)		173
10℃延度/cm		>100
15℃延度/cm		36
密度/(g·cm^{-3})		1.037
薄膜加热老化(TFOT)后	质量变化/%	0.6
	针入度比(25℃)/%	50
	残留延度(10℃)/cm	5
	残留延度(15℃)/cm	12

表 2.2　石灰岩矿粉的技术性质

项目		测定结果
表观密度/(g·cm⁻³)		2.695
含水量/%		0.5
不同粒径范围占比/%	<0.075mm	100
	<0.6mm	93.7
	<0.15mm	79.7
外观		无团粒结块

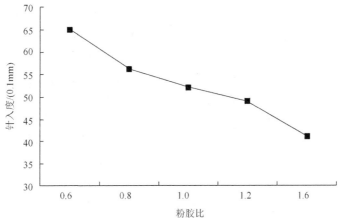

图 2.1　针入度随粉胶比变化

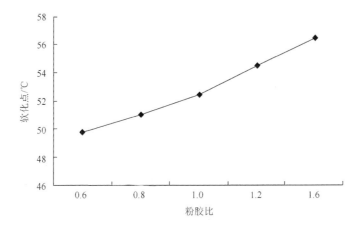

图 2.2　软化点随粉胶比变化

研究表明，随着粉胶比的增大，针入度递减，软化点递增，说明粉胶比越大，沥青胶浆稠度和黏度越高，高温性能越好。从矿粉与沥青形成复合材料的过程看，矿粉颗粒吸附部分自由沥青形成高黏度结构沥青，而结构沥青比例越高，沥青胶浆的高温性能越好。

2. 粉胶比与抗车辙因子的变化规律

动态剪切流变仪(DSR)通过测量沥青胶结料的复数剪切模量(G^*)和相位角(δ)来表征沥青胶结料的黏性和弹性性质。

动态剪切流变仪的工作原理是，将沥青夹在一个固定和一个能左右振荡的板之间，如图2.3所示，振荡板从A点开始移动到B点，又从B点返回经A点到C

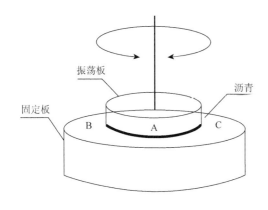

点，然后再从C点回到A点，形成一个循环周期。试验角速度为10rad/s，约相当于频率1.59Hz。试验采用两块ϕ25mm和ϕ8mm的平行板，间距对应分别为1mm或2mm。

所施加的荷载为正弦荷载，其应力-应变波形如图2.4所示。复数剪切模量$G^* = \tau_{max}/\gamma_{max}$，作用应力和由此产生的应变之间的时间滞后称为相位角δ。

图2.3　动态剪切流变仪工作原理

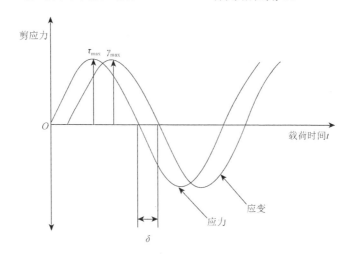

图2.4　黏弹性材料应力-应变波形图

对于绝对弹性材料，荷载作用时，应力与应变是完全同步的，其相位角δ等于 0°；黏性材料应力和应变响应不能保持同步，时间上有较大的滞后，相位角 δ 接近 90°。在通常的路面温度和交通荷载情况下，沥青同时呈现出黏性和弹性性质，通过测试 G^* 和 δ，可以了解沥青在使用状态下的黏弹特性。

为了准确表征沥青性能，需要 G^* 和 δ 两个参数。图 2.5 为两种具有相同 G^*(对角线长度)而相位角 δ 不同沥青的 DSR 测量，沥青 A 比沥青 B 弹性小，沥青 B 比沥青 A 黏性小。如果作用相同荷载，沥青 A 会呈现较多的不可恢复(永久)变形，而沥青 B 有相对较大的弹性分量，其变形恢复要多一些。

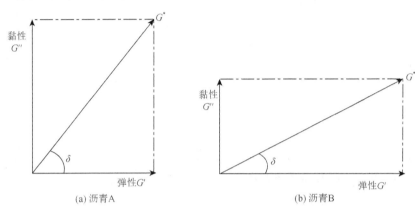

图 2.5　DSR 测量

复数剪切模量 G^* 是材料重复剪切变形时总阻力的度量，包括两部分：弹性(可恢复)部分和黏性(不可恢复)部分。δ 是可恢复和不可恢复变形数量的相对指标。$G^*/\sin\delta$ 为抗车辙因子，用来表示沥青材料抗永久变形能力，在最高路面设计温度下，其值越大，表示沥青的流动变形越小，抗车辙性能越好。

试验选取 A1、A2 两种沥青分别制备沥青胶浆，在 64℃、70℃ 和 76℃ 下进行 DSR 试验，应变水平为 12.0%，角速度为 10.0rad/s，试验结果如图 2.6 所示。

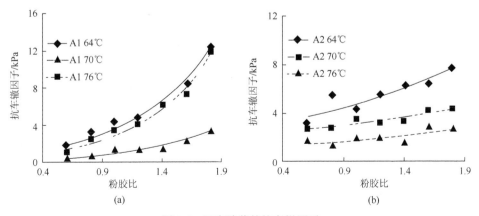

图 2.6　沥青胶浆的抗车辙因子

抗车辙因子 $G^*/\sin\delta$ 与粉胶比 F/A 呈指数关系，即

$$G^* / \sin \delta = ae^{b(F/A)} \tag{2.1}$$

式中，a、b 为回归系数，如表 2.3 所示。

表 2.3　抗车辙因子与粉胶比的回归系数

沥青胶浆	回归系数和 R^2	温度/℃		
		64	70	76
A1	a	0.758 7	0.518 0	0.192 2
	b	1.578 1	1.765 4	1.616 5
	R^2	0.937 5	0.947 7	0.877 9
A2	a	2.568 9	2.073 2	1.067 7
	b	0.616 7	0.406 6	0.504 0
	R^2	0.791 9	0.855 3	0.538 5

研究表明，抗车辙因子随着粉胶比的增大呈指数增大，但不同沥青胶浆的相关性存在差异，这可能与沥青的性质有关。

二、温度对沥青胶浆高温流变特性的影响

A1、A2 两种沥青胶浆抗车辙因子随温度的变化分别如图 2.7 和图 2.8 所示。研究表明，不同类型沥青胶浆的抗车辙因子均随着温度的升高而减小，但下降速率存在很大差异。

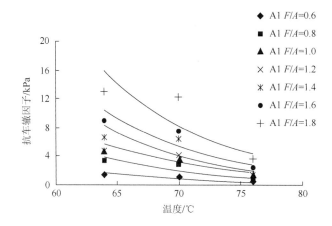

图 2.7　A1 沥青胶浆抗车辙因子随温度变化

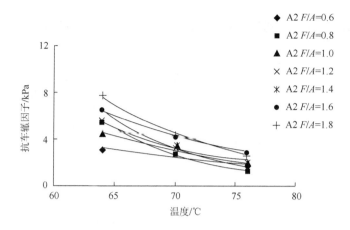

图 2.8　A2 沥青胶浆抗车辙因子随温度变化

沥青胶浆的抗车辙因子随温度的变化规律为

$$G^* / \sin \delta = A e^{BT} \tag{2.2}$$

式中，T 为温度，℃；A、B 为回归系数，如表 2.4 所示。

表 2.4　抗车辙因子与温度的回归系数

沥青胶浆	回归系数和 R^2	F/A						
		0.6	0.8	1.0	1.2	1.4	1.6	1.8
A1	A	3 738.4	7 440.3	2 076.9	3 359.2	20 492	12 385	17 893
	B	−0.120 2	−0.118 1	−0.093 7	−0.099 7	−0.122	−0.110 6	−0.109 7
	R^2	0.892 6	0.862 9	0.908 5	0.816 5	0.758 6	0.836 8	0.783 6
A2	A	83.558	13 380	250.37	1 379.6	10 534	495.04	1 907.8
	B	−0.050 6	−0.121 7	−0.062 5	−0.086 4	−0.115 7	−0.067 8	−0.086 3
	R^2	0.926 7	0.998 9	0.946	0.998 2	0.991 2	0.998	0.995 6

回归系数 A 的绝对值越小，沥青胶浆的感温性越小。研究结果表明，两种沥青感温性能存在差异，沥青胶浆 A2 的感温性较小；随着粉胶比的增大，沥青胶浆对温度的敏感性增大。

三、慢速荷载条件沥青胶浆高温流变特性

1. Superpave 对沥青结合料等级的调整

按照路面温度来选择结合料等级，仅对应于一般公路荷载条件的基本要求。在这种情况下，假定路面承受快速、瞬时的设计荷载。然而实际中，公路的荷载状态更为复杂，尤其是在高温设计状态，荷载速度对性能具有更为显著的影响。

在 Superpave 沥青性能规范中根据交通速度和荷载调整沥青结合料的等级(PG)，如表 2.5 所示。

表 2.5　Superpave 对沥青结合料等级的调整

设计 ESAL /10^6	调整沥青结合料 PG		
	停滞荷载	慢速荷载	标准荷载
<0.3	—	—	—
0.3～3	2	1	—
3～10	2	1	—
10～30	2	1	—
>30	2	1	1

在上述标准中，对标准荷载等的定义如下。停滞交通为平均交通速度小于20km/h；慢速交通为平均交通速度 20～70km/h；标准交通为平均交通速度大于70km/h。对于大部分设计 ESAL，当为慢速荷载时，需要增加一个高温等级；当为停滞荷载时，需要在标准荷载的基础上增加两个高温等级。

2. 不同角速度下的 DSR 试验结果

用 DSR 测试沥青胶结材料的黏弹性特征时，当荷载施加速度，即振荡板的角速度 ω 较大时，振荡频率 f 较大，荷载作用在沥青胶浆上的时间较短；反之，当角速度 ω 较小时，振荡频率 f 较小，则荷载作用时间较长。在一定温度下，荷载作用时间越长，其黏性部分表现越突出。对于实际路面上存在荷载作用时间更长的慢速荷载，可以通过改变 DSR 的角速度 ω 来分析行车速度对沥青胶结料和沥青路面黏弹性的影响，行车速度 v 与角速度 ω 的关系如表 2.6 所示。根据 Superpave 对荷载速度的定义，将 80km/h 定为标准速度，相应的角速度为 10rad/s；将 50km/h 定为慢速荷载速度，相应的角速度为 6.52rad/s；将 20km/h 定为停滞荷载速度，相应的角速度为 2.83rad/s。DSR 试验结果如图 2.9～图 2.11 所示。

表 2.6　行车速度与角速度的对应关系

行车速度 v/(km/h)	作用时间周期 T/s	频率 f/Hz	角速度 ω/(rad/s)
80	0.628	1.59	10
50	0.963	1.04	6.52
20	2.217	0.45	2.83

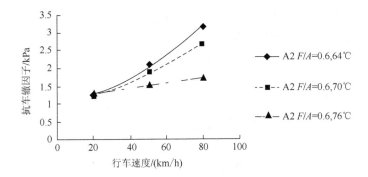

图 2.9　抗车辙因子与行车速度的关系(*F/A*=0.6)

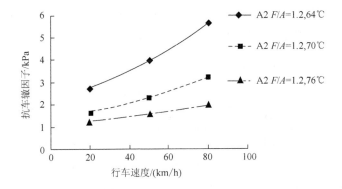

图 2.10　抗车辙因子与行车速度的关系(*F/A*=1.2)

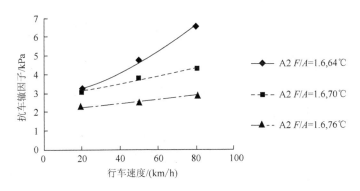

图 2.11　抗车辙因子与行车速度的关系(*F/A*=1.6)

　　研究结果表明，沥青胶浆的抗车辙因子均随着角速度的增大而增大，即行车速度越慢，抗车辙因子越小。沥青胶浆的抗车辙因子与行车速度存在较好的指数关系，如式(2.3)所示：

$$G^* / \sin \delta = m \mathrm{e}^{nv} \tag{2.3}$$

式中，$G^*/\sin\delta$ 为抗车辙因子，kPa；v 为行车速度，km/h；m、n 为回归系数。

沥青胶浆在慢速交通代表的角速度下测得的抗车辙因子，与该沥青胶浆在升高一个温度等级的标准角速度下测得的抗车辙因子相近，表明车速的降低与温度的升高之间存在等效性。

第二节　沥青混合料的蠕变变形特性

一、沥青混合料级配选择与试件制备

选取 SMA-13、AC-20 和 AC-25 三种混合料类型进行蠕变试验，其级配组成如表 2.7 所示。其中，SMA-13 采用 SBS 改性沥青，AC-20 和 AC-25 采用 70 号基质沥青，最佳沥青用量分别为 5.8%、4.5% 和 4.4%。

表 2.7　沥青混合料的级配组成

沥青混合料	各筛孔(mm)通过率/%												
	31.5	26.5	19	16	13.2	9.5	4.75	2.36	1.18	0.6	0.3	0.15	0.075
SMA-13	100	100	100	100	95	65	30	21	19	16	13	12	10
AC-20	100	100	95.0	85.0	75.0	64.0	43.0	29.0	18.0	12.0	10.0	6.5	5.0
AC-25	100	96.0	87.0	78.0	67.5	52.5	35.0	21.0	13.5	9.0	7.0	5.5	4.5

根据前面分析，对于公称最大粒径不超过 37.5mm 的混合料，能够准确描述混合料整个变形特性的最小直径为100mm，最小高径比为1.5。一般可以采用静压法直接成型直径圆柱形试件，但由于试验设备和操作等，静压成型试件高度和试件空隙率难以准确控制。另外，直接成型的试件表面粗糙、不光滑，不利于施加围压和测量位移。早期对沥青混合料进行的单轴静载蠕变试验是采用马歇尔击实方法成型试件，这种试件在锤击成型时，易造成部分集料的破碎和试件端部空隙率小而中部空隙率大，这与实际路面情况不符，也不宜采用。旋转压实仪(SGC)通过搓揉成型试件，其压实过程更接近实际路面的压实效果，减少了集料在压实过程中的破碎，集料形状排列更接近实际路面的压实效果，试件内部空隙率分布均匀。

因此，本书采用旋转压实成型试件。先根据空隙率要求以旋转压实成型直径150mm、高165mm 的圆柱体试件，再从压实样品中心钻取直径 100mm、高 150mm 的试验芯样；芯样侧面和端面应光滑平顺，凹凸差值应在 0.05mm 以内；端面应与轴向垂直，端面与轴向所成角度的偏差不得超过 0.5°。

二、蠕变试验方案

1. 蠕变试验的应力水平

为准确分析沥青混合料在行车荷载下的实际抗变形能力，需选择与沥青面层在行车荷载下的实际应力状态相近的应力水平进行试验。Shell 静载蠕变试验应力为 0.2MPa，本书试验施加的基本轴向应力为 0.2MPa。为比较不同应力水平的影响，还选取了 0.4MPa 和 0.6MPa 的应力水平。

为了使试验机压头与试件端面良好接触，避免加载时对试件的冲击和卸载时压头与试件脱空，以及防止偏心荷载，通常要对试件施加预加荷载。但是，预载应力水平不能太高，否则沥青混合料的永久变形就会在预压应力下部分完成。Shell 静载蠕变试验中建议预载水平为 2%，本书研究中，在试件和压头与底座直径放置双层乳胶膜，在乳胶膜之间涂润滑脂，采用 15kPa 的预载应力。

2. 蠕变试验的温度水平

对于我国半刚性基层沥青路面，其车辙主要发生在沥青面层位置，而沥青路面的车辙一般发生在夏季，气温高于 25℃，当沥青路面温度达到 40℃以上时，沥青层内部温度甚至会更高。研究发现，在 40~60℃，温度每升高 5℃，混合料的变形将增加 2 倍。因此，必须选择与沥青面层内实际温度状态相近的温度水平进行试验。

试验的温度可以采用有效路面温度作为标准温度，有效温度的定义为在该单一温度下的永久变形等于考虑整年内每月温度变化所计算的永久变形。由于较高的温度对沥青混合料变形影响更大，所以建议采用较高温度水平与其他试验参数组合进行试验。SPT 推荐的有效温度为 25~60℃，Shell 静载蠕变试验温度为 40℃，本书研究拟采用的试验温度分别为 40℃、50℃和 60℃。

3. 蠕变试验步骤

蠕变试验的应力和温度水平如表 2.8 所示，对每种试验条件下的试件进行平行试验 2~3 次，具体试验步骤如下。

(1) 将试件置于环境室，使其稳定到规定的试验温度(40℃、50℃、60℃)；

(2) 温度稳定后，在底部压盘上放置减少摩擦的端部处理片；

(3) 对试件进行预压，检测 LVDT 反应是否正常，并调整 LVDT 到线性范围的开端；

(4) 慢慢增大荷载至预定水平，按要求调整平衡电子测量系统；

(5) 关闭环境室足够时间(一般为 10~15min)使试件和环境室的温度达到稳

定，再进行保温至试验温度后，对试件施加荷载(0.2MPa、0.4MPa、0.6MPa)，试验时间为 3600s，若试验中发生试件破坏即可停止试验；

(6) 试验结果分析。

表 2.8　沥青混合料蠕变试验条件

沥青混合料类型	温度/℃	应力/MPa
SMA-13	40、50、60	0.2、0.4、0.6
AC-20	40、50、60	0.2、0.4、0.6
AC-25	40、50、60	0.2、0.4、0.6

三、蠕变试验结果分析

1. 温度变化的影响

在应力相同、温度不同的条件下，三种沥青混合料的试验结果如图 2.12～图 2.14 所示。图中，横坐标为时间的对数，纵坐标为应变的对数。图例命名规则为"温度，应力"，温度单位为℃，应力单位为 MPa。

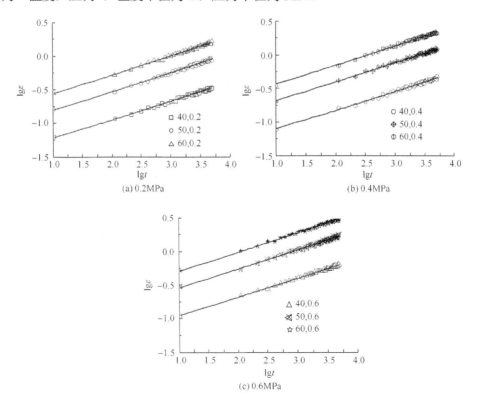

图 2.12　应力相同、温度不同条件下，AC-20 沥青混合料的蠕变应变

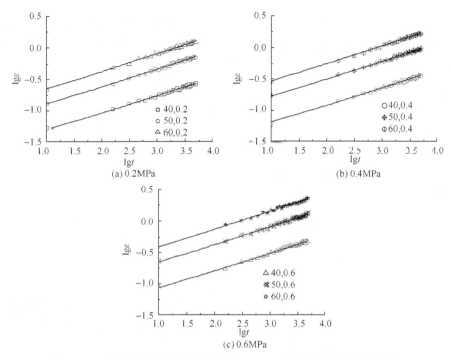

图 2.13　应力相同、温度不同条件下，AC-25 沥青混合料的蠕变应变

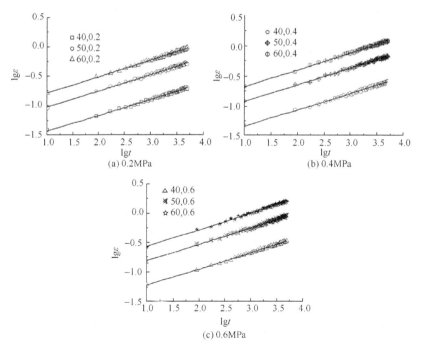

图 2.14　应力相同、温度不同条件下，SMA-13 沥青混合料的蠕变应变

研究结果表明，三种沥青混合料的蠕变规律基本一致，即在相同的应力水平下，温度越高、荷载作用时间越长，沥青混合料的蠕变应变越大。也可以发现，不同温度下三种沥青混合料的蠕变曲线具有几何相似性，时间和温度对沥青混合料蠕变的影响具有等效性。可以运用时间-温度等效原理的 Williams-Landel-Ferry(WLF)方程，将温度为 T 条件下蠕变曲线向参考温度 T_0 下的蠕变曲线平移，得到蠕变主曲线，从而可以通过较高温度短期蠕变行为来预测较低温度下长期的蠕变行为。

2. 应力变化的影响

在温度相同、应力不同的条件下，三种沥青混合料的试验结果如图 2.15～图 2.17 所示。图中，横坐标为时间的对数，纵坐标为应变的对数。

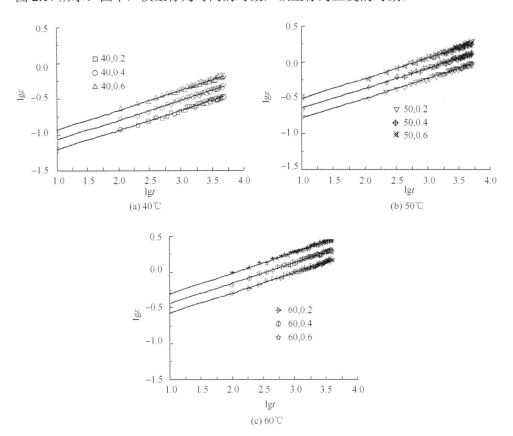

图 2.15　温度相同、应力不同条件下，AC-20 沥青混合料的蠕变应变

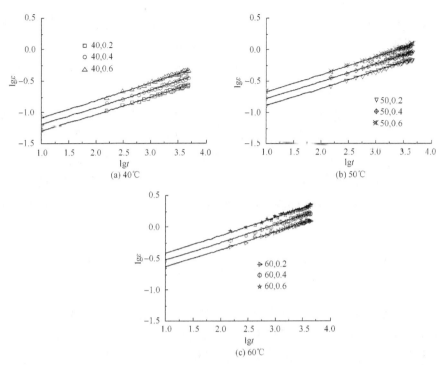

图 2.16　温度相同、应力不同条件下，AC-25 沥青混合料的蠕变应变

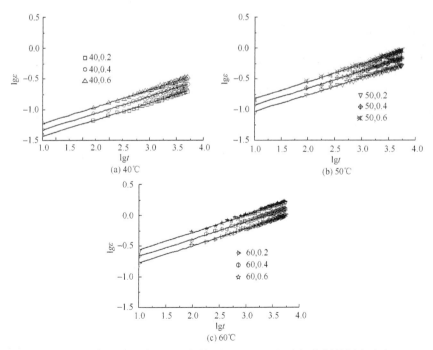

图 2.17　温度相同、应力不同条件下，SMA-13 沥青混合料的蠕变应变

研究结果表明，同一温度下，应力水平增大，在相同的荷载作用时间下变形会随之增大；同一应力水平下，在相同的荷载作用时间下，蠕变会随温度升高而增大。不同应力水平下的蠕变曲线具有几何相似性，这与温度升高的蠕变行为类似，即时间和应力对沥青混合料蠕变的影响也具有等效性。

但是，WLF 方程只能反映沥青混合料力学性能的时间-温度相关性，并不能反映沥青混合料的时间-应力相关性。沥青混合料在使用过程中，不仅受到温度场、时间场的共同作用，同时还受到应力场的作用。尤其在夏季高温季节，重载渠化交通往往使材料处于高温、高应力和长时间的环境中，对材料使用性能的研究只考虑时间和温度的因素是不够的，必须对时间-温度-应力三者之间的关系进行研究。

第三节　沥青混合料时间-温度-应力等效性

上述试验结果表明，沥青混合料的力学特性不仅具有温度依赖性，而且具有显著的应力依赖性，但 WLF 方程仅能反映沥青混合料的时间-温度相关性。因此，本节根据不同温度和应力条件下的蠕变试验结果对时间-温度-应力等效性展开分析。

一、时间-温度-应力等效原理

1. 时温等效原理和 WLF 方程

沥青混合料的性质受温度和荷载作用时间的影响很大[39]。许多材料的黏弹性能随温度发生变化，常温下没有明显蠕变特性，在较高温度时会产生显著的变形与流动，即使温度变化不大，也会改变材料的力学性能。对于黏弹性材料，同样的力学性质可以在高温-高荷载频率或在低温-低荷载频率下得到。

根据自由体积理论，材料黏度 η 与其自由体积分数 f 之间满足 Doolittle 方程：

$$\ln \eta = \ln A + B\left(\frac{1}{f} - 1\right) \tag{2.4}$$

式中，η 为材料的黏度；f 为自由体积分数，$f = V_f / V$，V_f 为材料自由体积，V 为材料总自由体积；A、B 为回归系数。

时温等效原理认为，沥青混合料自由体积分数 f 与温度 T 呈线性关系：

$$f = f_0 + \alpha_T (T - T_0) \tag{2.5}$$

式中，α_T 为自由体积分数的热膨胀系数；f_0 为材料在参考温度 T_0 下的自由体积分数。记时温移位因子 $\phi_T = \eta/\eta_0$，η 为温度 T 下的黏度，η_0 为参考温度 T_0 下的黏度，则有

$$\lg \phi_T = \frac{B}{2.303}\left(\frac{1}{f} - \frac{1}{f_0}\right) = -\frac{B}{2.303 f_0}\left[\frac{T - T_0}{f_0/\alpha_T + (T - T_0)}\right] = \frac{-C_1(T - T_0)}{C_2 + (T - T_0)} \quad (2.6)$$

式(2.6)就是著名的 WLF 方程，其中 $C_1 = B/(2.303 f_0)$，$C_2 = f_0/\alpha_T$，均为材料常数。WLF 方程在沥青混合料黏弹性力学性能的时间-温度相关性研究中得到了广泛应用。据此可以求出温度相对于参考温度变化而引起的频率变化因子，得到较宽频率下高聚物的力学性能。

2. **非线性黏弹性体的时间-应力等效原理**

非线性黏弹性体的时间-应力等效原理假设应力导致的自由体积分数变化同温度对材料自由体积分数的影响，线性依赖于应力水平的变化。综合考虑温度和应力对黏弹性材料自由体积分数的影响，自由体积分数可表示为

$$f = f_0 + \alpha_T(T - T_0) + \alpha_\sigma(\sigma - \sigma_0) \quad (2.7)$$

式中，α_σ 为自由体积分数的应力膨胀系数；f_0 为材料在参考温度 T_0 和参考应力 σ_0 下的自由体积分数。假设存在温度-应力联合移位因子 $\phi_{T\sigma}$，使

$$\eta(T, \sigma) = \eta(T_0, \sigma_0)\phi_{T\sigma} \quad (2.8)$$

由此可得

$$\begin{aligned}
\lg \phi_{T\sigma} &= -\frac{B}{2.303 f_0}\left[\frac{\alpha_T(T - T_0) + \alpha_\sigma(\sigma - \sigma_0)}{f_0 + \alpha_T(T - T_0) + \alpha_\sigma(\sigma - \sigma_0)}\right] \\
&= -C_1\left[\frac{C_3(T - T_0) + C_2(\sigma - \sigma_0)}{C_2 C_3 + C_3(T - T_0) + C_2(\sigma - \sigma_0)}\right]
\end{aligned} \quad (2.9)$$

式中，$C_3 = f_0/\alpha_\sigma$。若无应力变化，式(2.9)退化为 WLF 方程。

定义恒温下的应力移位因子 ϕ_σ^T 和恒应力下的温度移位因子 ϕ_T^σ，使得

$$\eta(T, \sigma) = \eta(T, \sigma_0)\phi_\sigma^T = \eta(T_0, \sigma_0)\phi_T^{\sigma_0}\phi_\sigma^T = \eta(T_0, \sigma)\phi_T^\sigma = \eta(T_0, \sigma_0)\phi_\sigma^{T_0}\phi_T^\sigma \quad (2.10)$$

则有

$$\lg \phi_\sigma^T = -C_1 \frac{C_2}{C_2 + (T - T_0)}\left[\frac{C_2(\sigma - \sigma_0)}{C_2 C_3 + C_3(T - T_0) + C_2(\sigma - \sigma_0)}\right] \quad (2.11)$$

$$\lg \phi_T^\sigma = -C_1 \frac{C_3}{C_3 + (\sigma - \sigma_0)}\left[\frac{C_3(T - T_0)}{C_2 C_3 + C_3(T - T_0) + C_2(\sigma - \sigma_0)}\right] \quad (2.12)$$

由式(2.9)～式(2.12)可得

$$\phi_{T\sigma} = \phi_T^{\sigma_0}\phi_\sigma^T = \phi_\sigma^{T_0}\phi_T^\sigma \tag{2.13}$$

这说明若将温度为 T、应力为 σ 条件下沥青混合料的力学性能曲线向参考温度 T_0 和参考应力 σ_0 下的力学性能曲线移位，可以由温度-应力联合移位因子 $\phi_{T\sigma}$ 一步完成，也可以由恒温应力移位因子 ϕ_σ^T 和恒应力温度移位因子 ϕ_T^σ 分步进行。可运用上述等效原理对沥青混合料蠕变的温度、应力相关性进行分析。

二、时间-温度-应力移位因子的确定

以 AC-20 的试验结果为例，利用 MATLAB 软件，自定义曲线平移函数将 $\lg\varepsilon$-$\lg t$ 曲线直接平移拟合，获取恒应力温度移位因子、恒温应力移位因子，以及温度-应力联合移位因子。

1. 恒应力温度移位因子

以 50℃ 为参考温度，将其他温度下蠕变曲线向参考温度下蠕变曲线平移，可得到恒应力温度移位因子，如表 2.9 所示。

表 2.9　恒应力温度移位因子

应力/MPa	温度/℃	移位因子
	40	+2.55
0.2	50	0
	60	−0.75
	40	+2.31
0.4	50	0
	60	−0.61
	40	+2.18
0.6	50	0
	60	−0.53

注："+"表示左移，"−"表示右移。

采用 Origin 软件，自定义非线性拟合函数，得到回归系数：$C_1' = 1.888$，$C_2' = 17.771$，$R^2 = 0.9964$。

2. 恒温应力移位因子

以 0.4MPa 为参考应力，将其他应力下蠕变曲线向参考应力下蠕变曲线平移，可得到恒温应力移位因子，如表 2.10 所示。

表2.10　恒温应力移位因子

温度/℃	应力/MPa	移位因子
40	0.2	+0.54
	0.4	0
	0.6	−0.32
50	0.2	+0.38
	0.4	0
	0.6	−0.22
60	0.2	+0.21
	0.4	0
	0.6	−0.12

注："+"表示左移，"−"表示右移。

采用 Origin 软件，自定义非线性拟合函数，得到回归系数：C_1''=1.058，C_3'=0.762，R^2=0.8804。

3. 温度-应力联合移位因子

以 50℃、0.4MPa 为参考水平，可以用 3 种方法得到温度-应力联合移位因子。①直接将其他试验条件下蠕变曲线向参考水平平移，通过 MATLAB 自定义曲线平移函数得到温度-应力联合移位因子；②先进行恒温应力移位，再进行恒应力温度移位，移位因子之和即温度-应力联合移位因子；③先进行恒应力温度移位，再进行恒温应力移位，移位因子之和也为温度-应力联合移位因子。以 40℃、0.2MPa 的试验条件为例，通过 MATLAB 自定义曲线平移函数得到的温度-应力联合移位因子为 2.92；将 40℃、0.2MPa 的试验曲线先向 40℃、0.4MPa 试验曲线平移，由表 2.10 可得恒温应力移位因子为+0.54，再向 50℃、0.4MPa 的试验曲线平移，由表 2.10 可得恒应力温度移位因子为+2.31，则温度-应力联合移位因子为 2.31+0.54=2.85；将 40℃、0.2MPa 的试验曲线先向 50℃、0.2MPa 试验曲线平移，由表可得恒应力温度移位因子为+2.55，再向 50℃、0.4MPa 的试验曲线平移，由表可得恒应力温度移位因子为+0.38,则温度-应力联合移位因子为 2.55+0.38=2.93。温度-应力联合移位因子如表 2.11 所示。

表 2.11　温度-应力联合移位因子

方法	试验条件			
	40℃，0.2MPa	40℃，0.6MPa	60℃，0.2MPa	60℃，0.6MPa
直接平移	2.92	1.9	−0.39	−0.76
先恒温应力移位，再恒应力温度移位	2.85	1.99	−0.40	−0.73
先恒应力温度移位，再恒温应力移位	2.93	1.96	−0.37	−0.75

采用 Origin 软件，自定义非线性拟合函数，得到回归系数：C_1=1.589，C_2=16.797，C_3=3.79，R^2=0.8954。

三、蠕变主曲线的确定

根据前面分析，可知温度-应力联合移位因子分析方法具有一定的合理性，因此可采用直接平移的方法获取温度-应力联合移位因子,可以将不同温度和应力水平下沥青混合料的蠕变曲线移位至 50℃、0.4MPa 下的主曲线，AC-20 沥青混合料的蠕变主曲线如图 2.18 所示。

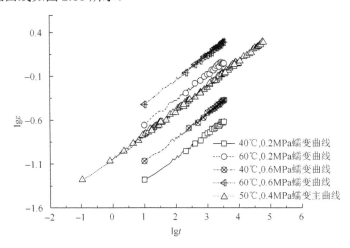

图 2.18　AC-20 沥青混合料的蠕变主曲线

通过较高应力和温度水平下沥青混合料短期蠕变行为预测较低应力和温度水平下较长期的蠕变行为，对研究沥青混合料的长期性能具有重要意义。

第三章　沥青路面永久变形数值分析方法

第一节　沥青路面的温度场分析

一、沥青路面温度场基本理论

在沥青路面温度场的理论计算中，主要涉及的问题是沥青路面内部的热量传递以及路表与环境之间的热量交换。由于降水产生的路表径流等问题较为复杂，本章研究忽略降水对于路面温度场的影响，仅研究晴朗天气的温度场特征。在晴朗天气的假设下，影响沥青路面温度场的热传递过程主要有四个：日照辐射、路面逆辐射、路表-大气热交换、路面内部热传导。以下将分别对其进行介绍。

1. 日照辐射

日照通过辐射的方式向路面传递热量，由于沥青路面一般为黑色，主要吸收其中的短波部分。路面对日照辐射的吸收方程可以用以下形式进行表示：

$$q_{abs} = \gamma_{abs} q_{sol} \tag{3.1}$$

式中，q_{abs} 为沥青路面的热吸收功率，$W \cdot m^{-2}$；q_{sol} 为日照辐射功率，$W \cdot m^{-2}$；γ_{abs} 为热辐射吸收率，与材料的颜色、纹理及类型有关，对于沥青混合料，其热辐射吸收率一般在 0.5~0.9。

2. 路面逆辐射

沥青路面在接受太阳辐射的同时，也向大气中辐射热量。热量的辐射遵循斯特藩-玻尔兹曼(Stefan-Boltzmann)定律：

$$q_{rad} = \varepsilon\sigma\left(T_{road}^4 - T_{atm}^4\right) \tag{3.2}$$

式中，q_{rad} 为路面的逆辐射功率，$W \cdot m^{-2}$；ε 为发射率，也称黑体辐射系数，主要受材料密度与颜色的影响，对于沥青路面，发射率一般在 0.8~0.9；σ 为 Stefan-Boltzmann 常数，$\sigma = 5.67 \times 10^{-8} W \cdot m^{-2} \cdot K^{-4}$；$T_{road}$、$T_{atm}$ 分别为路表与大气的热力学温度，K。

3. 路表–大气热交换

在忽略降水的影响下，路表与环境之间的接触热交换仅仅发生在路表与大气之间。固体与流体之间的热对流遵循牛顿冷却定律，即

$$q_{conv} = \gamma_{film} \left(T_{atm} - T_{road} \right) \tag{3.3}$$

式中，q_{conv} 为热对流功率，$W \cdot m^{-2}$；γ_{film} 为传热膜系数，$W \cdot m^{-2} \cdot ℃$。

4. 路面内部热传导

除路表与环境之间的热交换外，路面内部不同温度的材料之间，也发生热交换。固体之间的热交换遵循傅里叶定律：

$$q_{cond} = -\lambda \cdot \mathrm{grad}T \tag{3.4}$$

式中，q_{cond} 为热传导功率，$W \cdot m^{-2}$；λ 为固体的热传导率，$W \cdot m^{-1} \cdot ℃^{-1}$；$\mathrm{grad}T$ 为路面温度梯度，如式(3.5)所示：

$$\mathrm{grad}T = i\frac{\partial T}{\partial x} + j\frac{\partial T}{\partial y} + k\frac{\partial T}{\partial z} \tag{3.5}$$

对于路面而言，由于其长宽在尺度上远大于深度，对于其温度梯度的处理可以转化为沿深度方向的一维的形式，即

$$q_{cond} = -\lambda \cdot \mathrm{grad}T \tag{3.6}$$

因此，基于以上四种热交换方程，可以写出路面内部任意点的热平衡方程：

$$c\rho\frac{\partial T}{\partial t} = q_{abs} - q_{rad} + q_{conv} + q_{cond} \tag{3.7}$$

式中，c 为材料的比热容，$J \cdot kg^{-1} \cdot ℃^{-1}$；$\rho$ 为材料的密度，$kg \cdot m^{-3}$。

二、路面温度场边界条件

以上的热平衡方程在有限元的热分析模块中已经有完整的定义。因此，路面温度场的数值实现主要是对路面温度边界条件以及道路材料的热学参数定义。

路面温度场的边界条件与上一节中介绍的三种与路表相关的热传递方式一一对应。

1. 日照辐射边界条件

与日照辐射相对应的热边界在有限元软件ABAQUS中通过荷载(Load)模块的

面热流(Surface heat flux)功能实现。功能中需要对于日照辐射的幅值(Amplitude)进行定义。

　　路表位置的日照辐射功率精确值采用相应传感器采集的实际日照数据，在缺少数据的情况下，可在气象网站查询道路所在地区的历史数据。日照辐射功率在一天中随太阳的照射角度变化而变化，Barber 提出日照辐射功率随时间的变化可以用分段余弦函数进行表示[40]，如下所示：

$$q_{\mathrm{sol}}(t)=\begin{cases}0, & 0\leqslant t<12-\dfrac{c}{2}\\[2mm] q_0\cos\omega(t-12), & 12-\dfrac{c}{2}\leqslant t<12+\dfrac{c}{2}\\[2mm] 0, & 12+\dfrac{c}{2}\leqslant t<24\end{cases} \tag{3.8}$$

式中，q_0 日照辐射功率峰值，$\mathrm{W\cdot m^{-2}}$；c 为日有效日照时长，h；ω 为日照辐射变化角频率，$\omega=\dfrac{\pi}{c}$。

　　基于日照辐射功率的余弦函数假设，可以得到日辐射总能量与日照辐射功率峰值之间的关系，如式(3.9)所示：

$$q_0=\frac{1}{3600}\frac{\omega}{2}Q \tag{3.9}$$

式中，Q 为日辐射总能量，可以从气象网站的地区历史数据中查询得到。根据气象网站的日太阳辐射总能量以及式(3.8)、式(3.9)定义日照辐射幅值变化曲线。

2. 路面逆辐射边界条件

　　由于路面逆辐射涉及热辐射问题，要实现该边界条件首先需要在模型文件中定义 Stefan-Boltzmann 常数以及 0K。

　　软件中路面逆辐射的实现通过相互作用(Interaction)模块中的面辐射(Surface radiation)功能实现。功能中需要进行定义的内容包括发射率(Emissivity)以及环境温度。

　　对于路面而言，环境温度即大气温度，在进行短期温度场的模拟时，可以采用实测数据或短期的准确气象数据。在路面设计或对路面性能进行长期预测时，多年的历史气温数据平均值更能代表地区的气象条件。大气温度在特定的季节中具有明显的周期性，对于我国大部分地区，日最高气温出现在午后 2 点左右，日最低气温出现在凌晨 4 点。严作人采用式(3.10)所示的二阶傅里叶级数对气温的日变化进行模拟[41]，其结果与实际情况拟合较好。

$$T_{\mathrm{a}}(t) = \overline{T_{\mathrm{a}}} + T_{\mathrm{m}}\left[\sin\frac{\pi}{12}(t-8) + 0.14\sin\frac{\pi}{6}(t-8)\right] \tag{3.10}$$

式中，T_{a} 为大气温度的拟合值；$\overline{T_{\mathrm{a}}}$ 为大气日平均温度；T_{m} 为大气温度日极差。

　　大气温度与日照辐射的幅值(Amplitude)函数在 ABAQUS 均可通过工具(Tool)中的幅值功能定义傅里叶级数(Periodic)，或将相应的数据以表格(Tabular)的形式进行定义。

3. 路表-大气热交换边界条件

　　路表-大气热交换在 ABAQUS 中通过相互作用(Interaction)模块中的膜条件(Surface film condition)进行定义。功能中需要定义的内容包括传热膜系数和环境温度。其中，环境温度与路面逆辐射边界条件定义中的大气温度相同，可以采用实测数据或是利用多年平均数据进行傅里叶级数拟合。传热膜系数可由流体热力学理论的经验公式得出。根据热传递的理论，半无限空间体之间的传热膜系数 γ_{film} 可以表示为如下形式：

$$\gamma_{\mathrm{film}} = 5.6 + 0.332 \cdot \mathrm{Re}^{0.5} \cdot \mathrm{Pe}^{0.33} \cdot K_{\mathrm{air}} \tag{3.11}$$

式中，Re 为空气的雷诺数；Pe 为佩克莱数，表示对流速率与扩散速率之比；K_{air} 为空气的热传导率。

　　流体热力学解虽然形式明确，但过于复杂，且在实际中难以应用。为简化计算，并方便表示不同季节条件下的传热膜系数，本章中 γ_{film} 使用 Barber 的经验公式进行表示：

$$\gamma_{\mathrm{film}} = \begin{cases} 5.6 + 4.0v, & v < 5 \\ 7.2 + v^{0.78}, & v \geqslant 5 \end{cases} \tag{3.12}$$

式中，v 为风速。

　　风速可以为风速检测装置记录的实际数据，或者直接使用当地的多年平均历史气象数据。

三、路面材料热学参数

　　与温度相关的材料属性主要包括材料的密度、比热容、热传导率。其中密度是沥青混合料设计中的重要参数，可在沥青混合料的设计过程中获得；比热容与热传导率为材料的热学参数，需要由特定的热学试验获取。

　　由于沥青混合料是由石料、沥青、空隙组成的三相混合物，混合料性质受到三者共同决定。但研究结果表明，混合料的热学参数尽管有一定的离散性，但仍保持在一个范围内。黄大强、王芳芳、炳文山、延西利、牛俊明等研究者均对沥青混合料的热学性质进行试验测定，结果具有明显的一致性。混合料比热容的试

验结果在 $800 \sim 920 \, \mathrm{J \cdot kg^{-1} \cdot ℃^{-1}}$，其中密集配混合料较高，在 $900 \, \mathrm{J \cdot kg^{-1} \cdot ℃^{-1}}$ 附近，而开级配混合料的比热容则相对较低。根据王芳芳、炳文山等的研究结果，材料的热传导率具有明显的温度依赖性，其中王芳芳的试验结果如图 3.1 所示。根据图 3.1，以 SMA-13 和 AC-13 为代表的密实型混合料的热传导系数基本相同；以 AC-20 为代表的中粒式密实型混合料由于具有更大的石料粒径，在相同的尺度内具有更好的连续性，热传导系数较细粒式沥青混合料大；以 OGFC-13 为代表的开级配混合料由于孔隙率明显大于密集配混合料，具有较低的热传导系数。图 3.1 也表明热传导系数在道路的常规使用温度条件下(-10～60℃)，具有明显的线性特征。此外，根据蒋默识的研究结果，半刚性基层材料与沥青混合料类材料由于大部分是由石料组成，因此二者的热学参数基本相同，其取值可参考中粒式或粗粒式沥青密集配沥青混合料[42]。

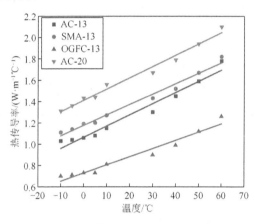

图 3.1　不同沥青混合料的热传导率

综合以上分析，本章将道路材料分为以下几种，并取以下典型值进行路面温度场的计算，如表 3.1 所示。

表 3.1　沥青路面热学参数典型取值

材料	密度/ （$\mathrm{kg \cdot m^{-3}}$）	比热容/ （$\mathrm{J \cdot kg^{-1} \cdot ℃^{-1}}$）	热传导率/ （$\mathrm{W \cdot m^{-1} \cdot ℃^{-1}}$）
细粒式密集配沥青混合料	2 400	900	$0.009\,64T+1.10$
细粒式开级配沥青混合料	2 300	820	$0.007\,7T+0.729$
中粒式与粗粒式沥青混合料	2 400	850	$0.010\,6T+1.41$
水泥稳定粒料材料	2 300	800	1.4
级配碎石	2 200	700	1.2
路基土	1 800	1 300	1.5

四、沥青路面温度场分析

本小节对典型柔性基层沥青路面的温度场进行模拟分析。其中,柔性沥青路面设置为 36cm 的沥青层,32cm 的级配碎石层。由于密集配之间的热学参数差异很小,沥青层的热学参数设置以细粒式密集配沥青混合料的热学参数为准。大气参数使用气象网站公布的南京 2014～2016 年的平均气象数据,如表 3.2 所示,并利用式(3.8)、式(3.10)、式(3.12)所述方法将气温、日照辐射、风速等气象数据转换为有限元边界条件。

表 3.2　南京 2014～2016 年的平均气象数据

月份	1	2	3	4	5	6	7	8	9	10	11	12
月均气温/℃	2.4	4.2	8.7	15.2	20.5	24.4	27.8	27.4	22.8	17.1	10.4	4.5
月均最高气温/℃	7	8.8	13.3	20.3	25.6	28.7	31.9	31.7	27.3	22.2	15.9	10
月均最低气温/℃	-1.2	0.6	4.7	10.6	15.9	20.7	24.5	24.2	19.3	12.9	6.1	0.4
日辐射峰值/($W \cdot m^{-2}$)	674	732	789	847	905	857	948	1026	981	806	629	630
月均风速/($m \cdot s^{-1}$)	2.3	2.6	2.9	2.7	2.6	2.6	2.5	2.4	2.3	2.1	2.2	2.2
日照时间/h	4.4	4.2	4.5	5.1	5.6	5.4	7.5	7.8	5.4	5.2	5	4.8

为方便数据处理,假设每月为 30 天,并忽略阴雨天云层对日照辐射的遮蔽作用,利用前文所述温度场模拟方法计算得到沥青路面温度场年变化,如图 3.2 所示。

由图 3.2(a)～(c)可知,路面除与大气进行热量交换外,还接受来自日照辐射的热量输入,使得道路内部的温度在大部分时间高于大气的月平均温度。由路面不同深度处的温度年变化对比可知,路表的温度变化最为剧烈,其中日变化最大的月份为夏季 8 月,温度的日变化达到了 27.8℃,而常温季节与低温季节的路面温度日变化相对较小。同时,温度的日变化随路面深度的增加逐渐减小,距路表 32cm 处,温度的日变化仅有 2～3℃。沥青层底的温度与大气平均温度之间具有显著的相关性,图 3.3 为月平均大气温度与相应温度场计算得出的沥青层底月平均温度之间的关系,通过进行线性拟合,可以得到沥青层底月平均温度比月大气平均温度高 6.5℃。

此外,由图 3.2(a)可知,在月平均的气候条件下,路面温度的最大值出现在夏季 8 月,为 54.7℃;路面温度的最小值出现在冬季 1 月,为 1.1℃。月均气候条件所计算出的路面温度场虽无法反映极端天气(寒潮、极端高温等)产生的影响,但能反映地区在一段时间内路面的整体状况(图 3.3)。因此,本章在后续的温度对于路面长期性能衰变的影响研究中将主要考虑月均温度场所产生的影响,极端天气条件对路面的性能预估有明显影响时将单独列出考虑。

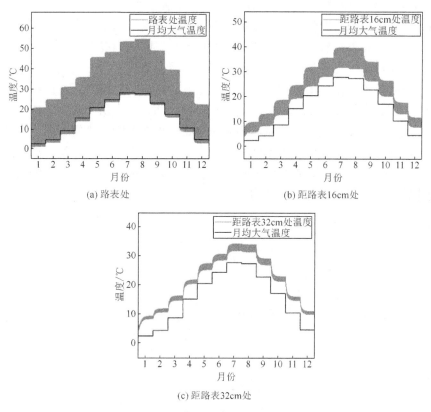

(a) 路表处　　　　　　　　　　　(b) 距路表16cm处

(c) 距路表32cm处

图 3.2　沥青路面温度场年变化

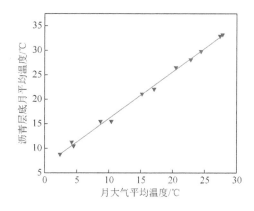

图 3.3　沥青层底月平均温度与月大气平均温度关系

本章将全年 12 个月归类为低温、常温、高温三个典型温度场，其中 1 月、2 月、12 月为低温温度场，3 月、4 月、5 月、9 月、10 月、11 月为常温温度场，6 月、

7月、8月为高温温度场。图3.4(a)、(b)、(c)分别为以1月、4月、7月为代表的路面典型温度场的日变化图。图3.4表明低温温度场、常温温度场、高温温度场除温度存在差异外，整体上具有相同的变化规律。路面温度在有日照辐射时变化巨大，而在日出前与日落后主要为较为缓慢的降温阶段。常温温度场与高温温度场中的路面温度均在日出时刻附近达到最低值，而低温温度场由于日照时间较短，在06:00附近即达到最低值，此后随大气温度的回升而有所上升。此外，不同温度场中温度随深度的变化规律基本相同。道路内部温度随深度的增加，升降出现一定的滞后性。温度变化随深度增加逐渐稳定，至路表下16cm处，温度的日变化仅有5℃左右。由于我国沥青路面的沥青层厚度普遍大于16cm，因此该温度场的规律适用于大部分沥青路面结构。

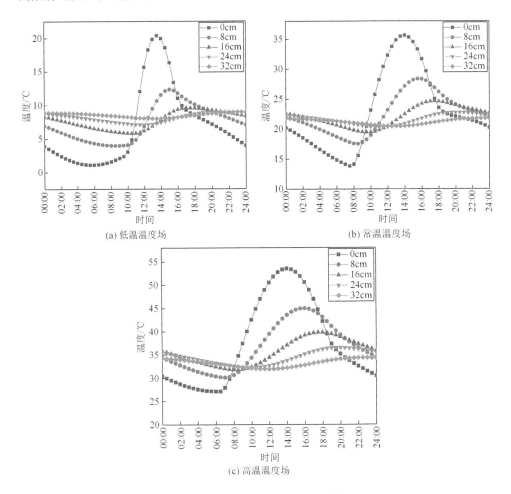

图3.4　沥青路面典型温度场日变化

第二节 沥青混合料永久变形材料模型分析

一、沥青混合料黏弹黏塑性本构模型

1. 黏弹性本构模型

依据黏弹黏塑性力学将沥青混合料的力学行为分为两个部分。用黏弹性部分描述沥青混合料的可恢复变形部分，用黏塑性部分描述沥青混合料的永久变形部分，如下所示[43]：

$$\varepsilon_{ij} = \varepsilon_{ij}^{\mathrm{ve}} + \varepsilon_{ij}^{\mathrm{vp}} \tag{3.13}$$

式中，ε_{ij} 为沥青混合料的总应变；$\varepsilon_{ij}^{\mathrm{ve}}$ 为沥青混合料的黏弹性应变；$\varepsilon_{ij}^{\mathrm{vp}}$ 为沥青混合料的黏塑性应变。

对于线弹性材料，应力张量可以拆分为体积应力张量与偏应力张量叠加的形式，如下所示：

$$\sigma_{ij} = \frac{1}{3}\sigma_{kk}\delta_{ij} + S_{ij} \tag{3.14}$$

用体积模量与剪切模量的形式可以表示为

$$\sigma_{ij} = \frac{1}{3} \cdot 3K \cdot \varepsilon_{kk}\delta_{ij} + 2G \cdot e_{ij} \tag{3.15}$$

式中，σ_{kk}、S_{ij} 分别为体应力张量与偏应力张量；ε_{kk}、e_{ij} 分别为体应变张量与偏应变张量；δ_{ij} 为克罗内克符号；K 与 G 分别为体积模量与剪切模量。

对于黏弹性材料，可以建立类似的体积应力与偏应力的叠加形式：

$$\sigma_{ij}(t) = \delta_{ij}\int_0^t K\big(\zeta(t)-\zeta(\tau)\big)\frac{\partial \varepsilon_{kk}}{\partial \tau}\mathrm{d}\tau + \int_0^t 2G\big(\zeta(t)-\zeta(\tau)\big)\frac{\partial e_{ij}^{\mathrm{ve}}}{\partial \tau}\mathrm{d}\tau \tag{3.16}$$

式中，$K(t)$ 与 $G(t)$ 分别为体积松弛模量与剪切松弛模量；$\zeta(t)$ 为温度调整函数，其形式如下所示：

$$\zeta(t) = \frac{t}{a_T^{\mathrm{ve}}(T)} \tag{3.17}$$

式中，a_T^{ve} 为温度调整系数。在热黏弹性理论中，较为常用的温度调整系数有 Arrhenius 形式与 WLF 形式。其中 Arrhenius 形式为

$$\ln a_T^{\mathrm{ve}}(T) = \frac{\delta E}{R}\left(\frac{1}{T} - \frac{1}{T_{\mathrm{ref}}}\right) \tag{3.18}$$

式中，δE 为材料的活化能，由试验数据回归拟合得出；R 为理想气体常数，$R = 8.314\text{J}/(\text{K}\cdot\text{mol})$。

WLF 形式为

$$\log a_T^{\text{ve}}(T) = -\frac{C_1(T - T_{\text{ref}})}{C_2 + T - T_{\text{ref}}} \tag{3.19}$$

式中，C_1 与 C_2 为材料参数，由试验数据回归拟合得出。

由两种形式的公式可以直观地看出两者的差别。Arrhenius 形式具有更强的物理意义，且仅有一个参数，适合试验数据相对较少的情况；WLF 形式是一种经验性的公式形式，有两个材料参数，因而更适合试验数据较多的情形。本章将采用 Arrhenius 形式。

当假设沥青混合料为各向同性材料时，其体积松弛模量与剪切松弛模量可以由杨氏松弛模量与泊松比直接计算得出。

$$G(t) = \frac{E(t)}{2(1+v)}, \quad K(t) = \frac{E(t)}{3(1-2v)} \tag{3.20}$$

式中，v 为泊松比，在本章中，泊松比 $v = 0.35$；杨氏松弛模量 $E(t)$ 采用 Prony 级数的形式，如下所示：

$$E(t) = E_{\infty} + \sum_{i=1}^{m} E_i e^{-\frac{t}{\rho_i}} \tag{3.21}$$

2. 黏塑性本构模型

如前文所述，黏塑性本构模型可以用以下黏塑性通用的形式：

$$\dot{\varepsilon}_{ij}^{\text{vp}} = \Gamma \cdot \langle f \rangle^N \cdot \frac{\partial g}{\partial \sigma_{ij}} \tag{3.22}$$

沥青混合料作为一种热敏感性材料，其黏塑性应变率受温度的显著影响，可以在黏塑性通用形式的基础上增加黏塑性温度调整系数，如下所示：

$$\dot{\varepsilon}_{ij}^{\text{vp}} = a_T^{\text{vp}} \cdot \Gamma \cdot \langle f \rangle^N \cdot \frac{\partial g}{\partial \sigma_{ij}} \tag{3.23}$$

式中，a_T^{vp} 为温度调整系数，可采用 Arrhenius 的形式：

$$\ln a_T^{\text{ve}}(T) = \theta_{\text{vp}}\left(\frac{1}{T} - \frac{1}{T_{\text{ref}}}\right) \tag{3.24}$$

式中，θ_{vp} 为塑性温度调整参数。

对于沥青混合料的屈服本构模型，不同研究者依据试验结果往往选择不同，本章采用其中一种较为常见的扩展摩尔-库仑(generalized Mohr-Coulomb)模型，其屈服函数的形式为

$$f = R_{mc} \cdot \sqrt{J_2} - \frac{1}{3} I_1 \cdot \tan\phi - c \tag{3.25}$$

式中，R_{mc} 为 Mohr-Coulomb 系数，主要由应力方向决定；ϕ 为沥青混合料的内摩擦角，主要由混合料的级配与石料类型决定；c 为沥青混合料的黏聚力，主要由沥青胶结料的性质决定。

Mohr-Coulomb 系数的计算如下所示：

$$R_{mc} = \frac{\sin\left(\theta + \dfrac{\pi}{3}\right)}{\cos\phi} - \frac{\sqrt{3}}{3}\cos\left(\theta + \frac{\pi}{3}\right) \cdot \tan\phi \tag{3.26}$$

式中，θ 为应力状态在 π 平面上与第一主应力轴的夹角：

$$\cos 3\theta = -\frac{3\sqrt{3}}{2}\frac{J_3}{J_2^{1.5}} \tag{3.27}$$

式中，J_2 为偏应力第二不变量，$J_2 = \frac{1}{2} S_{ij} S_{ji}$；$J_3$ 为偏应力第三不变量，$J_3 = \det|S_{ij}|$。

对于沥青混合料而言，其塑性表现出明显的硬化效应，即在材料达到破坏阶段之前，随着塑性变形的增大，塑性应变率逐渐减小。材料的塑性硬化属性可以通过材料的黏聚力随着塑性应变的增大而增大来反映。除塑性变形本身外，材料的黏聚力还受到温度的影响。因此，参考 Lytton 等的研究，本章沥青混合料的黏聚力用以下形式进行表示：

$$c = c\left(T, \varepsilon_e^{vp}\right) = a_T^c \cdot \left[c_0 + c_1 \cdot \left(1 - e^{-c_2 \cdot \varepsilon_e^{vp}}\right)\right] \tag{3.28}$$

式中，c_0 为沥青混合料初始黏聚力；$c_0 + c_1$ 表征沥青混合料的最大黏聚力；c_2 表征材料的硬化速率；ε_e^{vp} 为黏塑性等效应变：

$$\varepsilon_e^{vp} = \left(\frac{2}{3}\varepsilon_{ij}^{vp} \cdot \varepsilon_{ji}^{vp}\right)^{\frac{1}{2}} \tag{3.29}$$

a_T^c 为材料的黏聚力温度调整系数，其形式同样采用 Arrhenius 的形式：

$$\ln a_T^c(T) = \theta_c\left(\frac{1}{T} - \frac{1}{T_{ref}}\right) \tag{3.30}$$

材料的势函数体现了黏塑性模型与非线性黏弹性模型最本质的特点，反映了材料在偏剪应力作用下发生不可恢复应变的方向性之间的差别。本章中，塑性势函数采用以下形式[44]：

$$g = \sqrt{J_2} - \alpha I_1 \tag{3.31}$$

式中，α 为材料参数，参考相关研究结果，本章将 α 假定为 0.25。

二、本构模型的数值实现

1. 黏弹性本构模型的数值实现

黏弹性与线弹性响应方程的主要区别在于黏弹性的应力-应变关系具有时间依赖性，其当前的应力不只与当前的应变有关，还与整个应变历史有关。因此，若要通过黏弹性响应方程对当前分析步的应力进行计算，则需要对材料的整个应变历史进行储存与计算，即对黏弹性模型应力-应变关系卷积形式的遗传积分进行计算，不可避免地产生巨大的储存需求与计算需求。利用本书松弛模量所使用的 Prony 级数自然对数形式的特点，将应力改写为增量的形式，即可避免对历史数据进行储存与计算，形式如下：

$$\sigma^n = \sigma^{n-1} + \Delta\sigma = \left(\frac{1}{3}\sigma_{kk}^{n-1} \cdot \delta_{ij} + \frac{1}{3}\Delta\sigma_{kk} \cdot \delta_{ij}\right) + \left(S_{ij}^{n-1} + \Delta S_{ij}\right) \tag{3.32}$$

式中，上角标表示在数值计算中的增量步，下角标为应力张量符号。

体积应力增量张量 $\Delta\sigma_{kk}$ 与偏应力增量张量 ΔS_{ij} 具有类似的形式，下面将以偏应力张量为例，体积应力张量遵循相同的计算步骤。

$$\Delta S_{ij} = 2\int_0^{t_n} G[\zeta(t_n) - \zeta(\tau)]\frac{\partial e_{ij}}{\partial\tau}\mathrm{d}\tau - 2\int_0^{t_{n-1}} G[\zeta(t_{n-1}) - \zeta(\tau)]\frac{\partial e_{ij}}{\partial\tau}\mathrm{d}\tau$$

$$= 2\int_0^{t_{n-1}} \left\{G[\zeta(t_n) - \zeta(\tau)] - G[\zeta(t_{n-1}) - \zeta(\tau)]\right\}\frac{\partial e_{ij}}{\partial\tau}\mathrm{d}\tau$$

$$+ 2\int_{t_{n-1}}^{t_n} G[\zeta(t_n) - \zeta(\tau)]\frac{\partial e_{ij}}{\partial\tau}\mathrm{d}\tau \tag{3.33}$$

式中两项分别表示偏应力张量的瞬时增量与应变历史产生的偏应力张量。对于第二项瞬时应力增量，数值计算时假定在 $n-1$ 增量步至 n 增量步内应变随时间呈线性增长，则有

$$2\int_{t_{n-1}}^{t_n} G[\zeta(t_n) - \zeta(\tau)]\frac{\partial e_{ij}}{\partial\tau}\mathrm{d}\tau = 2\int_{t_{n-1}}^{t_n} G[\zeta(t_n) - \zeta(\tau)]\mathrm{d}\tau \cdot \frac{\Delta e_{ij}}{\Delta t} \tag{3.34}$$

式中，$\int_{t_{n-1}}^{t_n} G[\zeta(t_n)-\zeta(\tau)]\mathrm{d}\tau$ 为沥青混合料的瞬时剪切模量，可利用数值积分的方式进行计算。对于历史应力增量，带入 Prony 级数，可以表示为

$$2\int_0^{t_{n-1}}\left\{G[\zeta(t_n)-\zeta(\tau)]-G[\zeta(t_{n-1})-\zeta(\tau)]\right\}\frac{\partial e_{ij}}{\partial\tau}\mathrm{d}\tau$$

$$=2\int_0^{t_{n-1}}\left\{G_\infty+\sum_{i=1}^m G_i\cdot \mathrm{e}^{\frac{\zeta(t_n)-\zeta(\tau)}{\rho_i}}-G_\infty+\sum_{i=1}^m G_i\cdot \mathrm{e}^{\frac{\zeta(t_{n-1})-\zeta(\tau)}{\rho_i}}\right\}\frac{\partial e_{ij}}{\partial\tau}\mathrm{d}\tau$$

$$=2\sum_{i=1}^m G_i\cdot\int_0^{t_{n-1}}\left\{\mathrm{e}^{-\frac{\zeta(\Delta t)}{\rho_i}}\,\mathrm{e}^{-\frac{\zeta(t_{n-1})-\zeta(\tau)}{\rho_i}}-\mathrm{e}^{-\frac{\zeta(t_{n-1})-\zeta(\tau)}{\rho_i}}\right\}\frac{\partial e_{ij}}{\partial\tau}\mathrm{d}\tau$$

$$=2\sum_{i=1}^m G_i\cdot\left[\mathrm{e}^{-\frac{\zeta(\Delta t)}{\rho_i}}-1\right]\cdot\int_0^{t_{n-1}}\left(\mathrm{e}^{-\frac{\zeta(t_{n-1})-\zeta(\tau)}{\rho_i}}\right)\frac{\partial e_{ij}}{\partial\tau}\mathrm{d}\tau \tag{3.35}$$

令 $\int_0^{t_{n-1}}\left(\mathrm{e}^{-\frac{\zeta(t_{n-1})-\zeta(\tau)}{\rho_i}}\right)\frac{\partial e_{ij}}{\partial\tau}\mathrm{d}\tau=p^n$，则有

$$p^n=\int_0^{t_{n-1}}\left(\mathrm{e}^{-\frac{\zeta(t_{n-1})-\zeta(\tau)}{\rho_i}}\right)\frac{\partial e_{ij}}{\partial\tau}\mathrm{d}\tau$$

$$=\mathrm{e}^{-\frac{\zeta(\Delta t)}{\rho_i}}\cdot\int_0^{t_{n-2}}\left(\mathrm{e}^{-\frac{\zeta(t_{n-2})-\zeta(\tau)}{\rho_i}}\right)\frac{\partial e_{ij}}{\partial\tau}\mathrm{d}\tau+\int_{t_{n-2}}^{t_{n-1}}\left(\mathrm{e}^{-\frac{\zeta(t_{n-1})-\zeta(\tau)}{\rho_i}}\right)\frac{\partial e_{ij}}{\partial\tau}\mathrm{d}\tau$$

$$=\mathrm{e}^{-\frac{\zeta(\Delta t)}{\rho_i}}\cdot p^{n-1}+\int_{t_{n-2}}^{t_{n-1}}\left(\mathrm{e}^{-\frac{\zeta(t_{n-1})-\zeta(\tau)}{\rho_i}}\right)\mathrm{d}\tau\cdot\frac{\Delta e_{ij}}{\Delta\tau} \tag{3.36}$$

即将卷积形式改写为迭代格式。同理瞬时剪切模量的计算，式(3.36)的第二项可以采用卷积的数值积分形式进行计算。

2. 黏塑性本构模型的数值实现

与黏弹性的数值实现方法相比，黏塑性的数值实现方法要较为简单，所有本构方程均由本章第二节所述的本构模型按照顺序线性计算，不涉及复杂计算问题。此外，由于与总应变增量相比，单个分析步在荷载作用下产生的黏塑性应变的增量要小很多，因此对于黏塑性应变的处理，仅需要对应力进行单次修正即可。黏弹性本构模型的数值应用逻辑如图 3.5 所示。

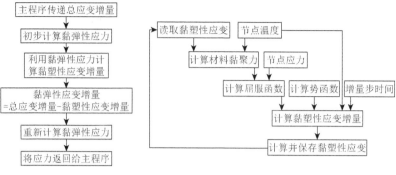

(a) 本构实现逻辑　　　　　　(b) 黏塑性应变计算逻辑

图 3.5　黏塑性本构模型数值应用逻辑

第三节　沥青路面永久变形分析

一、沥青路面黏塑性基本响应分析

沥青路面的永久变形分析采用与损伤分析相同的 36cm 沥青层、32cm 级配碎石的典型柔性基层结构的厚度设置作为基本结构。由于沥青混合料的永久变形主要发生在高温季节，本章主要考虑高温温度场下的永久变形，常温温度场与低温温度场下的永久变形暂忽略不计。与沥青层的疲劳发展受到路面温度场的日变化影响较小不同，沥青路面的永久变形主要分布在路面的中上面层，中上面层由于直接与环境接触，其温度在一日当中会发生显著的变化，而不同的温度场会产生完全不同的黏塑性响应。

图 3.6(a)为在标准荷载(100kN 轴重，700kPa 胎压，60km/h 车速)高温温度场正午 12 时(12:00)的屈服函数分布云图，屈服函数由本章第二节定义，可用于表征材料塑性发展的速率。图 3.6(b)为单次标准荷载在高温温度场正午 12 时作用后的竖向塑性应变的分布云图(图中网格的大小为 2cm)。图 3.6(c)、(d)分别为高温温度场 0 时(00:00)的屈服函数与竖向塑性应变分布云图。

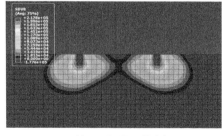

(a)正午 12 时屈服函数分布

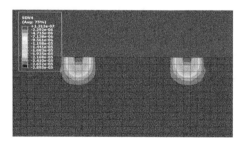

(b)正午 12 时竖向塑性应变分布

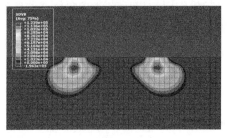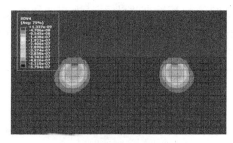

(c)0 时屈服函数分布　　　　　　　　　(d)0 时竖向塑性应变分布

图 3.6　高温温度场屈服函数与竖向塑性应变

根据图 3.6(a)，在标准荷载作用下，正午 12 时发生塑性变形的区域主要分布在荷载作用正下方距路表 0~8cm，而塑性的最大影响深度达到了距路表 16cm 处。对比图 3.6(a)、(c)，在标准荷载作用下，尽管剪应力的最大值分布在路表以下 2~4cm 处，但正午时刻路表温度要显著高于路面以下区域的温度，使得路表处的屈服函数达到了较高值；0 时路面的整体温度低于正午 12 时，塑性区域较正午时刻缩小。此外，由于路表处的温度下降，屈服函数在剪应力的最大值处，即在距路表 2~4cm 处达到最大。图 3.6(b)、(d)竖向塑性应变的分布也显示出二者的区别，正午 12 时塑性应变在路表处达到最大，而 0 时则在距路表 2~4cm 处达到最大。

图 3.7 为标准荷载作用下在高温温度场 12 时产生的黏塑性响应。图 3.7(a)为屈服函数的竖向分布，其中屈服函数在距路表 2cm 处达到最大，在距路表 3cm 以下区域近似呈线性衰减，并在距路表约 16cm 处衰减至 0，即距路表 16cm 以下区域不发生屈服。我国常见沥青路面一般为 4cm+6cm 的上中面层厚度组合，而在距路表 10cm 处屈服函数为最大值的 42.6%，由于本章塑性模型的塑性应变率为屈服函数的 2.4 次方，可得距路表 10cm 处的塑性应变率仅为最大值的 13%。因此，在上中面层不发生能显著改变结构受力的永久变形的情况下，可认为 4cm+6cm 的上中面层厚度组合是合理的，能够将永久变形的主要发生区域控制在上中面层。

图 3.7(b)为距路表 2cm 处屈服函数在横断面上的分布。塑性发生的区域距离路表较近，没有像沥青层底有足够的距离发生明显的应力扩散，使得发生屈服的区域(屈服函数大于零)主要分布在荷载作用区域的正下方，并呈对称分布。

图 3.7(c)为屈服函数在纵断面上的分布，与横断面上的分布类似，发生塑性的区域主要集中在荷载正下方，在荷载作用区域以外，屈服函数迅速衰减。屈服函数在纵断面上近似呈对称分布，少量的不对称主要是本章算法屈服的计算应力滞后于应力计算一个分析步，缩小分析步的时长能够缩小该不对称性。

图 3.7(d)为荷载作用路径中一点路表位移随荷载作用时间的变化。在荷载作用期间，路表发生显著的黏弹塑性变形，其中黏弹性变形随荷载作用的结束逐渐

恢复，而塑性变形为不可恢复的永久变形。荷载作用结束后路表竖向位移曲线的波动为移动荷载移动至模型边界造成的扰动，不影响计算的最终结果。

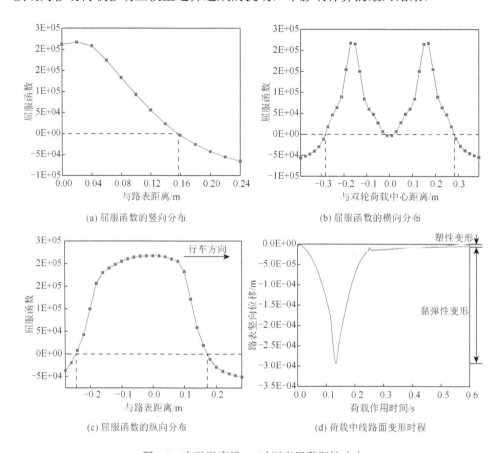

(a) 屈服函数的竖向分布　　　　　　(b) 屈服函数的横向分布

(c) 屈服函数的纵向分布　　　　　　(d) 荷载中线路面变形时程

图 3.7　高温温度场 12 时沥青层黏塑性响应

二、永久变形发展影响因素

与路面的疲劳分析中存在危险点，并可通过材料损伤密度的变化直接反映荷载造成的损伤不同，沥青路面的永久变形为荷载作用时间与塑性屈服速率的乘积并受到屈服函数在不同层位分布的影响，无法用单一的指标进行衡量。

本章中，用塑性的影响深度表征荷载与环境作用下产生永久变形的区域；用屈服函数最大值表征材料发生塑性的速率；用路面的永久变形量表示影响因素产生的综合效果。本章将塑性影响深度分为最大影响深度与核心影响深度，其中最大影响深度为屈服函数大于零，即发生屈服的深度；核心影响深度为达到标准荷载作用下最大屈服函数 20%的深度，表征路面永久变形的主要发生区域[45]。

1. 荷载与环境因素

1) 温度场

图 3.8(a)、(b)、(c)分别为不同温度场条件下标准荷载(100kN 轴重，700kPa 胎压，60km/h 车速)作用下的塑性影响深度、屈服函数最大值、塑性变形量的对比。其中温度场选择为高温温度场的 12 时、0 时，极端高温温度场的 12 时。极端高温温度场按照 7 月的日照辐射，但气温按照日均气温 35℃，5℃的日均气温变化幅值进行计算。

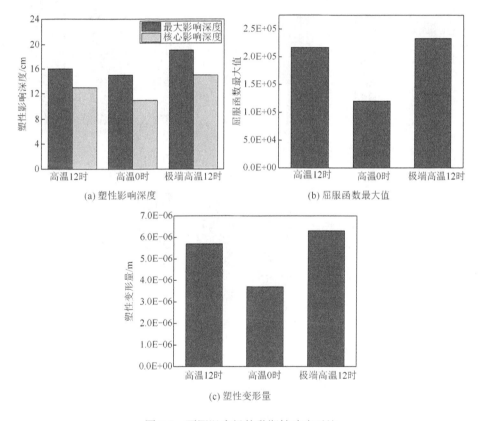

图 3.8　不同温度场的黏塑性响应对比

由图 3.8 可知，温度对于路面永久变形的影响是多方面的。温度的升高不仅使塑性的最大影响深度与核心影响深度增大，还使屈服函数增大，最终造成路面塑性变形量增大。由于本章中沥青层的塑性参数均采用上面层材料的参数，故极端高温 12 时与高温 12 时产生的塑性变形量相差不大。但极端高温使塑性的核心影响深度达到路面以下 15cm，实际状况下沥青路面的下面层往往使用普通基质沥青以及空隙率较大的 AC-25、ATB-25 等抗车辙性能较差的沥青混合料，极端高温造成的影响深度的增加将使下面层的永久变形迅速发展。

2) 胎压

图 3.9(a)、(b)、(c)分别为高温温度场 12 时，相同的轴重与车速条件下(100kN 轴重，60km/h 车速)，不同胎压作用下塑性影响深度、屈服函数最大值、塑性变形量的对比。

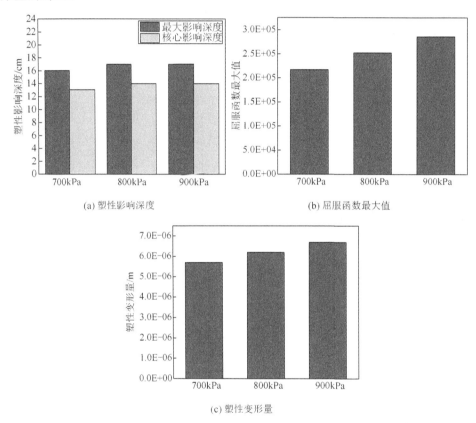

(a) 塑性影响深度　　　　(b) 屈服函数最大值

(c) 塑性变形量

图 3.9　不同胎压的黏塑性响应对比

胎压的增加会使荷载作用更加集中，会造成路表区域剪应力增大，从而造成屈服函数最大值增加，如图 3.9(b)所示。胎压造成的荷载集中的影响随路面深度的增加逐渐减弱，因此胎压在塑性影响深度方面几乎没有影响。胎压增加而产生的塑性变形量的增加，主要体现在上面层以及中面层上部屈服函数的增大，且随胎压的增加产生的影响近似呈线性增加。

3) 轴重

图 3.10(a)、(b)、(c)分别为高温温度场 12 时，相同的胎压与车速条件下(700kPa

胎压，60km/h 车速)，不同的轴重作用下的塑性影响深度、屈服函数最大值、塑性变形量的对比。

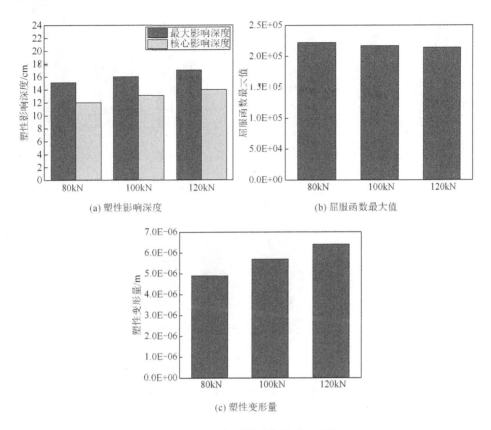

(a) 塑性影响深度 (b) 屈服函数最大值

(c) 塑性变形量

图 3.10　不同轴重的黏塑性响应对比

　　与胎压的影响相反，由于充气轮胎的特点，轴重的增加不会增加荷载对路面的压强，仅会增加荷载的分布区域。因此，轴重对屈服函数的影响较小，而通过影响塑性的影响深度影响路面的塑性变形。在本章使用的塑性参数条件下，轴重的增加对塑性变形量的影响近似呈线性，但实际状况下路面下面层混合料的抗车辙性能较差，轴重的增加对塑性变形量的影响要大于本章计算的结果。

　　4) 车速

　　图 3.11(a)、(b)、(c)分别为高温温度场 12 时，相同的胎压与轴重条件下(700kPa 胎压，100kN 轴重)，不同车速(也称荷载移动速度)下塑性影响深度、屈服函数最大值、塑性变形量的对比。

　　在接近路表的区域，路面的应力状态主要由荷载决定，与车速改变产生的材料黏弹性的变化相关性很小。车速变化，塑性的影响深度和屈服函数最大值均未

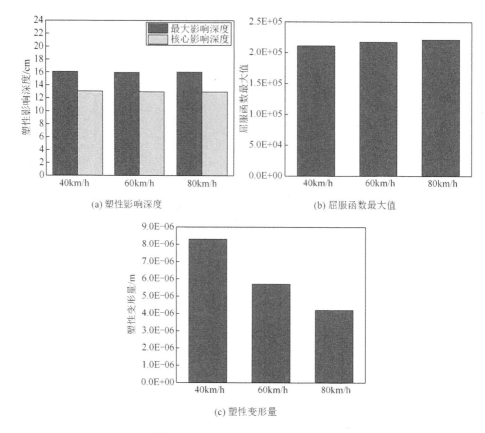

(a) 塑性影响深度   (b) 屈服函数最大值

(c) 塑性变形量

图 3.11 不同车速的黏塑性响应对比

发生较大的改变。车速与材料的塑性变形量和作用时间呈线性关系，使得车辙的发展与路段的车辆运行速度直接相关。图 3.11(c)中，在相同的荷载与环境条件下，车速 80km/h 产生的塑性变形量为车速 40km/h 产生的塑性变形量的 50.6%。因此，可认为车速变化产生的荷载作用时间的变化与路面塑性变形量之间完全线性相关。

综上分析，车辆荷载的胎压、轴重、车速与环境产生的路面温度场的变化均会影响路面永久变形的发展。其中胎压与车速产生的影响主要是屈服速率的增加与屈服的时间的增加，并不会显著影响路面永久变形的分布状况；轴重与温度的变化，会直接影响塑性的影响深度，加之在实际状况下路面的材料分布不同，将会明显地改变路面的永久变形在不同层位的分布状况。

2. 联轴效应

在损伤分析中，联轴效应主要是相邻轴在沥青层底产生的压应力以及路面材料的黏弹性造成的。但在永久变形分析中，由于永久变形主要发生在路表，路表处相邻轴之间应力扩展产生的相互影响可忽略不计。此外，路表区域直接与外力接触，其应力状态主要由外力决定，多联轴产生的黏弹性延迟恢复会造成沥青层较深处的应力重分布，但对路表附近的应力分布没有影响。

图 3.12(a)为标准荷载(700kPa 胎压，100kN 轴重，60km/h 车速)在高温温度场 12 时，单轴与双联轴在距路表 2cm 处(屈服函数最大值处)屈服函数随荷载作用时间的对比。图 3.12(b)为单轴与双联轴作用后路面塑性变形量的对比。由图 3.12 可知，双联轴作用下无论是屈服函数还是最终产生的塑性变形量均与单轴作用两次产生的效果基本相同。

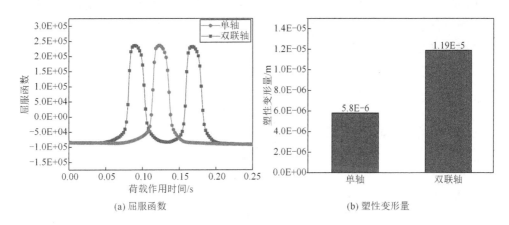

(a) 屈服函数　　　　　　　　　　　　(b) 塑性变形量

图 3.12　单轴与双联轴屈服函数与塑性变形量对比

因此，本章认为在沥青层的永久变形分析中，不存在联轴效应，多联轴产生的影响与单轴荷载作用多次的影响相同。

三、柔性基层沥青路面车辙发展与分布规律

沥青路面的永久变形具有显著的非线性、突发性。对于部分沥青路面，往往连续多日的极端高温就可能产生影响道路使用寿命的永久变形。此外，路面的永久变形与车辆的移动速度直接相关，拥堵路段运行速度降低，将成倍地增加荷载的作用时间，因交通事故产生的数小时的停车对路面永久变形产生的影响可达到数万甚至几十万次轴载作用。因此，无论是月平均温度还是按照设计速度进行的交通量统计，均无法反映荷载与温度在实际状态下对于路面永久变形的真实影响，而极端天气与交通事故等突发现象无法预测，使沥青路面车辙的预估变得难以进行。

因此，在沥青路面的永久变形分析基础上，重点研究荷载作用下永久变形在

沥青层上的分布问题,通过在路面设计阶段进行合理的结构厚度组合与材料设计,以及在运行管理阶段设置极端天气的交通管制,避免车辙在短期内迅速发展。

1. 永久变形分布规律

路面中上面层的温度受到环境影响在一日中发生剧烈的变化,而沥青混合料的塑性性质又与温度密切相关,同样会受到温度的较大影响。图 3.13(a)为中上面层各深度下在高温温度场 10:00~18:00 温度的变化。图 3.13(b)为在高温温度场 08:00~22:00、180kN、700kPa 荷载作用下,竖向塑性应变增量变化。根据图 3.13(b),路表处的塑性应变在 14 时(14:00)增长最快,路面以下 2cm、4cm 处,在 15 时(15:00)达到最快,6cm 处则在 15:00~16:00 增长最快。综合来看,路面整体车辙一日中发展最快的时刻为 15 时,此时中上面层的各个区域塑性应变增长均保持在较快的状态下。图 3.13(a)也反映出在高温温度场中,15 时中上面层的各个区域温度都保持在最高温附近。

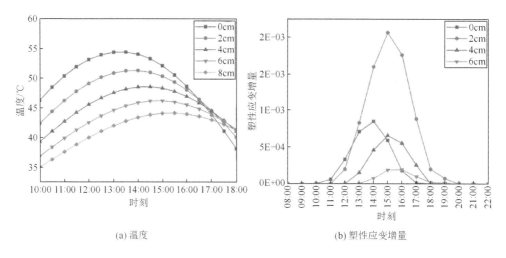

(a) 温度   (b) 塑性应变增量

图 3.13 中上面层温度与塑性应变增量变化

因此,本章在之后的分析中不考虑温度的日变化,以高温温度场 15 时的温度分布作为路面黏塑性响应的条件。

图 3.14 为路面在高温温度场 15 时,180kN 轴重,700kPa 胎压的荷载条件下,塑性发展至稳态后的材料竖向塑性应变分布云图。由图中可以直观地看出,塑性在距路表 2cm 处最为严重,这是因为在荷载的作用下,路面在该处的剪应力达到最大值,同时该处的温度也在较高的水平。之后,随与路表距离(深度)的增加,竖向塑性应变逐渐减小。

图 3.15(a)是竖向塑性应变的具体分布,从距路表 2cm 以下,竖向塑性应变的

分布近似呈指数下降，最深影响至路表以下 20cm 处。图 3.15(b)为产生车辙占路面总车辙的比例随深度的变化。根据我国常见的 4cm+6cm 的中上面层厚度组合，路面上面层产生的车辙占路面总车辙约 50%，而中上面层产生的车辙占路面总车辙的 86%，下面层产生的车辙仅占路面总车辙的 14%。本章上、中、下层使用了相同的材料，实际条件下，由于下面层材料往往使用抗车辙性能较差的基质沥青混合料，下面层产生的车辙比例可能会有所上升。

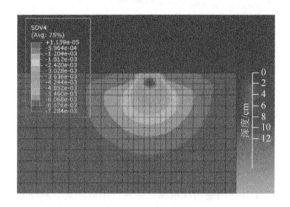

图 3.14　竖向塑性应变分布云图

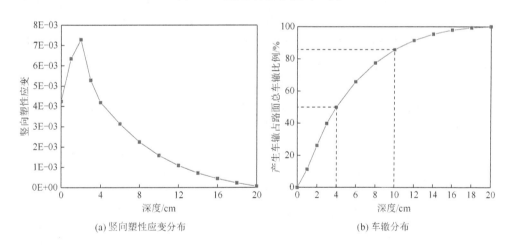

(a) 竖向塑性应变分布　　　　　　　　　(b) 车辙分布

图 3.15　竖向塑性应变分布与车辙分布

2. 永久变形发展规律

图 3.16 为 180kN 轴重，700kPa 胎压荷载条件下，以日最高气温 40℃建立的极端高温温度场以及 7 月平均气温建立的高温温度场中车辙的发展趋势对比。根据图 3.16，在月均温度建立的温度场中，在初期经过荷载作用，材料产生硬化，

之后车辙的发展基本停滞。在极端高温温度场中，上面层温度可达到 60℃以上，中面层也可达到 55℃以上。高温使沥青混合料的黏聚力下降，在经过硬化阶段后材料的黏聚力仍然无法抵抗荷载产生的剪应力，使车辙在荷载作用下保持持续的线性增长。

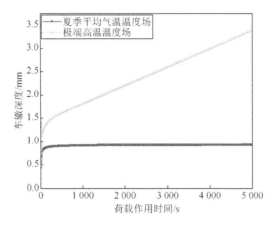

图 3.16　高温与极端高温条件下车辙发展趋势对比

根据高温与极端高温中车辙发展规律的对比可知，对于可以抵抗普通高温的抗车辙沥青混合料，材料在荷载作用下经过硬化阶段之后，车辙发展进入稳态，此后，随材料的老化、水损害问题发生，材料性能可能发生下降，车辙深度缓慢的增加。一旦出现混合料无法抵抗的极端高温气候，在重载作用下，车辙将迅速发展。

因此，虽然交通状态与极端气候的不可控性使路面的永久变形难以预测，但可以通过合理的路面设计以及交通管制，避免车辙迅速发展。

(1) 在设计阶段，根据道路允许的最大平均单轴轴重，应用本章建立的黏弹黏塑性本构模型，得到路面车辙分布规律。根据路面的设计需求，结合不同深度产生车辙占路面总车辙的比例，决定使用抗车辙沥青混合料的沥青层厚度。

(2) 根据道路所在地区夏季平均最高温度以及该地区可能产生的极端高温天气，建立不同的温度场，研究材料发生不收敛的失稳性车辙需要的路面温度作为结构的预警温度。之后在道路的运行阶段，对路面温度进行检测，一旦达到预警温度，可在路面温度降低之前限制大型车辆的通行或及时对路面进行洒水降温等应急措施。

第四章　多轴重载交通作用下爬坡路段沥青路面力学响应分析

第一节　爬坡路段车辆运行特性与模拟

一、重载车辆运行特性分析

随着我国经济发展,公路运输中多轴重载车辆的比例逐渐增加。为满足承载能力要求,重型载货车驱动桥设计成双胎并装,其驱动形式通常为4×2、6×2和6×4。由于相关法规对载货汽车总重和各轴载荷都有明确限制,所以车辆设计需充分考虑其驱动形式。4×2驱动形式的车辆通常比较便宜,但在车辆总重不超限的情况下,容易造成牵引车轴荷超限。在发达国家,6×4驱动形式的车辆是公路运输的主流,不过其成本通常较高。6×2驱动形式的车辆承载能力和成本基本在4×2驱动形式与6×4驱动形式的车辆之间。从国外牵引车发展历程看,6×4驱动形式和6×2驱动形式的车辆是公路运输牵引车的主流。

国内常见的2轴4轮以上车型的轴轮组合有单轴单轮、单轴双轮、双联轴双轮、三联轴双轮和双轴单轮,如图4.1所示,一般车辆的前轴(组)为单轮轴,后轴(组)为双轮轴。

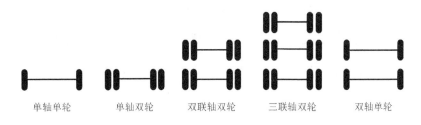

单轴单轮　　单轴双轮　　双联轴双轮　　三联轴双轮　　双轴单轮

图 4.1　常见轴型

随着物流业的发展,多轴重载车辆(简称多轴车)的比例显著增大,给高速公路路面建设带来严峻挑战,尤其在陡长上坡行驶路段问题尤为突出。本书对不同车型的轴载分布进行了调查,结果如表4.1～表4.3所示。

表 4.1 单轴单轮轴载分布情况

荷载/kN	数量/次	百分比/%
1~20	309	12.18
21~40	987	38.92
41~60	886	34.94
61~80	295	11.63
81~100	51	2.01
101~120	6	0.24
121~140	2	0.08

表 4.2 单轴双轮轴载分布情况

荷载/kN	数量/次	百分比/%
1~20	104	5.93
21~40	274	15.63
41~60	431	24.58
61~80	159	9.07
81~100	149	8.50
101~120	140	7.99
121~140	173	9.87
141~160	195	11.13
161~180	79	4.51
181~200	30	1.71
≥201	19	1.09

注：由于数据修约，百分比总和并非总为100%，本书余同。

表 4.3 双联轴双轮轴载分布情况

荷载/kN	数量/次	百分比/%
21~40	2	0.32
41~60	38	6.13
61~80	68	10.96
81~100	113	18.22
101~120	140	22.58
121~140	20	3.23
141~160	26	4.19
161~180	26	4.19
181~200	36	5.81
≥201	151	24.34

调查路段重载车辆多，陡长坡路段坡度大且坡长较长，虽然该路段的设计速度为 80km/h，但实际在上坡路段超载货车的行驶车速为 40～60km/h，在连续爬坡路段，载重汽车的车速急剧下降，一般约为 20km/h，如表 4.4 所示。车速慢，车辆对路面的作用时间长，根据时温等效原理，车速下降导致作用时间的延长相当于增加了作用路面结构上的温度，沥青混合料的抗车辙性能下降，路面车辙较大。

表 4.4　陡长连续爬坡路段车速调查

调查位置	I-A	I-B	I-C-1	I-C-2
平均车速/(km/h)	21	23	18	14
坡度/%	3.87	2.20	3.80	3.80

调查还发现，多轴车的轴重分布多数不均匀。多轴车的轴荷分配直接影响轮胎对路面的载荷，图 4.2 为四轴车达到轮胎均载条件的轴距载荷分布。要使双前桥重型汽车各轮胎均载，其车桥轴距之间必须满足一定的关系，但实际多轴车由于重心位置不同，前后轴重分布往往不均匀，多轴车引起的轴载不均匀分布对路面产生的影响不容忽视。

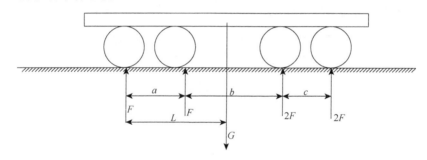

图 4.2　四轴车达到轮胎均载条件的轴距载荷分布

此外，还发现一种悬轴车，如图 4.3 所示。悬轴车能根据载荷使多轴车中的一根轴灵活抬起放下，在许多发达国家这种车比较多，其车型约占重型公路运输车辆的 70%。悬轴车的优点很多。例如，在空载时将浮桥抬起，可以减少行驶阻力，降低油耗；将浮桥放下时，可以增加承载力，是符合国际节能环保大趋势的好车型。一些长期从事汽车设计的专家认为，这种车型轻载时浮桥抬起，仅轮胎磨损一项，就可为用户节省费用。但在实际使用过程中，常常出现一些与设计要求不一致的情况。例如，有的司机无论载货还是空车，都把浮桥抬起，把整车质量分配在其他轮胎上，浮桥的两个轮胎没有载荷，行驶至超站检测时，才将浮桥落地。

图 4.3　悬轴车

二、爬坡车辆移动荷载模拟

1. 爬坡路段不同行驶状态的模拟

代表车型选取解放 CA141 载重汽车，计算参数如表 4.5 所示。

表 4.5　解放 CA141 载重汽车的计算参数

项目	符号/单位	计算参数
最大功率	N_{max}/kW	99
最大扭矩	M_{max}/(N·m)	372
最大功率时扭矩	M_N/(N·m)	315.1
最大功率时转速	n_M/(r/min)	3 000
最大扭矩时转速	n_N/(r/min)	1 300
车辆最大重量	G/N	91 238
空气阻力系数	K	0.9
迎风面积	A/m²	4.383
车轮工作半径	R/m	0.485
机械效率	η_T	0.835
负荷率	U	1
车轮惯性力影响系数	δ_1	0.04
发动机惯性力影响系数	δ_2	0.045
传动器速比	t_0	5.897

续表

项目		符号/单位	计算参数
变速比 i_k/ 惯性力系数 δ	一挡	—	7.640/3.667
	二挡	—	4.834/2.092
	三挡	—	2.856/1.407
	四挡	—	1.895/1.202
	五挡	—	1.377/1.125
	六挡	—	1.000/1.085

　　车辆在爬坡路段行驶时需要经历三个阶段：上坡前的加速、爬坡过程中的减速和足够坡长下的匀速。对于长大纵坡路段，后面通过不同行驶速度、不同水平力系数和不同行驶状态模拟车辆在 3%坡度爬坡行驶过程。图 4.4 给出四种工况下速度和水平力附着力系数，工况 1 考虑车辆从直线段上坡，不计坡度值。图 4.4 中，V 表示行驶方向；v 表示行驶速度，km/h；f 表示轮胎与路面的摩擦系数。

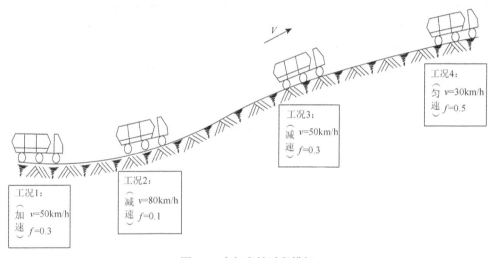

图 4.4　车辆爬坡过程模拟

　　对于汽车运行过程中的换挡问题，文献[40]指出，对于加速阶段，汽车在发动机转速较低时不能从一低挡换到高挡，必须在达到一定转速时换挡，才能保证离合器平顺无冲击地接合。

　　图 4.5 给出两种情况下 $\frac{1}{a_j}$-u_a 曲线，加速阶段换挡最佳时刻在两挡曲线相交时或者在本挡最高车速时。因此，结合解放 CA141 车型参数，计算得出加速阶段各挡换挡速度，如表 4.6 所示。可以得知，工况 1 中加速阶段 v=50km/h 时按四挡考虑。

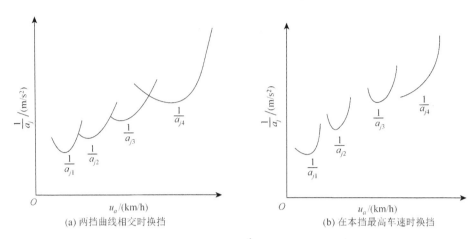

(a) 两挡曲线相交时换挡　　　　　　　　(b) 在本挡最高车速时换挡

图 4.5　汽车换挡点 $\dfrac{1}{a_j}$-u_a 曲线示意图

表 4.6　解放 CA141 车型加速换挡车速

挡位	一挡	二挡	三挡	四挡	五挡
换挡速度/(km/h)	17	27	44	64	88

　　研究显示，在实际汽车减速过程中，当驾驶人感觉到动力不足准备换挡，理论上就是汽车的动力因数已经达到该挡位的最大值。因此，结合车型参数，车辆在爬坡路段减速行驶时，v=80km/h 和 v=50km/h 减速行驶时按六挡考虑，v=30km/h 减速行驶时按五挡考虑，表 4.7 给出各条件下动力因素 D 和 a(不考虑海拔因素)。

表 4.7　解放 CA141 车型不同条件下减速时对应的 D、a

车速/(km/h)	80	50	50
行驶状态	减速	加速	减速
挡位	六挡	四挡	六挡
f	0.1	0.3	0.3
D	0.024 75	0.060 5	0.036
a/(m/s²)	0.95	2.94	2.655

　　此外，有限元模拟时，荷载从起始端 y=1～1.2(轮胎长 0.2m)处开始移动，经过 40 次移动至 y=5～5.2 处停止；数据分析时，需研究各种行驶状态下车轮移动 20 次路面的各项指标变化。

　　2. 有限元分析模型

　　(1) 几何模型。实际的路面在垂直方向和水平方向都趋于无限长(同宽度方向相比)，当采用有限元进行求解时，不可能在无限域内划分单元。因此，本节在计算中，路面模型的长、宽和高分别取 6m、4m 和 2.67m。选用二面层结构"4cm+6cm+8cm"组合形式，半刚性基层厚度中上基层取0.18m，下基层取0.31m，土基取 2m，路面宽度考虑为一个车道的宽度，取 4m，并认为行车荷载在这一宽度范围内对边界处的影响较小。图 4.6 为路面结构有限元模型。

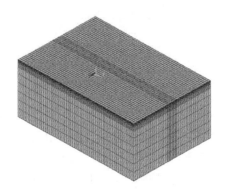

图 4.6　路面结构有限元模型

(2) 边界条件。假设模型左右两侧没有 X 方向位移，前后没有 Y 方向位移，底面没有任何方向位移，层间为完全接触。

(3) 材料参数。路面各层材料参数如表 4.8 所示。

表 4.8　路面各层材料参数

路面组成	层厚/cm	弹性模量 E/MPa	泊松比 υ	α 阻尼	β 阻尼	密度 ρ/(kg/m³)
上面层	4	1300	0.35	0.4	0.005	2613
中面层	6	1100	0.35	0.4	0.005	2613
下面层	8	700	0.35	0.4	0.005	2613
上基层	18	1500	0.35	0.4	0.005	2083
下基层	31	1500	0.35	0.4	0.005	1932
土基	200	35	0.4	0.4	0.005	1926

3. 荷载作用时间

采用移动矩形均布恒载模拟车辆在爬坡路段移动，荷载作用方式如图 4.7 所示，初始状态占了 2 个小矩形的面积，移动过程中，荷载沿移动带逐渐向前移动，通过设置循环荷载步，每个荷载步结束时，荷载整体向前移动 1 个小矩形面积，荷载的移动速度可以通过设置每个荷载步的时间长短来实现。

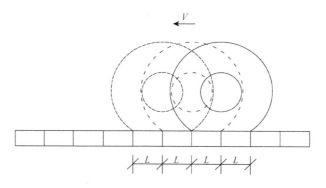

图 4.7　移动矩形均布荷载作用方式

1) 匀速运动状态

对于匀速运动状态，矩形荷载施加各单元时间相同，移动过程中荷载逐渐向前移动，通过设置多个荷载步，每个荷载步结束时，荷载整体向前移动 1 个小矩形面积，轮胎向前移动 1 个单元时间 t，移动距离 L，则有

$$v = \frac{L}{t} \tag{4.1}$$

通过改变每个荷载步加载时间，调节行驶速度的大小。

2) 加速启动状态

车辆在道路行驶时，其驱动平衡方程为

$$T = R_w + R_R + R_I \tag{4.2}$$

式中，T 为驱动力，N；R_w 为空气阻力，N；R_R 为道路阻力，N；R_I 为惯性阻力，N。

驱动力 T 为

$$T = U\frac{M\gamma\eta_T}{r} \tag{4.3}$$

式中，U 为负荷率；M 为发动机曲轴扭矩；γ 为总变速比，$\gamma = i_0 i_k$；η_T 为传动系统的机械效率；r 为车轮作用半径。

将相关公式代入式(4.3)，汽车运动方程为

$$U\frac{M\gamma\eta_T}{r} = \frac{KAv^2}{21.15} + G(f+i) + \delta\frac{G}{g}a \tag{4.4}$$

式中，K 为空气阻力系数；A 为车头面积。

汽车动力因素 D 表征某型号汽车在海平面高程上、满载情况下，每单位车重克服道路阻力和惯性阻力的性能[46]，则有

$$
\begin{aligned}
D &= \frac{T - R_{\mathrm{w}}}{G} \frac{UM\gamma\eta_T}{rG} - \frac{KAv^2}{21.15G} \\
&= \frac{U\gamma\eta_T}{rG}\left[M_{\max} - \frac{M_{\max} - M_{\mathrm{N}}}{(n_{\mathrm{N}} - n_{\mathrm{M}})^2}\left(n_{\mathrm{M}} - \frac{v\gamma}{0.377r}\right)^2\right] - \frac{KAv^2}{21.15G}
\end{aligned}
\tag{4.5}
$$

式中，D 可以表示为 v 的二次函数，即

$$
D = Pv^2 + Qv + W \tag{4.6}
$$

其中，

$$
P = -\frac{1}{G}\left[\frac{7.036U(i_k i_0)^3\eta_T(M_{\max} - M_{\mathrm{N}})}{r^3(n_{\mathrm{N}} - n_{\mathrm{M}})^2} + \frac{KA}{21.15}\right]
$$

$$
Q = \frac{5.305\eta_T U n_{\mathrm{M}}(i_k i_0)^2(M_{\max} - M_{\mathrm{N}})}{r^2 G(n_{\mathrm{N}} - n_{\mathrm{M}})^2}
$$

$$
W = \frac{i_k i_0\eta_T U}{rG}\left[M_{\max} - \frac{M_{\max} - M_{\mathrm{N}}}{(n_{\mathrm{N}} - n_{\mathrm{M}})^2}n_{\mathrm{M}}^2\right]
$$

由以上可得

$$
\lambda D = (f + i) + \frac{\delta}{g}a \tag{4.7}
$$

$$
a = \frac{\lambda g}{\delta}(D - \psi) \tag{4.8}
$$

式中，λ 为动力因数；ψ 为海拔荷载修正系数。

理想化加速启动状态瞬间按匀加速运动形式考虑，根据运动学方程，模型中车轮向前移动到第 n 个矩形时，有

$$
v_{n-1} = \sqrt{v_0^2 + 2a(n-1)s} \tag{4.9}
$$

$$
v_n = \sqrt{v_0^2 + 2ans} \tag{4.10}
$$

$$
\Delta t = \frac{\sqrt{v_0^2 + 2ans} - \sqrt{v_0^2 + 2a(n-1)s}}{a} \tag{4.11}
$$

式中，Δt 为每向前移动 1 个小矩形所用时间；s 为每个小矩形划分宽度。

3) 减速制动状态

如前所述，将减速制动瞬间按匀减速状态运动形式考虑，计算方法同上，得出模型中每个小矩形单位向前移动一次所用时间为

$$\Delta t = \frac{\sqrt{v_0^2 - 2a(n-1)s} - \sqrt{v_0^2 - 2ans}}{a} \tag{4.12}$$

第二节　爬坡路段沥青路面的力学响应

一、不同行驶状态路面位移分析

图 4.8 给出了 v=50km/h，f=0.3，工况 1 条件下路表顶面 Z 向的位移分布。可以得出，在移动荷载条件下，路面沿道路深度方向位移在两轮中心处达到最大，由于模型尺寸有限，局部呈凹陷状。图 4.9 为沿行车方向 Y=3.0m 截面处路面各点 Z 向位移分布，可以得出在 X 向路面竖向位移呈 "W" 形，在轮隙处由于两侧轮胎的挤压后隆起，其位移小于轮心处，沿道路深度方向位移逐渐减小，路表位移最大。

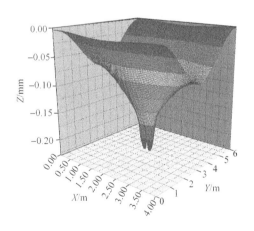
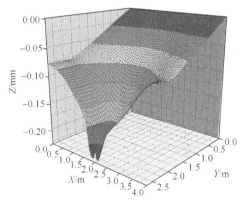

图 4.8　路表顶面 Z 向位移分布　　　　　图 4.9　Y=3.0m 截面 Z 向位移分布

对于路面 Z 向位移分布，各行驶状态条件下分布相同，都在轮胎中心处达到最大。图 4.10 给出不同工况下路表 Z 向位移变化曲线，可以大致表征车辆在爬坡路段车辙变形分布。由于上坡前的加速作用，开始阶段路面 Z 向位移较大，当速度达到最大值开始减速行驶时，随着速度的降低，Z 向位移开始增大，当

坡长足够长时，理想状态车辆达到匀速行驶阶段即工况 4 条件下，位移达到最大值，即连续爬坡路段坡顶位置附近。此外，对于不同行驶状态，以工况 2 为基准，工况 1、工况 3 和工况 4 路面 Z 向位移分别增大了 0.254%、1.48%和 2.4%。

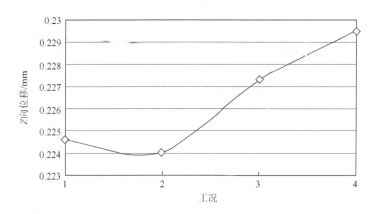

图 4.10　不同工况下路表 Z 向位移变化曲线

二、不同行驶状态路面应力分析

1. 移动荷载作用下最大剪应力分布

图 4.11～图 4.14 为各工况条件下沿路表顶面和在 $Y=3.0m$ 截面处沿道路深度最大剪应力(τ_{max})分布云图。

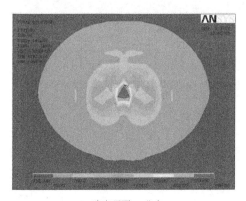

(a) 路表顶面τ_{max}分布

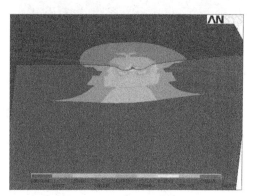

(b) $Y=3.0m$截面τ_{max}分布

图 4.11　工况 1 最大剪应力分布

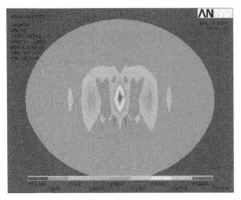 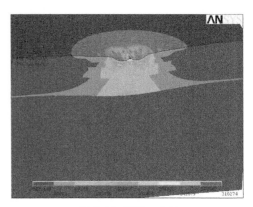

(a) 路表顶面τ_{max}分布　　　　　　　　　　(b) Y=3.0m截面τ_{max}分布

图 4.12　工况 2　最大剪应力分布

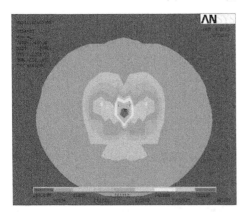 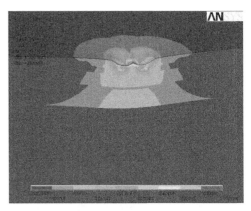

(a) 路表顶面τ_{max}分布　　　　　　　　　　(b) Y=3.0m截面τ_{max}分布

图 4.13　工况 3　最大剪应力分布

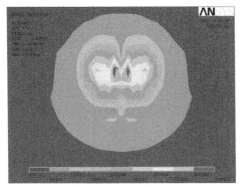 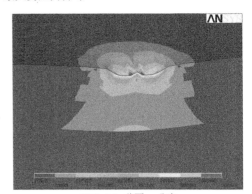

(a) 路表顶面τ_{max}分布　　　　　　　　　　(b) Y=3.0m截面τ_{max}分布

图 4.14　工况 4　最大剪应力分布

　　分析可知，路表最大剪应力分布受速度、行驶状态和水平力系数的影响。工况 1、2、3 最大剪应力集中在轮隙中心处，工况 4 路表最大剪应力向两侧轮心偏移，因此可以得出，随着水平力系数的增大，沿行车方向荷载增大，使路表最大剪应力由两轮轮隙处向两侧轮心处偏移。比较工况 1 和工况 3 可知，由于加减速行驶过程中路面水平力方向不同，路表最大剪应力分布存在一定区别。此外，速度对于路表最大剪应力分布影响尤为明显，工况 2、3、4 研究结果表明，随着速度的减小，两轮轮心处的最大剪应力增大，工况 2 和工况 4 较为明显地反映出速度对路表最大剪应力分布的影响。

　　最大剪应力沿道路深度分布表明，最大剪应力沿深度方向分布受水平力系数影响较大，影响较大的区域为路表轮隙中心处(简称轮隙处)和两侧轮胎中心处(简称轮心处)下方中面层位置。随着水平力系数的增大，工况 4 结果显示，轮心处的最大剪应力峰值迁移至路表。

　　图 4.15 和图 4.16 分别为不同工况在轮心处和轮隙处最大剪应力 τ_{max} 沿深度方向(与路表距离)分布，表明轮心处剪应力竖向分布受水平力系数影响较为明显。工况 1 和工况 3 水平力系数相同，分布规律相似，工况 1、2、3 轮心处最大剪应力峰值在距路表 8cm 处，位于中面层中部。轮隙处最大剪应力分布规律相同，都在路表顶面达到最大，沿路面深度方向急剧减小至距路表 6~8cm 后开始缓慢增大。

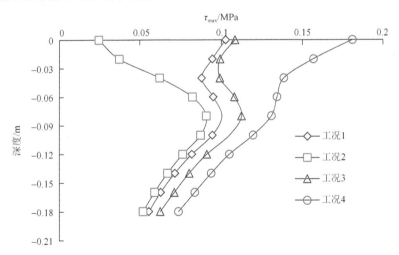

图 4.15　不同工况轮心处 τ_{max} 沿深度方向分布

由以上可知，最大剪应力对路面永久变形的影响主要有两方面。

(1) 轮隙处的最大剪应力引起的横向流动破坏。

(2) 两侧轮心处下方中面层材料抵抗剪应力不足引起的竖向压密变。

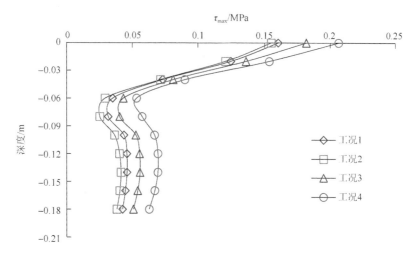

图 4.16　不同工况轮隙处 $\tau_{\max}$ 沿深度方向分布

图 4.17 为不同工况条件下 $\tau_{\max}$ 峰值变化曲线，以工况 2 为基准，工况 1、工况 3 和工况 4 路面最大剪应力分别增大了 12.4%、17.2%和 63.4%，车速的降低和水平力系数的增大对路面影响显著。

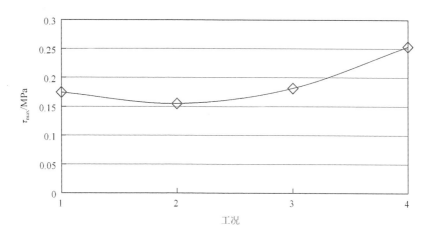

图 4.17　不同工况 $\tau_{\max}$ 峰值变化曲线

2. 移动荷载作用下竖向压应力分布

压应力的大小可以有效地反映路面竖向的压密变形，图 4.18 为四种工况下 $Y=3.0\mathrm{m}$ 截面处压应力沿深度方向分布。由图可知，压应力集中在两轮轮心处，轮胎两侧和轮隙处受拉，轮心处的压应力随深度的增加而减小，在距路表 0~6cm 处影响较大。

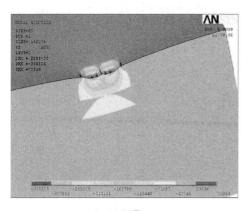
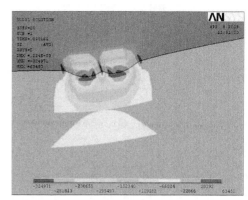

(a) 工况1　　　　　　　　　　　　　　　　　(b) 工况2

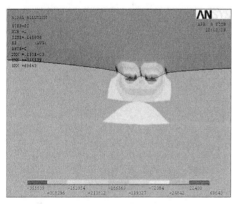
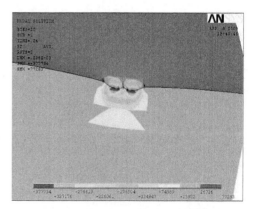

(c) 工况3　　　　　　　　　　　　　　　　　(d) 工况4

图 4.18　不同工况 Y=3.0m 截面处压应力沿深度方向分布

图 4.19 给出不同工况下横向应力 σ_X、最大纵向应力 σ_Y 和最大竖向应力 σ_Z 峰值变化曲线，可以得出不同工况 X 向和 Z 向应力变化相似，Y 向应力受到沿道路行驶方向力的影响存在变化，同样以工况 2 为基准，工况 1、工况 3 和工况 4 横向应力 σ_X 分别增加了 2.3%、10.2%和 16.2%，纵向应力 σ_Y 分别增加了 21.5%、21.9%和 47.0%，竖向应力 σ_Z 分别增加了 9.3%、9.4%和 16.2%。

3. 移动荷载作用下等效应变分布

图 4.20 为四种工况下 Y=3.0m 截面处等效应变(Mises 应变)沿深度方向分布。结果表明，除路表轮隙处，等效应变在两轮轮心处下方中面层位置达到最大。

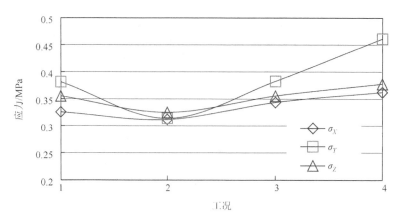

图 4.19 不同工况各向应力峰值变化曲线

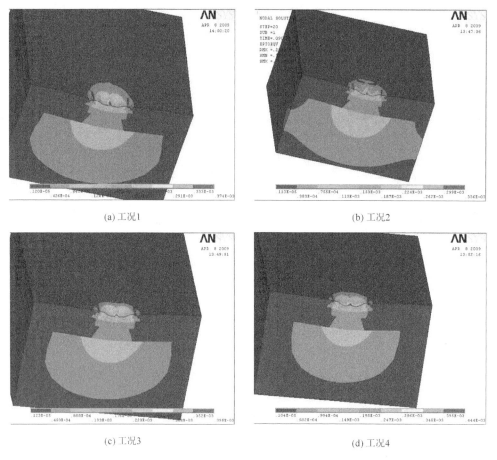

图 4.20 不同工况 Y=3.0m 截面处 Mises 应变沿深度方向分布

图 4.21 给出不同工况条件下 Mises 应变峰值变化曲线，以工况 2 为基准，工况 1、工况 3 和工况 4 路面 Mises 应变峰值分别增大了 11.3%、17.5%和 32.1%。

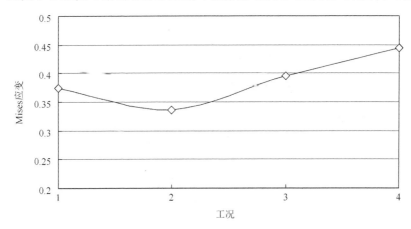

图 4.21 不同工况 Mises 应变峰值变化曲线

三、不同行驶状态时间历程变化

移动荷载作用下路面加载时间与车辆行驶状态相关，不同行驶速度和不同水平力系数，使模型轮胎在加载一周期内作用时间不同，到达同一点时间也不相同。图 4.22～图 4.26 是移动单周期下，Y=3.0m 截面上左侧轮心处点(1.85，3，2.67)各项指标的动力学响应。由于模型尺寸所限，图中所示为不同工况下轮胎移动 4m 范围内路面竖向位移的变化曲线。图中结果表明，不同行驶条件下，移动荷载对路表轮心处竖向位移影响区域较大。实际路面中，在距车轮作用一定距离远处，竖向位移减小为 0。

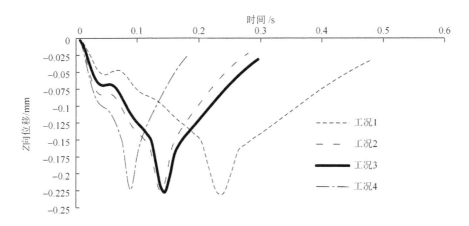

图 4.22 不同工况下点(1.85，3，2.67)Z向位移随时间变化曲线

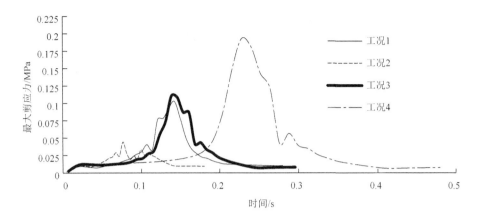

图 4.23 不同工况下点(1.85，3，2.67)最大剪应力随时间变化曲线

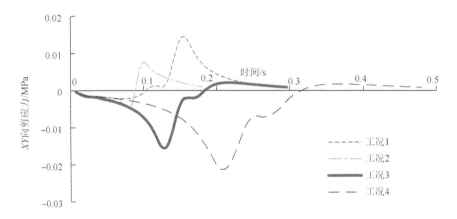

图 4.24 不同工况下点(1.85，3，2.67)XY 向剪应力随时间变化曲线

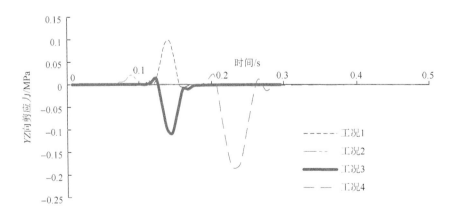

图 4.25 不同工况下点(1.85，3，2.67)YZ 向剪应力随时间变化曲线

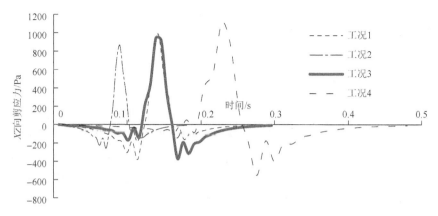

图 4.26　不同工况下点(1.85，3，2.67)XZ 向剪应力随时间变化曲线

　　图 4.23 所示不同工况下点(1.85，3，2.67)最大剪应力随时间变化曲线，作用范围比竖向位移小，在加载区域周边存在一定的波动。不同工况结果显示，行驶速度越大，最大剪应力动态响应区域越大，波动越大。由于加减速行驶条件下，水平力方向不同，不同工况下 XY 向、YZ 向剪应力受水平力影响较大，各工况下 XZ 向剪应力随时间变化规律相似，在荷载作用区域存在较大范围波动。

四、移动荷载作用下速度影响规律

　　对于车辆行驶速度对路面的影响，前面通过长大纵坡蠕变特性回归得到了不同速度下路面的永久变形，指出路面永久变形与速度呈幂函数关系，并具有很好的相关性。后面不考虑加减速行驶状态，采用移动荷载模型，在 $f=0.3$，坡度 $i=3\%$ 条件下设置不同的行驶速度，研究左侧轮心处点(1.85，3，2.67)沿路面深度方向位移随时间变化，得出不同速度条件下 Z 向位移，如图 4.27 所示。由图可知，Z 向位移随车速呈幂函数变化，当速度为 10～30km/h 时，Z 向位移变化较快。

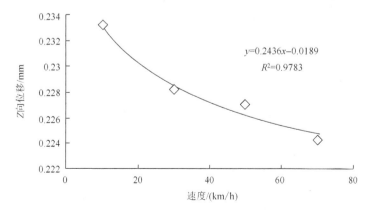

图 4.27　不同速度点(1.85，3，2.67)Z 向位移

五、移动荷载作用下水平力系数影响规律

对于水平力对路面的影响，李凌林[47]研究了沿行车方向剪切力对路面永久变形、竖向蠕变、等效蠕变和最大剪应力的影响，指出行车方向的剪切力对路面永久变形和竖向蠕变没有影响，对等效蠕变和最大剪应力存在较大影响。为比较分析，本节基于移动荷载模型，不考虑加减速行驶状态，在 v=50km/h，i=3%条件下，采用不同水平力系数，同样取左侧轮心处点(1.85，3，2.67)沿路面深度方向位移随时间变化，得出不同水平力系数下 Z 向位移，如图 4.28 所示。由图可知，沿路面深度方向，Z 向位移与水平力系数呈线性变化关系，这与静态分析结果存在矛盾。分析原因可知，实际车辆行驶是动态过程，行车方向存在阻尼作用，对路面 Z 向位移存在一定影响，由回归直线斜率可知，水平力系数对路面沿深度方向位移影响较微弱。

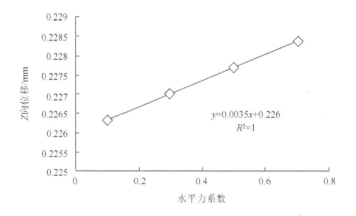

$y=0.0035x+0.226$
$R^2=1$

图 4.28　不同水平力系数点(1.85，3，2.67)Z 向位移

实际长大纵坡路段车辆爬坡行驶时，速度与水平力系数存在一定的关系，速度降低引起水平力增大。因此，速度与水平力共同作用于路面。

第三节　多轴车下路面力学响应数值模型构建与分析

一、多轴车的数值模型与移动模拟

1. 多轴车有限元模型

针对以上实际道路行驶中多轴车存在的问题建立有限元模型，研究单后轴、

双后轴和三后轴条件下轴载均匀分布对路面影响,三后轴车轴载不均匀分布问题以及三后轴车前轴悬空问题。

路面结构和材料参数同前,考虑到轴距、模型沿道路行驶方向加长,将原有 Y 方向 6m 延伸为 20m,路面横向宽度 4m,土基采用 2m,不同车型有限元模型如图 4.29 所示。

(a) 单后轴车有限元模型

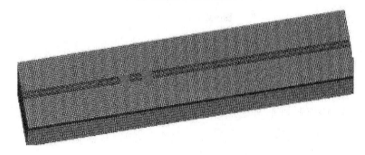

(b) 双后轴车有限元模型

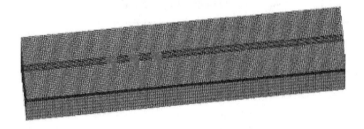

(c) 三后轴车有限元模型

图 4.29 不同车型有限元模型

假设模型左右两侧没有 X 方向位移,前后没有 Y 方向位移,底面没有任何方向位移,层间为完全接触,单元总数为 165 600,节点数为 179 493。轮胎尺寸为 0.18m×0.2m,两轮中心距为 0.3m,多轴车后轴间距为 1.4m,如图 4.30 所示。

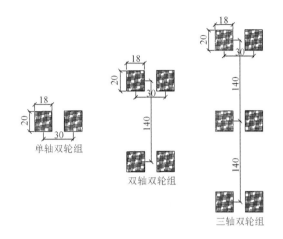

图 4.30   不同车型轮胎长度和轴距

图中数字的单位为 cm

2. 多轴车移动模拟

采用移动矩形均布恒载模拟多轴车辆爬坡过程，通过荷载步时间表征车辆行驶速度。研究多轴车时，不考虑加减速影响。移动距离为 6m，移动起始两端距离相等。不同轴型车移动起始端 Y 向坐标如表 4.9 所示，移动荷载计算对象如图 4.31 所示。

表 4.9   不同轴型车移动起始端 Y 向坐标   （单位：m）

类型	Y 向坐标	
	起始端	终点端
单轴车	7.9~8.1	13.9~14.1
双轴车	6.2~6.4	12.2~12.4
	7.6~7.8	13.6~13.8
三轴车	5.5~5.7	11.5~11.7
	6.9~7.1	12.9~13.1
	8.3~8.5	14.3~14.5

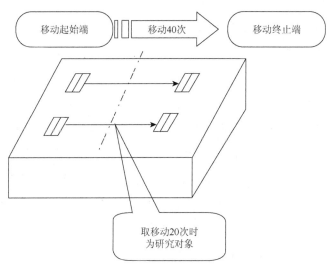

图 4.31　移动荷载计算对象

二、多轴车下路面力学响应分析

1. 不同轴型车条件下轴载均匀分布对路面的影响

现行沥青路面设计规范采用单轴轴重 100kN 作为设计时的标准轴重，根据不同要求，分别推荐以弯沉和应力为指标的轴载换算公式[48]，并规定该公式适用于单轴轴重小于 130kN 的情况。

后面研究多轴车时不考虑各轴的超重因素，轴载按每轴 100kN 平均分布。行驶速度 v = 50km/h，水平力系数 f=0.3，纵坡坡度 i =3.0%。在移动荷载作用下车轮行驶 6m，距离路表左侧轮心处点(1.85，10，2.67)Z 向位移随时间的变化曲线如图 4.32 所示。

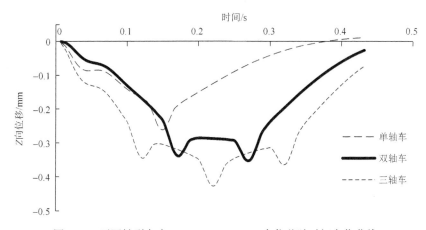

图 4.32　不同轴型车点(1.85，10，2.67)Z 向位移随时间变化曲线

由图4.32可知，随着重型车辆后轴轴数的增加，相同时间内路表作用频率增大，路表Z向位移增大，但并非简单地线性叠加。同时，单后轴车路表Z向最大位移出现在0.151 2s，位移在0.374 4s由负值变为正值。由计算可以得出单后轴作用一侧的距离$\Delta S = v(t_2 - t_1) / 3.6 = 50 \times (0.3744 - 0.1512) / 3.6 = 3.1\text{m}$。

载重车辆实际前后桥间轴距大于3.1m，由此可知，实际中多轴车前后桥对路面作用相互独立，对路面影响主要是后桥轴数增加产生的叠加作用。表4.10给出移动荷载不同轴型车各轴作用下点(1.85，10，2.67)Z向位移。图4.33和图4.34分别给出了不同轴型条件下，路表左侧轮心处点(1.85，10，2.67)最大剪应力τ_{max}和沿路面深度方向的压应力σ_z随时间变化曲线。表4.11给出了不同轴型车各轴作用下点(1.85，10，2.67)的τ_{max}和σ_z。

表4.10　不同轴型车各轴作用下点(1.85，10，2.67)Z向位移

项目	单轴车	双轴车		三轴车		
		前轴	后轴	前轴	中轴	后轴
Z向位移/mm	0.262	0.34	0.35	0.346	0.428	0.362

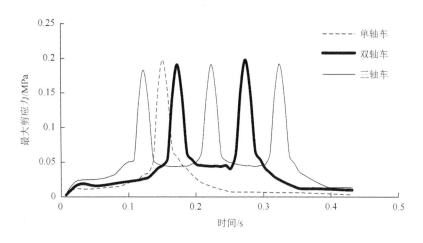

图4.33　不同轴型车点(1.85，10，2.67)最大剪应力随时间变化曲线

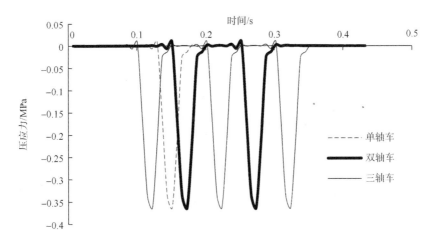

图4.34　不同轴型车点(1.85，10，2.67)压应力随时间变化曲线

表4.11　不同轴型车各轴作用下点(1.85，10，2.67)的 τ_{max} 和 σ_z

项目	单轴车	双轴车		三轴车		
		前轴	后轴	前轴	中轴	后轴
τ_{max} /MPa	0.197	0.191	0.198	0.183	0.191	0.192
σ_z /MPa	0.364	0.364	0.364	0.364	0.364	0.364

在移动荷载作用下，当车辆后轴轴数增加时，路表最大剪应力和压应力的变化不明显。

2. 三后轴车前轴悬空对路面的影响

目前公路上行驶的"悬轴车"大部分是在四轴的基础上增加了一个由气囊控制的轴。后面通过有限元计算并对比普通三后轴车和三后轴悬轴车对路面的影响，进而分析三后轴悬轴车对路面的实际危害。图4.35～图4.37分别给出了在普通三后轴车和三后轴悬轴车作用下路表左侧轮心处点(1.85，10，2.67)的 Z 向位移、最大剪应力和压应力随时间的变化曲线。

通过分析可知，三后轴悬轴车行驶时，荷载均匀施加在后面两个轴上，使车辆实际上按四轴车超载运行。对比三后轴悬轴车和普通三后轴车的有限元计算结果可知，前者作用下路面的 Z 向位移、最大剪应力和压应力均不同程度增大。Z 向位移最大值增大 22.9%，剪应力最大值增大 54.9%，压应力最大值增大 50%。

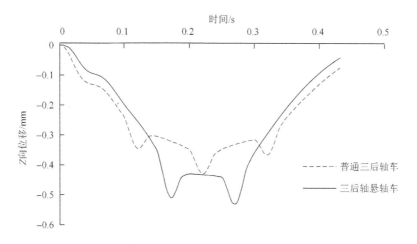

图 4.35　普通三后轴车与三后轴悬轴车点(1.85，10，2.67)Z 向位移
随时间变化曲线

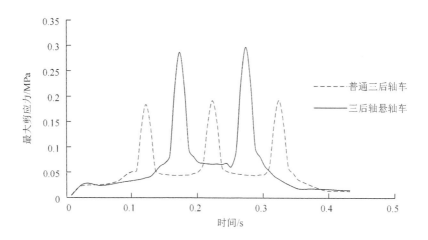

图 4.36　普通三后轴车与三后轴悬轴车点(1.85，10，2.67)最大剪应力
随时间变化曲线

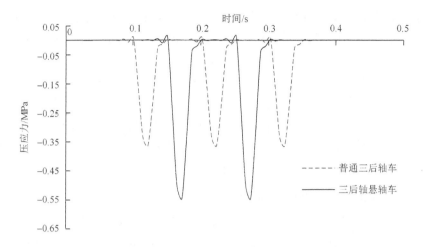

图 4.37　普通三后轴车与三后轴悬轴车点(1.85，10，2.67)压应力
随时间变化曲线

表 4.12 给出了普通三后轴车与三后轴悬轴车在行驶过程中，各轴对路面 Z 向位移、τ_{max} 和 σ_z 的影响。

表 4.12　普通三后轴车与三后轴悬轴车各轴作用下 Z 向位移、τ_{max} 和 σ_z

项目	普通三后轴车			三后轴悬轴车	
	前轴	中轴	后轴	前轴	后轴
Z 向位移/mm	0.346	0.428	0.362	0.51	0.526
τ_{max} /MPa	0.183	0.191	0.192	0.286	0.297
σ_z /MPa	0.364	0.364	0.364	0.546	0.546

通过分析表中数据可知，多轴车在移动过程中各轴对路面的影响不同。普通三后轴车各轴均布受力，移动时中轴对路面 Z 向位移作用最大，Z 向位移和前轴及后轴相比分别增大 23.7%和 18.2%；中轴和后轴对路面最大剪应力影响最大，最大剪应力和前轴相比分别增大 4.4%和 4.9%；各轴对路面压应力影响基本相同。三后轴悬轴车，即等同于三后轴车超载问题。各轴受力相同时，后轴对路面的影响大于前轴。后轴 Z 向位移和 τ_{max} 与前轴相比分别增大了 3.1%和 3.8%；三后轴悬轴车各轴对路面压应力基本相同。

3. 三后轴车轴载不均匀分布对路面的影响

前面分析了三后轴车轴载均匀分布和前轴悬空时引起的超载现象。实际行驶的三后轴车轴载并非均匀分布。对于普通三后轴车，根据运动条件下的超静定分析，由于轴心距离质心点的位置不同各轴承重不同；中轴和后轴通过传感系统连接，承重相同，相比后三轴中的前轴承重不同。

后面建立有限元模型，将三后轴车前轴轴载分别减少 10%、20% 和 30%，并将这部分载重均匀分配在中轴和后轴上。表 4.13 给出不同轴载分布条件下，Z 向位移、τ_{max} 和 σ_z 的变化。通过分析表中数据可知，前轴轴载的减少使后轴对路面 Z 向位移增大，不过 τ_{max} 和 σ_z 增大不明显。总体来说，轴载不均匀分布对路面性能的影响不明显，后轴对路面性能有一定影响。

表 4.13　三后轴车不同轴载分布情况下 Z 向位移、τ_{max} 和 σ_z

项目	三后轴车	轴载均匀分布	前轴轴载减少 10%（变化率）	前轴轴载减少 20%（变化率）	前轴轴载减少 30%（变化率）
Z 向位移 /mm	前轴	0.346	0.324(−6.36%)	0.301(−13.01%)	0.279(−19.36%)
	中轴	0.428	0.436(1.87%)	0.444(3.74%)	0.452(5.61%)
	后轴	0.362	0.379(4.70%)	0.395(9.12%)	0.411(13.54%)
τ_{max} /MPa	前轴	0.183	0.163(−10.93%)	0.142(−22.40%)	0.122(−33.33%)
	中轴	0.191	0.201(5.24%)	0.21(9.95%)	0.22(15.18%)
	后轴	0.192	0.202(5.21%)	0.213(10.94%)	0.223(16.15%)
σ_z /MPa	前轴	0.364	0.328(−9.89%)	0.291(−20.05%)	0.255(−29.95%)
	中轴	0.364	0.382(4.95%)	0.4(9.89%)	0.418(14.84%)
	后轴	0.364	0.382(4.95%)	0.4(9.89%)	0.419(15.11%)

第五章　抗车辙沥青混合料的多层次优化设计

第一节　沥青胶结料的优化设计

一、基于交通条件的沥青等级优选

Superpave 所述胶结料选择方法是典型公路交通条件下的基本方法[49]。在这些条件下，假定设计路面承受快速和瞬时荷载。对于高温设计情况，交通速度也会对性能产生影响。AASHTO M323 规范规定了在慢速和停滞交通条件下，应对沥青胶结料的 PG 要求进行调整。此外，还包括累计交通荷载次数的调整方法，类似于在沥青弯曲蠕变(BBR)试验温度所述的时间-温度转换，较高的最高温度等级用来抵消慢速交通和极重交通荷载的影响。当依据气候、交通荷载条件决定 PG 时，对于低速、停滞荷载情况，Superpave 需要其他的方法来选取沥青胶结料的高温等级。表 5.1 给出了 AASHTO M323 推荐的调整等级。

表 5.1　基于交通速度和交通量水平的沥青胶结料选择

设计 ESAL[a]/10^6	沥青胶结料 PG 调整[e] 交通轴载速度		
	静止[b]	慢[c]	标准[d]
<0.3	—[f]		
0.3~3	2	1	
3~10	2	1	
10~30	2	1	—[f]
≥30	2	1	1

a. 设计交通量是涉及 20 年的远景交通量,不管设计的路面实际设计年限是多少,用 20 年的设计交通量 ESAL 车道,据此选择合适的 $N_{设计}$; b. 静止交通: 平均交通速度<20km/h; c. 慢速交通: 平均交通速度为 20~70km/h; d. 标准交通: 平均交通速度>70km/h; e. 增加高温等级(一个等级 6℃),不调整低温等级; f. 考虑增加一个高温等级。

陡长坡路段纵坡导致车速降低，最低为 20km/h。结合 Superpave 的要求，需要将高温等级调高两个等级才能满足陡长坡路段对沥青胶浆的抗车辙性能的要求。

二、基于模糊数学综合评判的抗车辙改性剂优选

1. 原材料技术性能

本节研究选用 70#基质沥青、玄武岩集料，采用陡长坡路段沥青路面的现场配合比。试验采用路孚 8000 抗车辙剂(如图 5.1 所示，其组成成分如表 5.2 所示)、PR PLAST.S 抗车辙剂(如图 5.2 所示，其基本指标如表 5.3 所示)和矿物纤维抗车辙剂(如图 5.3 所示，其基本指标如表 5.4 所示)。

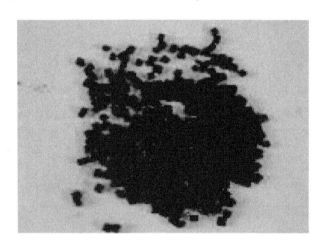

图 5.1　路孚 8000 抗车辙剂

表 5.2　路孚 8000 抗车辙剂组成成分

品种	组成比例/%	湿度/%	融化温度/℃
聚合物	≥85		
纤维(素)	≤10		
沥青	≤2	≤5	130～250
金属元素	≤2		
黏合剂	≤1.5		

图 5.2 PR PLAST.S 抗车辙剂

表 5.3 PR PLAST.S 抗车辙剂技术指标

指标	数值
密度/(g/cm^3)	0.91~0.96
熔点/℃	140~150
粒径/mm	2~4
高分子化合物含量/%	90
PRXNP101 含量/%	6
PRXNP102 含量/%	4

图 5.3 矿物纤维抗车辙剂

表 5.4　矿物纤维技术指标

项目	技术指标
纤维平均长度/mm	1.0～3.5
纤维平均直径/μm	3.0～8.0
纤维分布/%	40#：30～40；60#：40～60
纤维烧矢量/%	<1(800℃/h)
渣球含量/%	<3
纤维含水量/%	<1.5
纤维容量/(g/cm^3)	0.10～0.25

2. 沥青混合料路用性能的试验研究

本节对基质沥青混合料以及路孚 8000 改性、PR PLAST.S 改性和纤维改性沥青混合料分别进行了车辙试验、低温弯曲试验、浸水马歇尔试验和小梁疲劳试验。以车辙试验的动稳定度 DS 和相对变形率评价高温稳定性，以低温弯曲试验的最大弯拉应变和弯曲应变能评价低温稳定性，以浸水马歇尔试验的残留稳定度评价水稳定性，以小梁疲劳试验的荷载循环次数评价抗疲劳性能，试验结果如表 5.5 所示。

表 5.5　路用性能试验结果

路用性能	指标	基质沥青混合料	路孚 8000 沥青混合料	纤维沥青混合料	PR PLAST.S 沥青混合料
高温稳定性	动稳定度/(次·mm^{-1})	240	6 550	2 789	3 640
	相对变形率/%	31.83	2.02	4.32	3.08
低温抗裂性	最大弯拉应变/10^{-6}	1 029	1 374	1 378	1 888
	弯曲应变能/(N·mm)	109.21	215.761 8	180.835 1	252.042 1
水稳定性	残留稳定度/%	83.48	89.96	91.26	91.65
抗疲劳性能	荷载循环次数/次	86 486	197 998	752 638	291 437

3. 基于模糊数学综合评判的改性剂优选

1) 模糊数学初级评判矩阵

本节研究采用模糊数学综合评价的方法，进行不同改性剂沥青混合料路用性能的综合评价。模糊数学综合评价的评语集为

$$U = \left\{ U_1, U_2, \cdots, U_N \right\} \tag{5.1}$$

对于本节研究的问题，$U = \left\{ U_1, U_2, U_3, U_4 \right\}$ ={基质沥青混合料，路孚 8000 沥青混合料，纤维沥青混合料，PR PLAST.S 沥青混合料}。

设定 $U_i = \left\{ u_{i1}, u_{i2}, \cdots, u_{ik} \right\}$，即每个 U_i 中含有 k 个因素。在本节研究中，$U_i = \left\{ u_{i1}, u_{i2}, u_{i3}, u_{i4} \right\}$ ={高温稳定性，低温抗裂性，水稳定性，抗疲劳性能}。

首先需要对每项路用性能 U_i 作初级评判，可根据不同沥青混合料路用性能的室内试验进行单因素评价获得初级评判矩阵 $R_i^{(1)}$，再根据不同因素的重要程度进行模糊运算，以获得初级评判结果。评价值越大，说明该项因素越优。设 U_i 的因素重要程度模糊子集为 $A_i^{(1)} = \left\{ a_{i1}, a_{i2}, \cdots, a_{ik} \right\}$，初级评价矩阵为

$$B_i^{(1)} = A_i^{(1)} \circ R_i^{(1)} = \left(b_{i1}, b_{i2}, \cdots, b_{in} \right), \quad i = 1, 2, \cdots, N \tag{5.2}$$

式中，$B_i^{(1)}$ 为单因素评判集；$A_i^{(1)}$ 为因素重要程度模糊子集；"∘"为模糊运算符。初级评判集 $B_i^{(1)}$ 中的值越大，说明对应的改性沥青混合料的路用性能越适用。

因素重要程度模糊子集 $A_i^{(1)}$ 中的因素重要程度系数 a_{ik} 是路用性能不同评价指标的相对重要程度。在本节研究中，高温稳定性采用了两个评价指标，即动稳定度和相对变形率。相关研究表明，相对变形率更能反映沥青混合料抗车辙性能，其重要程度系数更大。因此，动稳定度和相对变形率的因素重要程度系数取为 $A_1^{(1)} = \left\{ \text{动稳定度的重要程度，相对变形率的重要程度} \right\} = \left\{ 0.3, 0.7 \right\}$。

低温抗裂性采用了最大弯拉应变和弯曲应变能两个评价指标，而相关研究表明，弯曲应变能更能反映沥青混合料低温抗裂性能，其重要程度系数更大。因此，最大弯拉应变和弯曲应变能的因素重要程度取为 $A_2^{(1)} = \left\{ \text{最大弯拉应变的重要程度，弯曲应变能的重要程度} \right\} = \left\{ 0.3, 0.7 \right\}$。

对路用性能室内试验结果进行归一化处理，以构造初级评判矩阵。进行归一化处理时，对于车辙试验的动稳定度、疲劳试验的荷载循环次数等这类"越大越好型"的评价指标，直接对性能数据进行归一化处理；对于车辙试验的相对变形率这类"越小越好型"的评价指标，先对性能数据求倒数，再进行归一化处理。路用性能试验结果和初级评判矩阵 $R_i^{(1)}$ 如表 5.6 所示。

表 5.6　路用性能试验结果和初级评判矩阵 $R_i^{(1)}$

项目	指标	基质沥青混合料	路孚 8000 沥青混合料	纤维沥青混合料	PR PLAST.S 沥青混合料
高温稳定性评价矩阵	动稳定度	0.018	0.495	0.211	0.275
	相对变形率	0.029	0.457	0.214	0.300
低温抗裂性评价矩阵	最大弯拉应变	0.182	0.242	0.243	0.333
	弯曲应变能	0.144	0.285	0.239	0.333
水稳定性评价矩阵	抗拉强度比	0.234	0.252	0.256	0.257
抗疲劳性能评价矩阵	荷载循环次数	0.065	0.149	0.567	0.219

根据上述分析，可得对高温稳定性的初级评判矩阵为

$$B_1^{(1)} = A_1^{(1)} \circ R_1^{(1)} = \begin{pmatrix} 0.026 & 0.468 & 0.213 & 0.293 \end{pmatrix} \tag{5.3}$$

低温抗裂性的初级评判矩阵为

$$B_2^{(1)} = A_2^{(1)} \circ R_2^{(1)} = \begin{pmatrix} 0.155 & 0.272 & 0.240 & 0.333 \end{pmatrix} \tag{5.4}$$

水稳定性和抗疲劳性能初级评判矩阵为

$$B_3^{(1)} = R_3^{(1)} = \begin{pmatrix} 0.234 & 0.252 & 0.256 & 0.257 \end{pmatrix} \tag{5.5}$$

$$B_4^{(1)} = R_4^{(1)} = \begin{pmatrix} 0.065 & 0.149 & 0.567 & 0.219 \end{pmatrix} \tag{5.6}$$

2) 模糊数学二级评价

模糊数学二级评价过程如图 5.4 所示。

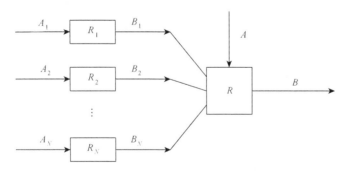

图 5.4　模糊数学二级评价过程

$U = \{ U_1, U_2, U_3, U_4 \}$ ={基质沥青混合料, 路孚 8000 沥青混合料, 纤维沥青混

合料，PR PLAST.S 沥青混合料}，$U_i = \{ u_{i1}, u_{i2}, u_{i3}, u_{i4} \}$ = {高温稳定性，低温抗裂性，水稳定性，抗疲劳性能}，二级评价矩阵 $R^{(2)}$ 为

$$R^{(2)} = \begin{pmatrix} B_1^{(1)} \\ B_2^{(1)} \\ B_3^{(1)} \\ B_4^{(1)} \end{pmatrix} = \begin{pmatrix} A_1^{(1)} \circ R_1^{(1)} \\ A_2^{(1)} \circ R_2^{(1)} \\ A_3^{(1)} \circ R_3^{(1)} \\ A_4^{(1)} \circ R_4^{(1)} \end{pmatrix} = \begin{pmatrix} 0.026 & 0.468 & 0.213 & 0.293 \\ 0.155 & 0.272 & 0.240 & 0.333 \\ 0.234 & 0.252 & 0.256 & 0.257 \\ 0.065 & 0.149 & 0.567 & 0.219 \end{pmatrix} \quad (5.7)$$

二级评价因素重要程度模糊子集为 $A^{(2)} = \{ A_1^{(2)}, A_2^{(2)}, A_3^{(2)}, A_4^{(2)} \}$，则二级综合评判结果为 $B^{(2)} = A^{(2)} \circ R^{(2)}$。

3) 二级因素重要系数的确定

采用判断矩阵法确定二级评价中因素重要程度，对于本节研究的陡长坡路段沥青路面，最主要的破坏形式是车辙，然后是水损害、低温开裂和疲劳开裂。所以本节研究重点依次是高温稳定性、水稳定性以及低温抗裂性和抗疲劳性能。对 U_i 中任意因素的重要程度进行两两比较，设 $f_{u_j}(u_i)$ 表示因素 u_i 相对于因素 u_j 的"重要程度"的判断值。重要程度分为"同等重要""稍微重要""明显重要""强烈重要"和"绝对重要"5 级，分别赋值 1、3、5、7、9，重要程度介于各等级之间赋值 2、4、6、8。各因素的重要程度等级如表 5.7 所示，重要程度判断值如表 5.8 所示。

表 5.7　重要程度等级

项目	高温稳定性	低温抗裂性	水稳定性	抗疲劳性能
高温稳定性	同等重要	明显重要	稍微重要	介于明显和强烈之间
低温抗裂性	—	同等重要	—	同等重要
水稳定性	—	介于同等和稍微之间	同等重要	明显重要
抗疲劳性能	—	—	—	同等重要

表 5.8　重要程度判断值

项目	高温稳定性	低温抗裂性	水稳定性	抗疲劳性能
高温稳定性	1	5	3	6
低温抗裂性	—	1	—	1
水稳定性	—	2	1	5
抗疲劳性能	—	—	—	1

令矩阵 F 的元素 $f_{ij} = f_{u_j}(u_i)/f_{u_i}(u_j)\,(i,\,j=1,\,2,\,\cdots,\,m)$，将前面两两因素比较的判断值代入得

$$F = \begin{pmatrix} f_{11} & f_{12} & \cdots & f_{1m} \\ f_{21} & f_{22} & \cdots & f_{2m} \\ \vdots & \vdots & & \vdots \\ f_{m1} & f_{m2} & \cdots & f_{mm} \end{pmatrix} = \begin{pmatrix} 1 & 5 & 3 & 6 \\ \dfrac{1}{5} & 1 & \dfrac{1}{2} & 3 \\ \dfrac{1}{3} & 2 & 1 & 5 \\ \dfrac{1}{6} & \dfrac{1}{3} & \dfrac{1}{5} & 1 \end{pmatrix} \tag{5.8}$$

计算矩阵 F 的最大特征根 $\lambda_{\max}$，得 $\lambda_{\max}=4.102$，再代入奇次方程组得

$$\begin{cases} (1-4.102)x_1 + 5x_2 + 3x_3 + 6x_4 = 0 \\ \dfrac{1}{5}x_1 + (1-4.102)x_2 + \dfrac{1}{2}x_3 + 3x_4 = 0 \\ \dfrac{1}{3}x_1 + 2x_2 + (1-4.102)x_3 + 5x_4 = 0 \\ \dfrac{1}{6}x_1 + \dfrac{1}{3}x_2 + \dfrac{1}{5}x_3 + (1-4.102)x_4 = 0 \end{cases} \tag{5.9}$$

进而得到其特征向量 $\zeta = (x_1,\,x_2,\,x_3,\,\cdots,\,x_m)$，归一化处理得到因素重要程度模糊子集 $A^{(2)} = \{\,0.560\ 0.135\ 0.246\ 0.059\}$。

4) 模糊数学二级评价结果

二级评价矩阵为 $B^{(2)} = A^{(2)} \circ R^{(2)}$，代入相关结果得

$$\begin{aligned} B^{(2)} &= (0.560\ 0.135\ 0.246\ 0.059) \circ \begin{pmatrix} 0.026 & 0.468 & 0.213 & 0.293 \\ 0.155 & 0.272 & 0.240 & 0.333 \\ 0.234 & 0.252 & 0.256 & 0.257 \\ 0.065 & 0.149 & 0.567 & 0.219 \end{pmatrix} \\ &= (0.097\ \ 0.370\ \ 0.248\ \ 0.285) \end{aligned} \tag{5.10}$$

根据最大隶属度原则，可以对 4 种沥青混合料路用性能进行定量描述，而二级评价矩阵中对应的元素就是 4 种沥青混合料的综合路用性能排序。研究表明，路孚 8000 沥青混合料的性能最佳。因此，在后续沥青混合料优化设计时，采用了路孚 8000 作为沥青混合料的改性剂。

第二节　细集料填充效应与优化设计

细集料作为沥青混合料的一种重要组成部分，对混合料的抗车辙性能有一定影响。目前针对细集料对混合料抗车辙性能影响的研究主要集中在两个方面，一方面是关于细集料棱角性对混合料抗车辙性能的影响；另一方面是关于细集料级配对混合料抗车辙性能的研究。本节从细集料的填充作用切入，研究细集料填充效应对沥青混合料体积参数和抗车辙性能的影响规律，并提出针对抗车辙性沥青混合料的细集料优化设计方法。

一、细集料填充方法

1. 粗、细集料划分

关于粗、细集料的传统定义主要有两种，一种是将 4.75mm 作为粗、细集料的划分标准；另一种是将 2.36mm 作为粗、细集料的划分标准。可以看出这种划分标准对于所有粒径都是一样的。实际上，集料的粗细应该是相对的。例如，公称最大粒径为 4.75mm 的沥青混合料的关键筛孔就不能用以上两种方法判定。贝雷法在划分粗、细集料时充分考虑集料的嵌挤状态前提下，将粗、细集料定义如下。

粗集料：形成空隙，粒径较大的颗粒；

细集料：填充空隙，粒径较小的颗粒。

从上面的定义可知，对于不同粒径组成的集料，粗、细集料的划分是十分必要的。颗粒粒径的大小直接关系着所产生空隙的大小。因此，关键筛孔尺寸要根据集料的公称最大粒径来确定。

粗集料形成的空隙大小，除与公称最大粒径有关外，还依赖颗粒形状和尺寸大小。如图 5.5 所示，如果颗粒都是圆形则空隙是 $0.15d$，其中 d 为颗粒直径。如果是 2 圆 1 周则是 $0.20d$，如果是 1 圆 2 周则是 $0.24d$，如果都是周则是 $0.29d$。若采用四种情况的平均值则是 $0.22d$；如果采用后三者的平均值是 $0.24d$。实际上该系数究竟应该是哪几个的平均值并不影响关键筛孔的选取。从 $0.22d \sim 0.25d$ 所得到的主控筛孔等关键筛孔并未发生实质性变化，因此选择 $0.22d$ 更为合适。

划分粗细集料的关键筛孔计算公式为

$$P_{\mathrm{CS}} = \mathrm{NMPS} \times 0.22 \tag{5.11}$$

式中，P_{CS} 为关键筛孔尺寸，mm；NMPS 为公称最大粒径尺寸，mm。

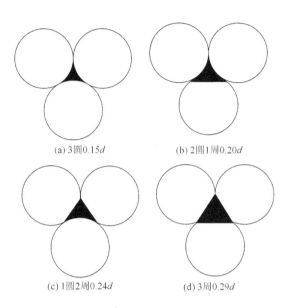

(a) 3圆0.15*d*   (b) 2圆1周0.20*d*

(c) 1圆2周0.24*d*   (d) 3周0.29*d*

图 5.5　颗粒形状组合和相应的空隙

根据式(5.11)，得到不同公称最大粒径(NMPS)对应关键筛孔，如表 5.9 所示。特别地，对于 16mm 公称最大粒径尺寸，可根据集料的粗细比例在 4.75～2.36mm 确定关键筛孔。

表 5.9　不同 NMPS 对应关键筛孔

NMPS/mm	NMPS×0.22/mm	关键筛孔/mm
26.5	5.83	4.75
19	4.18	4.75
16	3.52	4.75/2.36
13.2	2.90	2.36
9.5	2.09	2.36
4.75	1.05	1.18

2. 细集料填充方法设计

研究选取 AC-20 混合料，公称最大粒径为 19mm，4.75mm 为关键筛孔，4.75mm 以上粗集料形成空隙，4.75mm 以下细集料填充空隙，剩余的空隙由沥青胶浆填充，未被填充的空隙就是混合料的空隙。

在设计时需要对各档粗集料的毛体积相对密度、细集料的表观相对密度、矿粉的表观相对密度和沥青相对密度进行测定。

1) 粗集料组成确定和设计粗集料间隙率确定

粗集料组成确定依据粗集料松装间隙率(VCA_{DRL})最小原则。同一种矿料各档粗集料按不同质量比例混合，通过粗集料松装密度试验测得松装密度 ρ_L，最后通过式(5.12)计算粗集料松装空隙率 VCA_{DRL} 为

$$VCA_{DRL} = \left(1 - \frac{\rho_L}{\rho_b}\right) \times 100\% \qquad (5.12)$$

式中，VCA_{DRL} 为粗集料松装空隙率，%；ρ_L 为粗集料松装密度，$g \cdot cm^{-3}$；ρ_b 为粗集料毛体积相对密度，$g \cdot cm^{-3}$。

图 5.6 描述了 A~G 七种粗集料组成的 VCA_{DRL} 的变化，根据粗集料间隙最小原则，选取粗集料组成 D。

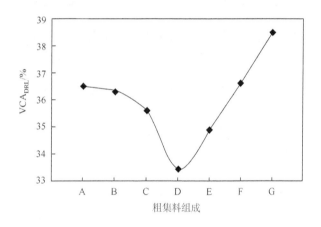

图 5.6　不同粗集料组成的 VCA_{DRL} 变化

选取粗集料组成 D 的同时，也确定了该种粗集料组成的 ρ_L 和 VCA_{DRL}。VCA_{DRL} 是粗集料在自然堆积状态下测得的，表征了一种粗型级配的骨架特征。在自然堆积状态基础上变化粗集料颗粒间的接触紧密程度，可以得到更松散的级配骨架和更紧密的级配骨架。在这里，本书提出用松装系数 μ 表征不同级配类型的骨架特征，其与粗集料松装密度 ρ_L 和粗集料设计密度 ρ_D 间的关系为

$$\rho_D = \mu\rho_L \qquad (5.13)$$

图 5.7 给出了不同骨架特征对应的级配类型及其 μ 的取值范围，可根据所设计的混合料类型选择。

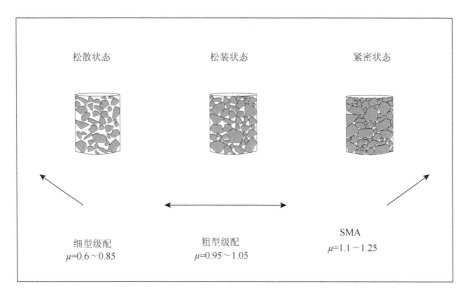

图 5.7　不同骨架特征对应的级配类型及其 μ 的取值范围

粗集料设计密度是设计沥青混合料采用的粗集料密度，与设计的沥青混合料类型有关，由粗集料设计密度及式(5.14)计算设计粗集料间隙率为

$$\text{DVCA} = \left(1 - \frac{\rho_{\text{D}}}{\rho_{\text{b}}}\right) \times 100\% \tag{5.14}$$

式中，DVCA 为设计粗集料间隙率，%；ρ_{D} 为粗集料设计密度，g·cm^{-3}；ρ_{b} 为粗集料毛体积相对密度，g·cm^{-3}。

2) 填充率

填充率是表征粗集料产生的空隙被细集料、沥青、矿粉和剩余空隙的填充程度，是填充粗集料空隙率与设计粗集料空隙率的比值，即

$$\lambda = \frac{\text{FVCA}}{\text{DVCA}} \times 100\% \tag{5.15}$$

式中，FVCA 为填充粗集料间隙率，%；DVCA 为设计粗集料间隙率，%；λ 为填充率，%。

3) 目标空隙率

粗集料产生的空隙被细集料、矿粉和沥青填充，剩余空隙的大小由目标空隙率决定。目标空隙率是沥青混合料设计的重要指标，也是混合料性能的主要影响因素，其大小与沥青混合料的强度、高温稳定性、耐久性和透水性密切相关。

参照《公路沥青路面施工技术规范》(JTG-F40—2004)，根据粗集料的骨架特征，细型级配目标空隙率取 3%～5%，粗型级配目标空隙率取 4%～6%。

4) 油石比

油石比是沥青混合料设计的关键性指标，对混合料的高温性能影响显著，因此油石比必须合适，需通过大量的试验确定最佳油石比。

5) 粉胶比

根据实践经验，粉胶比为 1.2～1.6。

6) 设计步骤

(1) 根据公称最大粒径确定关键筛孔，划分粗、细集料。

(2) 测定各种材料的密度，包括各档粗集料的毛体积密度 ρ_1、ρ_2、$\cdots$、ρ_n，细集料的表观密度 ρ_a，矿粉的表观密度 ρ_f 和沥青的密度 ρ_b。其试验操作步骤可参照相应试验规范。

(3) 确定粗集料组成，并测定该组成下的粗集料松装密度 ρ_L。粗集料组成确定根据最小粗集料松装间隙率确定。

(4) 计算粗集松装间隙率 VCA_{DRL}。

(5) 确定设计粗集料间隙率 DVCA。确定所要设计的沥青混合料类型，然后确定松装系数 μ，再确定 DVCA。

(6) 确定填充率 λ。

(7) 选择目标空隙率 VV、油石比 P_a 和粉胶比 FB。

(8) 根据以上所确定的各已知量，通过式(5.16)计算出单位体积粗集料用量 m_c、细集料用量 m_a、矿粉用量 m_f 和沥青用量 m_b。

$$\begin{cases} \dfrac{m_c}{\rho_c} + \dfrac{m_a}{\rho_a} + \dfrac{m_f}{\rho_f} + \dfrac{m_b}{\rho_b} + \dfrac{VV}{100\%} = 1 \\[2mm] \dfrac{m_a}{\rho_a} + \dfrac{m_f}{\rho_f} + \dfrac{m_b}{\rho_b} + \dfrac{VV}{100\%} = \lambda DVCA \\[2mm] \dfrac{m_f}{m_b} = FB \\[2mm] \dfrac{m_b}{m_c + m_a + m_f} \times 100\% = P_a \end{cases} \quad (5.16)$$

式中，m_c、m_a、m_f、m_b 分别表示单位体积粗集料用量、细集料用量、矿粉用量和沥青用量，kg；ρ_c、ρ_a、ρ_f、ρ_b 分别表示粗集料毛体积密度、细集料表观密度、矿粉密度和沥青密度，$kg \cdot m^{-3}$；DVCA 为设计粗集料间隙率，%；λ 为填充率，%；FB 为粉胶比；P_a 为油石比，%；VV 为目标空隙率，%。

(9) 根据计算出的粗集料用量、细集料用量和矿粉用量，确定混合料的级配，确认是否满足规范要求，若不满足规范要求可适当微调。

(10) 根据设计的沥青混合料级配制作马歇尔试件，进行标准马歇尔试验，确定最佳沥青用量。

二、细集料填充效应

1. 细集料填充试验

本研究所选用材料性质如表 5.10 和表 5.11 所示，根据细集料填充设计方法，进行细集料填充试验设计。

表 5.10　粗集料的技术性质

指标		测定结果
压碎值/%		18.5
洛杉矶磨耗值/%		16.2
毛体积密度/(g·cm⁻³)	19mm	2.707
	16mm	2.701
	13.2mm	2.685
	9.5mm	2.698
	4.75mm	2.785
吸水率/%		0.57
含泥量/%		0.9
针片状含量/%		9.8

表 5.11　细集料的技术性质

指标	测定结果
表观密度/(g·cm⁻³)	2.622
含泥量/%	1.6
砂当量/%	55
亚甲蓝值/(g·kg⁻¹)	20
棱角性/s	19.128

在选取合适粗集料组成的基础上，求得粗集料松装间隙率，本书以细型级配为研究对象，故确定松装系数为 0.85，目标空隙率、粉胶比和油石比见表 5.12。

表 5.12　细集料填充试验设计参数

参数	VCA_{DRI}/%	松装系数	填充率/%	VV/%	FB	P_a/%
取值	52.6	0.85	80、90、100、110、115	4.0	1.2	4.5

填充率是细集料填充试验的关键指标，本书确定了 5 个填充率，当 $\lambda<100\%$ 时，为不充分填充状态；当 $\lambda=100\%$时，为临界填充状态；当 $\lambda>100\%$时，为充分填充状态。由不同填充率设计出的试验级配如图 5.8 所示。

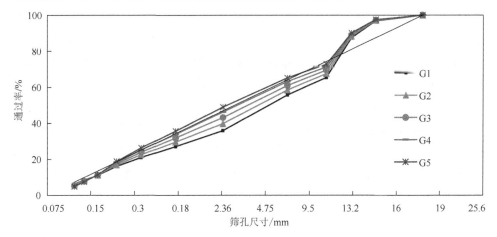

图 5.8　细集料填充试验级配

设计级配满足规范要求，各级配的最佳油石比如表 5.13 所示。

表 5.13　细集料填充试验最佳油石比

级配	G1	G2	G3	G4	G5
填充率/%	80	90	100	110	115
最佳油石比/%	4.3	4.4	4.5	4.6	4.7

按照试验规范，制作标准马歇尔试件，测得各个级配沥青混合料的体积指标、马歇尔稳定度和流值，再通过车辙试验得到各个级配的动稳定度，试验结果如表 5.14 所示。

表 5.14　细集料填充试验结果汇总

级配	填充率/%	空隙率 VV/%	马歇尔稳定度 MS/kN	流值 FL /mm	细胶比	动稳定度 DS /(次·mm^{-1})
G1	80	5.2	7.52	3.8	7.3	741
G2	90	5.0	8.11	3.9	8.5	966
G3	100	4.2	9.24	3.5	9.6	1381
G4	110	4.1	9.05	3.6	10.7	1167
G5	115	3.9	9.25	2.5	11.1	1438

2. 细集料填充效应分析

　　为了研究细集料对沥青混合料高温性能影响，揭示细集料在沥青混合料中的作用，本节设计了细集料填充试验，分析细集料填充效应和混合料抗车辙性能的关系。粗集料产生的空隙由细集料、矿粉和沥青填充，在矿粉用量一定、沥青用量基本一致的情况下，在不同填充率下，研究细集料的用量对沥青混合料的体积参数、细胶比、稳定度、流值和动稳定度的影响规律。

　　1) 空隙率

　　空隙率随着填充率的增大而减小，如图 5.9 所示，在不同的填充状态下，空隙率下降幅度不同，在不充分填充状态，空隙率随着填充率的增大而减小，但变化幅度不大，从不充分填充状态到临界填充状态空隙率减小幅度较大，充分填充状态的减小幅度再次变缓。

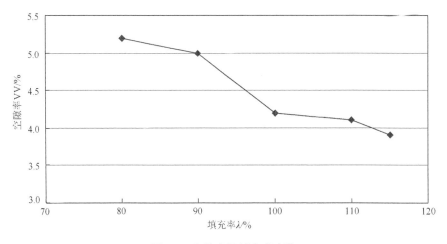

图 5.9　空隙率随填充率变化

　　试验结果表明，混合料细集料含量越大，细集料填充效果越好，空隙率越小。这也说明矿料级配组成越细、级配曲线越接近最大密度曲线的沥青混合料越密实。沥青混合料的空隙率对强度有很大程度的影响，这种影响与混合料本身的材料设计、骨架结构因素有密切的关系。根据经验，空隙率越大，混合料的强度越低。

　　图 5.10 显示了空隙率与动稳定度的关系，可以看出，随着空隙率的增大，动稳定度减小。一方面，较大的空隙率会在初始阶段增大混合料的压密车辙；另一方面，沥青混合料依靠沥青将具有一定级配的松散集料黏结在一起，其抗车辙性能在很大程度上依赖沥青结合料的黏聚力，对于混合料类型相同、沥青胶结材料

相同，空隙率越大，其实际有效的沥青黏结面积越小，抵抗外力的能力也越低，沥青混合料宏观上表现出空隙率越大抗车辙性能越弱的特点。

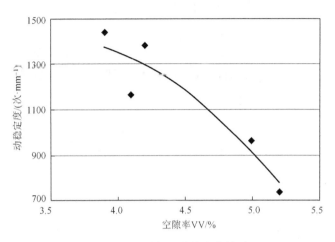

图 5.10 空隙率与动稳定度关系

2) 细胶比

细胶比是指沥青混合料细集料用量与沥青用量的比值。NCAT-Rep04-06 中对细集料抗车辙性能的研究表明，细集料与沥青含量的比例越低，混合料的劲度越小，越容易产生车辙，如图 5.11 所示。

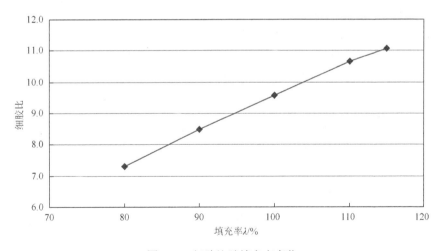

图 5.11 细胶比随填充率变化

由图 5.11 看出，细胶比随着填充率的增大而增大，这是因为填充率越大，细集料用量越多，而沥青用量增加幅度越小。

图 5.12 显示了动稳定度与细胶比的关系。图 5.12 表明，随着细胶比的增大，动稳定度呈增大趋势。细集料的比表面积比粗集料大，因此细胶比越大，矿料的比表面积越大，矿料与沥青的黏结面积就越大，黏聚力也就越大，抗车辙能力越强。从这个角度看，在矿料级配设计时适当提高细胶比是必要的，但一味地增大细胶比显然是不合适的。当细胶比大于 10 时动稳定度增长减缓，因此在陡长坡路段沥青混合料设计时细胶比需控制在 10 以上，以提高抗车辙性能。

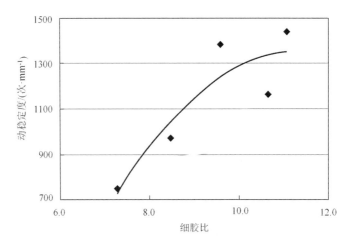

图 5.12　动稳定度与细胶比关系

3) 马歇尔稳定度与流值

从表 5.14 和图 5.13(a)中看出，当 $\lambda < 100\%$ 时，马歇尔稳定度随着填充率的增大而增强；当 $\lambda \geqslant 100\%$ 时，随着填充率的增大，马歇尔稳定度基本保持不变。由图 5.13(b)看出，流值随填充率的变化局部有增有减，整体上呈减小趋势。

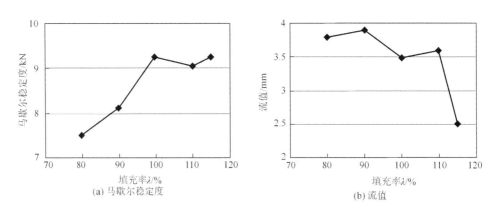

图 5.13　马歇尔稳定度和流值与填充率关系

图 5.14 中显示马歇尔稳定度与动稳定度具有良好的相关性，二次多项式回归 R=97.1%。随着马歇尔稳定度的增加，动稳定度逐渐增大，沥青混合料的抗车辙能力增强，说明马歇尔稳定度对沥青混合料的细集料用量有较强的敏感性。

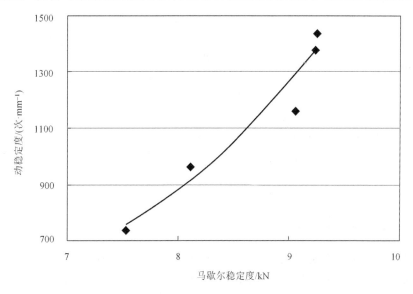

图 5.14 动稳定度与马歇尔稳定度关系

4) 动稳定度

界面理论认为，沥青与矿料两相之间并不存在截然的分界面，而是一个逐步过渡的区域，界面区内的结构、能量组成等呈现连续的梯度变化。直接与矿料接触的沥青在矿料表面形成了一层沥青薄膜，称为结构沥青，结构沥青外层包裹的是自由沥青，结构沥青与矿料发生了复杂的物理、化学作用，自由沥青仅起结构性连接作用，越靠近矿料表面，沥青的抗剪强度越大。如果矿料颗粒之间是通过结构沥青膜连接，则会获得更大的黏聚力，如果是通过自由沥青连接，其黏聚力就比较小。

沥青混合料中结构沥青的多少，主要取决于沥青与集料的黏附性和集料表面积的大小。前者与材料本身的性质有关，后者与矿料级配设计有关。显然细集料的比表面积要比粗集料大，从这一方面在混合料设计中增加细集料的用量，会增大集料表面积，增大沥青混合中结构沥青的比例，提高黏聚力，增大抗剪强度。由图 5.15 可以看出，动稳定度随着填充率的增大而增强。这一试验结果验证了上述理论，即增大细集料含量可以提高沥青混合料的抗车辙性能。

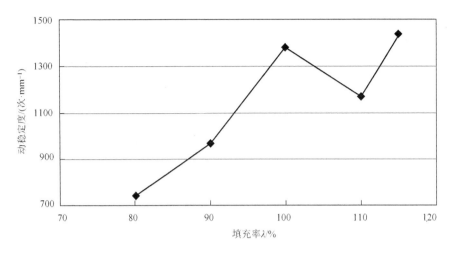

图 5.15　填充率与动稳定度关系

三、细集料填充优化设计方法

细集料填充效应研究以细型级配为研究对象，目的是更清楚地认识细集料在沥青混合料中发挥的作用，了解细集料对沥青混合料抗车辙性能的影响，研究弱化了粗集料骨架的嵌挤作用。研究结果表明，细集料不仅作为一种填充料填充了粗集料产生的空隙，而且是沥青混合料强度的提供者，对抗车辙性能有直接的影响。因此，本节针对陡长坡路段沥青混合料进行以下两个方面的设计优化，如图 5.16 所示。

(1) 为了使沥青混合料具有较强的抗车辙能力，充分考虑细集料对混合料高温性能的影响，有必要在沥青混合料级配设计时对细集料的用量进行优化。一方面，细集料不能干涉粗集料形成的骨架结构；另一方面，细集料必须充分填充空隙，避免过大的空隙率降低沥青混合料的高温性能。当填充率为 100%时，以上两方面都可以保证。通常，在沥青混合料配合比设计时，初试级配的选择只凭经验，这种做法存在一定的盲目性，因此在沥青混合料配合比设计中引入基于细集料填充的矿料初试级配设计方法，以达到优化的目的。

基于细集料填充的矿料初试级配设计方法具有两个特点。一是明确了沥青混合料类型方法。松装系数将粗集料骨架分为松散、松装、紧密三种状态，对应了不同的沥青混合料类型。二是细集料用量设计合理。通过细集料填充率控制细集料用量，使细集料既填充了空隙，又不发生干涉。

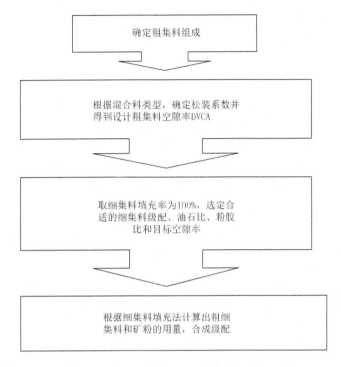

图 5.16　基于细集料填充的矿料初试级配设计方法

(2) 细胶比是指沥青混合料细集料用量与沥青用量的比值。对于密级配沥青混合料，随着细胶比的增大，动稳定度增大。因此，细胶比关系着混合料的抗车辙性能，但目前设计人员对细胶比还不够重视，有必要在沥青混合料配合比设计中增加细胶比指标，考虑混合料的高温性能。本书研究认为，细胶比控制在 10以上对混合料抗车辙性能有积极的意义。

第三节　粗集料骨架效应与优化设计

沥青混合料的抗车辙性能来自两个部分，一部分为结合料的黏聚力，另一部分为矿料的嵌挤力，其中粗集料骨架是矿料嵌挤力的主要提供者。粗集料骨架通常有以下三种结构：松散骨架结构、紧密骨架结构和 SMA 骨架结构。其中，SMA骨架结构是一种更为紧密的骨架，其形成的 SMA 沥青混合料抗车辙性能优越，与其充分嵌挤的骨架结构是密不可分的。如何针对普通沥青混合料，研究粗集料的骨架效应，从而使连续级配 AC 类混合料也具备稳定的骨架特性，使沥青混合料的抗车辙性能得到提高，尤其对陡长坡路段避免早期损坏的发生已变得十分迫切。要达到这个目的，必须深入研究集料骨架的形成规律，研究单个粒径对骨架稳定性的影响，最终优化沥青混合料设计方法。

一、粗集料骨架效应均匀试验设计

沥青混合料中的粗集料形成嵌挤骨架结构是保证沥青路面具有优异路用性能的关键，而有关粗集料的嵌挤作用的界定，目前仍没有一套公认的方法和标准。山东省交通科学研究院根据贝雷法确定集料用量的原则，认为应从松装密度开始，最大不超过松装密度与干捣密度的平均值，形成"多级嵌挤密实型级配"。SMA在界定粗集料的嵌挤作用时采用的方法是混合料的 VCA_{mix} 小于粗集料干捣的 VCA_{DRC}，即沥青混合料粗集料形成的矿料间隙率，小于或等于同样数量和配合比的粗集料在干捣状态下的间隙率。表明混合料的粗集料形成了骨架，而未撑开，也就是沥青混合料达到了紧密骨架结构。实际上，上述两种界定嵌挤作用的判定条件都是静态的，没有考虑沥青混合料在压实功作用下，不同组成的粗集料具有不同的嵌挤和填充效应，割断了各级集料之间的联系。

针对公称最大粒径为19mm的粗集料，选取19～16mm、16～13.2mm、13.2～9.5mm、9.5～4.75mm四档料进行研究。如表 5.15 所示，针对因素和水平较多这一实际问题，方开泰提出了均匀设计法，该设计考虑如何将设计点均匀地散布于试验范围内，使得能用较少的试验点来获得较多的信息[50]。对于影响因素多、水平多的试验，采用均匀设计法是非常有效的。在均匀设计中，19～16mm、16～13.2mm、13.2～9.5mm 和9.5～4.75mm 颗粒用量分别以 X_1、X_2、X_3、X_4 表示，水平数为15。

表 5.15　粗集料配方均匀设计方案组成

序号	X_1/%	X_2/%	X_3/%	X_4/%
1	74.40	15.49	8.13	10.92
2	56.32	10.27	34.94	4.05
3	47.85	0.98	17.35	40.30
4	42.16	32.37	24.92	7.42
5	36.13	16.83	9.21	44.68
6	30.24	3.98	45.97	27.21
7	26.37	49.12	1.12	32.76
8	22.38	24.43	30.67	30.42
9	18.71	7.67	78.06	2.68
10	15.49	64.42	10.79	18.30

续表

序号	X_1/%	X_2/%	X_3/%	X_4/%
11	9.02	34.18	53.42	10.55
12	9.30	11.97	25.27	57.05
13	6.47	80.85	12.80	5.51
14	3.67	41.32	6.39	57.51
15	1.20	17.18	50.11	38.14

二、粗集料骨架形成体积参数识别

沥青混合料在高温重载条件下，矿料骨架失稳产生剪切流动变形导致车辙出现，更有一些情况，矿料没有形成骨架，在高温条件下仅靠沥青结合料抵抗剪切破坏，出现了更严重的车辙病害。因此，沥青混合料能否形成合理的骨架，以及骨架的稳定性在很大程度上影响了其抗车辙性能。

1. 粗集料骨架识别方法与指标

粒子干涉理论认为，若前一级颗粒之间有空隙，则用次一级颗粒填充，以此类推，不同粒径颗粒组成的骨架能达到最大密度、最小空隙率；若填隙的颗粒粒径大于间隙距离则会产生干涉现象，使骨架达不到最大密度，而空隙率增大。因此，空隙率的大小可以反映颗粒间的干涉程度，也适用于判断骨架是否形成及其稳定性。

本研究确定三种状态下的粗集料间隙率，分别为松装状态下的粗集料松装间隙率 VCA_{DRL}、干捣状态下的粗集料间隙率 VCA_{DRC} 和旋转压实状态下的粗集料间隙率 VCA_{SGC}。计算公式为

$$\text{VCA}_{\text{DRL}} = \left(1 - \frac{\rho_{\text{L}}}{\rho_{\text{b}}}\right) \times 100\% \tag{5.17}$$

$$\text{VCA}_{\text{DRC}} = \left(1 - \frac{\rho_{\text{C}}}{\rho_{\text{b}}}\right) \times 100\% \tag{5.18}$$

$$\text{VCA}_{\text{SGC}} = \left(1 - \frac{\rho_{\text{S}}}{\rho_{\text{b}}}\right) \times 100\% \tag{5.19}$$

式中，ρ_{L}、ρ_{C}、ρ_{S} 分别为粗集料松装密度、粗集料干捣密度和粗集料旋转压实密度，g·cm^{-3}；VCA_{DRL}、VCA_{DRC}、VCA_{SGC} 分别为粗集料松装间隙率、粗集料干捣间隙率和粗集料旋转压实间隙率，%；ρ_{b} 为粗集料混合毛体积密度，g·cm^{-3}。

2. 粗集料骨架识别分析

按照表 5.15 中所列的 15 种粗集料组成，分别通过粗集料松装密度试验和粗集料干捣密度试验测得松装密度 ρ_L 和干捣密度 ρ_C，并计算 VCA_{DRL}、VCA_{DRC}，通过旋转压实试验得到粗集料旋转压实密度 ρ_S，再计算 VCA_{SGC}，结果如表 5.16 所示。

表 5.16　体积参数试验结果

序号	指标		
	VCA_{DRL}/%	VCA_{DRC}/%	VCA_{SGC}/%
1	42.9	34.6	35.0
2	45.3	37.6	36.8
3	43.5	36.5	35.3
4	45.2	36.3	36.6
5	42.0	35.1	33.7
6	43.3	35.6	35.2
7	41.3	33.4	33.2
8	42.7	34.9	33.6
9	45.6	38.1	33.6
10	43.0	34.9	34.5
11	44.2	36.6	36.1
12	45.9	39.6	37.8
13	45.4	38.5	38.1
14	42.5	36.5	34.0
15	45.2	38.1	36.6

对三种状态下的粗集料间隙率(VCA)进行考察，分析结果如下。

(1) 各种状态下 VCA 差异明显。例如，VCA_{DRL} 为 41.3%~45.9%，VCA_{DRC} 为 33.4%~39.6%，VCA_{SGC} 为 33.2%~38.1%。VCA 随着作用状态由松到密而减小，如图 5.17 所示。

分析 VCA_{DRL}、VCA_{DRC} 和 VCA_{SGC} 发现，三者的变化基本一致。由此说明，集料骨架特征对作用状态不敏感，松装状态与旋转压实状态下的 VCA 变化规律一致，说明粗集料骨架是否形成和压实方式没太大关系。

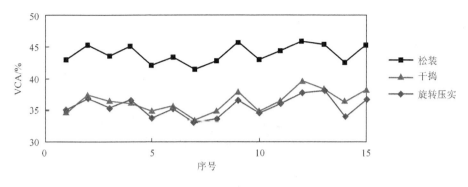

图 5.17　不同状态 VCA 变化

(2) 在主骨架粗集料数量基本相同的情况下(15 个水平毛体积密度相近，料筒体积相同)，不同粗集料组成形成的 VCA 是有差异的，VCA_{DRL} 最大差异为 4.6%，VCA_{DRC} 差异为 6.2%，VCA_{SGC} 差异为 4.9%。这种差异说明级配中仅保证粗集料数量，而不能保证良好的石-石接触。粗集料数量只是骨架形成的必要条件而非充分条件。

(3) 对 19～16mm、16～13.2mm、13.2～9.5mm 和 9.5～4.78mm 颗粒各自用量与三种状态下的 VCA 关系进行单因素分析，可以一定程度上把握前面四档料对 VCA 的影响，判断单粒径对粗集料骨架稳定性的影响。

① 19～16mm 颗粒用量与 VCA 的关系如图 5.18 所示。三种状态下的 19～16mm 颗粒用量与 VCA 有着较好的二次相关性，并且在 30%左右存在最小值。当此档粒径用量小于或大于出现最小值的用量时，VCA 会变大，不利于骨架的形成。若将不同粒径组成的粗集料看成一空间结构，19～16mm 颗粒就是形成空隙的粒径，为第一级粒径。

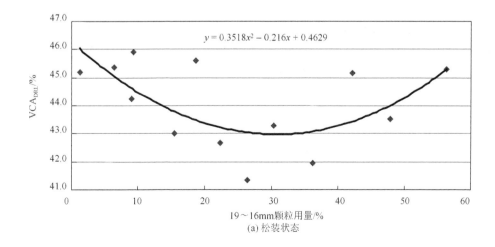

$$y = 0.3518x^2 - 0.216x + 0.4629$$

(a) 松装状态

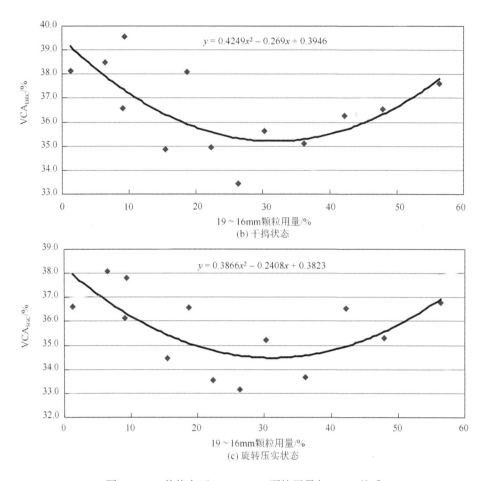

图 5.18　三种状态下 19～16mm 颗粒用量与 VCA 关系

② 16～13.2mm 颗粒用量与 VCA 关系如图 5.19 所示。三种状态下的 16～13.2mm 颗粒用量与 VCA 存在弱二次相关性，且与 19～16mm 颗粒变化关系一致，此粒径也是粗集料骨架形成空隙的粒径，为第一级粒径。

③ 13.2～9.5mm 颗粒用量与 VCA 关系如图 5.20 所示。三种状态下的 13.2～9.5mm 颗粒用量与 VCA 呈现较好的二次相关性，随着档料的增加，VCA 有增大的趋势，说明此档粒径对粗集料骨架有干涉作用。按照粒子干涉理论，产生干涉作用是因为次一级颗粒的粒径大于上一级颗粒形成的空隙间距，因此 13.2～9.5mm 作为第二级粒径就是骨架结构中的干涉粒径。在混合料设计时，可以适当考虑控制 13.2～9.5mm 颗粒用量，从而获得稳定的骨架结构。

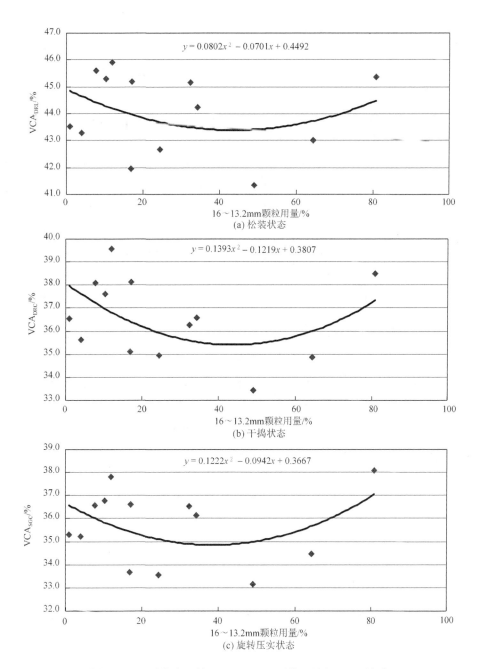

图 5.19 三种状态下的 16～13.2mm 颗粒用量与 VCA 关系

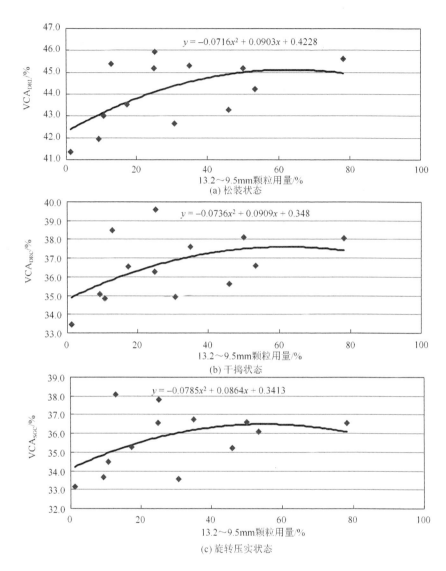

图 5.20　三种状态下 13.2～9.5mm 颗粒用量与 VCA 关系

④ 9.5～4.75mm 颗粒用量与 VCA 关系如图 5.21 所示。三种状态下 9.5～4.75mm 颗粒用量与 VCA 存在较好的二次相关性，三种状态下颗粒用量分别约在 30%、27% 和 30% 时 VCA 最小。骨架结构中为第三级粒径，填充由第一粒径形成的空隙。当此档粒径用量大于 VCA 最小时的用量，VCA 增大，填充不充分；当用量小于 VCA 最小时的用量，VCA 增大，填充过度，挤开由第一粒径形成的空隙。因此控制此档料用量对于粗集料形成骨架意义重大。

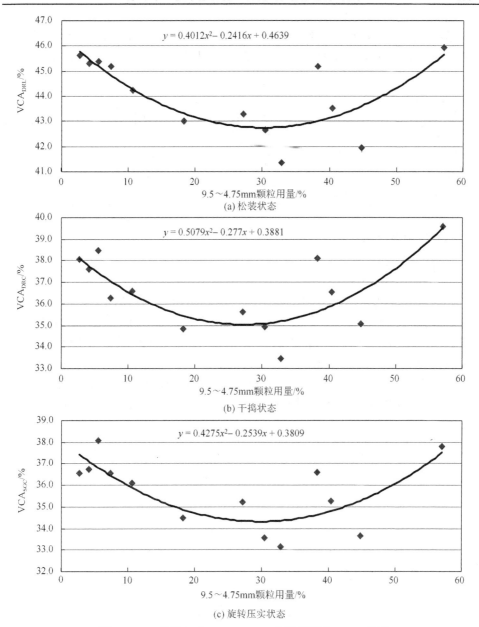

图 5.21　三种状态下 9.5～4.75mm 颗粒用量与 VCA 关系

由前面的分析可知，以粒子干涉理论为基础，用 VCA 识别不同组成粗集料骨架特征，对于公称最大粒径为 19mm 的粗集料存在三级粒径。第一级为 19～16mm 和 16～13.2mm 两档粒径，是形成空隙的粒径；第二级为 13.2～9.5mm 粒径，是干涉粒径；第三级为 9.5～4.75mm 粒径，是填充空隙的粒径。表 5.17 给出了四档颗粒与 VCA 的相关性及其在粗集料骨架中的作用，在单一粒径对粗集料骨架效应的影响中，9.5～4.75mm 的影响最显著，其次是 19～16mm，前者起填充作用，后者形成空隙，所以粗集料中这两档粒径的比例将对骨架形成起重要作用。

表 5.17　不同粒径颗粒的骨架效应

粒径/mm	R	粒径划分	粒径作用	相关性排序
19～16	0.6824	第一级粒径	形成空隙	2
16～13.2	0.4028	第一级粒径	形成空隙	4
13.2～9.5	0.5056	第二级粒径	干涉作用	3
9.5～4.75	0.7824	第三级粒径	填充空隙	1

三、粗集料骨架稳定性评价

1. 评价方法与指标

利用旋转压实仪(SGC)可以得到室内压实试件在压实过程中高度的精确变化，进而得到试件的整个密实过程，绘制出密实曲线，再用密实曲线去评价所选旋转压实次数(N_{ini}、N_{des}、N_{max})下的密实程度。因此，SGC 压实曲线可以反映沥青混合料的结构特征，尤其对集料骨架特征敏感。借鉴 SGC 压实曲线评价沥青混合料的压实性能的方法，用粗集料 SGC 压实曲线评价粗集料骨架稳定性。

粗集料压实曲线是压实试件实时高度拟合而成的指数曲线，如图 5.22 所示。

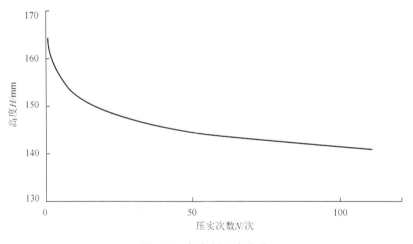

图 5.22　粗集料压实曲线

其方程为

$$H = aN^b \tag{5.20}$$

式中，a、b 为回归系数；H 为压实试件实时高度，mm；N 为压实次数，次。

对回归曲线方程进行求导，就可求出曲线上任一点的斜率，反映该点处的压实速率。斜率越大，表示粗集料被压实的速率越大，骨架稳定性越差。反之，斜率越小，粗集料的嵌挤作用越大，骨架稳定性越好。

根据粗集料压实特性，粗集料在 SGC 压实的过程可分为两个阶段：初始阶段和稳定阶段。SGC 以搓揉方式压实，有水平力作用，还存在水平剪切作用，可以使粗集料颗粒充分嵌挤。初始阶段为压密过程，粗集料从松散排列状态发展到紧密排列状态，此时粗集料内摩阻力较小，体积迅速变小，此阶段压实曲线回归直线斜率较大，对骨架效应不敏感，不易作为评价指标；稳定阶段为嵌挤过程，粗集料从紧密排列状态发展到充分嵌挤状态，此时粗集料内摩阻力逐渐增大，并趋于稳定，体积变化趋缓，对骨架效应敏感，此阶段压实曲线回归直线斜率可作为评价骨架效应的指标。根据压实曲线变化特征以压实次数划分粗集料的不同压实阶段，初始阶段对应的压实次数为N_{ini}，稳定阶段对应的压实次数为N_{des}。图 5.23 显示了 N_{ini} 和 N_{des} 之间的粗集料压实曲线的回归直线。

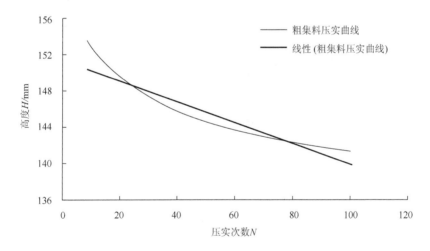

图 5.23　N_{ini} 和 N_{des} 之间的粗集料压实曲线的回归直线

在以粗集料 SGC 压实曲线评价时，确定以下两个评价指标。

(1) 粗集料 SGC 压实曲线回归指数曲线在压实次数 $N=20$ 处的斜率为 k_1，该点斜率能代表整个压实过程的压实率。

(2) $N_{ini}=8$，$N_{des}=100$ 时，粗集料压实稳定阶段压实曲线回归直线斜率为 k_2。k_2 反映了粗集料骨架的稳定性，k_2 的绝对值越大，粗集料骨架越不稳定；反之，k_2 越小，骨架稳定性越好。

2. 粗集料骨架稳定性分析

粗集料压实试验所用旋转压实仪的旋转压实角为 1.16°，为了避免粗集料被压碎，加载头压力设为 100kPa，采用直径为 150mm 的标准试模，试模底座的旋转速度稳定在 30r/min；旋转次数为 100 次，并通过数据采集系统获得压实曲线，从而得到 k_1、k_2，结果见表 5.18。

表 5.18　粗集料骨架稳定性评价指标

序号	指标	
	k_1	k_2
1	7.862	0.1276
2	7.686	0.1222
3	7.638	0.1159
4	7.947	0.1224
5	7.446	0.0993
6	7.804	0.1126
7	7.698	0.1033
8	7.626	0.1198
9	7.869	0.1089
10	7.861	0.1149
11	7.910	0.1121
12	7.694	0.1038
13	8.018	0.1141
14	7.599	0.1093
15	7.817	0.1244

对 19～16mm、16～13.2mm、13.2～9.5mm 和 9.5～4.75mm 颗粒各自用量与三种状态下的 k_1、k_2 关系进行单因素分析，可以了解四档料对粗集料骨架稳定性的影响，具体分析结果如下。

(1) 19～16mm 颗粒用量与 k_1、k_2 的关系如图 5.24 所示。19～16mm 颗粒用量与 k_1、k_2 呈弱二次相关性。随着颗粒用量的增加，k_1、k_2 变化不大，说明此档粒径对骨架稳定性影响较小。

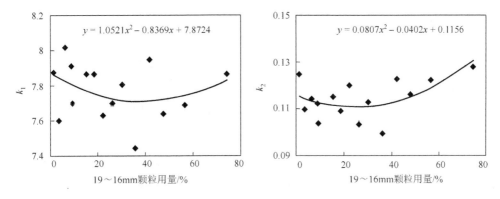

图 5.24 19～16mm 颗粒用量与 k_1、k_2 关系

(2) 16～13.2mm 颗粒用量与 k_1、k_2 的关系如图 5.25 所示。16～13.2mm 颗粒用量与 k_1 呈弱二次相关性，随着颗粒用量的增加 k_1 有增大的趋势，但不明显；16～13.2mm 颗粒用量与 k_2 二次相关性很弱，说明此档粒径与 19～16mm 粒径一样，对骨架稳定性影响较小。

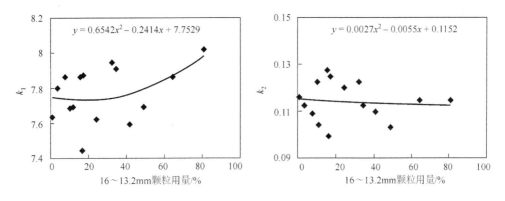

图 5.25 16～13.2mm 颗粒用量与 k_1、k_2 关系

(3) 13.2～9.5mm 颗粒用量与 k_1、k_2 的关系如图 5.26 所示。13.2～9.5mm 颗粒用量与 k_1 呈现弱二次相关性，随着颗粒用量的增加 k_1 增大，但不明显；13.2～9.5mm 颗粒用量与 k_2 二次相关性也较弱，但从图 5.26(b)中看出，随着颗粒用量的增加，k_2 有增大的趋势，说明此档颗粒用量的增大使骨架稳定性变差，起到了干涉作用。

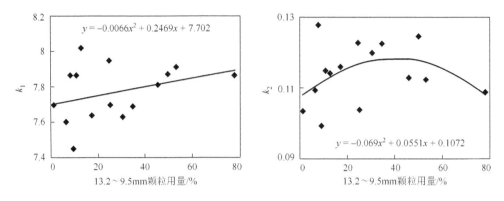

图 5.26   13.2～9.5mm 颗粒用量与 k_1、k_2 关系

(4) 9.5～4.75mm 颗粒用量与 k_1、k_2 的关系如图 5.27 所示。9.5～4.75mm 颗粒用量与 k_1 呈现较好的二次相关性，随着颗粒用量的增加 k_1 减小；9.5～4.75mm 颗粒用量与 k_2 同样有较好的二次相关性，随着颗粒用量的增加 k_2 减小。这说明此档粒径对骨架稳定性有较大影响，在混合料设计中适当增加此粒径颗粒用量可增加骨架的稳定性。

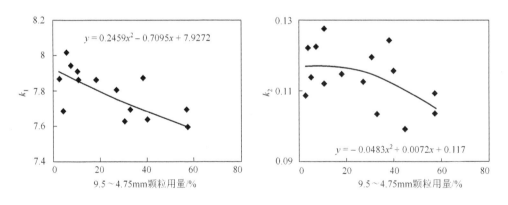

图 5.27   9.5～4.75mm 颗粒用量与 k_1、k_2 关系

由前面分析可知，19～16mm 和 16～13.2mm 两档第一级粒径颗粒对骨架稳定性影响不大；13.2～9.5mm 第二级粒径颗粒对骨架稳定性有一定影响，因为干涉作用使骨架更不稳定；9.5～4.75mm 第三级粒径颗粒对骨架影响最大。由于颗粒粒径小，比表面积大，所以含量越多粗集料骨架的接触点越多，骨架就越稳定。

四、粗集料骨架优化设计方法

为了得到稳定的骨架结构，本节对粗集料骨架的形成和稳定性评价，以及不同粒径颗粒的骨架效应进行了研究，并认识到骨架形成和稳定性存在一定规律。沥青混合料抗剪特性中内摩阻角 φ 主要是由粗集料骨架提供的，因此骨架是否形成及其稳定性对混合料的抗车辙性有重要影响。如何在沥青混合料设计中得到稳定的粗集料骨架是必须解决的问题，后面对粗集料骨架优化设计进行介绍。

1) 粗集料骨架形成优化方法

研究认为，粗集料间隙率 VCA 可对不同组成的粗集料骨架进行识别，并能反映颗粒间的填充和干涉作用。研究还认为，VCA 仅对粗集料组成比例敏感，不同作用形式下效果一致。例如，不同颗粒组成松装状态与旋转压实状态下的 VCA 变化过滤一致。因此通过简单的松装密度试验，就可以识别不同组成的粗集料骨架特征，并优选填充效果好、干涉作用小的粗集料组成形成稳定的骨架。

2) 粗集料骨架指标优化方法

研究针对公称最大粒径为 19mm 的粗集料骨架，根据各档粒径在骨架结构中所起作用不同，将其分级。第一级粒径形成空隙，第二级粒径起干涉作用，第三级粒径填充空隙，其中第一级粒径与第三级粒径用量决定粗集料大颗粒产生的空隙是否能被小颗粒充分填充，形成最优骨架。因此，针对公称最大粒径为 19mm 的混合料，提出以粗集料第三粒径与第一粒径用量的比值优化骨架。

本节研究得出比值为 0.45～0.85 的粗集料骨架比较合理，因为不同矿料的颗粒形貌存在差异，所以在矿料级配设计之前，通过均匀设计试验确定第三级粒径与第一级粒径用量的比值，然后指导之后的级配设计。

第四节　多层次优化沥青混合料的性能与路面车辙

一、掺加抗车辙剂的中面层混合料设计及其性能研究

1. 掺加抗车辙剂的中面层混合料组成设计

前文研究表明，路孚 8000 对提高沥青混合料的高温性能效果显著，因此本节研究采用 70#沥青+0.4%路孚 8000 进行 AC-20 沥青混合料的组成设计。推荐级配如表 5.19 所示。

表 5.19　AC-20 矿料级配组成

筛孔/mm	26.5	19	16	13.2	9.5	4.75	2.36	1.18	0.6	0.3	0.15	0.075
通过率/%	100	97.6	87	70.4	56.7	36.5	25.2	16.9	12.7	9.4	8.1	6.3

采用贝雷法对推荐级配进行了验证,贝雷法参数的计算方法、技术要求和计算结果如表 5.20 所示,研究表明推荐级配满足贝雷法的要求。

表 5.20　参数的技术要求和计算结果(AC-20)

参数	CA 比	FA_c 比	FA_f 比
技术要求	0.4~0.8	0.25~0.50	0.25~0.50
计算结果	0.47	0.46	0.50

按照马歇尔方法进行配合比设计,最终得出最佳油石比为 4.6%,其各项路用性能也能满足规范要求。

2. 掺加抗车辙剂的中面层混合料抗压回弹模量

不同温度下沥青混合料的抗压回弹模量试验结果如表 5.21 所示。研究表明,在不同的温度下,采用改性剂,沥青混合料强度高、弹性性能显著。

表 5.21　不同温度下沥青混合料的抗压回弹模量(AC-20)

混合料类型	试验温度/℃	抗压回弹模量/MPa
AC-20(路孚 8000)	20	2236
	30	1704
	40	1323
	50	1058
	60	901
AC-20(70#)	20	910
	30	752
	40	600
	50	440
	60	380

3. 掺加抗车辙剂的中面层混合料蠕变性能

参照蠕变试验计划,进行了 AC-20(路孚 8000)沥青混合料在不同温度和应力水平下的蠕变试验，并与 AC-20(70#)沥青混合料进行对比分析。40℃、0.4MPa下两种沥青混合料的蠕变试验结果如图 5.28 所示。研究表明，掺加路孚 8000 后，沥青混合料的蠕变应变大幅度减小，其抗车辙性能得到提高。

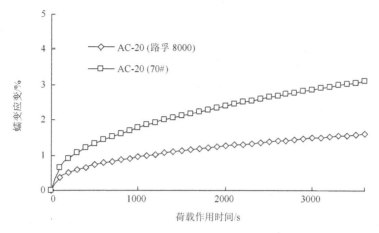

图 5.28 两种沥青混合料的蠕变试验结果(AC-20)

根据试验结果进行回归分析，沥青混合料的蠕变模型参数如表 5.22 所示。

表 **5.22** 沥青混合料蠕变模型参数(AC-20)

混合料类型	温度/℃	A	n	m	R^2
AC-20(路孚 8000)	20	$1.46×10^{-11}$	0.962	−0.601	0.9326
	30	$5.80×10^{-10}$	0.896	−0.599	0.9459
	40	$5.85×10^{-9}$	0.823	−0.598	0.9420
	50	$6.10×10^{-7}$	0.415	−0.532	0.9244
	60	$6.50×10^{-6}$	0.350	−0.522	0.9049
AC-20(70#)	20	$2.29×10^{-11}$	0.944	−0.596	0.9264
	30	$1.23×10^{-9}$	0.796	−0.585	0.9227
	40	$1.84×10^{-8}$	0.773	−0.570	0.9364
	50	$2.40×10^{-6}$	0.595	−0.532	0.8494
	60	$3.89×10^{-5}$	0.384	−0.441	0.9138

二、下面层硬质沥青混合料组成设计及其性能研究

1. 硬质沥青的技术性能和混合料组成设计

相关研究表明，硬质沥青能提高沥青混合料的模量，并有利于改善沥青路面

的抗车辙性能，因此本书研究采用 50#沥青进行下面层混合料组成设计，并与 70#沥青进行对比分析，如表 5.23 所示。

表 5.23　50#和 70#沥青的技术性质

试验项目		50#沥青	70#沥青
针入度(25℃，100g，5s)/(0.1mm)		56	65
延度(5cm/min，10℃)/cm		—	86
延度(5cm/min，15℃)/cm		>100	>100
软化点(环球法)/℃		49	50
针入度指数		−0.228	−0.476
60℃动力黏度/(Pa·s)		311	224
蜡含量/%		—	1.2
溶解度/%		99.68	99.8
闪点/℃		303	330
密度 15℃/(g·cm^{-3})		1.017	1.012
RTFOT 后	质量变化/%	−0.4	−0.026
	残留针入度比/%	66.1	63
	残留延度(10℃)/cm	—	7
	残留延度(15℃)/cm	12	32

根据试验分析，沥青感温性关系为 70#沥青大于 50#沥青，针入度指数均满足规范要求；软化点关系为 50#沥青大于 70#沥青，软化点均满足规范要求；60℃动力黏度关系为 50#沥青大于 70#沥青，60℃动力黏度均满足规范要求；两种沥青的老化性能满足规范要求，但50#沥青低温性能不满足现行规范要求，这是因为硬质沥青变硬、变脆，随之而来是延度的降低。由于目前硬质沥青应用较少，延度指标还需大量的工程实践进行验证。

本书还进行了 AC-25 沥青混合料的组成设计，根据前文级配优化设计，推荐级配见表 5.24。采用贝雷法对推荐级配进行了验证，贝雷法参数的技术要求和计算结果见表 5.25。研究表明推荐级配满足贝雷法的要求。

表 5.24　AC-25 矿料级配组成

筛孔/mm	31.5	26.5	19	16	13.2	9.5	4.75	2.36	1.18	0.6	0.3	0.15	0.075
通过率/%	100	99.2	84	73	61.6	49.4	34	24.8	19.6	10.2	7.8	6.3	5.2

表 5.25　参数的技术要求和计算结果(AC-25)

参数	CA 比	FA$_c$ 比	FA$_f$ 比
技术要求	0.4~0.8	0.25~0.50	0.25~0.50
计算结果	0.72	0.50	0.40

按照马歇尔方法进行配合比设计，最终得出最佳油石比为 4.0%，其各项路用性能也能满足规范要求。

2. 硬质沥青混合料的抗压回弹模量

不同温度下沥青混合料的抗压回弹模量试验结果见表 5.26。采用 50#硬质沥青，混合料强度高、弹性性能显著。

表 5.26　不同温度下沥青混合料的抗压回弹模量(AC-25)

混合料类型	试验温度/℃	抗压回弹模量/MPa
AC-25(50#)	20	1585
	30	1453
	40	1180
	50	890
	60	780
AC-25(70#)	20	1031
	30	900
	40	710
	50	500
	60	390

3. 硬质沥青混合料的蠕变性能

参照蠕变试验计划，进行了 AC-25(50#)硬质沥青混合料在不同温度和应力水平下的蠕变试验，并与AC-25(70#)沥青混合料进行对比分析。40℃、0.4MPa 下两种沥青混合料的蠕变试验结果如图 5.29 所示。研究表明，应用硬质沥青后，沥青混合料的蠕变应变减小，其抗车辙性能得到提高。根据试验结果进行回归分析，沥青混合料的蠕变模型参数如表 5.27 所示。

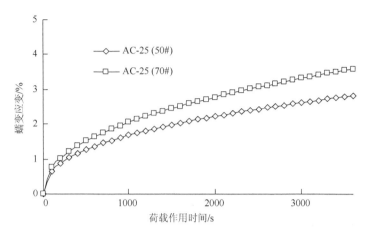

图 5.29　两种沥青混合料蠕变试验结果(AC-25)

表 5.27　两种沥青混合料的蠕变模型参数(AC-25)

混合料类型	温度/℃	A	n	m	R^2
	20	$1.46×10^{-11}$	0.960	−0.603	0.9264
	30	$1.43×10^{-9}$	0.870	−0.588	0.9227
AC-25(50#)	40	$6.80×10^{-9}$	0.854	−0.584	0.9364
	50	$4.95×10^{-7}$	0.332	−0.539	0.8494
	60	$1.68×10^{-5}$	0.218	−0.435	0.9138
	20	$2.30×10^{-11}$	0.922	−0.581	0.9377
	30	$1.73×10^{-9}$	0.859	−0.576	0.9208
AC-25(70#)	40	$9.78×10^{-9}$	0.830	−0.562	0.9063
	50	$6.00×10^{-7}$	0.322	−0.522	0.8015
	60	$1.88×10^{-5}$	0.210	−0.418	0.8994

三、多层次优化后沥青路面的永久变形数值分析

上述研究优选了路孚 8000 改性剂，进行了掺加路孚 8000 改性剂的中面层沥青混合料优化设计以及应用硬质沥青的下面层沥青混合料优化设计，为分析这些方法对提高陡长坡路段沥青路面抗车辙性能的效果，本节再次采用有限元方法进行优化后沥青路面抗车辙性能的数值模拟，并与原路面结构进行对比。

1. 有限元分析模型

本节的研究重点是进行材料设计优化，暂不考虑路面结构组合和厚度的影响。优化的沥青路面结构如图 5.30 所示。

采用上述要求确定有限元分析模型，根据工况 3 的荷载参数进行分析。相关材料模型参数参照前面分析。在具体模拟中，输入不同温度下的材料参数，然后依据结构层中的车辙有效温度进行线性插值。

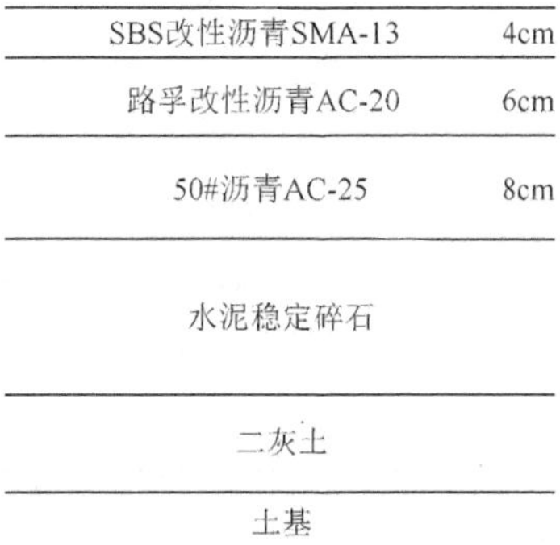

SBS改性沥青SMA-13	4cm
路孚改性沥青AC-20	6cm
50#沥青AC-25	8cm
水泥稳定碎石	
二灰土	
土基	

图 5.30　优化的沥青路面结构

2. 路表永久变形分析

工况 3 下、累计荷载作用 100 万次的过程中，优化后的沥青路面路表永久变形如表 5.28 和图 5.31 所示。研究表明，优化后路表永久变形大幅减少，幅度达 36.4%，说明采用优化措施后沥青路面的抗车辙性能得到提高。与原路面在工况 1 和工况 2 下的路表车辙进行对比后，发现即使采取了优化措施，陡长坡路段沥青路面的车辙仍然偏大。

表 5.28　不同荷载作用次数下路表永久变形

荷载作用次数/次	路表永久变形/mm	
	优化后路面	原路面
0	0.000	0.000
1	0.067	0.105
10	0.141	0.222
100	0.298	0.468
1 000	0.630	0.990
10 000	1.332	2.093
100 000	2.814	4.423
200 000	3.526	5.540
300 000	4.022	6.320
400 000	4.416	6.940
500 000	4.748	7.462

荷载作用次数/次	路表永久变形/mm	
	优化后路面	原路面
600 000	5.038	7.917
700 000	5.297	8.324
800 000	5.532	8.693
900 000	5.748	9.033
1 000 000	5.948	9.347

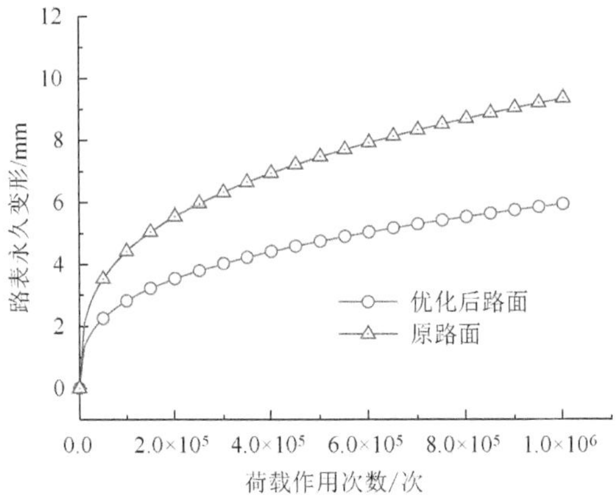

图 5.31　优化后路表永久变形

3. 各结构层永久变形分析

针对工况 3，以累计荷载作用次数为 100 万次时，轮迹中心点下两种路面结构沥青面层各个层位的永久变形进行分析，各层永久变形如表 5.29 所示。分别绘制各层永久变形占总车辙比例的关系图，如图 5.32 所示。

表 5.29　沥青面层不同层位永久变形

路面结构	层位	100 万次永久变形/mm
优化后路面	SMA-13	1.065
	AC-20	2.427
	AC-25	2.457
原路面	SMA-13	1.823
	AC-20	5.075
	AC-25	2.449

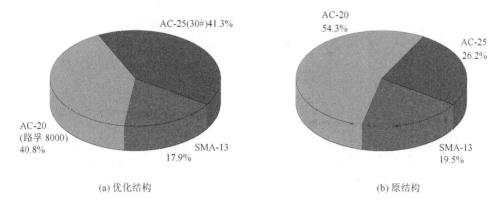

(a) 优化结构　　　　　　　　　　　　　(b) 原结构

图 5.32　100 万次后各层永久变形占总车辙比例

　　研究表明，采取优化措施后，沥青面层各层永久变形所占比例有所变化，表现为中面层比例降低，下面层比例提高，而上面层比例变化不大。这是因为，中面层采用路孚 8000，下面层采用硬质沥青，面层混合料的模量提高。增加面层某个层次的模量都会减小其上层次内的剪应力，并使自身层次的剪应力增大，各面层剪应力分布更为均匀，各层永久变形所占比例也更为均匀。

第六章 灌浆型半柔性路面材料组成设计与使用性能

通常所说的半柔性路面是指在开级配的大空隙(空隙率高达 20%以上)母体沥青混合料中，灌入以水泥为主要成分的特殊浆体复合而成的一种路面，具有高于水泥混凝土的柔性和高于沥青混凝土的刚性，此种路面在抗车辙、抗推移等方面可显著改善路面的使用性能。

第一节 母体多孔沥青混合料设计

一、半柔性路面母体沥青混合料设计步骤与流程

国外在 20 世纪 50～60 年代开始研究开级配抗滑磨耗层(open graded friction course，OGFC)路面，最初设计的主要目的是排水和降噪。后来为了避免飞机在雨天滑行水漂开始在机场使用，随后在公路上使用。由于这种功能性需求，混合料应该具有较大的空隙率。根据半柔性路面母体多孔混合料的基本条件，以及结合其在半柔性路面中作为灌浆载体的这一结构特点，采用体积法设计不同空隙率的母体沥青混合料，进而由母体沥青混合料的视密度、稳定度和空隙率等参数之间的关系来优化母体沥青混合料的设计。母体沥青混合料设计步骤与流程图如下。

(1) 确定主骨料的级配组成。可根据不同的功能要求采用连续级配或单一粒径。粗集料粒径范围不可太宽，宜采用一级或二级尺寸的集料，以免级数过多造成中间尺寸粒料的"干涉"而影响主骨料的嵌挤。本书采用 9.5～13.2mm 作为粗集料的单一粒径。

(2) 细集料一般根据泰波公式设计。其最大粒径可参照主骨料的最大粒径，以达到良好的填充效果。对于母体沥青混合料可间断 1.18～4.75mm 粒径的材料，细集料的最大粒径可取 2.36mm 或 1.18mm。根据经验，细集料粒径相对较小，混合料易出现离析现象，因此为避免出现离析，本书以 2.36mm 作为细集料的最大粒径。

(3) 测定集料的毛体积密度。集料的毛体积密度作为设计参数将影响沥青混合料的设计结果，应根据规范要求严格测定。其中包括粗集料的毛体积密度 ρ_{tc}、细集料的毛体积密度 ρ_{tf} 和矿粉的毛体积密度 ρ_{tp}。

(4) 测定主骨料的紧装密度，并计算主骨料空隙率 V_{VC}：

$$V_{VC} = (1 - \rho_{sc} / \rho_{tc}) \times 100\% \tag{6.1}$$

式中，ρ_{sc} 为主骨料紧装密度，$g \cdot cm^{-3}$；ρ_{tc} 为粗集料的毛体积密度，$g \cdot cm^{-3}$。

(5) 根据经验确定沥青用量、粉胶比。

(6) 根据功能要求确定沥青混合料目标空隙率。

(7) 根据以上各步骤中确定的已知量，利用式(6.2)和式(6.3)求解，即可求出粗集料质量分数 q_c 与细集料质量分数 q_f：

$$q_c + q_f + q_p = 100\% \tag{6.2}$$

$$\frac{q_c}{100\%}(V_{VC} - V_{VS}) = \frac{q_f}{\rho_{tf}} + \frac{q_p}{\rho_{tp}} + \frac{q_a}{\rho_a} \tag{6.3}$$

式中，q_c 为粗集料质量分数，%；q_f 为细集料质量分数，%；q_p 为矿粉质量分数，%；q_a 为沥青用量，%；V_{VC} 为主骨料空隙率，%；V_{VS} 为沥青混合料设计空隙率，%；ρ_{tf} 为细集料的毛体积密度，$g \cdot cm^{-3}$；ρ_{tp} 为矿粉的毛体积密度，$g \cdot cm^{-3}$；ρ_a 为沥青密度，$g \cdot cm^{-3}$。

(8) 根据肯塔堡飞散试验和谢伦堡析漏试验确定最佳沥青用量。

母体沥青混合料设计流程如图 6.1 所示。

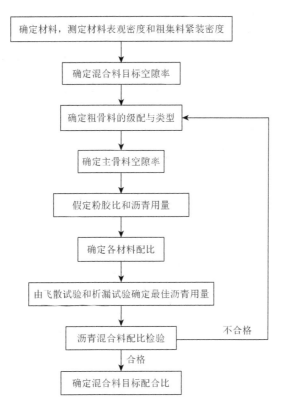

图 6.1　母体沥青混合料设计流程

二、母体沥青混合料的级配和最佳油石比

参考日本规范,半柔性路面用母体沥青混合料的空隙率要求为 20%~28%,根据大量的前期试验结果,在本书集料级配下,母体沥青混合料空隙率过大将引起混合料的马歇尔稳定度降低,并考虑到试验的均布性,本书选择的目标空隙率分别为 18%、21% 和 24%;设定粉胶比为 1.0,以 12∶88 的比例添加 TPS 改性剂,根据日本设计经验,每种目标空隙率下选定五种沥青用量。根据式(6.2)、式(6.3)和粗、细集料参数,计算得出母体沥青混合料的矿料级配筛孔通过率,如表 6.1 所示。

表 6.1　各目标空隙率下的级配

目标空隙率/%	下列筛孔(mm)通过率/%								沥青用量/%
	13.2	9.5	2.36	1.18	0.6	0.3	0.15	0.075	
18	100.0	20.8	20.8	15.5	11.9	8.5	6.5	5.1	3.0
	100.0	20.0	20.0	15.1	11.7	8.6	6.6	5.3	3.5
	100.0	19.3	19.3	14.7	11.6	8.7	6.8	5.5	4.0
	100.0	18.5	18.5	14.3	11.5	8.8	7.0	5.6	4.5
	100.0	17.8	17.8	14.0	11.4	8.9	7.1	5.8	5.0
21	100.0	15.9	15.9	12.0	9.4	7.0	5.4	4.3	3.0
	100.0	15.2	15.2	11.7	9.3	7.1	5.6	4.5	3.5
	100.0	14.4	14.4	11.3	9.2	7.2	5.7	4.6	4.0
	100.0	13.7	13.7	10.9	9.1	7.3	5.9	4.8	4.5
	100.0	13.0	13.0	10.6	9.0	7.4	6.1	5.0	5.0
24	100.0	11.7	11.7	8.9	7.1	5.3	4.2	3.3	2.5
	100.0	11.0	11.0	8.6	7.0	5.4	4.4	3.5	3.0
	100.0	10.3	10.3	8.3	6.9	5.5	4.5	3.7	3.5
	100.0	9.6	9.6	7.9	6.8	5.7	4.7	3.8	4.0
	100.0	8.9	8.9	7.6	6.7	5.8	4.9	4.0	4.5

在各目标空隙率对应的五种沥青用量水平下制作母体沥青混合料,然后进行谢伦堡析漏试验和肯塔堡飞散试验,绘制析漏量与沥青用量关系曲线,如图 6.2 所示,由曲线拐点得到目标空隙率为 18%、21% 和 24% 的最大沥青用量分别为 4.4%、4.2% 和 3.8%。绘制飞散损失与沥青用量关系曲线,如图 6.3 所示,由曲线拐点得到目标空隙率为 18%、21% 和 24% 的最小沥青用量分别为 3.9%、4.0% 和

3.4%。在此沥青用量范围内根据目标空隙率选择最佳沥青用量，可得出目标空隙率为 18%、21%和 24%的最佳沥青用量分别为 4.2%、4.1%和 3.6%。由此可见，母体沥青混合料目标空隙率越大，最佳沥青用量越小。

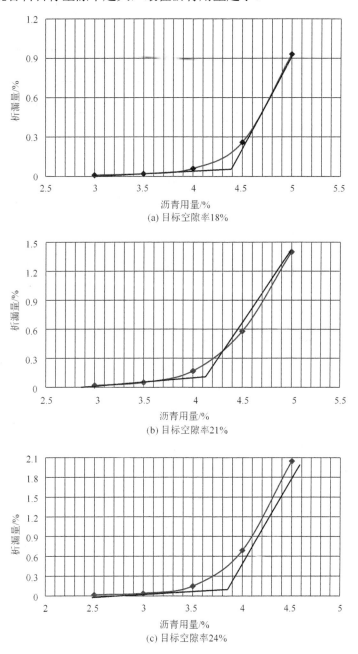

图 6.2　各目标空隙率下析漏量与沥青用量关系

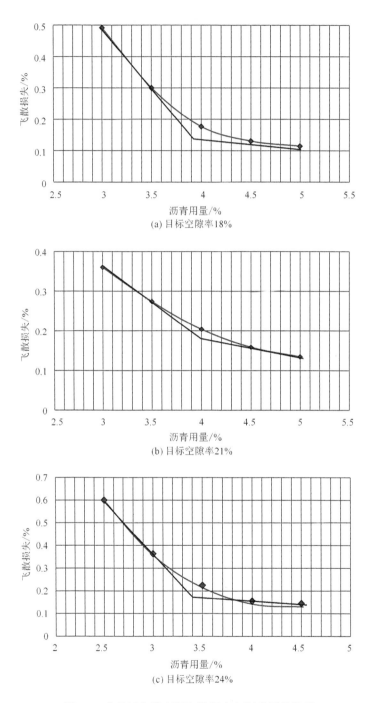

(a) 目标空隙率18%

(b) 目标空隙率21%

(c) 目标空隙率24%

图6.3　各目标空隙率的飞散损失与沥青用量关系

三、母体沥青混合料的参数关系

在最佳沥青用量下，测得各目标空隙率的实际空隙率、视密度、马歇尔稳定度，同时根据式(6.4)测定连通空隙率为

$$VV_1 = \frac{V - V_1}{V} \times 100\% \tag{6.4}$$

式中，V 为试件的体积，cm^3；V_1 为矿料与封闭空隙的体积，cm^3，且 $V_1 = \dfrac{m_1 - m_2}{\rho_水}$。其中，$m_1$ 为试件空气中的质量，g；m_2 为试件水中的质量，g；$\rho_水$ 为水的密度，$g \cdot cm^{-3}$，一般取常温下 $\rho_水 = 1.0 g \cdot cm^{-3}$。

根据所测结果，得到母体沥青混合料各项参数之间的关系，如图 6.4～图 6.7 所示。

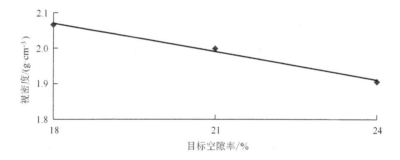

图 6.4　目标空隙率与视密度之间的关系

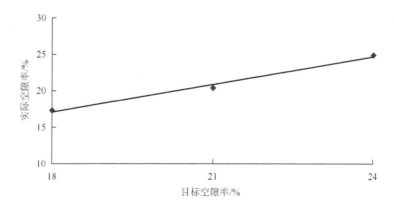

图 6.5　目标空隙率与实际空隙率之间的关系

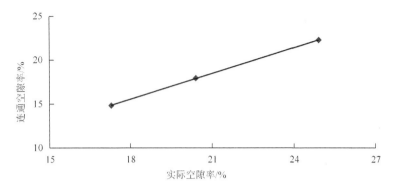

图 6.6 实际空隙率与连通空隙率之间的关系

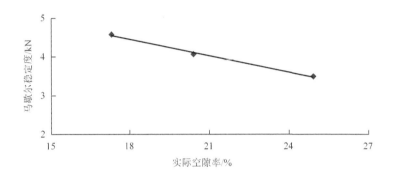

图 6.7 实际空隙率与马歇尔稳定度之间的关系

分析可知,目标空隙率与视密度和实际空隙率,实际空隙率与连通空隙率和马歇尔稳定度之间具有良好的线性相关性,如表 6.2 所示。对于母体沥青混合料,视密度随目标空隙率的增大而降低,实际空隙率随目标空隙率的增大而增大,连通空隙率随实际空隙率的增大而增大,马歇尔稳定度随连通空隙率的增大而线性减小。

表 6.2 母体沥青混合料各参数间的线性相关性

自变量	因变量	线性拟合	R^2
目标空隙率	视密度	$y = -0.0267x + 2.5503$	0.9913
	实际空隙率	$y = 1.2667x - 5.7333$	0.9888
实际空隙率	连通空隙率	$y = 0.9765x - 2.0168$	0.9999
	马歇尔稳定度	$y = -0.141x + 6.9921$	0.9945

由表 6.2 可知,母体沥青混合料的视密度为 $1.9g \cdot cm^{-3}$ 时,试件的目标空隙率为 24.5%;根据表 6.2 实际空隙率与马歇尔稳定度的相关性,得出稳定度为 3kN

时，试件的实际空隙率为 28.0%；由图 6.5 和图 6.6 实际空隙率与目标空隙率、连通空隙率的相关性，得出对应的连通空隙率、目标空隙率分别为 25%、30%。综上可知，母体沥青混合料的空隙率为 24.5%以下，才可使母体沥青混合料同时满足空隙率和稳定性的要求。

可见母体沥青混合料空隙率的大小、视密度会影响其马歇尔稳定度，从而影响母体沥青混合料作为灌浆载体的稳定性。连通空隙率随着目标空隙率的增大而增大，如果空隙率减小，尽管马歇尔稳定度增强，但如果连通空隙率小到一定程度，也会引起灌浆不充分，使半柔性灌浆复合材料不能达到密实状态，从而影响其性能。因此，为使母体沥青混合料既具有足够的连通空隙率，以使水泥浆体顺利且充分灌入，又具有一定的马歇尔稳定度以保障母体沥青混合料载体的稳定性，需要母体沥青混合料在视密度满足一定要求的基础上，其空隙率和马歇尔稳定度之间达到一个平衡。

第二节　流动性水泥灌浆材料组成设计

由国内外对水泥灌浆和半柔性路面中水泥胶浆研究结果可知，作为灌注母体沥青混合料的水泥浆浆体，必须具备以下性质。①具有足够的抗压强度和抗折强度；②具有良好的流动度；③具有较稳定的体积特征；④具有良好的与混合料结合的性能。本书以水泥胶浆的流动度及扩展度、抗压强度及抗折强度和干缩率指标分别控制水泥胶浆的流动性能、抗弯拉性能和体积稳定性。在已有研究结果基础上，根据近似正交和正交设计方法开展了大量的试验研究，推荐较合理的配合比范围，如表 6.3 所示，并比较净浆和砂浆的性能，从而优选适于半柔性路面灌浆浆体的类型。

表 6.3　水泥灌浆性能目标值

指标	范围	条件
抗压强度/MPa	10～30	
抗折强度/MPa	>3.0	标准条件下养生 7 天
流动度/s	10～14	

一、普通流动性水泥净浆材料组成设计

1. 普通水泥净浆试验方案

在已有研究结果和大量试验试配的基础上，确定了普通水泥净浆的配合比组成因素的试验范围，如表 6.4 所示。

表 6.4　因素水平表

水平	X：水灰比	Y：粉煤灰含量/%	Z：矿粉含量/%
1	0.48	0	0
2	0.53	10	10
3	0.58	20	20
4	0.63	—	—

根据近似正交表 NOA(12,3⁴4¹) 选取因素水平使用表，如表 6.5 所示。

表 6.5　普通水泥净浆因素水平使用表

试验编号	X：水灰比	Y：粉煤灰含量/%	Z：矿粉含量/%
1	0.48	0	10
2	0.53	0	0
3	0.58	0	20
4	0.63	0	0
5	0.48	10	20
6	0.53	10	10
7	0.58	10	0
8	0.63	10	10
9	0.48	20	0
10	0.53	20	20
11	0.58	20	10
12	0.63	20	20

根据以上试验方案进行试验，并针对净浆试验结果进行流动度、扩展度、抗压强度、抗折强度和干缩率分析。

2. 净浆的流动性能分析

根据试验结果进行流动度与扩展度的极差分析，分析结果如表 6.6 所示。对于流动度指标来说，最佳试验配合比为 X4/Y3/Z3。影响流动度的因素重要性排序为水灰比＞粉煤灰含量＞矿粉含量，其中水灰比、粉煤灰含量和矿粉含量的重要性分别占各因素重要性总和的 69.6%、17.8%和 12.6%。对于扩展度指标来说，最佳试验配合比为 X4/Y3/Z3。影响扩展度的因素重要性排序为水灰比＞粉煤灰含量＞矿粉含量，其中水灰比、粉煤灰含量和矿粉含量的重要性分别占各因素重要性总和的 69.3%、20.7%和 10%。两组极差分析中水灰比重要性较明显，粉煤灰含量重要性次之，矿粉含量对净浆的流动度和扩展度影响最小。

表 6.6　流动度与扩展度极差分析

各因素水平对应均值	流动度/s			扩展度/mm		
	X：水灰比	Y：粉煤灰含量	Z：矿粉含量	X：水灰比	Y：粉煤灰含量	Z：矿粉含量
$\bar{k}_1$	24.4	17.6	15.5	210	249	256
$\bar{k}_2$	14.3	14.5	16.6	247	258	261
$\bar{k}_3$	12	14.2	14.2	278	280	271
$\bar{k}_4$	11.1	—	—	314	—	—
极差	$R_X = 13.3$	$R_Y = 3.4$	$R_Z = 2.4$	$R_X = 104$	$R_Y = 31$	$R_Z = 15$
最佳水平	4	3	3	4	3	3

由流动度与扩展度试验结果极差分析可知，各因素的变化对净浆流动度和扩展度的影响重要性相同，且各因素对净浆流动度和扩展度影响水平相近，即在相同因素的影响下，净浆的流动度和扩展度具有一定的相关性。表 6.7 为各配合比试验下的扩展度和流动度。

表 6.7　扩展度与流动度的对应值

试验编号	1	2	3	4	5	6	7	8	9	10	11	12
扩展度/mm	343	309	290	291	273	270	263	241	236	207	223	199
流动度/s	10.7	11.2	11.3	11.5	11.9	12.5	12.6	13.7	16.5	21.1	22.1	29.9

流动度与扩展度的相关性如图 6.8(a)所示，净浆的流动度为扩展度的二次函数，即

$$y=0.5051x^2-25.588x+520.02 \qquad R^2 = 0.8381 \qquad (6.5)$$

为更加准确地描述半柔性水泥净浆流动度与扩展度的相关性，取流动度值更适合灌浆要求的范围来考察流动度与扩展度的相关性，即取前面 9 组试验结果，如图 6.8(b)所示，拟合二次函数为

$$y=5.327x^2-160.83x+1440.9 \qquad R^2 = 0.9407 \qquad (6.6)$$

由图 6.8(b)可知，拟合结果具有较好的相关性。根据已有流动度经验参考值 10～14s，以及两者之间的相关性得出普通净浆扩展度的推荐参考值为 233～265mm。

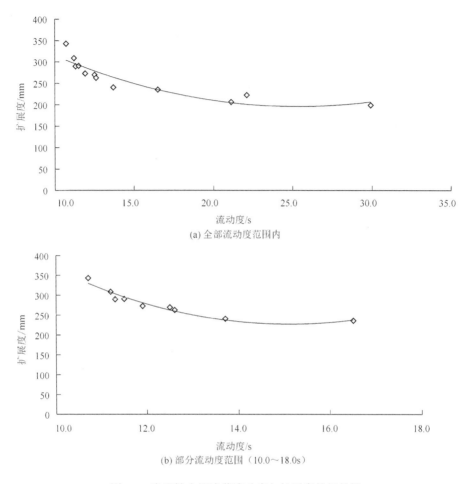

(a) 全部流动度范围内

(b) 部分流动度范围（10.0～18.0s）

图 6.8　半柔性水泥净浆流动度与扩展度的相关性

3. 净浆的强度分析

对试验结果中 7d 强度、28d 强度进行极差分析，结果分别如表 6.8 和表 6.9 所示。对于 7d 抗折强度指标，最佳试验配合比为 X1/Y1/Z1，影响 7d 抗折强度的因素重要性排序为粉煤灰含量＞矿粉含量＞水灰比，其中粉煤灰含量、矿粉含量和水灰比重要性分别占 42.1%、34.2%和 23.7%。对于 7d 抗压强度指标，最佳试验配合比为 X1/Y1/Z1，影响 7d 抗压强度的因素重要性排序为水灰比＞粉煤灰含量=矿粉含量，其中水灰比、粉煤灰含量和矿粉含量的重要性分别占各因素重要性总和的 36.6%、31.7%和 31.7%。

对于 28d 抗压强度，最佳试验配合比为 X1/Y1/Z1，影响 28d 抗压强度的因素重要性排序为水灰比＞粉煤灰含量＞矿粉含量，其中水灰比、粉煤灰含量和矿粉

表 6.8　7d 强度极差分析

各因素水平对应均值	7d 抗折强度/MPa			7d 抗压强度/MPa		
	X：水灰比	Y：粉煤灰含量	Z：矿粉含量	X：水灰比	Y：粉煤灰含量	Z：矿粉含量
$\bar{k}_1$	4.6	5.1	5.1	19.9	18.9	19.9
$\bar{k}_2$	4.5	4.2	3.8	15.2	16.8	14.8
$\bar{k}_3$	4.2	3.5	3.8	16.9	13.7	14.7
$\bar{k}_4$	3.7	—	—	13.9	—	—
极差	$R_X = 0.9$	$R_Y = 1.6$	$R_Z = 1.3$	$R_X = 6$	$R_Y = 5.2$	$R_Z = 5.2$
最佳水平	1	1	1	1	1	1

表 6.9　28d 强度极差分析

各因素水平对应均值	28d 抗压强度/MPa			28d 抗折强度/MPa		
	X：水灰比	Y：粉煤灰含量	Z：矿粉含量	X：水灰比	Y：粉煤灰含量	Z：矿粉含量
$\bar{k}_1$	31.8	31.2	31.1	5.1	5.8	5.7
$\bar{k}_2$	25.5	25.8	24.2	5	4.5	4.6
$\bar{k}_3$	25.8	22.3	23.9	5	4.7	4.5
$\bar{k}_4$	22.5	—	—	4.4	—	—
极差	$R_X = 9.3$	$R_Y = 8.9$	$R_Z = 7.2$	$R_X = 0.7$	$R_Y = 1.3$	$R_Z = 1.2$
最佳水平	1	1	1	1	1	1

含量的重要性分别占各因素重要性总和的 36.6%、35% 和 28.4%。对于 28d 抗折强度，最佳试验配合比为 X1/Y1/Z1，影响 28d 抗折强度的因素重要性排序为粉煤灰含量＞矿粉含量＞水灰比，其中粉煤灰含量、矿粉含量和水灰比重要性分别占各因素重要性总和的 40.6%、37.5% 和 21.9%。

综合 7d 强度极差分析和 28d 强度极差分析，三因素对强度影响水平虽有差别，但相差不大，处于同一水平。水灰比对抗压强度影响最大，粉煤灰含量对抗折强度影响最大，矿粉含量对强度的影响最小。

4. 净浆的干缩性能分析

对干缩率试验结果进行极差分析，结果如表 6.10 所示。对于干缩率指标，最佳试验配合比为 X2/Y3/Z1；影响干缩率的因素重要性排序为水灰比＞矿粉含量＞粉煤灰含量，其中水灰比重要性占各因素重要性总和的 62.2%，矿粉含量重要性占各因素重要性总和的 22%，粉煤灰含量重要性占各因素重要性总和的 15.8%。水灰比对水泥净浆的干缩性能具有较大的影响，粉煤灰含量和矿粉含量对水泥净浆的干缩性能影响较小。

表 6.10　干缩率极差分析

各因素水平对应均值	干缩率/‰		
	X: 水灰比	Y: 粉煤灰含量	Z: 矿粉含量
$\bar{k}_1$	1.9	2.1	1.9
$\bar{k}_2$	1.6	2	2.2
$\bar{k}_3$	2	1.9	2
$\bar{k}_4$	2.5	—	—
极差	$R_X = 0.9$	$R_Y = 0.2$	$R_Z = 0.3$
最佳水平	2	3	1

5. 普通净浆最佳配合比确定

根据半柔性灌浆路面的特点,水泥浆需具有一定的流动性能以确保能够最大限量地灌入母体沥青混合料中。同时,还应具有一定的强度和最小的干缩率,以避免因干缩硬化带来的体积变化对混合料性能产生不良影响。本书以水泥胶浆最佳流动性能为主、干缩率较小且满足强度要求为辅,以及各因素水平对水泥胶浆性能的影响趋势,来确定水泥胶浆配合比。

1) 最佳水灰比的确定

根据试验结果中水灰比水平对应各性能指标的均值绘得水灰比对水泥净浆各性能指标影响趋势图,如图 6.9 所示。随着水灰比的增大,流动度呈阶段减小趋势,在水灰比为 0.53 时开始趋于缓和,而水泥净浆扩展度随着水灰比的增大,呈线性增大趋势。由流动度和扩展度的极差分析可知,水灰比对流动度和扩展度的影响分别占总影响的 69.6% 和 69.3%,是净浆流动性的主要影响因素。由水灰比对净浆流动度和扩展度的影响趋势还可知,水灰比的增大有利于增强胶浆的流动性,水灰比越大水泥净浆流动性能越大。

由试验结果绘得水灰比与流动度的二次相关性图,如图 6.10 所示,其二次相关式为 $y=920x^2-1105.6x+342.8$,$R^2=0.9818$。随水灰比的增大,水泥净浆流动性能增大,且在开始阶段增幅较大,试验水灰比为 0.54～0.63 时可达到流动度推荐指标要求。

由水灰比对净浆强度、干缩率影响趋势可知,随水灰比的增大,水泥净浆强度总体下降,抗压强度明显减小,抗折强度略有减小,在水灰比为 0.53～0.58 时强度处于稳定状态,且符合推荐要求值;净浆干缩率先减小后增大,干缩率低于0.3%,当水灰比为 0.50～0.55 时干缩率较小,为 0.53 时干缩率最小。

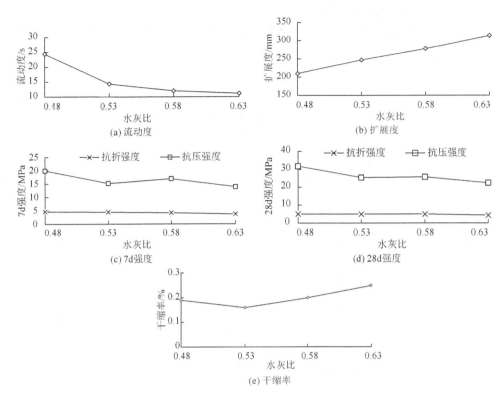

图 6.9　水灰比对净浆各性能指标的影响趋势

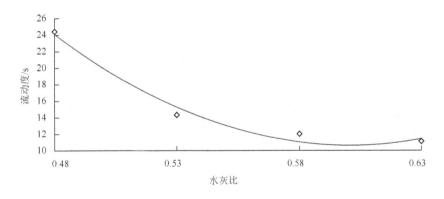

图 6.10　水灰比与水泥净浆流动度的相关性

结合极差分析可知，水灰比是净浆流动性能、强度和干缩性能的主要影响因素，特别是对净浆流动性能和干缩性能的影响明显。综上，建议普通水泥净浆的水灰比为 0.56~0.58。

2) 最佳粉煤灰含量的确定

根据试验结果中粉煤灰含量水平对应各性能指标的均值绘得粉煤灰含量对水泥净浆各性能指标影响趋势图，如图 6.11 所示。

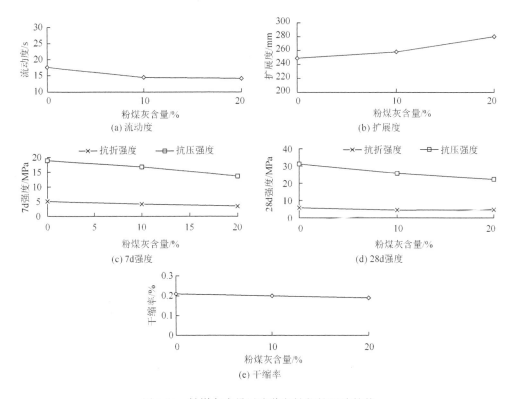

图 6.11　粉煤灰含量对净浆各性能的影响趋势

由粉煤灰含量对净浆扩展度和流动度的影响趋势可知，随粉煤灰含量的增大，水泥净浆扩展度呈增大趋势，流动度呈减小趋势，在粉煤灰含量为 10%时开始趋于缓和，扩展度增大 12.4%，流动度减小 19.3%。可见，掺加粉煤灰可促进胶浆的流动性能。

由粉煤灰含量对净浆强度的影响趋势可知，随粉煤灰含量增大，水泥净浆 7d、28d 强度呈减小趋势，7d 抗折、抗压强度分别减小 31.3%和 27.5%，28d 抗折、抗压强度分别减小 27.6%和 28.5%。可见，粉煤灰的加入对净浆的强度有较大的抑制作用。

由粉煤灰含量对净浆干缩率的影响趋势可知，随粉煤灰含量的增大，水泥净浆干缩率呈线性减小趋势，干缩率降低 9.5%。可见，粉煤灰对净浆的干缩率影响较小，但具有促进作用。

结合前面各性能极差分析结果中粉煤灰含量的极差值可知，粉煤灰含量对净浆流动性能、28d 抗折强度和干缩性能的影响稍小，对净浆的抗折强度和 7d 抗压强度有重要影响。综合考虑，推荐普通水泥净浆中粉煤灰含量为 10%。

3）最佳矿粉含量的确定

根据试验结果中矿粉含量水平对应各性能指标的均值绘得矿粉含量对水泥净浆各性能指标影响趋势图，如图 6.12 所示。

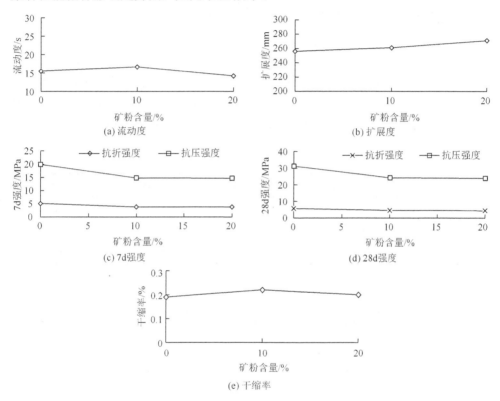

图 6.12　矿粉含量对净浆性能指标的影响趋势

由矿粉含量对净浆流动度、扩展度的影响趋势可知，掺加石灰岩矿粉后净浆流动度先增大后减小，总体趋势减小，流动度总体减小 8.3%，扩展度增大 5.9%，即矿粉的加入对净浆流动性略有促进作用。

从净浆的强度趋势可知，加入矿粉对水泥净浆 7d、28d 强度有明显降低作用，在矿粉含量为 10%时趋于稳定，且符合推荐值。7d 抗折强度减小 25.5%，7d 抗压强度减小 26.1%，28d 抗折强度减小 21%，28d 抗压强度减小 23.2%。

由矿粉含量对净浆的干缩率影响趋势可知，随矿粉含量的增大，净浆的干缩率先增大后减小，干缩率低于 0.3%。此外，在水泥净浆的拌和和试件成型过程中发现，掺加矿粉的净浆更加均匀，且基本无泌水现象。

由各性能极差分析结果和各因素极差值的比较可知，矿粉对净浆的强度略有抑制作用，对净浆流动性能、干缩性能都具有促进作用，但不是主要影响因素。综合以上分析，净浆中石灰岩矿粉含量建议为10%。

最终，得出半柔性普通水泥净浆配合比为水灰比0.56~0.58，粉煤灰含量10%，石灰岩矿粉含量10%。

二、普通流动性水泥砂浆材料组成设计

1. 普通水泥砂浆试验方案

基于大量的试验试配经验和净浆配合比设计经验，设定普通砂浆各因素试验水平如表6.11所示。根据正交表L9(3^4)选取因素水平使用，如表6.12所示。根据以上方案进行试验，对砂浆试验结果进行流动性能、强度、干缩性能分析。

表 6.11　因素水平

水平	X：水灰比	Y：粉煤灰含量/%	Z：矿粉含量/%	W：砂用量/%
1	0.55	0	0	10
2	0.60	10	10	15
3	0.65	20	20	20

表 6.12　L9(3^4) 正交使用

试验编号	X：水灰比	Y：粉煤灰含量/%	Z：矿粉含量/%	W：砂用量/%
1	0.55	0	0	10
2	0.55	10	10	15
3	0.55	20	20	20
4	0.60	10	20	10
5	0.60	20	0	15
6	0.60	0	10	20
7	0.65	20	10	10
8	0.65	0	20	15
9	0.65	10	0	20

2. 砂浆的流动性能分析

对砂浆流动度、扩展度进行极差分析，结果如表6.13所示。对于流动度指标

最佳试验配合比为 X3/Y3/Z3/W1。影响流动度的因素重要性排序为水灰比＞粉煤灰含量＞矿粉含量＞砂用量，其中水灰比、粉煤灰含量、矿粉含量和砂用量的重要性分别占各因素重要性总和的 44.6%、25.9%、22.3% 和 7.2%。对于砂浆的扩展度，最佳试验配合比为 X3/Y3/Z3/W1。影响扩展度的因素重要性排序为水灰比＞粉煤灰含量＞矿粉含量＞砂用量，其中水灰比、粉煤灰含量、矿粉含量和砂用量的重要性分别占各因素重要性总和的 54.8%、18.6%、16.1% 和 10.5%。

可见，水灰比对于砂浆流动性的重要性明显大于其他三项因素，粉煤灰含量和矿粉含量的影响程度次之，砂用量对砂浆流动性影响最小。

表 6.13　普通砂浆流动度、扩展度极差分析

各因素水平对应均值	流动度/s				扩展度/mm			
	X：水灰比	Y：粉煤灰含量	Z：矿粉含量	W：砂用量	X：水灰比	Y：粉煤灰含量	Z：矿粉含量	W：砂用量
$\bar{k}_1$	16.8	16	14.4	13.9	243	261	270	281
$\bar{k}_2$	14.3	13.9	15.5	14.3	272	282	268	268
$\bar{k}_3$	11.8	13.1	13	14.7	311	284	288	277
极差	$R_X = 5$	$R_Y = 2.9$	$R_Z = 2.5$	$R_W = 0.8$	$R_X = 68$	$R_Y = 23$	$R_Z = 20$	$R_W = 13$
最佳水平	3	3	3	1	3	3	3	1

3. 砂浆的强度分析

对砂浆 7d、28d 强度试验结果进行极差分析，分别如表 6.14 和表 6.15 所示。砂浆 7d 抗折强度极差分析结果显示，最佳试验配合比为 X1/Y1/Z1/W3，并且试验结果中出现低于参考值的试验配合比。影响 7d 抗折强度的因素重要性排序为粉煤灰含量=矿粉含量＞水灰比＞砂用量，其中水灰比、粉煤灰含量、矿粉含量和砂用量的重要性分别占各因素重要性总和的 20.4%、36.4%、36.4% 和 6.8%。对于 7d 抗压强度指标，各因素的最佳试验配合比为 X1/Y1/Z1/W3。影响 7d 抗压强度的因素重要性排序为矿粉含量＞粉煤灰含量＞水灰比＞砂用量，其中水灰比、粉煤灰含量、矿粉含量和砂用量的重要性分别占各因素重要性总和的 15.1%、32.4%、43.2% 和 9.3%。砂浆 28d 抗折强度极差分析显示，最佳试验配合比为 X1/Y1/Z1/W3。影响 28d 抗折强度的因素重要性排序为水灰比＞粉煤灰含量=矿粉含量＞砂用量，其中水灰比、粉煤灰含量、矿粉含量和砂用量的重要性分别占各因素重要性总和的 34.7%、28.6%、28.6% 和 8.1%。对于 28d 抗压强度，各因素的最佳试验配合比为 X1/Y1/Z1/W2。影响 28d 抗压强度的因素重要性排序为矿粉含量＞水灰比＞粉

煤灰含量>砂用量，其中矿粉含量、水灰比、粉煤灰含量和砂用量的重要性分别占各因素重要性总和的 46.6%、27.9%、18.6%和 6.9%。

表 6.14 普通砂浆 7d 强度极差分析

各因素水平对应均值	7d 抗折强度/MPa				7d 抗压强度/MPa			
	X：水灰比	Y：粉煤灰含量	Z：矿粉含量	W：砂用量	X：水灰比	Y：粉煤灰含量	Z：矿粉含量	W：砂用量
$\bar{k}_1$	4.1	4.5	4.4	3.6	14.7	15.9	16.8	12.9
$\bar{k}_2$	3.6	3.5	3.7	3.5	13.3	13.3	13.1	13.5
$\bar{k}_3$	3.2	2.9	2.8	3.8	12.6	11.4	10.8	14.2
极差	$R_X = 0.9$	$R_Y = 1.6$	$R_Z = 1.6$	$R_W = 0.3$	$R_X = 2.1$	$R_Y = 4.5$	$R_Z = 6$	$R_W = 1.3$
最佳水平	1	1	1	3	1	1	1	3

表 6.15 普通砂浆 28d 强度极差分析

各因素水平对应均值	28d 抗折强度/MPa				28d 抗压强度/MPa			
	X：水灰比	Y：粉煤灰含量	Z：矿粉含量	W：砂用量	X：水灰比	Y：粉煤灰含量	Z：矿粉含量	W：砂用量
$\bar{k}_1$	6.4	6.4	6.3	5.4	23.3	23.4	25.6	20.5
$\bar{k}_2$	5.8	5.4	5.7	5.7	22.2	19.6	21.5	21.9
$\bar{k}_3$	4.7	5.0	4.9	5.8	17.6	20.2	16.1	20.7
极差	$R_X = 1.7$	$R_Y = 1.4$	$R_Z = 1.4$	$R_W = 0.4$	$R_X = 5.7$	$R_Y = 3.8$	$R_Z = 9.5$	$R_W = 1.4$
最佳水平	1	1	1	3	1	1	1	2

由 7d 强度极差分析结果可知，矿粉含量和粉煤灰含量对砂浆 7d 强度有重要影响，水灰比次之，砂用量影响最小；由 28d 强度极差分析结果可知，水灰比、矿粉含量和粉煤灰含量对砂浆 28d 强度有重要影响，砂用量对砂浆的 28d 强度影响很小。

4. 砂浆的干缩性能分析

对砂浆干缩率进行极差分析，结果如表 6.16 所示。最佳试验配合比为 X1/Y2/Z1/W3，影响砂浆干缩率的因素重要性排序为粉煤灰含量=砂用量=矿粉含量>水灰比，其中粉煤灰含量、矿粉含量和砂用量的重要性相同，均占各因素重要性总和的 30%，水灰比重要性占总和的 10%。

表 6.16 普通砂浆干缩率极差分析

各因素水平对应均值	干缩率/‰			
	X: 水灰比	Y: 粉煤灰含量	Z: 矿粉含量	W: 砂用量
$\bar{k}_1$	1.4	1.4	1.3	1.6
$\bar{k}_2$	1.4	1.3	1.4	1.4
$\bar{k}_3$	1.5	1.6	1.6	1.3
极差	$R_X = 0.1$	$R_Y = 0.3$	$R_Z = 0.3$	$R_W = 0.3$
最佳水平	1	2	1	3

5. 最佳配合比确定

1) 最佳水灰比的确定

根据砂浆试验结果中水灰比水平对应各性能指标的均值,绘得水灰比对其各性能指标的影响趋势图,如图 6.13 所示。

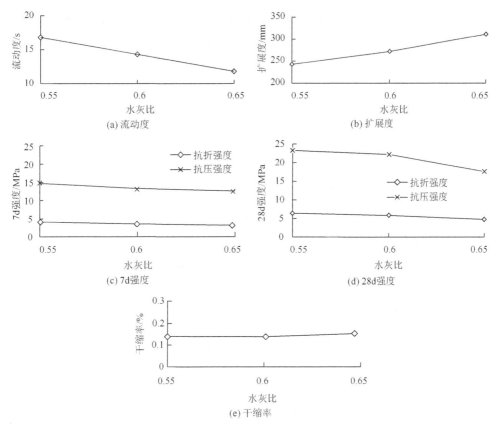

图 6.13 水灰比对砂浆各性能指标的影响趋势

由水灰比对砂浆流动度、扩展度的影响趋势可知，随水灰比的增大，流动度呈线性减小趋势，扩展度呈线性增大趋势。对比水灰比为 0.65 和 0.55 时的试验结果可知，水灰比为 0.6 时，流动度减小 29.8%，扩展度增大 27.9%。由水灰比对砂浆强度的影响趋势可知，随水灰比的增大，水泥净浆强度总体呈减小趋势，且在试验结果中出现 7d 强度低于参考规范值的情况。对比水灰比为 0.65 和 0.55 时的试验结果可知，水灰比为 0.6 时，7d 抗折强度减小 22%，7d 抗压强度减小 14.3%，28d 抗折强度减小 26.6%，28d 抗压强度减小 24.5%。由水灰比对砂浆干缩率的影响趋势可知，砂浆的干缩率随水灰比的增大稍有增长，水灰比为 0.5～0.6 时干缩率稳定，水灰比为 0.6～0.65 时增幅为 0.7%。

结合前面极差分析结果，水灰比为影响砂浆流动性能的主要因素，而对强度影响较小，对干缩性能影响最小。由水灰比对砂浆流动度影响趋势可知，随水灰比的增大，水泥砂浆流动性能增大，水灰比在 0.61 以上时达到流动度推荐指标要求；水泥砂浆强度总体下降，在 0.65 时接近参考规范值的下限，且有未达要求的试验值。综合考虑，推荐普通素性水泥砂浆的水灰比为 0.61～0.63。

2) 粉煤灰含量的确定

根据砂浆试验结果中粉煤灰含量水平对应各性能指标的均值，绘得粉煤灰含量对其各性能指标的影响趋势，如图 6.14 所示。

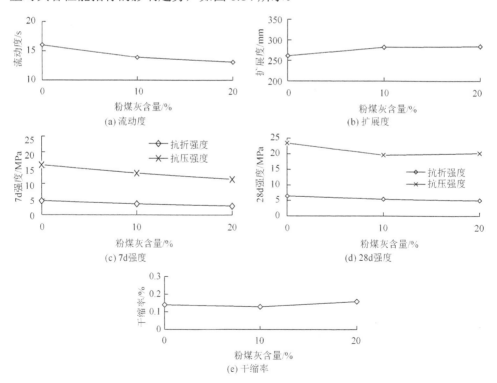

图 6.14　粉煤灰含量对砂浆各性能指标的影响趋势

　　由粉煤灰含量对砂浆流动度、扩展度的影响趋势可知，随粉煤灰含量的增大，流动度呈减小趋势，扩展度呈明显增大趋势，流动度减小 18.1%，扩展度增大 8.8%。可见，粉煤灰的加入可使砂浆的流动性增大，且在粉煤灰含量达到 10%时流动度和扩展度趋于稳定。由粉煤灰含量对砂浆强度的影响趋势可知，随粉煤灰含量的增大，水泥砂浆 7d 强度呈线性减小趋势，在含量为 20%时 7d 抗折强度低于参考值下限，砂浆 28d 强度总体减小，但在含量为 10%时趋于稳定。其中 7d 抗折强度减小 35.5%，7d 抗压强度减小 28.3%，28d 抗折强度减小 21.9%，28d 抗压强度减小 16.2%。可见，粉煤灰对砂浆强度具有较大的抑制作用。由粉煤灰含量对砂浆干缩率的影响趋势可知，随粉煤灰含量的增大，砂浆干缩率略有变化，且在粉煤灰含量为 10%时砂浆干缩率最小。

　　结合砂浆各性能极差分析可知，粉煤灰含量对砂浆流动性具有一定的影响，仅次于水灰比因素；对 7d 强度为主要影响因素，对 28d 强度的影响程度为次要因素；对砂浆的干缩性能影响最大。综合考虑，确定普通砂浆的粉煤灰含量为 10%。

　　3) 矿粉含量的确定

　　根据砂浆试验结果中矿粉含量水平对应各性能指标的均值绘得矿粉含量对其各性能指标的影响趋势，如图 6.15 所示。

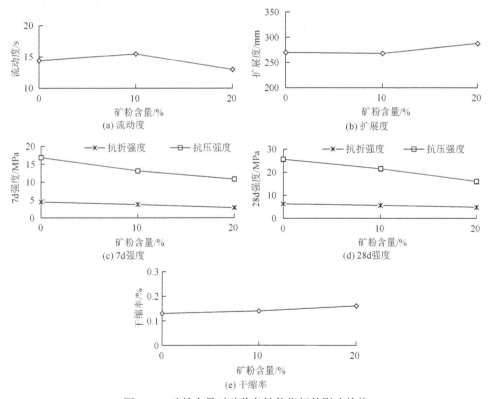

图 6.15　矿粉含量对砂浆各性能指标的影响趋势

由矿粉含量对砂浆流动度、扩展度影响趋势影响可知，随矿粉含量的增大，砂浆流动度先增大后减小；砂浆扩展度在开始阶段较稳定，随矿粉含量的增大，有增长趋势，矿粉含量为10%时砂浆流动度最大，而砂浆扩展度最小。但总体而言，矿粉含量的变化对砂浆流动性影响很小。由砂浆的7d和28d强度趋势可知，随矿粉含量增大，水泥砂浆强度明显降低，在含量为20%时，7d抗折强度低于推荐值。其中7d抗折强度减小36.4%，7d抗压强度减小35.7%，28d抗折强度减小22.2%，28d抗压强度减小37.1%。由此可见，矿粉含量的增大对砂浆的强度具有较大的抑制作用。由矿粉含量对砂浆干缩率的影响趋势可知，随矿粉含量的增大，砂浆干缩率呈增大趋势，其干缩率增大23%。

由上述分析和前述极差分析结果可知，矿粉含量对砂浆流动性能的重要性为次要因素，抑制砂浆的流动性能；对7d、28d强度具有较大的抑制作用；掺加矿粉使砂浆干缩性能降低。综合考虑，建议在普通砂浆中可不加矿粉。

4) 砂用量的确定

根据砂浆试验结果中砂用量水平对应各性能指标的均值，绘得砂用量对其各性能指标的影响趋势，如图6.16所示。

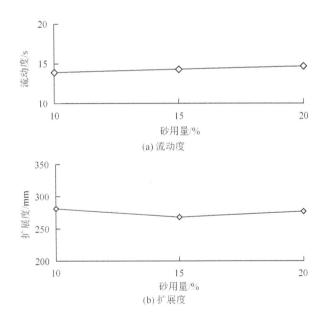

(a) 流动度

(b) 扩展度

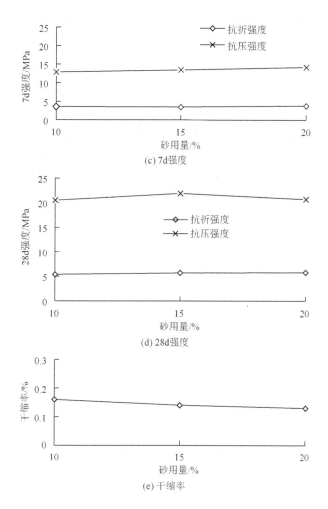

图 6.16　砂用量对砂浆各性能指标的影响趋势

由砂用量对砂浆流动度、扩展度的影响趋势可知，随砂用量的增加，砂浆流动度呈增大趋势、扩展度呈减小趋势，流动度增大 5.8%，扩展度值减小 4.6%。可见，砂用量对砂浆的流动性有微小抑制作用。随砂用量的增大，砂浆 7d 强度、28d 强度略有增大，其中 7d 抗折强度增大 8.5%，7d 抗压强度增大 10.1%，28d 抗折强度增大 7.4%，28d 抗压强度减小 6.8%。可见，砂用量对砂浆的强度影响较小。随砂用量的增大，水泥砂浆干缩率减小了 18.8%，并在砂用量为 15% 时干缩率开始趋于稳定。

由各极差分析结果可知，砂用量对砂浆的流动度和强度的影响最小，且对砂浆的流动性和强度具有抑制趋势，只对降低砂浆干缩率有较大促进作用。综合考虑，建议砂用量为 15%。

综合以上分析，建议半柔性路面水泥砂浆配合比为水灰比 0.61～0.63，普通砂浆的粉煤灰含量为 10%，砂用量为 15%。

三、普通净浆与普通砂浆的对比分析

1. 流动度对比分析

由前面净浆和砂浆流动性能的极差分析结果可知，水灰比为主要影响因素。根据不同水灰比下净浆、砂浆不同配合比的流动度和扩展度，比较净浆和砂浆的流动性能，如图 6.17 所示。净浆、砂浆流动度与水灰比具有较好的线性相关性，R^2 分别为 0.94 和 0.99，而净浆、砂浆扩展度与水灰比同样具有较好的线性相关性，R^2 都为 0.99。

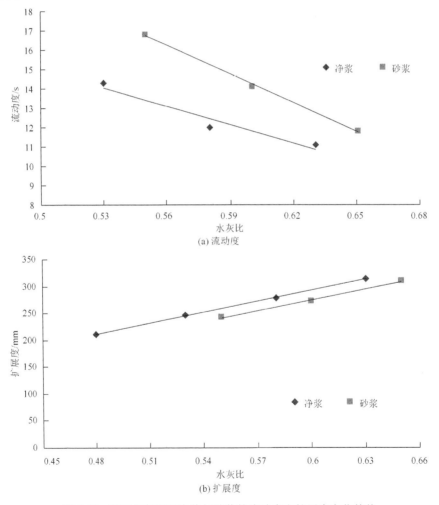

图 6.17 不同水灰比下净浆与砂浆的流动度和扩展度变化趋势

在同一水灰比下，砂浆配合比的流动度高于净浆流动度，净浆扩展度高于砂浆扩展度，并且净浆流动度趋势线斜率小于砂浆的流动度趋势线斜率，而两者的扩展度斜率基本相当，即在同一水灰比下，各净浆配合比的流动性能好于相应砂浆配合比的流动性能，且净浆的流动性能随水灰比的变化更稳定。

2. 强度对比分析

本书的水泥净浆和水泥砂浆的强度对比如图 6.18 所示。砂浆配合比的强度普遍低于净浆配合比的强度，且个别砂浆配合比低于参考规范值。净浆 7d 抗压强度

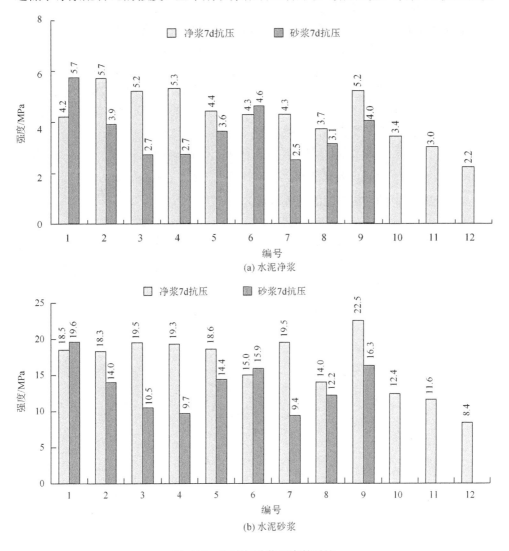

(a) 水泥净浆

(b) 水泥砂浆

图 6.18　净浆与砂浆强度的对比

大多在 15MPa 以上、接近 20MPa，砂浆 7d 抗压强度大多在 15MPa 以下；净浆 7d 抗折强度大多为 4～5MPa，砂浆 7d 抗折强度大多为 2～4MPa。就 7d 抗压强度来看，净浆比砂浆的 7d 抗压强度平均高出 21.5%；对于 7d 抗折强度，净浆比砂浆的 7d 抗折强度平均高出 16.4%。

究其原因，一方面主要是普通水泥砂浆中的砂密度较大，砂成分出现沉降，砂浆的离析、泌水、不均匀现象在砂浆拌和过程中尤为明显，由此引起砂浆硬化过程中水分流失过多，进而使砂浆试件随龄期的增长不能充分水化，致使总体强度下降。另一方面，试件内部各组分分布不均匀，引起砂浆试件内部承受荷载时应力分布不均匀，使总体强度下降。

根据水泥净浆和水泥砂浆的强度试验值可以看出，不论净浆、砂浆，大部分配合比的 7d 抗压强度为 28d 抗压强度的 50%～60%，净浆的 7d、28d 抗折强度基本相差不大，砂浆配合比的 7d 抗折强度为 28d 抗折强度的 50%～70%。

各强度不同龄期的相关性如图 6.19 和图 6.20 所示。就 7d 与 28d 的抗压强度相关性而言，净浆高于砂浆；对于 7d 与 28d 的抗折强度相关性，净浆低于砂浆。净浆 28d 强度与 7d 强度的相关函数为

$$R_{\text{CJ}28} = 1.3735 R_{\text{CJ}7} + 3.7836 ，\quad R^2 = 0.8625 \tag{6.7}$$

$$R_{\text{BJ}28} = 0.585 R_{\text{BJ}7} + 2.4186 ，\quad R^2 = 0.6006 \tag{6.8}$$

净浆 28d 强度与 7d 强度的相关函数为

$$R_{\text{CS}28} = 1.3244 R_{\text{CS}7} + 3.0911 ，\quad R^2 = 0.742 \tag{6.9}$$

$$R_{\text{BS}28} = 1.0464 R_{\text{BS}7} + 1.8199 ，\quad R^2 = 0.8619 \tag{6.10}$$

式中，$R_{\text{CJ}28}$ 为净浆 28d 抗压强度；$R_{\text{CJ}7}$ 为净浆 7d 抗压强度；$R_{\text{BJ}28}$ 为净浆 28d 抗折强度；$R_{\text{BJ}7}$ 为净浆 7d 抗折强度；$R_{\text{CS}28}$ 为砂浆 28d 抗压强度；$R_{\text{CS}7}$ 为砂浆 7d 抗压强度；$R_{\text{BS}28}$ 为砂浆 28d 抗折强度；$R_{\text{BS}7}$ 为砂浆 7d 抗折强度。

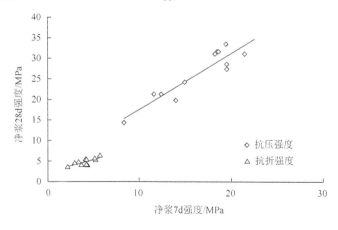

图 6.19　净浆 7d 强度与 28d 强度的相关性

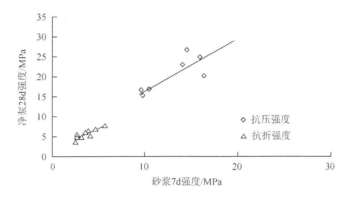

图 6.20　砂浆 7d 强度与 28d 强度的相关性

3. 干缩性能对比分析

水泥净浆和水泥砂浆的干缩率对比如图 6.21 所示。砂浆干缩率最大值与净浆干缩率最小值相差不大，砂浆干缩率为 0.11%～0.18%，净浆干缩率为 0.14%～0.27%，净浆干缩率都小于 0.3%，砂浆干缩率都小于 0.2%。由此可见，砂浆干缩率均值低于净浆干缩率均值，砂浆的干缩性能好于净浆。究其原因，主要是砂浆中的砂集料吸水性相对于配合比中其他胶凝材料低，从而使砂浆硬化前泌水现象明显，硬化后砂浆内部水泥水化现象减小，相对于净浆，砂浆干缩率较小。

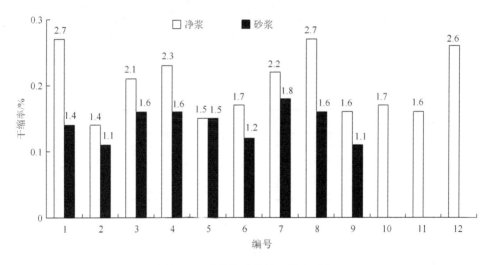

图 6.21　净浆与砂浆的干缩率对比

4. 浆体种类的选型

根据以上比较分析结果，砂浆有干缩率小的特点，净浆具有流动性明显、强度较高且稳定的特点。另外值得注意的是，由于砂质量相比水泥胶凝材料偏大，所以在砂浆拌和中会出现砂粒沉降、分布不均匀现象。虽然净浆干缩率稍大，但结合半柔性灌浆的特性需要，可添加外加剂来改善。综上，推荐使用水泥净浆作为半柔性灌浆。选取净浆代表配合比为水灰比 0.58、粉煤灰含量 10%和矿粉含量 10%。

第三节　高性能流动性水泥灌浆材料组成设计

一、高性能水泥净浆组成设计

1. 高性能水泥净浆设计方案

当前的外加剂种类繁多，针对半柔性路面水泥胶浆需具备的性能，相应的外加剂有减水剂、膨胀剂和引气剂。结合本书中高性能水泥胶浆的性能要求，添加的三种添加剂为 TH-928 聚羧酸高性能减水剂、UEA 高性能膨胀和 ZY-99 型三萜皂甙引气剂。

由净浆配合比设计基础可知，水灰比的大小在配合比设计中非常重要，而粉煤灰和矿粉的作用不太明显且对浆体强度有削弱作用，鉴于还要添加外加剂，在高性能水泥净浆设计中不再添加粉煤灰和矿粉。为体现各添加剂的作用，根据已有大量经验的外加剂建议添加量，设定各外加剂含量水平如表 6.17 所示，其中 W/C 表示水灰比，JS、PZ、YQ 分别表示本书中所添加的减水剂、膨胀剂和引气剂含量，并根据因素个数和因素水平，以表 6.18 L9(3^4) 正交使用作为因素使用。

表 6.17　高性能水泥净浆因素水平

水平	W/C	JS/%	PZ/%	YQ/%
1	0.57	0	0	0
2	0.54	0.5	10	0.008
3	0.51	1	12	0.012

表 6.18　L9(3^4) 正交使用

试验编号	W/C	JS/%	PZ/%	YQ/%
1	0.57	0	0	0
2	0.57	0.5	10	0.008
3	0.57	1	12	0.012

续表

试验编号	W/C	JS/%	PZ/%	YQ/%
4	0.54	0	10	0.012
5	0.54	0.5	12	0
6	0.54	1	0	0.008
7	0.51	0	12	0.008
8	0.51	0.5	0	0.012
9	0.51	1	10	0

根据以上方案，对高性能净浆进行流动度、扩展度、7d 强度、28d 强度和干缩率试验。

2. 高性能净浆流动性分析

对高性能净浆流动度、扩展度进行极差分析，结果如表 6.19 所示。对于流动度指标，最佳试验配合比为 X1/J3/P2/Q1。影响流动度的因素按重要性排序为减水剂含量＞水灰比＞引气剂含量＞膨胀剂含量，其中减水剂含量、水灰比、引气剂含量和膨胀剂含量的重要性分别占各因素重要性总和的 37.6%、24.7%、21.7%和 16%。对于扩展度指标，最佳试验配合比为 X2/J3/P2/Q2。影响扩展度的因素按重要性排序为减水剂含量＞水灰比＞引气剂含量＞膨胀剂含量，其中减水剂含量、水灰比、引气剂含量和膨胀剂含量的重要性分别占各因素重要性总和的 71.9%、14.9%、7.6%和 5.6%。

表 6.19　流动度与扩展度极差分析

各因素水平对应均值	流动度/s				扩展度/mm			
	X：水灰比	J：减水剂含量	P：膨胀剂含量	Q：引气剂含量	X：水灰比	J：减水剂含量	P：膨胀剂含量	Q：引气剂含量
$\bar{k}_1$	12.8	26.1	16.4	14	359	247	344	336
$\bar{k}_2$	16.1	15.4	15.4	21.9	363	329	357	359
$\bar{k}_3$	25.1	12.4	22.2	18.1	318	464	340	345
极差	$R_X = 9$	$R_J = 13.7$	$R_P = 5.8$	$R_Q = 7.9$	$R_X = 45$	$R_J = 217$	$R_P = 17$	$R_Q = 23$
最佳水平	1	3	2	1	2	3	2	2

根据上面极差分析结果可知，各因素对流动度和扩展度的重要性相同，即减水剂含量、水灰比对高性能净浆流动性能起决定性影响，引气剂含量对高性能净浆流动性能略有促进，膨胀剂含量对净浆流动度和扩展度的影响最小。

3. 高性能净浆强度分析

对高性能净浆 7d 强度、28d 强度进行极差分析,结果分别如表 6.20 和表 6.21 所示。对于 7d 抗折强度指标,最佳试验配合比为 X3/J3/P2/Q3,影响 7d 抗折强度 的因素重要性排序为水灰比>减水剂含量=引气剂含量>膨胀剂含量,其中水灰 比、减水剂含量、引气剂含量和膨胀剂含量的重要性占各因素重要性总和的 33.3%、29.2%、29.2%和 8.3%。对于 7d 抗压强度指标,最佳试验配合比为 X3/J3/P2/Q1,影响 7d 抗压强度的因素重要性排序为减水剂含量>水灰比>引气 剂含量>膨胀剂含量,其中减水剂含量、引气剂含量、水灰比和膨胀剂含量重要 性分别占各因素重要性总和的 43.1%、33.9%、13.8%和 9.2%。对于 28d 抗折强度 指标,最佳试验配合比为 X3/J3/P3/Q1,影响 28d 抗折强度的因素重要性排序为减 水剂含量>水灰比>引气剂含量>膨胀剂含量,其中减水剂含量、水灰比、引气 剂含量和膨胀剂含量的重要性分别占各因素重要性总和的 41.2%、29.4%、23.5% 和 5.9%。对于 28d 抗压强度指标,最佳试验配合比为 X3/J3/P3/Q1,影响 28d 抗 压强度的因素重要性排序为水灰比>减水剂含量>膨胀剂含量>引气剂含量,其 中水灰比、减水剂含量、膨胀剂含量和引气剂含量重要性分别占各因素重要性总 和的 41.8%、23.6%、19.1%和 15.5%。

表 6.20 7d 强度极差分析

各因素水平对应均值	7d 抗折强度/MPa				7d 抗压强度/MPa			
	X: 水灰比	J: 减水剂含量	P: 膨胀剂含量	Q: 引气剂含量	X: 水灰比	J: 减水剂含量	P: 膨胀剂含量	Q: 引气剂含量
$\bar{k}_1$	5.3	5.4	5.5	5.4	17.3	17	18.6	19.7
$\bar{k}_2$	5.5	5.4	5.7	5.4	18.3	17.9	19.5	18.2
$\bar{k}_3$	6.1	6.1	5.7	6.1	21	21.7	18.5	18.7
极差	$R_X = 0.8$	$R_J = 0.7$	$R_P = 0.2$	$R_Q = 0.7$	$R_X = 3.7$	$R_J = 4.7$	$R_P = 1$	$R_Q = 1.5$
最佳水平	3	3	2	3	3	3	2	1

由 7d 强度极差分析可知,水灰比、减水剂含量对浆体的强度起主要影响作用, 且影响程度相差不大。膨胀剂含量、引气剂含量对浆体强度的影响程度较低,且 比其他三个因素小。从 28d 强度极差分析结果可知,水灰比对浆体的强度起主要 影响作用,引气剂含量、减水剂含量影响水平次之,且影响程度相近。膨胀剂含 量对浆体的强度的影响程度最低,且比其他三个因素的影响水平小,可见膨胀剂 对浆体的 28d 强度影响很小。

表 6.21　28d 强度极差分析

各因素水平对应均值	28d 抗折强度/MPa				28d 抗压强度/MPa			
	X：水灰比	J：减水剂含量	P：膨胀剂含量	Q：引气剂含量	X：水灰比	J：减水剂含量	P：膨胀剂含量	Q：引气剂含量
$\bar{k}_1$	5.6	5.5	5.8	6	28	29.5	29	31
$\bar{k}_2$	5.6	5.8	5.8	5.6	30	29.3	30.6	30.4
$\bar{k}_3$	6.1	6.2	5.9	5.8	32.6	31.9	31.1	29.3
极差	$R_X = 0.5$	$R_J = 0.7$	$R_P = 0.1$	$R_Q = 0.4$	$R_X = 4.6$	$R_J = 2.6$	$R_P = 2.1$	$R_Q = 1.7$
最佳水平	3	3	3	1	3	3	3	1

综合以上 7d、28d 强度分析结果可知，水灰比、减水剂含量对高性能净浆的强度影响最大，为主要影响因素；引气剂对高性能净浆早期强度的影响较明显，而对 28d 强度影响较小，为次要影响因素；膨胀剂含量对高性能净浆早期强度的影响很小，对净浆后期强度的影响程度略有提高。这是因为膨胀剂具有替代同量胶凝材料的作用，可知膨胀剂含量对高性能净浆强度的影响可忽略不计。

4. 高性能净浆干缩性能分析

对高性能净浆干缩率进行极差分析，结果如表 6.22 所示。对于试件的干缩率，最佳试验配合比为 X1/J1/P2/Q1，影响干缩率的因素重要性排序为膨胀剂含量＞水灰比＞引气剂含量＞减水剂含量，其中膨胀剂含量的重要性占各因素重要性总和的 37.0%，水灰比的重要性占总和的 29.6%，引气剂含量的重要性占总和的 22.2%，减水剂含量的重要性占总和的 11.1%。由此可见，膨胀剂含量对高性能净浆干缩性能起主要影响作用，水灰比、引气剂含量次之，减水剂含量影响最小。

表 6.22　干缩率极差分析　　　　　　　（单位：‰）

各因素水平对应均值	X：水灰比	J：减水剂含量	P：膨胀剂含量	Q：引气剂含量
$\bar{k}_1$	2.3	2.4	3.2	2.3
$\bar{k}_2$	3.1	2.6	2.2	2.6
$\bar{k}_3$	2.4	2.7	2.3	2.9
极差	$R_X = 0.8$	$R_J = 0.3$	$R_P = 1.0$	$R_Q = 0.6$
最佳水平	1	1	2	1

5. 高性能水泥净浆最佳配合比确定

1) 最佳水灰比的确定

根据对高性能水泥净浆试验结果的极差分析，绘得水灰比对其各性能影响趋势图，如图 6.22 所示。

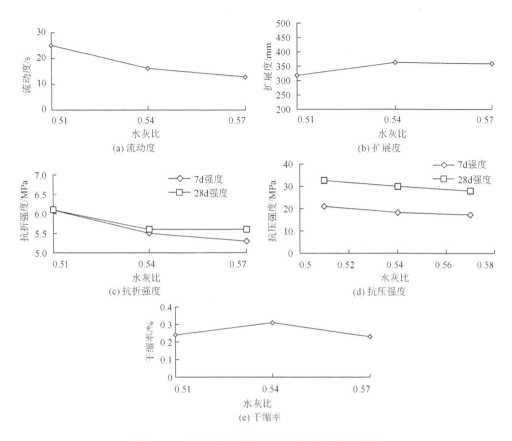

图 6.22　水灰比对高性能净浆各性能的影响趋势

由水灰比对流动度和扩展度的影响趋势可知，随水灰比的增大，高性能水泥净浆流动度减小、扩展度增大，流动度和扩展度在开始阶段变化幅度较大，在水灰比为 0.54 时都趋于缓和。试验中水灰比为 0.54～0.57 时达到流动度参考规范要求。由水灰比对高性能净浆 7d 强度影响趋势可知，随水灰比的增大，高性能水泥净浆强度总体下降，7d 抗压强度减小 17.6%，7d 抗折强度减小 13.1%，但最低值都符合参考推荐值，在水灰比增大到 0.54 时强度处于稳定状态；水灰比对高性能水泥净浆的 28d 强度影响趋势与对 7d 强度影响趋势大致相同。由水灰比对高性能净浆干缩率影响趋势可知，随水灰比的增大，高性能水泥净浆干缩率先增大后减小，干缩率小于 0.3%，当水灰比为 0.54 时最大。

结合极差分析结果可知，水灰比对高性能水泥净浆 7d 强度、干缩性能起主要影响作用，对流动性能的影响程度起次要作用。综合以上分析，推荐高性能水泥净浆的水灰比为 0.55～0.57。

2) 最佳减水剂含量的确定

由对高性能水泥净浆试验结果的极差分析，绘得减水剂含量对其各性能影响趋势图，如图 6.23 所示。

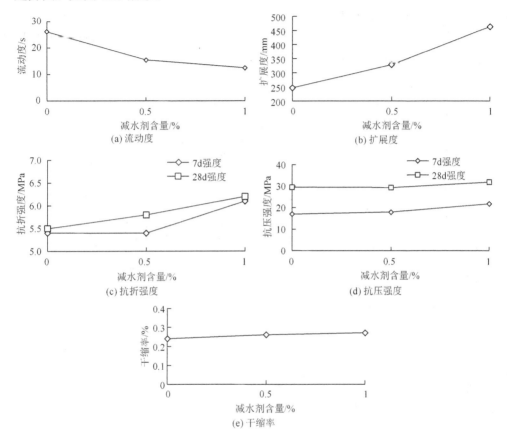

图 6.23　减水剂含量对高性能净浆各性能的影响趋势

由减水剂含量对流动度和扩展度的影响趋势可知，随减水剂含量的增加，高性能水泥净浆流动度减小、扩展度增大，且变化幅度都较大，流动度在减水剂含量为 0.5% 时略趋于稳定。减水剂含量大于 0.5% 时流动度基本达到参考规范要求。由减水剂含量对高性能水泥净浆 7d 强度影响趋势可知，随减水剂含量的增加，高性能水泥净浆强度总体呈上升趋势，在减水剂含量为 0.5% 时强度开始大幅增大，7d 抗压强度增大 21.7%，7d 抗折强度增大 11.5%，且符合参考推荐值；高性能水泥净浆 28d 强度趋势与 7d 强度影响趋势基本相似。由减水剂含量对高性能水泥净浆干缩率影响趋势可知，随减水剂含量的增大，高性能水泥净浆干缩率有微小增大，基本处于同一水平，且干缩率低于 0.3%。

结合极差分析结果可知，减水剂含量对高性能水泥净浆 7d 强度、流动性能指标是主要影响因素，对干缩性能影响程度很小。综合减水剂含量对高性能水泥净浆各性能的影响程度，建议高性能水泥净浆的减水剂含量为 0.5%。

3) 最佳膨胀剂含量的确定

由高性能水泥净浆试验结果的极差分析，绘得膨胀剂含量对其各性能影响趋势图，如图 6.24 所示。

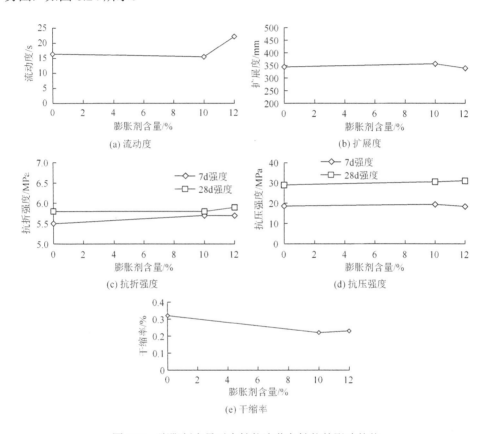

图 6.24　膨胀剂含量对高性能净浆各性能的影响趋势

由膨胀剂含量对流动度和扩展度的影响趋势可知，随膨胀剂的加入和含量的增大，高性能水泥净浆流动度先略有减小后增大，扩展度开始稳定后减小，但变化幅度都较小。膨胀剂含量为 10% 时，流动度最小而扩展度最大，即高性能水泥净浆的流动性最好。由膨胀剂含量对高性能水泥净浆 7d 强度影响趋势可知，随膨胀剂含量的增大，高性能水泥净浆 7d 抗折强度总体呈上升趋势，增大幅度较小，增幅为 3.6%，在膨胀剂含量为 10% 时强度趋于稳定；7d 抗压强度增大 3.6%，在膨胀剂含量为 10% 时 7d 抗压强度最大。对高性能净浆 28d 强度影响趋势与对 7d

强度影响趋势大致相同。由对干缩率影响趋势可知，随膨胀剂含量的增大，高性能水泥净浆干缩率呈减小趋势，在膨胀剂含量为10%时干缩率最小，减小31.3%。

结合极差分析可知，膨胀剂含量对高性能水泥净浆 7d 强度、流动性能的影响很小，对干缩性能有重要影响，为主要影响因素。综合膨胀剂含量对高性能净浆各性能的影响程度，建议高性能水泥净浆的膨胀剂含量为10%。

4) 最佳引气剂含量的确定

由高性能水泥净浆试验结果的极差分析，绘得引气剂含量对其各性能影响趋势图，如图 6.25 所示。

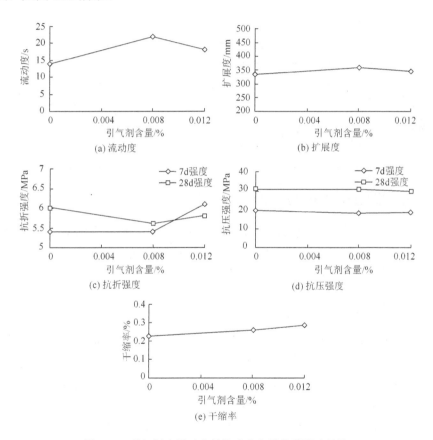

图 6.25　引气剂含量对高性能净浆各性能的影响趋势

由引气剂含量对流动度和扩展度的影响趋势可知，随引气剂含量的增大，高性能水泥净浆流动度、扩展度都呈增大趋势，流动度增幅较大，扩展度增幅较小，流动度在引气剂含量为 0.008%时最大。由引气剂含量对高性能水泥净浆 7d 强度影响趋势可知，引气剂含量增大，高性能水泥净浆 7d 抗压强度比较稳定，7d 抗折强度在引气剂含量为 0.008%时开始增大,且符合参考推荐值;对高性能净浆 28d 强度影响与对 7d 强度影响的总体趋势相同。由引气剂含量对高性能净浆干缩率影响趋势可知,随引气剂含量的增大,高性能水泥净浆干缩率有微小增大。

引气剂含量对高性能净浆性能的影响作用相对较小,但在浆体拌和中发现,掺加引气剂的浆体具有较好的工作和易性,为体现其在浆体流动性能的稳定性上的作用,推荐高性能水泥净浆的引气剂含量为 0.008%。

综合以上各因素最佳含量分析结果,可得出高性能净浆各组分的建议值。为方便研究,可根据此范围值提出高性能净浆代表配合比为 H_1、H_2、H_3,如表 6.23 所示。

表 6.23　高性能净浆配合比

影响因素		水灰比	引气剂含量/%	膨胀剂含量/%	减水剂含量/%
推荐范围值		0.55~0.57	0.008	10	0.5~1.0
高性能净浆推荐配合比	H_1	0.56	0.008	10	0.5
	H_2	0.56	0.0	10	0.5
	H_3	0.56	0.008	10	1.0

二、高性能灌浆材料与普通灌浆材料的性能对比分析

以配合比 G 普通净浆(简称配合比 G)作为对照,比较配合比 H_1、H_2 和 H_3 三种高性能水泥净浆(简称配合比 H_1、H_2 和 H_3)的性能指标。以下为四种配合比以及强度、流动性、干缩性指标的试验结果和比较分析。

1. 强度对比分析

测得各配合比不同龄期强度如图 6.26 所示,强度与龄期的拟合关系如表 6.24 所示。从强度总体趋势来看,配合比 G 抗压、抗折强度处于最低水平,且随龄期变化较平缓;配合比 H_3 强度最大,H_1、H_2 次之,且在 3d 龄期时配合比 H_1、H_2、H_3 抗压强度和抗折强度都有较大增幅,在 7d 龄期时开始趋于平缓。高性能净浆平均抗折强度最大值相比普通净浆增大 17.2%,抗压强度增大 35.9%。

由以上分析可知,添加剂的加入对水泥浆体的强度有较大的提高,前面高性能配合比因素研究中已得出减水剂对强度影响较明显,引气剂影响次之,膨胀剂对强度几乎没影响的结论。在此也得到验证:配合比 H_1、H_2 强度相当,H_2 略大于 H_1,但两者都低于减水剂添加量更大的配合比 H_3,而配合比 G 强度最小。

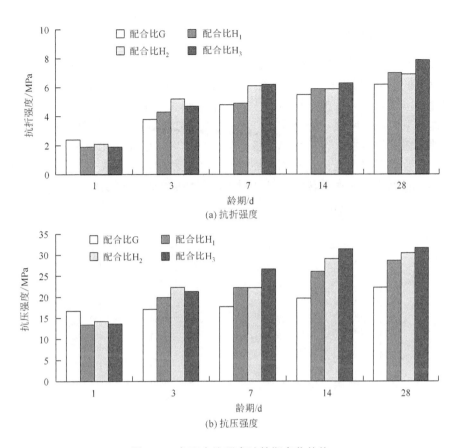

图 6.26 各配合比强度随龄期变化趋势

表 6.24　强度与龄期拟合关系

强度	配合比	抗折强度随龄期拟合曲线	R^2
抗折强度	G	$y = 1.1401\ln x + 2.4843$	0.9969
	H$_1$	$y = 1.4518\ln x + 2.1822$	0.9743
	H$_2$	$y = 1.3083\ln x + 2.8809$	0.8445
	H$_3$	$y = 1.689\ln x + 2.3545$	0.9497
抗压强度	G	$y = 1.6064\ln x + 15.803$	0.816
	H$_1$	$y = 4.4973\ln x + 13.931$	0.9881
	H$_2$	$y = 4.822\ln x + 14.965$	0.9316
	H$_3$	$y = 5.729\ln x + 14.59$	0.9626

注：y 为相应强度，x 为龄期。

2. 干缩对比分析

测得各配合比干缩试验结果如图 6.27 所示。各配合比下干缩值都低于 0.3mm，干缩率都低于 0.002。相比而言，配合比 G 干缩值和干缩率最大，H_1、H_2 和 H_3 依次递减，浆体配合比的干缩值越大，干缩率越大。由此可见，膨胀剂对补偿水泥浆体的干缩作用明显，配合比 H_2、H_3 尤为明显。对比配合比 H_1、H_2 可知，引气剂使浆体的干缩增大，流动性降低，均匀性增大，浆体硬化后试件内部的孔隙增多，使浆体保水性变大，从而在后来的干缩过程中水分损失变大；对比配合比 G、H_2、H_3 可知，减水剂含量的增加对水泥浆体的干缩有抑制作用。

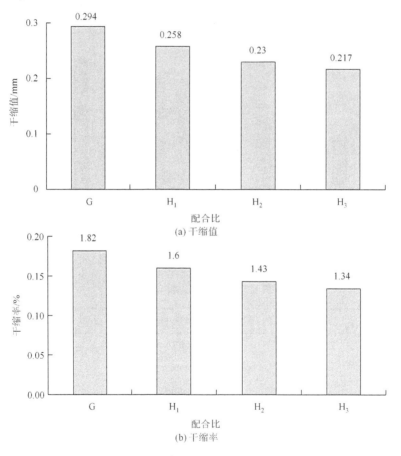

图 6.27　各配合比干缩性比较

3. 流动性对比分析

水泥基材料流变性能的核心问题是水泥浆体的流动性。在其他条件相同的情况下，水泥浆体的流动性好，整个体系的流变性能就好；水泥浆体的流动性差，整个体系的流变性能就差。由此可见，水泥浆体流动性的变化在一定程度上反映了体系流变性能的经时损失情况。

水泥胶浆的流动性能不仅体现在浆体的流动性，还体现在流动性的持续性上，本书研究的高性能净浆不仅要求流动性能好，而且要在灌浆时保持一定的流动稳定性，这样才能在灌浆时有充足的时间，利于灌浆充分。

1) 流动性经时损失率研究方法

现分别采用水泥净浆流动度经时损失率、水泥净浆扩展度经时损失率来表征浆体流变性能的损失，计算公式如下[51]。

水泥净浆流动度经时损失率：

$$\text{Loss}j_t = \frac{(L_t - L_{t-1})}{L_{t-1}} \times 100\% \qquad t = 1, 2, \cdots \tag{6.11}$$

$$\text{Loss}j_p = \frac{\text{Loss}j_1 + \text{Loss}j_2 + \cdots + \text{Loss}j_t}{t} \tag{6.12}$$

式中，$\text{Loss}j_t$ 为水泥净浆第 $t-1$ 至第 t 个测试点的流动度经时损失率；L_t 为水泥净浆第 t 个测试点的流动度；$\text{Loss}j_p$ 为水泥净浆平均流动度经时损失率。

水泥净浆扩展度经时损失率：

$$\text{Loss}j_k = \frac{(L_{k-1} - L_k)}{L_{k-1}} \times 100\% \qquad k = 1, 2, \cdots \tag{6.13}$$

$$\text{Loss}j_{kp} = \frac{\text{Loss}j_1 + \text{Loss}j_2 + \cdots + \text{Loss}j_k}{k} \tag{6.14}$$

式中，$\text{Loss}j_k$ 为水泥净浆第 $k-1$ 至第 k 个测试点的流动度经时损失率；L_k 为水泥净浆第 k 个测试点的流动度；$\text{Loss}j_{kp}$ 为水泥净浆平均流动度经时损失率。

测试时间点对应关系如表 6.25 所示。

表 6.25　测试时间点对应关系

测试时间点/min	0	30	60	90	120
t	0	1	2	3	4

2) 流动性经时损失率分析

根据表 6.25 对各配合比浆体进行流动度和扩展度试验，并按照相应经时损失率分析方法进行分析，结果如表 6.26 所示。各浆体配合比初始流动度都符合经验参考值，且配合比 H_2、H_3 流动度都较低，G 流动度次之，H_1 最大，相比 H_2、H_3，H_1 流动试验结果滞后了 20%左右；120min 时，四种配合比流动度大小顺序与初始相同。其中配合比 H_1 在 60min 时流动度已大于 14s，超出规范参考值。H_3 扩展度最大，H_2、H_3、G 依次递减，最大值比最小值的 1.6 倍还大。120min 时，配合比 G、H_1 扩展度最低，H_3 最大，H_2 居中，此时配合比 H_3 的扩展度约为 G、H_1 的

1.7 倍。由以上分析可知，配合比 H_2、H_3 流动性最好，G 次之，H_1 初期流动性尚可，但在 60min 后流动性较差。

表 6.26　各配合比流动度、扩展度经时损失率分析结果

t	G		H_1		H_2		H_3	
	流动度	扩展度	流动度	扩展度	流动度	扩展度	流动度	扩展度
1	0.0083	0.0034	0.0625	0.0521	0.0094	0.049	0	0
2	0.0248	0.0135	0.0515	0.0388	0.0093	0.0129	0.0187	0.01
3	0	0.0102	0.021	0.0101	0.0093	0.0157	0.0183	0.0182
4	0.0081	0.0069	0.0274	0.0272	0.0275	0.008	0.009	0.0123
平均	0.0103	0.0085	0.0406	0.0321	0.0139	0.0214	0.0115	0.0101

各配合比流动度、扩展度经时损失率如图 6.28 所示。由图可知，配合比 G、H_2、H_3 的流动度在 120min 内的平均经时损失率较低，略高于 0.01。可见，这三种配合比随时间变化流动度变化范围较小，具有一定的稳定性。其中，配合比 G 在 60min 时的经时损失率最大，为总体时间段的突变点；H_2 在 30min、60min、90min 时的流动度经时损失率相同，突变点在 120min 时出现，总体流动度平稳，稍有增大；配合比 H_3 在开始阶段流动度几乎没有损失，在 60min 时出现突变，随后随时间变化流动度变化较为平缓。H_1 流动度平均经时损失率最大，约为其他三种流动度平均经时损失率最低值的 4 倍。在开始阶段，经时损失率最大，然后逐渐减小，到 90min 时经时损失率最小，随后逐渐增大。由扩展度经时损失率趋势可知，配合比 G、H_1、H_3 扩展度经时损失率变化趋势与各自的流动度经时损失率变化情况相似，配合比 H_2 扩展度经时损失率与其流动度经时损失率略有差别，在 30min 时扩展度经时损失率最大，随后趋于平缓，平均扩展度经时损失率大小顺序为 $H_1 > H_2 > G > H_3$。

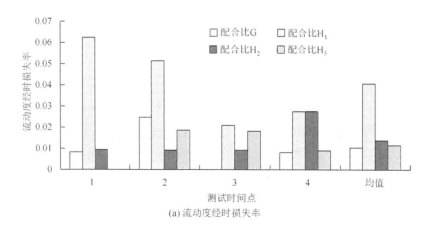

(a) 流动度经时损失率

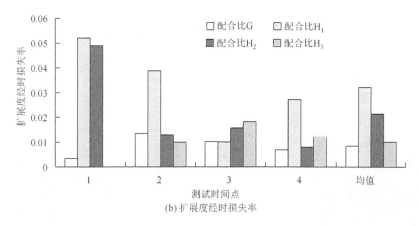

(b) 扩展度经时损失率

图 6.28　各配合比流动度、扩展度经时损失率

由以上分析可知，配合比 G、H_2、H_3 流动性比较稳定，H_1 随随测试时间变化存在较大波动。联系实际灌浆施工，就水泥灌浆流动性和稳定性要求而言，建议配合比 H_2、H_3 在 60min 内完成灌浆即可，并始终保持浆体处于搅拌状态。

由于添加的引气剂是阴离子表面活性剂，在水–气界面上，憎水基向空气–面定向吸附；在水泥–水界面上，水泥或其水化粒子与亲水基吸附，憎水基背离水泥及其水化粒子，形成憎水化吸附层，并力图靠近空气表面。这种粒子向空气表面靠近和引气剂分子在空气–水界上的吸附作用，显著降低水的表面张力，使混凝土在拌和过程中产生大量的微气泡，这些气泡有带相同电荷的定向吸附层，所以相互排斥并能均匀分布。另外，许多阴离子引气剂在含钙量高的水泥水溶液中有钙盐沉淀，吸附在气泡膜上，能有效地防止气泡破灭，引入的细小均匀的气泡能在一定时间内稳定存在。

综上，根据对几种配合比浆体的流动度、扩展度试验结果和经时损失率分析可知，配合比 H_2、H_3 两种浆体流动度小、扩展度大，流动度经时损失率和扩展度经时损失率随时间变化平稳，即这两种配合比浆体流动性能较好，符合灌浆流动性要求，并且流动具有很好的时间持续性，适合作为半柔性路面灌浆浆体。可见流动性能的稳定性可作为衡量浆体灌浆要求的一个指标。

三、高性能水泥净浆的工作性研究

1. 灌浆复合材料的成型制备

为模拟生产现场情况，并结合实验室设备条件，本书采用向母体沥青混合料车辙板试件内浇注水泥浆体方法来成型复合混合料，灌浆过程如图 6.29 所示。将碾压成型的车辙板置于室温条件下，同时准备好拌和均匀的浆体，待车辙板冷却至 60℃时，分三次浇注水泥浆体。首先，将浆体在车辙板表面均匀浇注一层，并在车辙板下面垫放一根捣棒,将车辙板按住,左右各颠击地面 25 次;其次,进行第二次浇注,用同样的方法颠实(板底所垫捣棒的方向应与上一次放置方向垂直);最后,进行第三次浇注,用相同方法颠实。待三次颠实完毕后,再浇注一薄层浆体,用橡胶刮板刮除多余的浆液,并用毛刷轻刷表面以暴露出沥青混合料表面的凹凸为宜。将灌浆后的试件待浆料硬化后,在室温下静置 24~48h 脱模,然后在室内养生到相应龄期,以测试相关性能。

(a) 第一次浇注　　　　　　　(b) 第二次浇注　　　　　　　(c) 第三次浇注

图 6.29　灌浆过程

2. 高性能水泥净浆可灌性参数设定

设计的高性能配合比水泥净浆虽然具有稳定的高流动性、低干缩率和较高的强度,但在灌浆过程中能否充分顺利地灌入母体沥青混合料还需进一步研究。本书结合试验中灌浆浆体对复合材料的影响,总结出以下三个参数来评价半柔性灌浆浆体的可灌性。

1) 单位灌浆体积

单位面积上的灌浆量用单位灌浆体积来表示,即每单位面积上不同灌浆浆体对应的灌浆体积,单位为 L/m^2。母体沥青混合料空隙率决定单位灌浆体积的大小,不同浆体的单位灌浆量影响复合材料的密实性,灌浆量增大可提高复合材料的强度和高温性能。

2) 灌浆深度

浆体灌入母体沥青混合料的深度与浆体的流动性、母体沥青混合料的设计空隙率有很大关系。灌浆深度不仅能够反映浆体的流动性,也能体现母体沥青混合料空隙率的大小和连通性。在灌注浆体的车辙板上钻芯取样,从芯样的竖切面测量浆体的灌入深度。

3) 灌浆复合材料残余空隙率

灌浆后复合材料的剩余空隙率能够很好地反映灌浆情况和灌浆复合材料的密实程度,并且空隙率的大小与灌浆复合材料的路用性能有很大关系。

董营营[52]提出了半柔性路面混合料的最大理论密度计算方式,其中浆体理论密度与混合料的毛体积密度在时间上不具有一致性，这是因为浆体随龄期增长，密度也随之变化。为更加切实地体现灌浆体积对母体沥青混合料空隙率的影响程度，在计算灌浆复合材料残余空隙率时，忽略浆体内的部分空隙，将相应龄期浆体的毛体积相对密度作为理论密度来考虑。灌浆复合材料的最大理论密度计算如式(6.15)所示：

$$\gamma_{t'} = \frac{100\% + p_a}{\dfrac{p_1}{\gamma_1} + \dfrac{p_2}{\gamma_2} + \cdots + \dfrac{p_n}{\gamma_n} + \dfrac{p_a}{\gamma_a}} \times (1 - VV_1) + \gamma_{mt} \times VV_1 \tag{6.15}$$

式中，$\gamma_{t'}$ 为理论最大相对密度，量纲为一；p_a 为油石比，%；γ_a 为沥青的相对密度(25℃)；$p_1, p_2, \cdots, p_n$ 为各种矿料占矿料总质量的百分比，%；$\gamma_1, \gamma_2, \cdots, \gamma_n$ 为各种矿料对水的相对密度；γ_{mt} 为浆体相应龄期的毛体积相对密度，其中 $t = 0$，1，2，3，$\cdots$。

根据前面各浆体配合比的性能比较，在后面的研究中，仍以普通净浆(配合比 G)为参照，研究高性能净浆(配合比 H_2、H_3)的可灌性，以及灌浆复合材料的其他性能。测得配合比 G、H_2、H_3 浆体的各龄期密度如图 6.30 所示。浆体 H_3 密度始终最大，H_2 次之，G 最小，但在 3 天龄期时开始稳定，7 天龄期时基本处于稳定状态，此后随龄期变化很小。因此，本书在研究浆体可灌性时将以养生 7 天龄期的复合材料为研究对象来计算灌浆复合材料的最大理论密度，从而得到其残余空隙率，同时在后面性能试验中也将以此为研究对象。在上面计算最大理论密度 γ_{mt} 时，浆体相应龄期的毛体积相对密度取浆体 7 天龄期相应的毛体积相对密度。

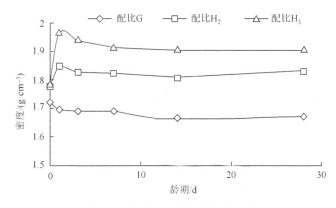

图 6.30 浆体密度随龄期变化趋势

3. 高性能水泥净浆可灌性分析

对不同空隙率的母体沥青混合料进行灌浆，绘得母体沥青混合料空隙率对各参数的影响曲线，如图 6.31 所示。由图可知，母体沥青混合料空隙率对三种灌浆的可灌性参数的影响趋势相似。同一母体沥青混合料空隙率下三种浆体的单位灌浆体积、灌浆深度从大到小依次为 $H_3 > H_2 > G$；三种浆体的单位灌浆体积、灌浆深度在母体沥青混合料空隙率为 18%时差别最明显，最大值比最小值分别高 61.7%、100%，而在 21%、24%时灌浆量相近，最大值比最小值分别高 2.1%、60.9% 和 3.3%、20.7%。对于同一浆体，随母体沥青混合料空隙率的增大，浆体的灌入体积、灌入深度呈增大趋势，并在母体沥青混合料空隙率为 21%时趋于平缓；相对于母体沥青混合料空隙率为 18%时，浆体的单位灌浆体积、灌浆深度在母体沥青混合料空隙率为 21%时平均提高 36.7%、14.8%，在沥青混合料空隙率为 24%时平均提高 61.6%、38.8%。可见母体沥青混合料空隙率的增大对浆体单位灌浆体积、灌入深度有较大的促进作用，母体沥青混合料空隙率在大于 21%时，浆体的可灌性比较稳定。

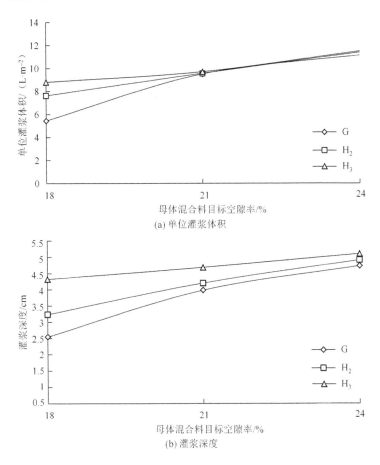

(a) 单位灌浆体积

(b) 灌浆深度

图 6.31　各配合比浆体在不同母体沥青混合料空隙率下的灌浆情况

由母体沥青混合料级配计算得到最大理论密度，从而得到灌浆复合材料最大理论密度。实测灌浆复合材料的毛体积密度后，计算得到残余空隙率。母体沥青混合料空隙率对应灌浆复合材料空隙率，如图 6.32 所示。灌入配合比 G 浆体的复合材料空隙率随母体沥青混合料空隙率的增大变化较平稳，空隙率为 4.2%～4.6%；灌入配合比 H_2 浆体的复合材料空隙率随母体沥青混合料空隙率的增大而减小，空隙率为 3.4%～5.2%；灌入配合比 H_3 浆体的复合材料空隙率随母体沥青混合料空隙率的增大而减小，空隙率为 2.2%～3.7%。总体来看，复合材料的空隙率为 5% 以下，母体沥青混合料空隙率为 21% 以上时，复合材料空隙率随母体沥青混合料空隙率变化比较稳定；灌入掺入外加剂的高性能净浆的复合材料空隙率较小，基本为 2%～4%。

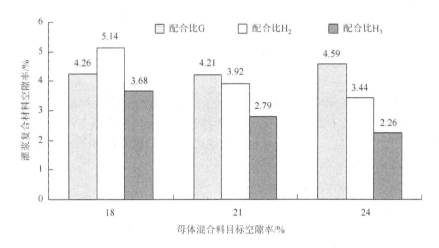

图 6.32　不同母体沥青混合料空隙率下各灌浆复合材料空隙率

与空隙率为 3%～6% 的普通沥青混合料要求相比，灌浆复合材料的空隙率较小，密实程度略高。

综合以上受到不同配合比灌浆浆体、不同母体沥青混合料空隙率影响的可灌性参数分析，在灌浆情况较理想、可灌参数较稳定时，灌浆复合材料空隙率为 2%～4%，相对应的母体沥青混合料空隙率为 21%～24%。

第四节　半柔性路面的使用性能和解决车辙问题的适应性分析

半柔性灌浆复合材料由于灌注了水泥浆，所以具有了部分水泥的性质，其力学强度明显增强。为了研究其力学强度规律，本书通过棱柱体单轴拉压强度试验来体现温度、母体沥青混合料空隙率对灌浆复合材料力学强度的影响，并通过对不同母体沥青混合料空隙率的灌浆试件进行抗压回弹模量、强度试验来体现母体沥青混合料空隙率对灌浆复合材料模量的影响。由于半柔性路面灌浆复合材料是在开级配大空隙的沥青混凝土中灌入水泥胶浆而形成的路面，并结合灌浆复合材料的成型方式，因此在评价其路用性能时，采用沥青混合料路用性能的一系列试验方法来对半柔性路面灌浆复合材料的各项性能进行研究。

一、半柔性路面力学强度特性

1. 应力-应变特性分析

由于不同的母体沥青混合料空隙率对应着不同的浆体含量，为探究灌浆复合材料在温度和不同的浆体含量的影响下应力-应变特性，在不同温度(20℃、40℃、60℃)和不同母体沥青混合料空隙率(18%、21%、24%)下，以配合比 H_3 浆体为灌入浆体讨论复合材料的应力-应变特性。

1) 温度的影响

根据压缩试验结果绘制出试件的抗压强度、压缩应变和压缩破坏模量随温度变化的关系图，如图 6.33 所示。在同一母体沥青混合料空隙率下，半柔性灌浆复合材料的单轴抗压强度、压缩破坏模量随温度从 20℃增大到 40℃，都减小了 80%

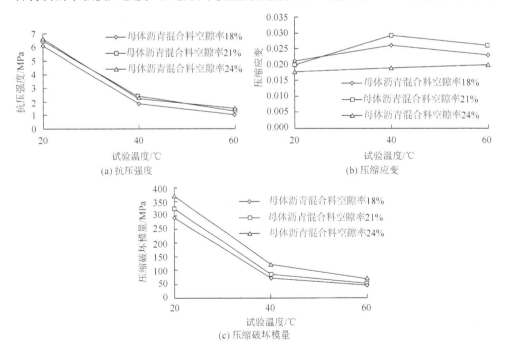

图 6.33 温度对灌浆复合材料的单轴抗压特性的影响趋势

左右，且在40℃时趋于平缓。母体沥青混合料空隙率为24%时，半柔性灌浆复合材料的单轴压缩应变随温度的升高变化不大；母体沥青混合料空隙率为18%、21%时，单轴压缩应变随温度的升高先增大后减小。综合看来，在同一空隙率时，灌浆复合材料的压缩应变在温度为40℃时最大、20℃时最小，但相差不大。

随试验温度的升高，试件内部沥青黏度下降，荷载的增大使复合材料内部的沥青出现滑动趋势，进而引起粗骨料之间嵌挤结构的破坏，最终导致试件强度、破坏模量下降。根据本书试验研究结果可知，灌浆复合材料在40℃时复合材料内部沥青黏结强度已经大幅度削减，此时其强度主要取决于粗骨料嵌挤和水泥浆体强度。

对于母体沥青混合料空隙率为18%、21%的灌浆复合材料试件压缩应变特点，在40℃时其强度大幅度减小，此时混合料内部起黏结作用的沥青已经软化，试件压缩破坏完全时，粗骨料结构达到破坏状态，所以压缩应变随之出现峰点；在60℃时强度更低，此时较小的应变足以破坏试件。对于母体沥青混合料空隙率为24%的试件的压缩应变，母体沥青混合料沥青含量小，灌浆复合材料对温度敏感度较低，从而灌浆复合材料达到破坏时应变变化较小。

2) 浆体体积含量的影响

根据压缩试验结果，绘制出试件的抗压强度、压缩应变、压缩破坏模量随母体沥青混合料空隙率变化的曲线图，从而反映浆体含量对压缩应变试验参数的影响，如图6.34所示。在同一温度下，随母体沥青混合料空隙率的增大，灌浆复合材料的单轴抗压强度随之增大，最大增大了36.2%，但强度处于同一水平；灌浆复合材料的压缩应变随母体沥青混合料空隙率的增大先增大后减小，在母体沥青混合料空隙率为21%时最大、24%时最小，但压缩应变值处于同一水平；灌浆复合材料的压缩破坏模量随母体沥青混合料空隙率的增大总体呈上升趋势，在同一温度下，压缩破坏模量最小提升23%，最大提升66.8%。

由高性能净浆可灌性分析可知，母体沥青混合料空隙率增大，灌浆量随之增大，灌浆复合材料更加密实。由图6.34可知，在同一温度下，浆体灌浆量对半柔性灌浆复合材料的强度略有促进，压缩应变随浆体灌浆量的增大基本处于同一水平，压缩破坏模量随浆体灌浆量增加略有增大。

结合温度对灌浆复合材料压缩特性影响分析可知，虽然随浆体含量的增大，灌浆复合材料强度有所增加，压缩破坏模量也随之增大，但总体来看，灌浆复合材料的强度对浆体灌浆量依赖较小，母体沥青混合料中粗集料的嵌挤结构起到了承载荷载框架的作用，对灌浆复合材料的压缩强度起决定性影响。灌入的浆体处于粗集料结构之中，母体沥青混合料的连通空隙的分布决定了灌浆浆体不能成为承受荷载能力的根状结构，而是对荷载起到一定的抑制作用。

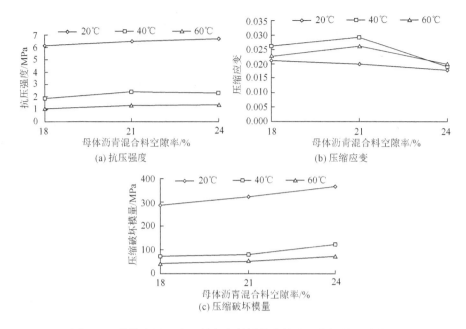

图 6.34　浆体含量对半柔性复合材料的单轴抗压特性的影响趋势

　　为考察灌浆复合材料的应力-应变特性,以母体沥青混合料空隙率为 24%、灌入浆体配合比为 H_3 的灌浆复合材料,AC-13 混合料及高性能水泥净浆(配合比 H_3)进行 20℃下的单轴压缩试验比较,试验结果如表 6.27 所示。灌浆复合材料的抗压强度与高性能水泥净浆 H_3 的抗压强度相差不大,压缩应变、压缩破坏模量分别为高性能水泥净浆 H_3 的 2.57 倍和 2/5;与 AC-13 混合料相比,抗压强度、压缩破坏模量分别为其 1.78 倍和 3 倍多,而压缩应变约为 AC-13 混合料的 3/5。

表 6.27　试验结果比较

试验温度/℃	试验试件		抗压强度/MPa	压缩应变/10^{-6}	压缩破坏模量/MPa
	高性能水泥净浆		6.75	0.007	964.3
20	灌浆复合材料	18%	2.71	93.4	93.4
		21%	2.56	106.7	106.7
		24%	2.48	112.7	112.7
	AC-13 混合料		3.74	0.031	120.6

　　可见灌浆复合材料在压缩强度上比 AC-13 混合料有很大提高,接近高性能水泥净浆的水平,压缩应变和压缩破坏模量处于 AC-13 混合料和高性能水泥净浆之间,且与高性能水泥净浆相比,压缩破坏模量与 AC-13 混合料的破坏模量相近。将灌浆复合材料看成由母体沥青混合料、水泥净浆组成的二相复合材料,根据

式(6.16)～式(6.18)计算得到母体沥青混合料、灌入的高性能水泥净浆的贡献系数和贡献率，绘得其随母体沥青混合料空隙率变化的趋势图，分别如图 6.35 和图 6.36 所示。

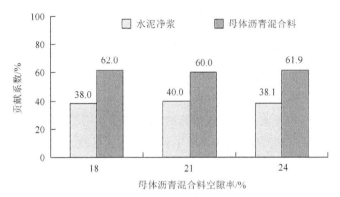

图 6.35　不同母体沥青混合料空隙率的贡献系数

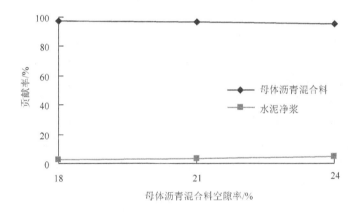

图 6.36　不同母体沥青混合料空隙率的贡献率

$$\frac{1}{E_C} = k_A \frac{V_A}{E_A} + k_S \frac{V_S}{E_S} \tag{6.16}$$

$$k_A + k_S = 1 \tag{6.17}$$

$$k'_A = \frac{V_A}{E_A} \bigg/ \frac{1}{E_C}, \quad k'_S = \frac{V_S}{E_S} \bigg/ \frac{1}{E_C} \tag{6.18}$$

式中，E_C、E_A、E_S 分别为灌浆复合材料、母体沥青混合料、高性能水泥净浆的压缩破坏模量；V_A、V_S 分别为母体沥青混合料、高性能水泥净浆的体积含量，%；k_A、k_S 分别为母体沥青混合料、高性能水泥净浆对复合材料强度的贡献系数；k'_A、k'_S 分别为母体沥青混合料、高性能水泥净浆对复合材料强度的贡献率。

母体沥青混合料的空隙率为18%～24%时，母体沥青混合料、高性能水泥净浆对灌浆复合材料强度的贡献系数k_A、k_S分别在40%、60%左右保持稳定；母体沥青混合料空隙率为18%～24%时，母体沥青混合料、高性能水泥净浆对灌浆复合材料强度的贡献率分别略有下降和上升，且贡献率分别为95%～97%、3%～5%。

2. 高性能灌浆半柔性路面设计参数分析

为向半柔性灌浆路面提供设计参数，本书进行抗压强度、劈裂强度和20℃时的抗压回弹模量试验，以配合比为H_3的高性能净浆为灌浆、不同母体沥青混合料空隙率的复合材料为对象。试件成型方式为旋转压实成型，并根据母体沥青混合料粗集料的紧装密度和式(6.19)计算成型试件的压实高度，在旋转压实仪上以等高状态成型母体试件。

$$H = \frac{4M}{\pi D^2 \rho_{sc}} \tag{6.19}$$

式中，H为压实高度；M为粗骨料质量；ρ_{sc}为粗骨料紧装密度；D为旋转压实试模直径。

不同母体沥青混合料空隙率灌浆复合材料的抗压强度、劈裂强度和抗压回弹模量如图6.37～图6.39所示。由图可知，灌浆复合材料的抗压强度随母体沥青混合料空隙率的增大而增大，在试验母体沥青混合料空隙率范围，灌浆复合材料抗压强度为2.8～3.3MPa。相比母体沥青混合料空隙率为18%时灌浆复合材料的抗压强度，母体沥青混合料空隙率为21%时增大了2.2%，母体沥青混合料空隙率为24%时增大了16.8%，母体沥青混合料空隙率为24%时比母体沥青混合料空隙率为21%时抗压强度增大了14.3%。随母体沥青混合料空隙率的增大，复合料的劈裂强度也增大，在试验母体沥青混合料空隙率范围，灌浆复合材料劈裂强度在1.3～1.8MPa波动。相比母体沥青混合料空隙率为18%时灌浆复合材料的劈裂强度，母体沥青混合料空隙率为21%时增大了11.0%，母体沥青混合料空隙率为24%时增大了30.3%，母体沥青混合料空隙率为24%时比母体空隙率为21%时劈裂强度增大了17.4%。由此可知，浆体的灌入对复合材料强度的提高起到了促进作用。

随母体沥青混合料空隙率的增大，灌浆复合材料的抗压回弹模量增大，且在1300～1800MPa波动。相比母体沥青混合料空隙率为18%时灌浆复合材料的抗压回弹模量，母体沥青混合料空隙率为21%时增大了26.7%，母体沥青混合料空隙率为24%时增大了36.8%，母体沥青混合料空隙率为24%时比母体沥青混合料空隙率为21%时抗压回弹模量增大了7.9%。可以发现，随母体沥青混合料空隙率的增大，灌浆复合材料的抗压回弹模量不仅增大，而且增长率也提升，在母体沥青混合料空隙率为21%～24%时，抗压回弹模量为1600～1800MPa，比密级配模量要求的1200～1600MPa稍大。

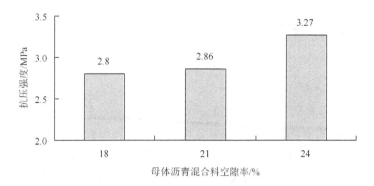

图 6.37 不同母体沥青混合料空隙率灌浆复合材料的抗压强度

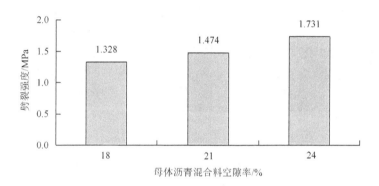

图 6.38 不同母体沥青混合料空隙率灌浆复合材料的劈裂强度

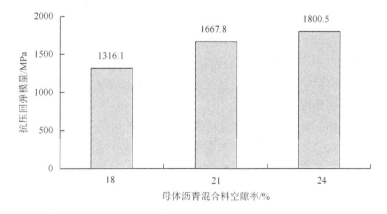

图 6.39 不同母体沥青混合料空隙率灌浆复合材料的抗压回弹模量

二、半柔性路面的路用性能

1. 高温性能研究

1) 马歇尔稳定度试验结果分析

通过试验测得灌浆复合材料300mm×300mm×50mm车辙板钻芯试件的马歇尔稳定度如图 6.40 所示。灌入浆体的复合材料稳定度随母体沥青混合料空隙率的增大呈线性增长。在同一母体沥青混合料空隙率下，灌浆复合材料稳定度略有差别。其中，灌入浆体为配合比 H_3 的复合材料稳定度最大，灌入浆体为配合比 H_2 的复合材料稳定度次之，灌入浆体为配合比 G 的复合材料稳定度最低。

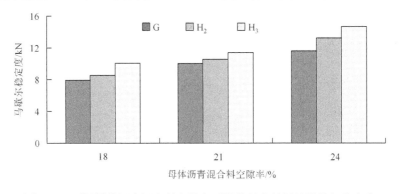

图 6.40　不同母体沥青混合料空隙率下灌浆复合材料的马歇尔稳定度

灌入浆体为高性能净浆的复合材料稳定度为 8.5～14.7kN，而灌入浆体为普通浆体配合比 G 的复合材料稳定度为 7.8～11.6kN；在同一母体沥青混合料空隙率下，灌入高性能浆体的复合材料稳定度比灌入普通浆体的复合材料的稳定度高 0.5～3kN。

三种灌浆复合材料的稳定度都随母体沥青混合料空隙率的增大而明显增强，最大增幅在 50%左右。母体沥青混合料空隙率的增大使灌入浆体含量、灌浆深度都增大，复合材料的空隙率减小，从而复合材料更加密实，强度明显增大，进而混合料的稳定度明显增大。

外加剂的添加，增强了浆体的流动性，使灌浆更加充分，促进了浆体的灌入，从而复合材料更为密实。此外，相对于普通净浆，高性能净浆强度的提高、干缩率的降低，都促进了灌浆复合材料整体强度的提高，从而使稳定度得到提高。

本书研究中，试件尺寸小于普通沥青混合料标准马歇尔稳定度试件尺寸，对于普通沥青混合料标准马歇尔稳定度不低于 8kN 的要求，高性能净浆灌浆复合材料的稳定度满足要求。结合本书试验结果，推荐高性能灌浆复合材料的稳定度(试件尺寸为直径 101mm，高 50mm)不低于 10kN。

2) 车辙试验结果分析

根据灌浆复合材料马歇尔稳定度试验分析结果可知，灌入浆体配合比 H_3 的复合材料稳定度最好。那么，在车辙试验中，以浆体配合比 H_3 为灌入浆体，改变不同母体沥青混合料空隙率来考察半柔性材料的抗车辙性能(高温稳定性)，试验结果如图 6.41 所示。车辙深度最大值低于 0.6mm，最小值为 0.35mm 左右；动稳定度最小值大于 23 000 次·mm^{-1}，最大值为 28 000 次·mm^{-1}。随母体沥青混合料空隙率的增大，车辙深度呈减小趋势，而动稳定度增大。可见，半柔性灌浆复合材料动稳定度明显优于普通沥青混合料。

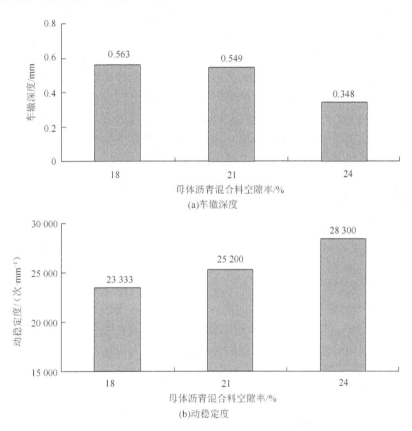

图 6.41　母体沥青混合料空隙率对半柔性复合材料抗车辙性能

综合灌浆复合材料的马歇尔稳定度和车辙指标，母体沥青混合料空隙率对其高温稳定性有较大影响，即浆体灌入量对灌浆复合材料的高温稳定性有较大影响。可见，灌浆复合材料的骨架-密实结构具有较强的抗车辙性能，同时灌入浆体的强度和灌入量对其也具有促进作用。此外，外加剂对高温稳定性虽有增强作用，但相对于浆体含量，影响较小。

3) 灌浆复合材料高温性能分析

由以上分析和前面力学性质分析可知，本书所研究的灌浆复合材料具有低模量、高稳定度的特点。为解决道路早期破坏的问题，许多新型道路材料被用于高等级公路上，高模量沥青混合料就是其中的一种，提高沥青混合料材料的劲度模量，可以有效增强整个路面结构抵抗车辙变形和抗疲劳的能力。文献[53]经过对高模量混合料的研究发现，混合料的回弹模量和高温性能有密切的关系，动稳定度一般随模量的增大而增大。可见，高模量沥青混合料与本书所研究的灌浆复合材料虽都具有很强的抗车辙性能，但模量却有较大差别[53]。

高模量沥青混凝土在法国已使用多年[54]，高模量沥青混合料通过改善混合料矿料和沥青胶浆的性能、颗粒形状与级配、沥青含量与性能等方式，使沥青混合料具有较高的模量。主要途径是采用高模量沥青等改善混合料的黏附性能与弹性恢复性能；改进矿料级配，使粗集料形成良好的骨架结构以提高混合料的抗剪与抗压性能等。理论上调整集料的级配组成是实现混合料高模量的途径，但由于原材料、施工等因素的影响，对改进矿料级配能否有效提高混合料的模量缺乏充分的研究基础。因此，主要通过两种方式来提高沥青混合料的劲度模量，一种是降低沥青混合料中沥青的标号，采用硬质沥青；另一种则是在沥青混合料中加入高模量改性剂，即通过提高沥青的模量来提高沥青混合料的模量。

高模量沥青混合料使用高结合料，通过硬质沥青获得高的模量来减少车辆荷载作用下沥青混凝土产生的塑性变形，提高路面高温抗车辙能力，在相同厚度条件下，减小传递到路基的应力，富余的沥青增加了混合料的致密性，可提高抗疲劳性能。

本书中的灌浆复合材料所包含的母体沥青混合料粗集料，采用单一粒径形成骨架结构，沥青胶结料采用 70#沥青而非硬质沥青，在灌入高性能水泥净浆后成为骨架-密实结构。与高模量沥青混合料相比，母体沥青混合料使用的沥青标号较大，黏度较低，虽添加了 TPS 增黏改性剂，但也仅为母体沥青混合料提供了一定的稳定性，其沥青胶结料模量依然较低。

此外，高性能水泥净浆中聚合物对水泥净浆的改性使其刚性降低、柔性增强，从而复合材料韧性增强，模量降低。随着水化过程的进行，聚合物颗粒之间的水分逐渐被吸收到水化过程的化学结合水中去，最终聚合物颗粒完全融合在一起形成聚合物网结构，聚合物网结构把水泥水化物连接在一起。聚合物成膜覆盖在水泥凝胶体的表面或是聚合物颗粒填充于水泥水化产物的空隙之间，在水泥水化物结晶-凝聚的刚性空间，骨架中聚集了有机聚合物膜，使刚性无机物之间由坚韧的、有弹性的和有黏附性的有机聚合物质点或网、膜所铰接。这样，原有的普通水泥胶浆的刚性空间骨架变成了刚-柔相间的网状骨架结构，整个结构的刚性降低，韧性增强。

由以上分析可知，低模量的灌浆复合材料与高模量的沥青混合料在高温稳定性方面都较好的达到了要求，但高模量的沥青混合料承受荷载时的变形能力相对较差，且使用的沥青胶结料脆性较高，从而引起应力集中，易导致混合料出现裂缝。半柔性灌浆复合材料模量稍大于普通密级配沥青混合料，其抵抗荷载的变形能力更强，骨架结构能够很好地将应力传递与分散，从而提高其耐久性能。

2. 低温性能研究

沥青路面面层低温开裂是路面破坏的主要形式之一。此类开裂在许多寒冷国家和我国北方地区非常普遍。沥青路面低温开裂程度与沥青混合料的低温力学性质有很大的关系。根据低温性能研究结果可知，在母体沥青混合料空隙率为23%～25%时，半柔性灌浆复合材料低温性能较好。本书结合前面高性能水泥净浆的特点，以不同灌浆材料配合比 G、H_2 和 H_3 灌入同一母体沥青混合料空隙率为 24%组成的不同灌浆复合材料为研究对象，进行了低温弯曲和低温劈裂试验，以比较不同灌浆量对低温性能的影响。

1) 低温弯曲试验结果分析

低温弯曲试验是比较常用的沥青混合料低温抗裂性能评价方法。其通过破坏荷载及破坏时的跨中挠度来求算其弯拉应力、应变和劲度模量。通过小梁破坏时的梁底弯拉应力、应变和弯曲劲度模量来判断其低温抗裂性能的好坏。为了更加直观地说明其低温拉伸性能的好坏，本书借鉴应变能密度计算方法，通过能量来评价其低温拉伸性能。向空隙率为 24%的母体沥青混合料中灌入不同浆体，测得不同灌浆复合材料的低温拉伸试验结果，如表 6.28 所示。

表 6.28　不同灌浆复合材料的低温拉伸试验结果

灌入浆体的配合比/混合料	抗弯拉强度/MPa	弯拉应变/10^{-6}	弯曲劲度模量/MPa	应变能密度/(J·m^{-3})
G	5.17	782	6611	2021
H_2	7.24	1013	7147	3667
H_3	5.94	1225	4849	3638
AC-16	5.29	1265	4182	3346

与灌入配合比 G 普通净浆的复合材料相比，灌入配合比 H_2、H_3 的高性能净浆复合材料抗弯拉强度分别增大了 40%、15%，弯拉应变分别增大 29.5%、56.6%，应变能密度分别提高了 81.4%、80%，弯曲劲度模量分别提高了 8%，下降了 26.6%。抗弯拉强度排序为 $H_2 > H_3 > G$，弯拉应变排序为 $H_3 > H_2 > G$，弯曲劲度模量排序

为 $H_2>G>H_3$，应变能密度排序为 $H_2>H_3>G$，且灌入配合比 H_2、H_3 高性能净浆复合材料的应变能密度相近。由此可见，灌入配合比 H_3 高性能净浆的复合材料弯拉应变最大、弯曲劲度模量最小，其低温抗弯拉破坏能力最强，其次为灌入高性能净浆 H_2 的复合材料，而灌入配合比 G 普通净浆的复合材料的低温抗弯拉破坏能力最弱。可见，应变能密度也能够直观地评价半柔性灌浆复合材料的低温拉伸性能。

同时对比 AC-16 混合料各项指标可以看出，灌入配合比 H_2 高性能净浆的复合材料的弯拉应变、弯曲劲度模量、应变能密度与其整体相近。可见，灌浆复合材料与 AC-16 混合料具有相当的低温弯拉破坏能力。

2) 低温劈裂试验结果分析

对于沥青混合料路面，面层温度变化开裂是路面破坏的主要形式之一。路面低温开裂程度与混合料的低温力学性质有很大的关系。本书试验采用的温度为 $-10℃$，加载速率为 1mm/min，通过测定垂直方向的变形来计算水平方向的变形，灌浆复合材料试件尺寸为直径(101.6 ± 0.2)mm、高度 50mm 的圆柱体试件，试验数据和计算结果如表 6.29 所示。

表 6.29 不同灌浆复合材料的低温劈裂试验结果

试验条件	灌入浆体的配合比/混合料	劈裂抗拉强度/MPa	破坏拉伸应变/10^{-6}	破坏劲度模量/MPa
温度$-10℃$，加载速率 1mm/min	G	1.534	2 378	1 111.2
	H_2	1.915	2 484	1 326.8
	H_3	1.842	2 776	1 145.0
	AC-16	3.140	10 000	814.4

灌入浆体配合比为 H_2、H_3 的复合材料的抗压强度、破坏劲度模量高于灌入浆体配合比为 G 的复合材料，分别高出了 24.8%、20.1%、19.4%和 3%，而在破坏拉伸应变方面略高。综合三项指标来看，灌浆复合材料低温抗裂性能优劣顺序为 AC-16>H_3>H_2>G。由于半柔性路面中加入水泥胶浆，在增大刚性的同时，脆性也增大，低温性能降低。同时，在水泥净浆中掺加聚合物对半柔性灌浆复合材料的低温性能略有改善。

要提高半柔性路面材料的低温抗裂性能，除改善沥青胶结料外，还可从增强水泥胶浆的柔性入手。高性能水泥净浆中掺加的聚合物，使水泥浆体"变柔"，水泥浆体的脆性变小，刚性减小。水泥浆体灌入母体沥青混合料后，在低温情况下材料的脆性有所减小，柔性增加，从而其低温性能有所改善。由此可知，在水泥胶浆中加入聚合物类型改性剂是改善半柔性路面材料低温性能的一种行之有效的方法。

3.　水稳定性研究

春融季节和雨季，路面会出现麻面、松散、掉粒乃至坑槽，严重影响路面的平整度，从而降低路面的行车舒适性和安全性。本书研究的半柔性路面灌浆复合材料，虽然属于骨架-密实结构，但考虑到灌浆的不充分以及浆体本身的不均匀性，检验材料的水稳定性就更为重要。本书研究采用浸水马歇尔试验和冻融循环劈裂试验来检验半柔性路面材料的水稳性。

1)　浸水马歇尔试验结果分析

根据以往研究结果可知，水稳定性与混合料的空隙率有很大关系，本书以浆体配合比 H_3 灌入不同空隙率的母体沥青混合料来进行浸水马歇尔试验，以检验复合材料空隙率对水稳定性的影响。根据试验结果绘得柱状图如图 6.42 所示。

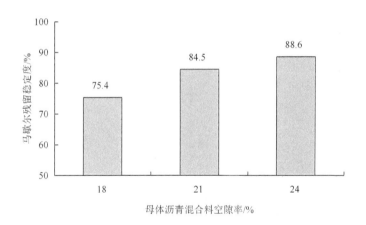

图 6.42　母体沥青混合料空隙率对复合材料浸水马歇尔残留稳定度

试件的浸水马歇尔残留稳定度随母体沥青混合料空隙率的增大而增大，在母体沥青混合料达到 21%时开始趋于稳定，且浸水残留稳定度达到 84.5%。由前面灌浆复合材料的可灌性可知，母体沥青混合料空隙率增大有利于浆体的灌入，使灌浆复合材料空隙率降低。由此不难得出，灌浆复合材料的空隙率对浸水马歇尔残留稳定度有重要影响。随着水泥胶浆灌入的增多以及灌浆复合材料空隙率的降低，半柔性灌浆复合材料的水稳定性得到提高。

2)　冻融劈裂试验结果分析

以空隙率为 24%的母体沥青混合料作为灌浆载体，灌入浆体的配合比为 G、H_2 和 H_3，从冻融劈裂抗拉强度比(TSR)角度分析不同浆体灌浆复合材料的水稳定性。由试验结果绘得复合材料不同灌浆配合比对应的冻融劈裂参数柱状图，如图 6.43 所示。

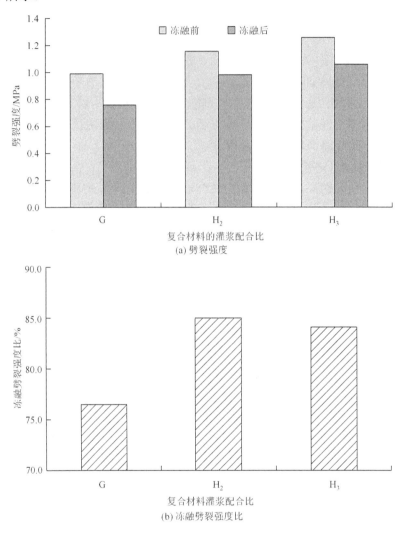

(a) 劈裂强度

(b) 冻融劈裂强度比

图 6.43　复合材料不同灌浆配合比对应的冻融劈裂参数

　　与灌入浆体配合比为 G 的复合材料相比，灌入浆体配合比为 H_2、H_3 的未冻前劈裂抗拉强度、冻融后的劈裂抗拉强度以及复合材料冻融劈裂抗拉强度比有较大提高，分别高出 16.8%、27.1%、29.7%、39.8%、11.1% 和 9.9%。可见，灌入高性能净浆的复合材料比灌入普通净浆的复合材料的抗冻融性能强，水稳定性得到增强。

　　综合灌浆复合材料的浸水马歇尔试验和冻融劈裂试验的结果可知，母体沥青混合料空隙率越大，灌浆浆体的流动性越大，灌浆复合材料越密实，即复合材料的残余空隙率越低，复合材料水稳定性越好。另外，灌浆浆体的外加剂可提高复合材料的水稳定性。根据试验结果的对比可知，浆体中添加聚合物减水剂对提高复合材料的水稳定性有较大促进作用，引气剂的添加对灌浆复合材料的水稳定性略有促进。

结合沥青混合料水稳定性标准表 6.30 可知，试验中三种复合材料的水稳定性都较好，能够达到雨量气候分区 Ⅰ 和 Ⅱ 的要求，但灌入普通净浆配合比 G 的复合材料的马歇尔残留稳定度和冻融劈裂残留强度比两个指标刚满足要求，水稳定性稍差。

表 6.30 沥青混合料水稳定性标准

雨量气候分区	年降雨量/mm	马歇尔残留稳定度/%	冻融劈裂残留强度比/%
Ⅰ	>1000	75	—
Ⅱ	500~1000	70	70
Ⅲ	250~500	65	65
Ⅳ	<250	60	60

对于灌浆复合材料的水稳定性，推荐母体沥青混合料空隙率大于 20%，高性能灌浆配合比 H_2、H_3 对应的复合材料水稳定性都符合沥青混合料水稳定性的技术要求。

作为半柔性路面材料，其水损坏的薄弱点除了沥青和矿料的界面之外，还有沥青和水泥浆的界面、水泥砂浆和矿料的界面。因此，提高水泥浆的黏聚力也是提高水稳性的一个重要方面。由于复合材料中加入了聚合物改性剂，一方面提高了浆体流动性，使灌浆更加充分；另一方面增强了沥青与水泥浆体界面强度，从而使复合材料的整体强度增大，所以复合材料的水稳定性得到提高。

4. 水温稳定性研究

根据以往的研究可知，当路面积水超过 5mm、汽车超过一定的行驶速度时将有可能出现水面漂滑现象，从而提出了车辙允许深度。与此同时，由于实际路面的空隙率比较大，而水的存在往往会加速沥青路面车辙的产生，并伴随坑槽等其他病害，因此在一定程度上，车辙病害和水损害是互相影响的。国外通过对汉堡试验与公路实际路用性能的对比研究发现，汉堡试验与公路实际路用性能相关性很好。同时有资料表明，汉堡车辙试验和环道试验具有良好的相关性，故汉堡车辙试验有很好的可信度，用汉堡车辙试验代替传统车辙试验可以更好地区分不同沥青混合料的水温稳定性。

为研究半柔性灌浆复合材料在水温环境下的耐久性能，采用 60℃水浴环境下的汉堡车辙试验对其进行研究，如图 6.44 所示，并与 AC-13 沥青混合料进行比较。以 AC-13-1 为基质沥青混合料，AC-13-2 为改性沥青混合料，母体沥青混合料空隙率为 24%、灌入浆体配合比 H₃ 的复合材料为研究对象，并进行平行试验，灌浆试件为试件 1 和试件 2。

(a) 汉堡车辙试验仪器

(b) 试验后试件外观对比

图 6.44　灌浆试件汉堡车辙试验

试验结果如表 6.31 和图 6.45 所示。在开始 10min 内，灌浆复合材料车辙深度小于 1mm，而 AC-13 沥青混合料车辙深度为 2mm 左右，可见灌浆复合材料的后压实稳定性大于 AC-13 沥青混合料。试件 AC-13-1 和 AC-13-2 分别在碾压次数约为 7000、12 000 时开始出现剥落现象，且试件 AC-13-1 在碾压 10 000 次时达到最大车辙深度 18.66mm。试件破坏提前，试件 AC-13-2 在碾压达到 20 000 次时达到最大车辙深度 16.91mm，而灌浆复合材料试件 1 和试件 2 未出现剥落现象，车辙深度随碾压次数变化趋势平稳，最大车辙深度分别为 3.11mm 和 2.47mm。可见半柔性灌浆复合材料的抗车辙性能和抗水损性能都强于普通沥青混合料。

表 6.31　不同混合料的汉堡车辙试验结果

类型	车辙深度/mm										
	0	500	1 000	3 000	5 000	8 000	10 000	12 000	15 000	18 000	20 000
AC-13-1	0	−1.51	−1.84	−2.63	−3.31	−8.52	−18.66		破坏		
AC-13-2	0	−2.24	−2.87	−4.12	−4.79	−5.68	−6.49	−7.93	−10.73	−14.61	−16.91
试件 1	0	−0.92	−1.04	−1.68	−1.96	−2.26	−2.38	−2.48	−2.81	−2.99	−3.11
试件 2	0	−0.97	−1.20	−1.59	−1.78	−1.98	−2.09	−2.15	−2.35	−2.43	−2.47

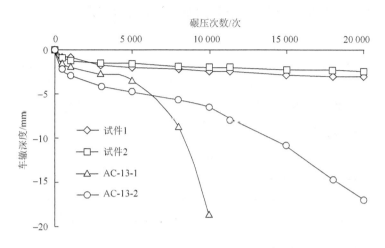

图 6.45　不同混合料车辙深度变化趋势

汉堡车辙试验的评价指标应该以车辙深度指标为主，蠕变速率指标作为辅助指标，同时增加车辙变形率指标来评价汉堡车辙试验的试验结果。车辙变形率指标包含了最大车辙深度，能够简单有效地横向比较灌浆复合材料与普通沥青混合料的高温抗车辙性能。根据图 6.45 中车辙深度曲线稳定区间来计算蠕变速率，计算结果如表 6.32 所示，并根据计算结果绘得柱状图，如图 6.46 所示。

表 6.32　不同混合料的蠕变速率

试验条件	项目	AC-13-1	AC-13-2	试件 1	试件 2
60℃水浴	蠕变阶段/$\mu\varepsilon$	1 000～5 000	1 000～10 000	5 000～20 000	5 000～20 000
	蠕变速率/(次·mm^{-1})	2 721	2 486	13 043	21 739

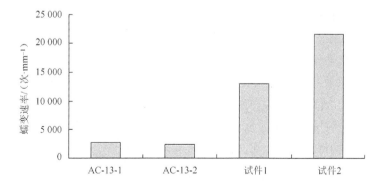

图 6.46　不同混合料的蠕变速率对比

车辙变形率是指平均每小时的车辙变形量，计算公式为

$$\Delta RD = RD/t \tag{6.20}$$

式中，ΔRD 为车辙变形率，mm/h；RD 为最大车辙深度，mm；$t = n/(50 \times 60)$，h，50 为汉堡车辙仪每分钟行走的次数；n 为对应最大车辙深度时的作用次数。

不同混合料的车辙变形率的计算结果如表 6.33 所示，并根据计算结果绘得柱状图，如图 6.47 所示。

表 6.33　不同混合料的车辙变形率

试验条件	项目	AC-13-1	AC-13-2	试件 1	试件 2
60℃水浴	车辙变形率/(mm·h⁻¹)	5.822	2.638	0.4665	0.3705

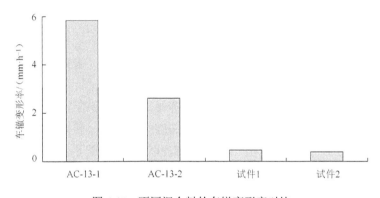

图 6.47　不同混合料的车辙变形率对比

灌浆复合材料试件在蠕变区间长度、蠕变速率两方面都大于普通沥青混合料AC-13，灌浆复合材料试件直至碾压次数达到 20 000 时仍为蠕变阶段，且蠕变速率达到了 13 000 以上，为 AC-13 混合料的 5 倍以上。灌浆复合材料试件 1、试件2 的车辙变形率很低，在 0.5 mm/h 以下，而 AC-13 普通混合料的车辙变形率将近6mm/h，经过改性的 AC-13 混合料略小，车辙变形率为 2.6mm/h。可见，AC-13沥青混合料的车辙变形率至少为灌浆材料的 5 倍。

综合以上对灌浆复合材料的车辙深度、蠕变速率、车辙变形率的试验结果分析以及与 AC-13 沥青混合料的对比可知，灌浆复合材料具有更高的抗车辙性能和抗水损能力。由汉堡车辙试验后的灌浆复合材料可知，在经过荷载、水的作用后，其骨架–密实结构保持完好，可见灌浆复合材料具有较高的水温耐久性能。

三、半柔性路面解决车辙问题的适应性分析

半柔性灌浆复合材料不仅具有骨架–密实结构，而且材料间的相互作用进一步

提高了其结构的稳定性和复合材料的强度，与普通沥青混合料相比，灌浆复合材料在空隙率、力学性能和高温性能方面具有较大的优势。

1. 与沥青混合料的性能对比分析

本节对 SBS 改性沥青混合料 AC-13 和灌入浆体配合比 H_3 的复合材料进行比较，以考察半柔性灌浆复合材料的性能优势，如表 6.34 所示。沥青混合料设计参数如表 6.35 所示。

表 6.34　SBS 改性沥青混合料 AC-13 与半柔性灌浆复合材料的性能比较

性能指标	AC-13	半柔性灌浆复合材料
抗压强度/MPa	2.40	3.27
劈裂强度/MPa	1.34	1.73
马歇尔稳定度/kN	11.2	14.6
动稳定度/(次·mm^{-1})	3 000	28 000
抗压回弹模量/MPa	1 500	1 800.5

表 6.35　沥青混合料设计参数

材料		抗压回弹模量/MPa		劈裂强度/MPa
		20℃	15℃(弯沉)	15℃
细粒式沥青混凝土	密级配	1 200～1 600	1 800～2 200	1.2～1.6
	开级配	700～1 000	1 000～1 400	0.6～1.0
沥青玛蹄脂碎石		1 200～1 600	1 200～1 500	1.4～1.9
中粒式沥青混凝土		1 000～1 400	1 600～2 000	0.8～1.2
密级配粗粒式沥青混凝土		800～1 200	1 000～1 400	0.6～1.0
大粒径沥青碎石基层	密级配	1 000～1 400	1 200～1 600	0.6～1.0
	半开级配	600～800	—	—
沥青贯入式路面		400～600	—	—

半柔性灌浆复合材料在强度、高温稳定性方面与 AC-13 相比都具有较大优势，其中抗压强度、劈裂强度分别提高了 36.3%、29.1%，马歇尔稳定度和动稳定度分别提高了 30.4%和 8 倍多，抗压回弹模量提高了 20%。

由此可见，半柔性灌浆复合材料在力学强度参数方面具有较明显的优势；在高温稳定性方面，无论母体沥青混合料空隙率大小和灌入浆体配合比种类，半柔性灌浆复合材料都具有普通沥青混合料无可比拟的优势。半柔性灌浆复合材料中由于水泥胶浆的加入，材料的刚性增大，抵抗剪切流动变形的能力增大，因此其抗车辙能力也随之增大。

2. 复合材料强度机理

半柔性复合材料中集料组成属开级配矿质混合料,粗集料所占比例较高,细集料很少。本书研究的半柔性灌浆复合材料的粗集料为单一粒径矿料,使形成的母体骨架混合料空隙率很大,母体骨架混合料成为"骨架-空隙"结构,如图 6.48(a)所示。

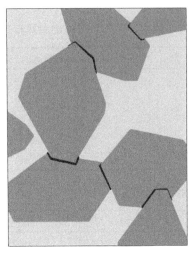 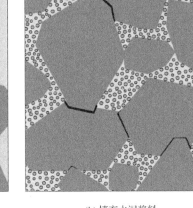

(a) 沥青混合料骨架　　　　　　　　　(b) 填充水泥浆料

图 6.48　半柔性灌浆复合材料结构示意图

与传统热拌沥青混合料的矿料级配组成有所不同,复合材料的矿料组成是在连续开级配的基础上,去除某一级或两级颗粒形成,使所形成的母体骨架混合料空隙率很大,可达 20%~25%。大的空隙率更有利于水泥乳浆的灌入,同时也提高了复合材料热稳定性、强度和模量。由于母体骨料的这种"骨架-空隙"结构,母体沥青混合料的强度主要取决于内摩擦角,表现出较低的黏聚力,受沥青的性质和物理状态的影响较小,因此稳定性较好。

高性能水泥净浆灌入后,母体沥青混合料的"骨架-空隙"结构的空隙逐渐填充,随着时间的推移,水泥胶体发生凝聚硬化,由可塑体逐渐变为水泥石三维"凝聚-结晶"网状结构。高性能水泥净浆的凝聚力和沥青混合料的凝聚力,形成强固的复合力,使半柔性灌浆复合材料成为一种"骨架-密实"结构。从胶体理论分析,半柔性复合材料是一种多级空间双重网状结构的分散系。在该分散系中,沥青材料的凝胶结构与水泥浆料晶体及凝胶体的水泥石形成双重网络结构系,表现为有最大的密实度和较高的黏结力、摩擦角,具有柔性和刚性路面的双重性。

半柔性灌浆复合材料中不同材料间的相互作用对其强度起到了一定的影响，除了沥青与矿料之间的相互作用外，沥青与水泥乳浆之间的相互吸附、水泥结晶体穿过沥青膜和矿料的结合也对强度形成具有决定性影响，直接关系到复合材料的温度稳定性、水稳定性和耐久性等路用性能指标。

1) 水泥浆体与沥青的相互作用

水泥胶浆灌入母体沥青混合料中，随着时间的推移，水泥浆体发生凝结硬化，由可塑体逐渐转变为水泥石三维"凝聚-结晶"网状结构。水泥水化的主要产物水化硅酸钙凝胶填充水泥颗粒的空隙，不断致密而提高强度。随着水泥凝结硬化的发展，母体沥青混合料的"骨架空隙"结构的空隙逐渐填充，不仅提高了沥青混合料的密实度，而且由于水泥晶体本身的刚性，半柔性材料的内摩阻力得到了极大的提高。同时，水泥颗粒的灌入使部分颗粒被沥青包裹，在颗粒表面形成了一层结构沥青，这样空间内的自由沥青数量大大减少，结构沥青的比例增大，半柔性路面材料的黏聚力变大，从根本上提高了半柔性路面材料的强度和稳定性。

水化硅酸钙凝胶体是水泥水化的主要产物，除了填充母体沥青混合料的空隙、使结构密实、提高材料的内摩阻力之外，还与沥青膜结合，甚至穿透沥青膜与矿料接触。在水泥与沥青相接触的界面处，水泥水化产生了棒状、针状的水化粒子，这些水化粒子之间形成网络结构的同时，深深地插入沥青膜内，将沥青膜以及被沥青包裹的矿料和水泥石结构联结成一个整体，呈棒状、针状的水泥水化粒子在其间起了"桥梁"的作用。

2) 水泥浆体与矿料的相互作用

高性能水泥浆体与矿料的相互作用主要有两种形式，一种是浆体凝结硬化成网络结构，贯穿沥青膜外面，间接地对矿料进行"锚固"作用；另一种就是水泥浆料部分穿过沥青膜与矿料相结合。由于水泥本身的水化性能和水泥浆料中改性剂的表面活化作用，活化了矿料表面，不仅改善了矿料与沥青之间相互作用的特性，为矿料与水泥晶体牢固地黏结创造了条件，而且为形成不溶于水的化学吸附作用创造了有利条件。

无论表面活性剂还是水泥颗粒，活化矿料表面的原理都是一样的，都是以吸附理论和吸附层中的离子交换为基础的。表面活性剂是一种能大大降低溶液表面张力、改变体系表面状态且相应地吸附在该表面的物质。表面活性剂一般具有两亲性质，其分子由性质截然不同的两部分组成，一部分是与油有亲和性的亲油基，另一部分是与水有亲和性的亲水基。表面活性剂吸附在相接面上，就形成定向分子层。相界面上的定向分子层，通过分子极性的作用，改变了表面的分子性质和相互接触相界上的反应条件。

水泥浆料与矿料接触后，水泥晶体表面的多价阳离子吸附在未补偿阴离子的矿料表面，或者在表面层的阳离子对几个阳离子交换的结果，减小了其亲水性，加强了矿料与沥青的黏结，同时也提高了水泥石与矿料的黏结强度。

3. 半柔性路面灌浆材料的参数指标参考

综合母体沥青混合料的设计参数(表 6.36)、高性能流动性水泥净浆的性能(目标值见表 6.37)与灌浆复合材料性能之间的联系，推荐半柔性灌浆复核材料的性能指标，如表 6.38 所示。

表 6.36　母体沥青混合料设计参数

项目	密度/(g·mL^{-1})	空隙率/%	击实次数/次	油石比/%	稳定度/kN
指标范围	≥1.9	21～24	双面各 50	3.5～4.2	≥3.50

表 6.37　高性能流动性水泥净浆性能目标值

指标	范围	条件
抗压强度/MPa	≥(20～30)	
抗折强度/MPa	>5.0	标准条件下养生 7 天
流动度/s	10～12	

表 6.38　半柔性灌浆复合材料部分性能指标参考

指标	范围	条件
空隙率/%	2～4	—
马歇尔稳定度/kN	>10.0	轮碾成型车辙板，钻芯直径 $\phi(100\pm2)$mm，高(40 ± 5)mm
浸水马歇尔残留稳定度/%	>80	
TSR/%	>80	
车辙深度/mm	<1.0	轮碾成型，300mm×300mm×50mm
动稳定度/(次·mm^{-1})	>20 000	
抗压回弹模量/MPa	>1600	旋转压实成型，钻芯直径 $\phi(100\pm2)$mm，高(100 ± 2)mm

4. 用于解决车辙问题时应关注的问题

从传统路面在抗车辙性能方面的分析，以及对半柔性灌浆复合材料与 AC-13 沥青混合料的性能对比，可知半柔性灌浆复合材料在抗车辙性能方面具有较大优势。但根据室内试验总结以及国内实践经验可知，半柔性路面材料在设计、施工等过程中加强控制一些关键参数和步骤，在解决路面车辙问题时尤显重要。总结应注意如下几点问题。

(1) 母体沥青混合料的矿料级配必须选择开级配类型，使其形成"骨架-空隙"结构。如果选用连续级配，母体沥青混合虽然形成了骨架，但是没有提供必要的空隙，水泥胶浆的灌入量就会变少，势必会影响半柔性路面材料的高温稳定性和强度。此外，通常具有显著的面和棱角，各方向尺寸相差不大，以及具有粗糙表面的矿料，能较好地相互嵌锁使骨架结构具有很大的内摩阻角，从而具有较高的抗剪强度。

(2) 使用黏度较大的沥青，严格设计沥青用量。矿质集料由沥青胶结为一个整体，黏滞度越大，沥青抵抗变形的能力越强，越能保持矿质集料的相对嵌锁作用。沥青用量也会影响沥青混合料的强度，进而影响半柔性路面材料的强度。

(3) 母体沥青混合料的压实度需达到一定要求。母体沥青混合料要形成骨架结构，在施工时必须满足一定的压实力，同时不能过度压实，导致集料破坏。

(4) 必须严格控制水泥胶浆的灌浆程度，即必须控制灌浆复合材料的空隙率。水泥胶浆的灌入就是要填充母体沥青混合料众多的空隙，使整个材料结构转变为"骨架-密实"结构。如果水泥胶浆不能充分填充母体沥青混合料的空隙，灌浆后形成的材料会存在较多的空隙。在承受外界荷载时，空隙所处的位置就成了受力薄弱面，随着空隙的增多，受力薄弱面也增多，导致材料强度下降。同时，空隙多也更易引起水、油、酸类等侵蚀，从而致使路面材料耐久性降低。

(5) 灌浆后的复合材料要在合适的温度和湿度下养生。对于半柔性路面灌浆复合材料，因为有水泥的存在，所以不同于普通沥青混合料，其必须有一个养生过程。如果外界保持一定的湿度，那么水泥的水化速度会加快，因此在灌浆复合材料养生期间，保持一定的湿度有利于材料强度的发展。水泥水化遵循一般的化学反应规律，即随温度升高水化加快。一般来说，在相同的湿度下，高温养生环境更有利于半柔性路面材料达到强度。

(6) 半柔性路面可能会由于材料与配合比的差异产生特性的差异，在施工时必须充分把握其特性，注意点如下。

① 母体沥青混合料的碾压以钢轮压路机为宜，轮胎式压路机易使孔隙阻塞。

② 水泥砂浆的灌注施工必须在路面温度降至 50℃以下才能进行，否则过高的温度会使浆料迅速硬化。此时，必须确保路面表面没有尘埃和水等物质。

③ 水泥浆料的撒布要迅速，一次撒足，尽量避免在开始硬化后二次补料。

④ 使用振动压路机帮助浆料渗透时，要控制机械的行驶速度和碾压次数，使胶浆慢慢下渗，避免快速行驶引起浆料四溅。

⑤ 灌浆后应将多余的浆料迅速刮除，以保证半柔性路面拥有理想的表面结构。

⑥ 要注意初期严格封闭交通，防止雨水冲刷和污物阻塞孔隙。

⑦ 水泥胶浆具有良好的流动度，能够满足施工工艺要求。

⑧ 要控制好母体沥青混合料中的沥青用量，沥青用量过大，会在母体沥青混合料面层底部存在积油现象，影响水泥胶浆的灌入深度。

⑨ 选择浆料的类型时，冬季要考虑浆料的强度增长时间，夏季则要避免浆料过快硬化造成收缩裂缝。

第七章　超大粒径沥青混合料组成设计
及其使用性能

合理设计大粒径沥青混合料(large stone asphalt mixes，LSAM)是提高沥青路面强度、解决重交通条件下早期破坏、高温车辙等问题最经济有效的途径之一。本章在总结国内外大粒径沥青混合料研究经验的基础上，将公称最大粒径进一步增大，开展公称最大粒径为 53～37.5mm 的超大粒径沥青混合料(super large size mixture，SLSM)的应用研究，并从组成结构特性和强度理论分析、材料组成设计、路用性能验证和施工工艺等方面对超大粒径沥青混合料进行深入系统地研究，提出成套的设计方法。

第一节　超大粒径沥青混合料级配设计

目前，对于公称最大粒径≥37.5mm 的超大粒径沥青混合料级配设计还未提出相对完善的设计方法。因此本章总结国内外大粒径沥青混合料级配范围和级配设计思想，并在逐级填充法的基础上提出一种新的级配设计方法，以此来设计粗集料骨架嵌挤、细集料填充空隙的 SLSM 级配。

一、集料级配设计

1. 粗、细集料的划分

传统的粗、细集料定义一般有两种，一种是将 4.75mm 作为粗、细集料的分界点；另一种是将 2.36mm 作为粗、细集料的划分标准。可以看出，这种划分标准对于所有粒径都是一样的。实际上，集料的粗、细应该是相对的。例如，公称最大粒径≥37.5mm 的沥青混合料的关键筛孔就不能用以上两种方法判定。贝雷法吸收了球体模型的优点，以干涉理论为设计理论依据，其数学基础是平面圆模型。当三个圆球相互嵌挤、接触而分别为球面或平面时，有四种可能的组合，所形成的空隙分别是圆直径的 0.15 倍、0.20 倍、0.24 倍和 0.29 倍。贝雷法取其平均值，以公称最大粒径尺寸(D)的 0.22 倍对应的筛孔尺寸作为混合料中粗、细集料的分界点，大于分界点的集料是粗集料，小于分界点的集料是细集料。借鉴贝雷法的思路，利用平面圆模型中圆直径的 0.20 倍、0.24 倍和 0.28 倍三种情况，取其

平均值来确定沥青混合料粗、细集料分界，则 SLSM-37.5 粗、细集料分界点为

$$PCS_{SLSM-37.5} = \frac{0.2 \times 37.5 + 0.24 \times 37.5 + 0.28 \times 37.5}{3} = 9$$，根据筛孔尺寸初步确定

9.5mm 筛孔作为粗细集料分界点。

SLSM-53 粗细集料分界点为 $PCS_{SLSM-53} = \dfrac{0.2 \times 53 + 0.24 \times 53 + 0.28 \times 53}{3} = 12.72$，

根据筛孔尺寸初步确定 13.2mm 筛孔作为粗细集料的分界点。

在后面的逐级填充试验中，通过粗细集料功能不同，利用振实间隙率的变化来对此方法进行验证。其主要思路是在粗集料逐级填充过程中，在某一档集料填充时(特别注意 9.5mm 和 13.2mm 集料填充效果)，当振实间隙率变化幅度较大时根据其变化规律验证粗细集料分界预估的合理性，当振实间隙率突然降低且幅度较大时，说明此档集料已不能作为形成骨架结构的粗集料来使用，而是一种填充骨架空隙的细集料；当振实间隙率突然升高且幅度较大时，说明该档集料对骨架结构和密实程度都没有贡献且产生撑持作用使间隙率增大，建议把该档集料作为间断区间。

2. 粗集料级配设计

1) 试验设备和振捣试验

实际试验方法的选择应考虑振实、捣实和旋转压实三种方法。根据实际操作看，旋转压实容易导致粗集料破碎，而单一的振实和捣实方法达到的密实程度不高。由此提出振捣结合的方法来进行试验。振捣试验指将掺配均匀的试样装入容量筒 1/3 的高度，在桶底放一根直径 25mm 的圆钢筋，将桶按住左右交替颠击 25 次，然后利用捣棒沿容量筒变样插捣 25 次；再向容量筒中装入 1/3 高度的试样，用同样方法颠实(但桶底钢筋放置方向与前次垂直)，然后重复上一步骤；加最后一层，颠击 25 次，使集料与容量筒口齐平，利用捣棒敲击容量筒四壁各 5 次，用合适的集料填充表面的大空隙，用直尺大体刮平，目测估计表面凸起部分与凹陷部分的容积相等，然后称取容量筒与试样的总质量。并根据式(7.1)和式(7.2)计算集料的振实密度 ρ 和振实状态粗集料骨架的间隙率 VCA_{DRC}。

$$\rho = \frac{容量筒和试样总质量 - 容量筒质量}{容量筒容积} \tag{7.1}$$

$$VCA_{DRC} = \left(1 - \frac{\rho}{\rho_b}\right) \times 100\% \tag{7.2}$$

式中，ρ_b 为粗集料的合成毛体积密度。

各档集料毛体积密度计算如式(7.3)和式(7.4)所示。

$$\gamma_b = \frac{m_a}{m_f - m_w} \tag{7.3}$$

$$\rho_b = \gamma_b \times \rho_T \tag{7.4}$$

式中，γ_b 为集料毛体积相对密度；m_a、m_f、m_w 分别为集料的烘干质量、表干质量和水中质量；ρ_b 为集料毛体积密度；ρ_T 为试验温度 T 时水的密度(15℃时，为 0.99913 g·cm^{-3})。试验结果如表 7.1 所示。

表 7.1　石灰岩粗集料密度

粒径/mm	37.5	31.5	26.5	19	16	13.2	9.5	4.75
毛体积密度 /(g·cm^{-3})	2.723	2.715	2.728	2.634	2.719	2.681	2.668	2.659

2) 逐级填充试验方法与过程

逐级填充试验过程如下。

(1) 为深入研究各级粒径之间填充与干涉作用对粗集料嵌挤结构形成的影响，应用逐级填充理论，将较低一级粒径 d_1 以不同比例填充到 d_0 中，建立填充比例与间隙率的关系曲线，并在关系曲线上选取最小间隙率对应的集料比例作为不同粒径间形成嵌挤密实结构时的组成比例。

(2) 以 d_0 和 d_1 形成的最密实嵌挤结构为基准，将下一级粒径 d_2 再以不同比例填充 d_0 和 d_1 形成的骨架间隙，测定并计算不同比例关系对应的松方体积、密度和间隙率，建立填充比例与间隙率的关系曲线，以最小间隙率确定三级粒径之间形成嵌挤密实结构的最优组成比例关系。

(3) 同步骤(2)，将更低一级粒径集料填充到已形成的嵌挤骨架的间隙中，并确定它们之间的合理比例。依次逐级填充，直至各级粗集料全部填充到已形成的嵌挤结构中，并最终得出形成粗集料嵌挤结构的各级粒径不同组成比例与间隙间的关系曲线，即粗集料的级配比例关系。

(4) 通过上述试验得到的逐级组成比例与间隙率的关系曲线，综合各种试验手段对应的测试结果，确定合理的松方密度和对应的间隙率，选出最密实嵌挤结构时的一组数据作为粗集料的最终级配组成比例。

3) 逐级填充试验和结果

(1) I 级填充试验。

以 37.5mm 粗集料作为骨架颗粒，按颗粒大小依次进行填充试验，试验结果如表 7.2 和图 7.1 所示。随着 37.5mm 与 31.5mm 两档集料之间比例的变化，间隙率出现两个波谷。从 9 : 1 开始到 6 : 4，31.5mm 集料的填充作用逐步增强，在

6：4 时部分 31.5mm 集料起到充分填充的作用，之后随着比例变化，37.5mm 集料逐步减少，集料嵌挤结构主要由 31.5mm 集料形成，在 3：7 时达到另一个波谷，但是间隙率比 6：4 时高。这是因为，在此比例下 37.5mm 集料不仅不能起到较好的作用，还容易破坏嵌挤结构，说明 37.5mm 集料不能起到形成嵌挤结构的作用也不适合作为填充集料。因此，采用比例为 6：4 较为合适。

表 7.2　粗集料 I 级填充试验结果

项目	37.5：31.5 集料不同组成比例								
	9：1	8：2	7：3	6：4	5：5	4：6	3：7	2：8	1：9
振实密度/(g·cm⁻³)	1.570	1.628	1.638	1.656	1.608	1.619	1.635	1.605	1.609
毛体积密度/(g·cm⁻³)	2.739	2.706	2.715	2.69	2.727	2.713	2.702	2.712	2.712
振实间隙率/%	42.7	39.8	39.7	38.4	41.0	40.3	39.5	40.8	40.7

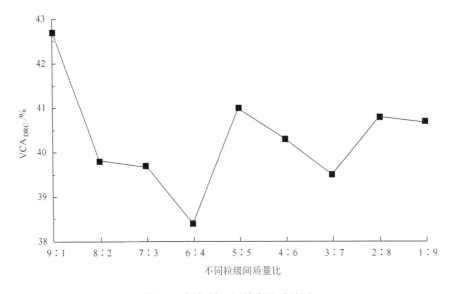

图 7.1　粗集料 I 级填充试验结果

(2) II 级填充试验。

在 I 级填充形成的骨架结构基础上，进行逐级填充，试验结果如表 7.3 和图 7.2 所示。在 I 级填充形成的骨架结构基础上，(37.5～31.5)：26.5 集料在 8：2 到 7：3 之间时，37.5～31.5mm 集料对骨架结构的干涉作用较小，填充作用基本趋于稳定，而在 7：3 时间隙率最小，达到最大密实的骨架结构。

表7.3　粗集料Ⅱ级填充试验结果

项目	(37.5~31.5)：26.5 集料不同组成比例							
	9：1	8：2	7：3	6：4	5：5	4：6	3：7	2：8
振实密度/(g·cm⁻³)	1.624	1.673	1.692	1.669	1.630	1.639	1.633	1.642
毛体积密度/(g·cm⁻³)	2.699	2.690	2.691	2.695	2.713	2.709	2.683	2.701
振实间隙率/%	39.8	37.8	37.1	38.1	39.9	39.5	39.1	39.2

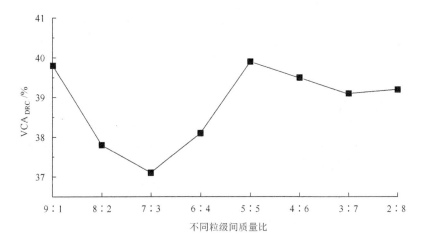

图7.2　粗集料Ⅱ级填充试验结果

(3) Ⅲ级填充试验。

在Ⅱ级填充形成的骨架结构基础上，进行逐级填充，试验结果如表 7.4 和图 7.3 所示。在Ⅱ级填充形成的骨架结构基础上，(37.5~26.5)：19 集料的比例在 7：3 到 4：6 之间时集料的间隙率保持在 38%左右，26.5~19mm 的集料对嵌挤结构的干涉作用最小，对骨架间隙填充最密实。在 6：4 时间隙率最小，达到最大密实的骨架结构。

表7.4　粗集料Ⅲ级填充试验结果

项目	(37.5~26.5)：19 集料不同组成比例							
	9：1	8：2	7：3	6：4	5：5	4：6	3：7	2：8
振实密度/(g·cm⁻³)	1.629	1.629	1.690	1.698	1.665	1.667	1.676	1.638
毛体积密度/(g·cm⁻³)	2.700	2.694	2.683	2.686	2.696	2.685	2.717	2.692
振实间隙率/%	39.7	39.5	37.0	36.8	38.2	37.9	38.3	39.2

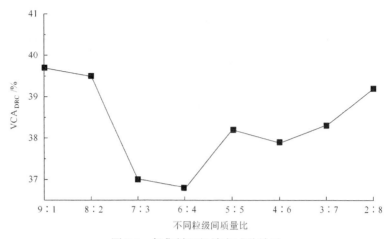

图 7.3　粗集料Ⅲ级填充试验结果

(4) Ⅳ级填充试验。

在Ⅲ级填充形成的骨架结构基础上，进行逐级填充，试验结果如表 7.5 和图 7.4 所示。在Ⅲ级填充形成的骨架结构基础上，(37.5～19)∶16 集料在 8∶2 时达到间隙率最小的最佳密实状态。

表 7.5　粗集料Ⅳ级填充试验结果

项目	(37.5～19)∶16 集料不同组成比例				
	8∶2	7∶3	6∶4	5∶5	4∶6
振实密度/(g·cm⁻³)	1.695	1.695	1.643	1.679	1.665
毛体积密度/(g·cm⁻³)	2.674	2.704	2.703	2.710	2.708
振实间隙率/%	36.6	37.3	39.2	38.1	38.5

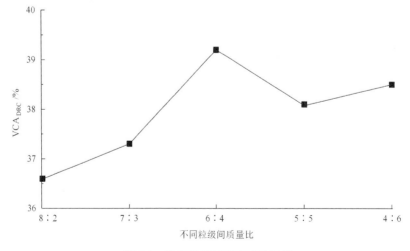

图 7.4　粗集料Ⅳ级填充试验结果

(5) V级填充试验。

在IV级填充形成的骨架结构基础上，进行逐级填充，试验结果如表7.6所示。IV级填充形成的骨架结构基础上，(37.5～16)∶13.2集料在7∶3时达到间隙率最小的最佳密实状态，其间隙率为37.7%，比IV级填充形成的最小间隙率要大。这说明，此时13.2mm的粗集料对建立骨架结构或密实程度不起作用且产生撑持破坏使间隙率增加，所以建议将16～13.2mm这一档集料作为间断区间。

表7.6　粗集料V级填充试验结果

项目	(37.5～16)∶13.2集料不同组成比例				
	8∶2	7∶3	6∶4	5∶5	4∶6
振实密度/(g·cm⁻³)	1.661	1.678	1.675	1.673	1.647
毛体积密度/(g·cm⁻³)	2.710	2.692	2.695	2.700	2.696
振实间隙率/%	38.7	37.7	37.8	38	38.9

(6) VI级填充试验。

在V级填充形成的骨架结构基础上，进行逐级填充，试验结果如表7.7和图7.5所示。

表7.7　粗集料VI级填充试验结果

项目	(37.5～16)∶9.5集料不同组成比例					
	8∶2	7∶3	6∶4	5∶5	4∶6	3∶7
振实密度/(g·cm⁻³)	1.681	1.686	1.683	1.686	1.703	1.704
毛体积密度/(g·cm⁻³)	2.697	2.688	2.683	2.678	2.690	2.684
振实间隙率/%	37.7	37.3	37.3	37.0	36.7	36.5

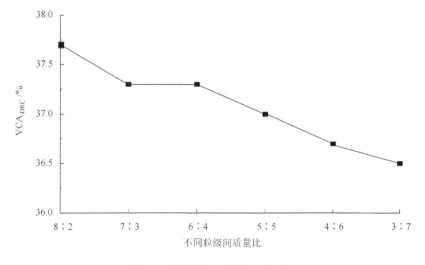

图7.5　粗集料VI级填充试验结果

随着 13.2～9.5mm 集料比例的增大，集料整体的密实程度显著增大。这说明，此档集料已不能作为形成骨架结构的粗集料来使用，而是一种填充骨架空隙的细集料。试验表明，公称最大粒径为 37.5mm 的粗细集料分界点为 9.5mm 筛孔。

4) 按 I 级填充 3∶7 进行级配设计

根据上述设计步骤，以 I 级填充形成的第二个波谷相应的比例 3∶7 为嵌挤结构，将 31.5～26.5mm 粒级集料对其进行逐级填充，确定与之对应的粗集料级配。在 I 级填充形成的骨架结构基础上，进行逐级填充，试验结果如表 7.8 和图 7.6 所示。

表 7.8　粗集料 II 级填充试验结果

项目	(37.5～31.5)∶26.5 集料不同组成比例							
	9∶1	8∶2	7∶3	6∶4	5∶5	4∶6	3∶7	2∶8
振实状态质量/kg	16.531	16.729	16.877	16.907	16.695	16.361	16.228	16.417
振实密度/(g·cm⁻³)	1.653	1.673	1.688	1.691	1.670	1.636	1.623	1.642
毛体积密度/(g·cm⁻³)	2.699	2.690	2.705	2.695	2.707	2.686	2.652	2.701
振实间隙率/%	38.8	37.8	37.6	37.2	38.3	39.1	38.8	39.2

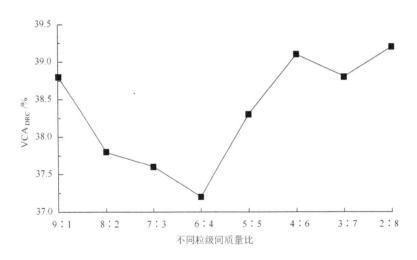

图 7.6　粗集料 II 级填充试验结果

在 II 级填充形成骨架结构基础上进行逐级填充，试验结果如表 7.9 和图 7.7 所示。

表 7.9　粗集料Ⅲ级填充试验结果

项目	(37.5～26.5)∶19 集料不同组成比例							
	9∶1	8∶2	7∶3	6∶4	5∶5	4∶6	3∶7	2∶8
振实密度/(g·cm⁻³)	1.636	1.688	1.698	1.693	1.665	1.664	1.640	1.634
毛体积密度/(g·cm⁻³)	2.660	2.684	2.666	2.679	2.651	2.680	2.616	2.674
振实间隙率/%	38.5	37.1	36.3	36.8	37.2	37.9	37.3	38.9

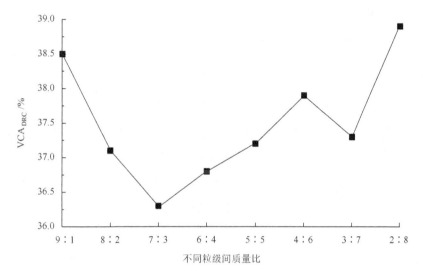

图 7.7　粗集料Ⅲ级填充试验结果

在Ⅲ级填充形成的骨架结构基础上，进行逐级填充，试验结果如表 7.10 和图 7.8 所示。

表 7.10　粗集料Ⅳ级填充试验结果

项目	(37.5～19)∶16 集料不同组成比例				
	8∶2	7∶3	6∶4	5∶5	4∶6
振实密度/(g·cm⁻³)	1.697	1.696	1.643	1.669	1.635
毛体积密度/(g·cm⁻³)	2.652	2.667	2.637	2.658	2.654
振实间隙率/%	36.0	36.4	37.7	37.2	38.4

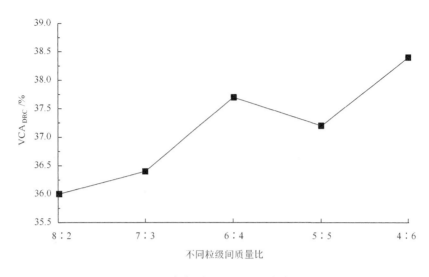

图 7.8　粗集料Ⅳ级填充试验结果

综上所述，本节设计的粗集料级配各级填充间隙率，不同粒级间质量比如表 7.11 所示。当粗集料Ⅰ级填充比例为 6∶4 时，各级集料质量比为 2∶1.3∶1.5∶3.2∶2；当Ⅰ级填充比例为 3∶7 时，各级集料质量比为 1∶2.3∶2.3∶2.4∶2。

表 7.11　粗集料级配设计结果

参数	37.5~53mm 粗集料	Ⅰ级	Ⅱ级	Ⅲ级	Ⅳ级
筛孔尺寸/mm	37.5	31.5	26.5	19	16
矿料间隙率/%	44.6	38.4/39.5	37.1/37.2	36.8/36.3	36.6/36
不同粒级间质量比	10∶0	6∶4/3∶7	7∶3/6∶4	6∶4/7∶3	8∶2

3. 细集料级配设计

细集料主要填充粗集料骨架间隙，使集料级配具有较大的密实度，因此细集料级配的间隙率对集料级配的密实度也有较大的影响。为了使设计的细集料级配的间隙率足够小，并且具有一定的嵌挤结构，以利于提高集料级配的整体稳定性，对细集料的配合比也依据逐级填充理论来设计。

1)Ⅰ级填充试验

将 9.5~4.75mm 的集料按比例拌和，进行逐级填充，试验结果如表 7.12 和图 7.9 所示。

表 7.12　细集料Ⅰ级填充试验结果

项目	9.5∶4.75 集料不同组成比例						
	8∶2	7∶3	6∶4	5∶5	4∶6	3∶7	2∶8
振实密度/(g·cm⁻³)	1.584	1.582	1.582	1.613	1.604	1.589	1.602
毛体积密度/(g·cm⁻³)	2.684	2.666	2.624	2.625	2.659	2.598	2.711
振实间隙率/%	40.9	40.7	39.7	38.6	39.7	38.8	40.9

振实密度/(g·cm^{-3}) 毛体积密度/(g·cm^{-3})

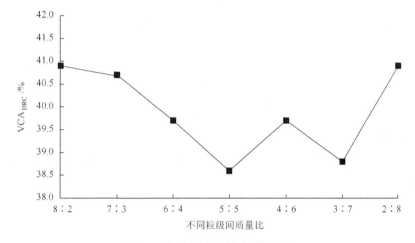

图 7.9　细集料Ⅰ级填充试验结果

　　相对粗集料形成的主骨架结构，可将细集料级配形成的骨架结构称为次骨架结构。试验结果表明，随着 9.5mm 与 4.75mm 两档集料之间比例的变化，间隙率出现两个波谷。从 8∶2 到 5∶5，4.75mm 集料的填充作用逐步增加，在 5∶5 时部分 4.75mm 集料起到充分填充的作用，之后随着比例变化 9.5mm 集料逐步减少，集料嵌挤结构主要由 4.75mm 集料形成。在 3∶7 时达到另一个波谷，但是矿料间隙率偏高，未能达到最大密实程度。因此，确定采用 5∶5 的比例。

　　2) Ⅱ级填充试验

　　在Ⅰ级填充形成的骨架结构基础上，进行逐级填充，试验结果如表 7.13 和图 7.10 所示。Ⅰ级填充后的集料与 2.36mm 粒级之比为(5∶5)~(4∶6)时，Ⅱ级填充后的间隙率趋于最小值，且在 4∶6 时达到最小。

表 7.13　细集料Ⅱ级填充试验结果

项目	(9.5~4.75)∶2.36 集料不同组成比例						
	8∶2	7∶3	6∶4	5∶5	4∶6	3∶7	2∶8
振实密度/(g·cm⁻³)	1.638	1.640	1.628	1.638	1.623	1.580	1.547
毛体积密度/(g·cm⁻³)	2.650	2.611	2.625	2.592	2.556	2.525	2.483
振实间隙率/%	38.2	37.2	38.0	36.8	36.5	37.4	37.7

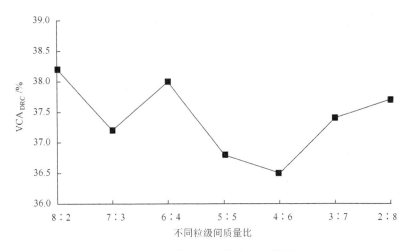

图 7.10　细集料 II 级填充试验结果

3) III填充试验

在 II 级填充形成的骨架结构基础上，进行逐级填充，试验结果如表 7.14 和图 7.11 所示。

表 7.14　细集料III级填充试验结果

项目	(9.5～2.36)：1.18 集料不同组成比例						
	8：2	7：3	6：4	5：5	4：6	3：7	2：8
振实密度/(g·cm^{-3})	1.633	1.669	1.663	1.640	1.639	1.648	1.651
毛体积密度/(g·cm^{-3})	2.567	2.576	2.586	2.595	2.605	2.611	2.620
振实间隙率/%	36.4	35.2	35.7	36.8	37.1	36.9	37.0

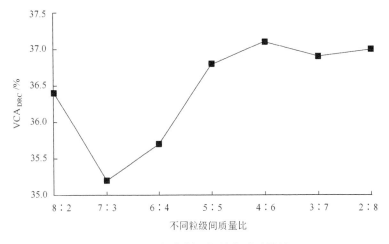

图 7.11　细集料III级填充试验结果

　　试验结果表明，Ⅱ级填充后的集料与 1.18mm 粒级之比为 7∶3 时，Ⅲ级填充后的间隙率趋于最小值，大于这一比例后，间隙率迅速增大(如 8∶2 时)，填充不密实；小于这一比例(如(6∶4)～(2∶8))，次骨架结构被撑开，也表现为间隙率迅速增大。这表明，1.18mm 粒径的集料是比较重要的一档细集料，对填充作用有较大的敏感性，故在设计中应控制好其比例，以便起到良好的填充作用。

　　4) Ⅳ级填充试验

　　在Ⅲ级填充形成的骨架结构的基础上，进行逐级填充，试验结果如表 7.15 和图 7.12 所示。Ⅲ级填充后的集料与 0.6mm 粒级之比在 6∶4 时，Ⅳ级填充后的间隙率趋于最小值。

表 7.15　细集料Ⅳ级填充试验结果

项目	(9.5～1.18)∶0.6 集料不同组成比例						
	8∶2	7∶3	6∶4	5∶5	4∶6	3∶7	2∶8
振实密度/(g·cm^{-3})	1.649	1.680	1.699	1.698	1.679	1.673	1.675
毛体积密度/(g·cm^{-3})	2.589	2.596	2.602	2.609	2.615	2.622	2.634
振实间隙率/%	36.3	35.3	34.7	34.9	35.8	36.2	36.4

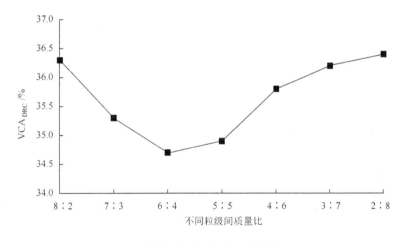

图 7.12　细集料Ⅳ级填充试验结果

　　5) Ⅴ级填充试验

　　在Ⅳ级填充形成的骨架结构基础上，进行逐级填充，试验结果如表 7.16 和图 7.13 所示。Ⅳ级填充后的集料与 0.3mm 粒级之比为 7∶3 时，Ⅴ级填充后的间隙率趋于最小值，小于这一比例(如 6∶4 到 2∶8)时，次骨架结构被撑开，亦表现为间隙率迅速增大。同时也可以看出，0.3mm 集料对密实嵌挤结构具有较大的敏感性。

表 7.16　细集料 V 级填充试验结果

项目	(9.5~0.6)：0.3 集料不同组成比例						
	8：2	7：3	6：4	5：5	4：6	3：7	2：8
振实密度/(g·cm⁻³)	1.719	1.726	1.717	1.695	1.681	1.681	1.675
毛体积密度/(g·cm⁻³)	2.608	2.611	2.613	2.616	2.619	2.622	2.625
振实间隙率/%	34.1	33.9	34.3	35.2	35.8	35.9	36.2

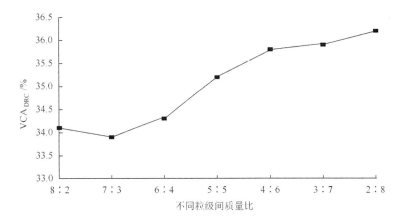

图 7.13　细集料 V 级填充试验结果

6) VI级填充试验

在 V 级填充形成的骨架结构基础上，进行逐级填充，试验结果如表 7.17 和图 7.14 所示。

表 7.17　细集料VI级填充试验结果

项目	(9.5~0.3)：0.15 集料不同组成比例						
	8：2	7：3	6：4	5：5	4：6	3：7	2：8
振实密度/(g·cm⁻³)	1.744	1.734	1.690	1.705	1.679	1.710	1.718
毛体积密度/(g·cm⁻³)	2.608	2.608	2.607	2.608	2.607	2.606	2.607
振实间隙率/%	33.1	33.5	34.2	34.6	34.6	34.4	34.1

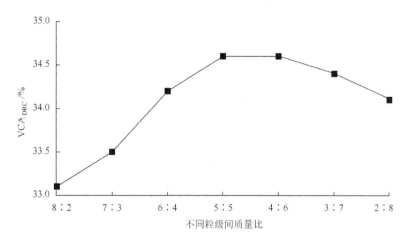

图 7.14 细集料Ⅵ级填充试验结果

Ⅴ级填充后的集料与 0.15mm 粒级之比为 8∶2 时，Ⅵ级填充后的间隙率趋于最小值 33.1%，而 0.15mm 集料填充后平均间隙率为 34%，比 Ⅴ级填充后形成的最小矿料间隙率 34.1%要小，比上述各级填充后矿料间隙率都要小。这说明 0.15mm 粒级集料的填充量比例将严重影响集料级配的密实性和沥青混合料的空隙率。

7) Ⅶ级填充试验

在Ⅵ级填充形成的骨架结构基础上，进行逐级填充，试验结果如表 7.18 和图 7.15 所示。Ⅶ级填充后，9.5～0.15mm 与 0.075mm 的集料质量比为 7∶3 时，次骨架的间隙率达到最小值 26.0%，比Ⅵ级填充后形成的最小间隙率 33.1%降低了近 7%，其填充作用与Ⅵ级填充中 0.15mm 集料表现一致。

综上所述，本节设计细集料级配各级填充间隙率，不同粒级间质量比见表 7.19。设细集料最密实状态下总质量为单位质量，根据不同粒级间质量比最终确定细集料各级集料质量比为 0.37∶0.37∶1.13∶0.81∶1.8∶1.12∶1.4∶3。

表 7.18 细集料Ⅶ级填充试验结果

项目	(9.5～0.15)∶0.075 集料不同组成比例						
	8∶2	7∶3	6∶4	5∶5	4∶6	3∶7	2∶8
振实密度/(g·cm⁻³)	1.886	1.913	1.824	1.803	1.779	1.751	1.760
毛体积密度/(g·cm⁻³)	2.593	2.585	2.578	2.571	2.563	2.556	2.503
振实间隙率/%	27.3	26.0	29.3	29.8	30.6	31.5	29.7

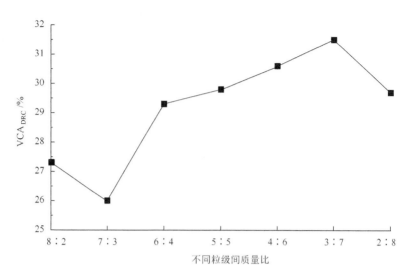

图 7.15　细集料Ⅶ级填充试验结果

表 7.19　细集料级配设计结果

参数	(13.2~9.5mm)细集料	Ⅰ级	Ⅱ级	Ⅲ级	Ⅳ级	Ⅴ级	Ⅵ级	Ⅶ级
筛孔尺寸/mm	9.5	4.75	2.36	1.18	0.6	0.3	0.15	0.075
矿料间隙率/%	39.4	38.6	36.5	35.2	34.7	33.9	33.1	26
不同粒级间质量比	10∶0	5∶5	4∶6	7∶3	6∶4	8∶2	8∶2	7∶3

二、集料级配合成

1. 集料级配的合成方法

根据前面所述，不加矿粉和结合料时，为使粗集料形成的骨架结构不被破坏且间隙率最小，应该以次骨架密实结构按一定比例对主骨架结构间隙进行填充，使整体集料级配达到骨架密实。由于粗、细集料之间相对粒径差别较大，若单采用室内试验确定粗、细集料的比例，粗、细集料难以拌和均匀而产生离析。因此，对粗、细集料级配的合成拟采用体积法，通过计算确定它们的最佳配合比，具体试验方法如下。

(1) 根据粗集料设计配合比的击实密度和容量筒的体积，按式(7.5)计算粗集料的质量。

$$M_1 = \rho_1 \times V / 1000 \tag{7.5}$$

式中，M_1 为粗集料级配的集料质量，kg；ρ_1 为粗集料级配实测捣实密度，kg·m^{-3}；V 为容量筒体积，L。

(2) 确定细集料和矿粉用量比，并计算细集料和矿粉的矿料间隙率(细集料相较粗集料，矿粉相较细集料)。

细集料质量：

$$M_2 = \rho_2 \times V / 1000 \tag{7.6}$$

矿粉质量：

$$M_3 = \mathrm{VCA}_2 \times \rho_3 \times V / 1000 \tag{7.7}$$

细集料和矿粉混合料间隙率计算方法为

$$\mathrm{VCA}_3 = M_3 \times \mathrm{VCA}_{矿粉} / m_{矿粉} \tag{7.8}$$

$$m_{矿粉} = \rho_3 \times V / 1000 \tag{7.9}$$

细集料与矿粉合成密度计算方法为

$$\rho = (M_2 + M_3) \times 1000 / V \tag{7.10}$$

式中，ρ_2 为细级配集料实测振实密度，$\mathrm{kg \cdot m^{-3}}$；ρ_3 矿粉实测振实密度，$\mathrm{kg \cdot m^{-3}}$；VCA_2 为细级配集料实测间隙率，%；$\mathrm{VCA}_{矿粉}$ 为矿粉实测间隙率，%；V 为容量筒体积，L。

(3) 确定细集料和矿粉的用量。根据《公路沥青路面施工技术规范》的要求并参考美国联邦公路局(Federal Highway Administration，FHWA)关于矿料间隙率 VMA 最小值的要求，针对公称最大粒径为 37.5mm、设计空隙率为 4%的沥青混合料，选取 VMA 为 11%。为保证合成级配的矿料间隙率≥11%，并有一定的矿料间隙填充足够的沥青胶浆，以提高混合料的低温抗裂性能等，则填充粗集料骨架间隙所需细集料和矿粉的总和为

$$M = (\mathrm{VCA}_1 - 11\%)V \times \frac{\rho_1 \rho}{(\rho_1 - \rho \mathrm{VCA}_3) \times 1000} \tag{7.11}$$

式中，VCA_1 为粗级配集料实测间隙率，%。

粗细集料级配和矿粉合成质量比为

$$M_1 : \frac{M M_2}{(M_2 + M_3)} : \frac{M M_3}{(M_2 + M_3)} \tag{7.12}$$

2. 粗细集料的合成级配

表 7.20 是粗、细集料级配和矿粉用于级配合成计算时所需参数指标的实测结果，结合上述计算公式进行级配合成，计算结果如下。

表 7.20 参数指标的实测结果

指标	粗集料合成级配	细集料合成级配	矿粉
矿料松装密度/(kg·m^{-3})	1 695.3	1 913	1 278.49
剩余间隙率/%	36.6	26	52.1
体积/L	10	10	10

(1) 粗集料级配用量为

$$M_1 = \rho_1 \times V / 1\,000 = 1\,913 \times 10 / 1\,000 = 16.953 (\text{kg})$$

(2) 细集料和矿粉用量为

$$M_2 = \rho_2 \times V / 1\,000 = 1\,913 \times 10 / 1\,000 = 19.13 (\text{kg})$$

$$M_3 = \text{VCA}_2 \times \rho_3 \times V / 1\,000 = 26\% \times 1\,278.49 \times 10 / 1\,000 \approx 3.32 (\text{kg})$$

细集料和矿粉的矿料间隙率为

$$\text{VCA}_3 = M_3 \times \text{VCA}_{矿粉} / m_{矿粉} = 3.32 \times 50.1\% / (1278.49 \times 10 / 1\,000) \approx 13\%$$

混合料密度为

$$\rho = (M_2 + M_3) \times 1\,000 / V \times 100\%$$
$$= (3.32 + 19.13) / 10 \times 100\% = 2\,245 (\text{kg/m}^3)$$

所以细集料和矿粉质量比为 19.13：3.32。

(3) 用于填充粗集料骨架间隙所需要的细集料和矿粉总和为

$$M = (\text{VCA}_1 - 11\%) \times V \times \frac{\rho_1 \rho}{(\rho_1 - \rho \text{VCA}_3) \times 1\,000}$$
$$= (36.6\% - 11\%) \times 10 \times \frac{1\,695.3 \times 2245}{(1\,695.3 - 2\,245 \times 13\%) \times 1\,000} \approx 6.94 (\text{kg})$$

因此，粗、细集料级配和矿粉合成质量比为 16.95：5.91：1.03，若以百分率计算，则粗集料占 71%，细集料占 24.6%，矿粉占 4.4%。由于矿粉的紧装密度相比实际填充矿料间隙的密度偏小，计算出的矿粉用量偏低，需通过试验进一步确定矿粉的合适用量。由集料级配合成结果得到逐级填充后 SLSM-40 的级配如表 7.21 所示。

表 7.21 SLSM-40 级配

| 项目 | 下列筛孔(mm)通过率/% | | | | | | | | | | | | | |
	53	37.5	31.5	26.5	19	16	9.5	4.75	2.36	1.18	0.6	0.3	0.15	0.075
G1-37.5	100	85.8	76.6	66	43.2	29	28	27	24	22	17.5	14.5	10.5	4.5
G2-37.5	100	93	77	61	43	29	28	27	24	22	17.5	14.5	10.5	4.5

3. 合成级配的检验与优化

为了评价集料级配不同部分之间的组成是否合理,利用贝雷法提出的粗集料比(CA 比)、细集料粗比(FA_c 比)和细集料细比(FA_f 比)三个判断指标对本书的设计级配进行评价验证。

1) 粗集料 CA 值检验

根据逐级填充试验得到的各档集料通过率计算可得

对于级配一:$CA比=\dfrac{43.2-28}{100-43.2}\approx 0.268$;

对于级配二:$CA比=\dfrac{43-28}{100-43}\approx 0.263$。

采用 CA 比指标的目的是对粗集料的级配进行控制,CA 比过大不能形成粗集料骨架结构,CA 比太小容易出现离析和压实困难的问题,因此贝雷法推荐 CA 比为 0.4~0.8。根据美国的经验,CA 比大于 0.8 时粗集料组成结构不稳定,小于 0.4 时混合料容易产生离析且难以压实。由级配一和级配二得到的 CA 比可知,二者均不符合贝雷法中对于 CA 比的要求,需要进行调整。

2) 细集料 FA 值检验

根据逐级填充试验得到的各档集料通过率计算可得

$$SCS=\frac{0.2\times 9.5+0.24\times 9.5+0.29\times 9.5}{3}\approx 2.31$$

根据相应筛孔尺寸确定选取 2.36mm。

$$TCS=\frac{0.2\times 2.36+0.24\times 2.36+0.29\times 2.36}{3}\approx 0.57$$

根据相应筛孔尺寸确定选取 0.6mm。

对于级配一:$FA_c比=\dfrac{24}{28}\approx 0.86$, $FA_f比=\dfrac{17.5}{24}\approx 0.73$;

对于级配二:FA_c 比和 FA_f 比取值同上。

细集料中的粗料比 FA_c 可用来评估细集料中粗料部分的填充特性,大多数密级配沥青混合料的 FA_c 比为 0.25~0.50。随比值的增大,整个合成集料中的细集料部分填充更加紧密。通过改变 FA_c 比,可调整空隙率和 VMA。FA_c 比增大,VMA减小;相反,FA_c 比减小,沥青混合料的空隙率增大。

FA_f 比用来进一步评估细集料中最小集料颗粒的填充特性。与 FA_c 比相同,FA_f 比也要求为 0.25~0.50,以防超填上一级颗粒形成的空隙 FA_f 比增大,混合料的空隙减小。由计算得到的数据可知,级配一和级配二的结果不符合贝雷法对 FA_c 和 FA_f 的要求,因此需要调整。

3) 骨架密实结构的矿料级配检验方法

用于检验矿料级配是否是骨架密实结构的方法称为骨架密实结构检验方法，即采用粗集料骨架间隙填充法(VCA$_{DRF}$方法)[55]。在紧密接触的骨架密实结构沥青混凝土混合料中，粗集料含量最多、油石比最小、高温抗久变形能力最强。在实际的密实沥青混凝土混合料中，粗集料的状态对沥青混凝土混合料的高温抗永久形变能力具有重要影响。

用 VCA$_{DRF}$ 方法进行矿料级配检验的基本方程为

$$\left(\frac{P_{ca}}{\rho_{DRC}}\right) \times \left(VCA_{DRC} - VV\right) = \frac{P_{fa}}{\rho_{b,fa}} + \frac{P_{fi}}{\rho_{a,fi}} + \frac{P_a}{\rho_b} \quad (7.13)$$

式中，P_{ca} 为矿料级配中粗集料含量，%；ρ_{DRC} 为粗集料干捣密度，g·cm^{-3}；VCA$_{DRC}$ 为粗集料干捣状态下矿料间隙率，%；VV 为沥青混凝土中的空隙率，%；P_{fa} 为矿料级配中细集料含量，%；$\rho_{b,fa}$ 为细集料毛体积密度，g·cm^{-3}；P_{fi} 为矿料级配中粒径小于 0.075mm 的填料含量，%；$\rho_{a,fi}$ 为填料的表观密度，g·cm^{-3}；P_a 为沥青用量，%；ρ_b 为 25℃时沥青的密度，g·cm^{-3}。

式(7.13)左侧为干捣粗集料骨架间隙率减去设计空隙率 VV 后的设计粗集料骨架间隙率，也就是可以容纳细集料、填料和沥青体积率之和的间隙率；等号右侧为细集料、填料和沥青体积率之和，称为沥青砂胶的体积率 VOL$_{ma, b}$。作为骨架密实结构，在规定沥青混凝土中的空隙率 VV 后，式(7.13)右侧的值应等于左侧的值。如果右侧的值明显大于左侧的值，则会使沥青混凝土中粗集料形成的骨架被沥青砂胶撑开甚至粗集料悬浮在沥青砂胶中，直接影响沥青混凝土的高温抗永久形变能力。如果等号右侧的值明显小于左侧的值，则沥青混凝土中的空隙率将明显大于设定的值，使沥青混凝土的透水性增大，容易产生水破坏，其高温抗永久形变能力也会降低。

代入相应的指标数值可知，左侧 $VCA_{DRC} = \frac{0.71}{1.695} \times (0.366 - 0.04) \approx 0.13655$，右侧 $VOL_{ma,b} = \frac{0.246}{2.585} + \frac{0.044}{2.724} + \frac{P_a}{1.03}$，如果式左右相等则沥青含量 P_a 为 2.6%。这与估算的沥青用量相差较大，但与实际工程中大粒径沥青混合料沥青用量比较接近。

为了使研究的级配更加全面，在上述级配的基础上设计了粗集料含量大、偏于级配上限的级配(如 G1-37.5)，粗集料含量较小、偏于级配下限的级配(如 G5-37.5)和粗集料含量在二者之间的三组级配(如 G2-37.5、G3-37.5、G4-37.5)，调整后的级配如表 7.22 和图 7.16 所示。

表7.22 SLSM-40 优化后级配

项目	下列筛孔(mm)通过率/%													
	53	37.5	31.5	26.5	19	16	9.5	4.75	2.36	1.18	0.6	0.3	0.15	0.075
G1-37.5	100	85.8	76.6	66	43.2	29	28	27	24	22	17.5	14.5	10.5	4.5
G2-37.5	100	93	77	61	43	29	28	27	24	22	17.5	14.5	10.5	4.5
G3-37.5	100	95.6	82	71	60	32.7	30	24	16.7	12.6	9.4	6.8	5.3	4.5
G4-37.5	100	95.6	82	71	60	32.7	30	27	24	20	16.5	13.5	10.5	4.5
G5-37.5	100	98	90	85.5	68	57.5	46	29.5	26.5	18.5	12.5	9	6	3.6

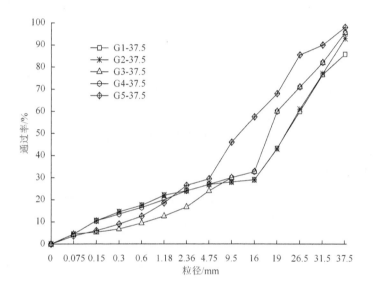

图 7.16 SLSM-40 级配设计曲线

在公称最大粒径为 37.5mm 的级配设计基础上，利用相同方法设计公称最大粒径为 53mm 的级配，见表 7.23 和图 7.17。

表7.23 SLSM-50 各筛孔的通过率

项目	下列筛孔(mm)通过率/%														
	63	53	37.5	31.5	26.5	19	16	9.5	4.75	2.36	1.18	0.6	0.3	0.15	0.075
G1-53	100	95	87	77	61	43	29	28	27	24	22	17.5	14.5	10.5	4.5
G2-53	100	95	90	82	71	60	34.5	30	27	24	20	16.5	13.5	10.5	4.5
G3-53	100	95	88	84.5	83.5	67	56.5	46	29.5	26.5	18.5	12.5	9	6	3.6

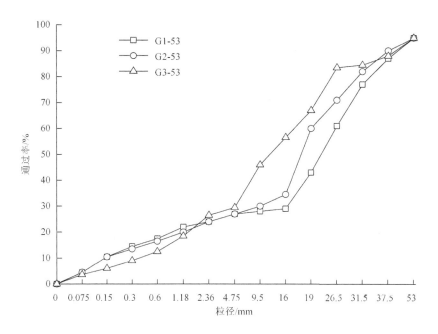

图 7.17　SLSM-50 级配设计曲线图

三、估算最佳沥青用量

采用沥青膜厚度设计法确定最佳沥青用量，首先根据沥青膜厚度和集料比表面积初定沥青用量。影响级配矿料比表面积的首要因素是级配中通过 0.075mm 筛孔的矿粉含量，其次是通过 0.15mm、0.3mm、0.6mm、1.18mm、2.36mm 和 4.75mm 筛孔集料含量，所有粒径大于 4.75mm 筛孔的各级集料对集料比表面积没有太大影响。

1) 计算集料比表面积 S

$$S = 0.41 + 0.41a + 0.82b + 1.64c + 2.87d + 6.14e + 12.29f + 32.77g \qquad (7.14)$$

式中，a、b、c、d、e、f、g 分别表示 4.75mm、2.36mm、1.18mm、0.6mm、0.3mm、0.15mm 和 0.075mm 筛孔的通过率。

2) 估算沥青用量

估算沥青用量等于假定沥青膜厚度与集料比表面积的乘积。通常认为沥青膜太薄，沥青不足以形成薄膜黏结矿料颗粒，混合料的水稳定性、疲劳性能等路用性能都较差；沥青膜太厚，则会成为集料产生相对滑移的润滑剂。因此，应当确定一个合理的沥青膜厚度，沥青混合料的平均沥青膜厚度通常为 5~15μm。

3) 估算沥青用量

根据上面的数据可知 SLSM-40 集料的比表面积为 5.24m²/kg，根据沥青路面施工技术规范的规定和参考美国国家沥青技术中心(National Center for Asphalt Technology，NCAT)的相关结论，选取沥青膜厚度为 8μm，则估算沥青用量为 4.2%。结合实际工程经验可知，计算得到的沥青用量偏大，需要在后期确定最佳沥青用量时进行校正。

第二节　超大粒径沥青混合料成型方法

针对 SLSM 的特点，结合国内外经验利用旋转压实法、大马歇尔击实法和振动击实法三种不同的成型方法来成型试件，通过体积指标的对比分析确定适用于 SLSM 的成型方法。

一、基于旋转压实的 SLSM 成型方法

利用旋转压实仪成型试件，压实次数 100 次、集料烘干并保温 160℃、沥青 160℃。根据经验可知，大粒径沥青混合料的最佳沥青用量一般为 3.0%，因此不按照常用的 0.5%的含油量来调整油石比，而是按照 0.1%～0.2%含油量来调整。每个含油量成型三个试件。旋转压实试件的高度应满足公称最大粒径的 2.5～3 倍，即(110±15)mm。SLSM-40 和 SLSM-50 各试验级配的旋转压实试验结果分别见表 7.24 和表 7.25。

表 7.24　SLSM-40 各级配旋转压实试验结果

级配	油石比/%	空隙率/%	矿料间隙率/%	沥青饱和度/%
G1-37.5	3.0	6.8	13.03	47.8
	3.2	4.8	12.5	62
	3.3	3.9	11.6	66
	3.4	2.8	10.4	73.1
G2-37.5	3.0	4.6	11.73	60.8
	3.2	4	12	66.7
	3.3	4.3	12.3	65
	3.4	2.2	10.7	79.4
G3-37.5	3.0	8.3	15.9	47.8
	3.2	8.0	15.6	48.5
	3.3	8.1	15.5	48.8
	3.4	7.7	15.7	51

续表

级配	油石比/%	空隙率/%	矿料间隙率/%	沥青饱和度/%
G4-37.5	3.0	3.6	11.9	69.7
	3.2	3.9	12.2	68
	3.3	2.4	11.2	78.6
	3.4	2.4	11.1	78.4
G5-37.5	2.8	6.6	12.3	46.3
	3.0	5.9	12	50.8
	3.2	6.1	12.2	50
	3.4	5.4	12.6	57.4
	3.6	3.9	10.8	63.9

表 7.25 SLSM-50 各级配旋转压实试验结果

级配	油石比/%	空隙率/%	矿料间隙率/%	沥青饱和度/%
G1-53	2.8	6.9	14.95	53.8
	3.0	5.5	13.6	59.6
	3.2	6.7	14.80	54.7
G2-53	2.8	5.5	13.0	57.7
	3.0	5.9	13.42	56
	3.2	4.6	12.21	62.3
G3-53	2.8	5.7	11.86	51.9
	3.0	6.3	12.47	49.5
	3.2	5.5	11.75	53.2

二、基于马歇尔大型击实的 SLSM 成型方法

由于 SLSM 的粒径较大，其混合料设计时应采用较大的尺寸来成型试件，显然标准马歇尔试件尺寸已不再适用，因此利用大马歇尔沥青混合料设计方法来成型试件。初试油石比及含油量调整与旋转压实法相同。每个含油量成型三个试件。SLSM-40 和 SLSM-50 各级配大马歇尔击实试验结果分别见表 7.26 和表 7.27。

表 7.26 SLSM-40 各级配大马歇尔击实试验结果

级配	油石比/%	空隙率/%	矿料间隙率/%	沥青饱和度/%
G1-37.5	3.0	9.7	17.0	42.9
	3.2	9.0	16.4	45.1
	3.3	8.5	15.9	46.5
	3.4	7.3	15.2	52
G2-37.5	3.0	9.1	16.5	44.8
	3.2	8.7	16.1	46
	3.3	8.1	15.4	47.4
	3.4	7.6	15.1	49.6
G3-37.5	3.0	14.2	21.8	34.9
	3.2	12.9	19.1	32.5
	3.3	12.4	18.6	33.3
	3.4	11.9	17.9	33.5
G4-37.5	3.0	8.9	16.2	45.1
	3.2	8.1	15.3	47.1
	3.3	7.6	14.8	48.6
	3.4	6.9	13.4	48.5
G5-37.5	3.0	8.9	17.2	48.3
	3.2	8.4	16.8	50
	3.3	7.6	15.4	50.6
	3.4	6.5	14.6	55.5

表 7.27 SLSM-50 各级配大马歇尔击实试验结果

级配	油石比/%	空隙率/%	矿料间隙率/%	沥青饱和度/%
G1-53	2.8	13.2	22.6	41.6
	3.0	12.4	21.2	41.5
	3.2	11.7	19.4	39.7
G2-53	2.8	12.8	19.8	35.4
	3.0	11.8	19.5	39.5
	3.2	12.5	18.9	33.9
G3-53	2.8	12.1	21.6	44
	3.0	11.7	19.2	39.1
	3.2	11.4	18.8	39.4

三、基于振动击实的 SLSM 成型方法

目前，施工现场大量使用振动压路机，而室内采用击实法，导致室内成果和实际应用缺乏可比性。为模拟在沥青混合料实际施工中的工艺，本节采用振动击实法成型试件对 SLSM 进行研究。振动击实法模拟振动压路机的工作原理，对集料颗粒施加振动冲击力，边振动边压实，使颗粒间的摩擦力由初始的静摩擦状态逐渐转变为动摩擦状态。当机械振动频率与被压材料固有频率发生共振时，材料间的摩擦阻力最小，而材料的受迫运动达到最大，从而可有效提高材料的最大干密度。SLSM 振动击实试验步骤与半刚性基层材料相同，试件成型后测定其体积参数，方法与标准马歇尔设计方法相同。

初试油石比及含油量调整与大马歇尔击实法相同。SLSM-40 和 SLSM-50 各级配振动击实试验结果分别见表 7.28 和表 7.29。

表 7.28 SLSM-40 各级配振动击实试验结果

级配	油石比/%	空隙率/%	矿料间隙率/%	沥青饱和度/%
G1-37.5	3.0	20.5	28.2	31.2
	3.2	19.4	27.6	29.7
	3.3	18.2	25.9	29.8
	3.4	16.7	24.8	32.7
G2-37.5	3.0	19.3	27.5	29.8
	3.2	17.9	24.6	29
	3.3	17.1	25.9	34.1
	3.4	16.2	23.4	30.8
G3-37.5	3.0	25.8	31.6	18.4
	3.2	24.2	30.7	21.2
	3.3	23.7	30.5	22.3
	3.4	21.8	28.9	24.6
G4-37.5	3.0	18.3	26.1	29.9
	3.2	16.5	24.3	32.1
	3.3	16.0	24.4	34.4
	3.4	16.2	24.5	33.9
G5-37.5	3.0	17.1	25.4	32.7
	3.2	15.6	23.6	33.9
	3.3	14.8	21.7	31.2
	3.4	14.2	20.4	30.4

表 7.29 SLSM-50 各级配振动击实试验结果

级配	油石比/%	空隙率/%	矿料间隙率/%	沥青饱和度/%
	2.8	24.6	31.7	22.4
G1-53	3.0	21	29.6	29.1
	3.2	19.6	27.8	29.5
	2.8	23.4	32.5	28
G2-53	3.0	20.2	29.4	31.3
	3.2	20.5	28.6	28.3
	2.8	21.2	29.4	27.9
G3-53	3.0	20.6	28.6	28
	3.2	18.8	25.1	25.1

四、不同成型方法的对比分析

对于 SLSM，分别采用旋转压实、大马歇尔击实、振动击实三种不同的方法成型试件。从仪器的经济性和适用性上来讲，大马歇尔击实仪成本低，应用最广泛。但是，其最大缺点是室内成果与实际应用缺乏可比性，导致试验数据准确性不高，从而使室内试验结论无法指导实际施工。对于旋转压实仪和振动成型仪，其设计就是为了模拟实际工程的需要，在一定程度上解决了大马歇尔击实产生的问题。但是由于其设备成本较高，不如大马歇尔击实仪应用广泛。

三种成型方法最大的不同就是击实功的大小，这也是试件成型效果和后期体积参数研究的关键影响因素。三种成型方法击实功如图 7.18 所示。

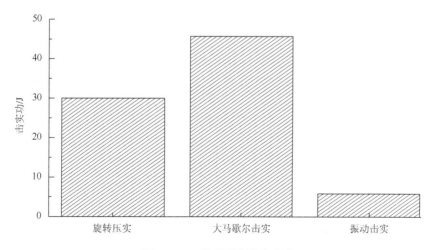

图 7.18 三种成型方法击实功

　　结合不同成型方法研究可知，振动击实的击实功较小，相应成型 SLSM 试件的空隙率偏大(≥20%)，而大马歇尔击实击实功最大，但是由于其击实形式单一，仅在竖直方向作用，因此其成型 SLSM 试件的空隙率反而大于旋转压实。总之，在击实功不同的情况下，三种成型方法得到的体积参数差异较大。然而这并不能说明三种成型方法的优劣，只是表明应根据 SLSM 所应用层位的不同功能需求来选择不同的成型方法。

　　分别对三种方法成型的试件进行了相关试验，计算得到各个级配下空隙率等体积参数指标。选取 SLSM-40 和 SLSM-50 级配作为研究目标，对其空隙率进行对比，如图 7.19 和图 7.20 所示，试件如图 7.21 所示。

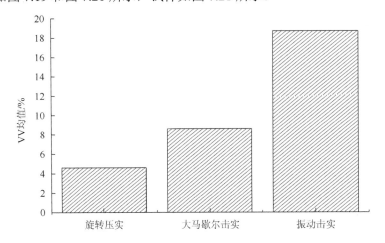

图 7.19　不同成型方法下 G1-37.5 空隙率

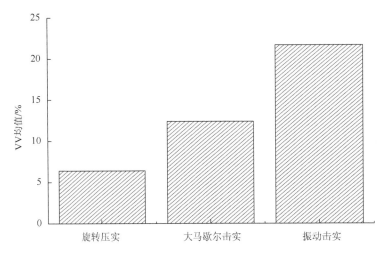

图 7.20　不同成型方法下 G1-53 空隙率

(a) 旋转压实　　　　　(b) 大马歇尔击实　　　　　(c) 振动击实

图 7.21　不同方法成型试件

研究表明，对于同一级配，利用不同成型方法得到的试件体积参数差异很大。旋转压实成型的试件表面光滑，空隙较少，其余两种方法成型的试件表面空隙较大，特别是振动成型的试件表面呈蜂窝状，在室温(20℃)下放置时出现混合料自动脱落现象。这说明，对于 SLSM，应尽量选择压实功较大、成型效果好的旋转压实法，有利于后期试验处理并能保证试验结果的准确性。

第三节　超大粒径沥青混合料体积特性

本节根据前面提出的设计级配，采用旋转压实法成型试件，并借鉴 Superpave 法对超大粒径沥青混合料的体积特性进行全面分析并确定其最佳沥青用量。

一、SLSM-40 体积指标

1. SLSM-40 设计级配

SLSM-40 体积指标研究中所用级配与试件成型方法研究中一致。

2. 试验结果分析和最佳沥青用量确定

利用旋转压实仪成型试件，压实次数为 100 次，集料烘干并保温 160℃，沥青 160℃。根据经验可知，大粒径沥青混合料最佳沥青用量一般为 3.0%，因此不按照常用的 0.5%的含油量来调整油石比，而是按照 0.1%～0.2%的含油量来调整。每个含油量成型三个试件。旋转压实试件的高度应满足公称最大粒径的 2.5～3 倍，即(110±15)mm。旋转压实试件的最大理论密度采用真空法测得，各物理指标与油石比的关系如图 7.22～图 7.25 所示。

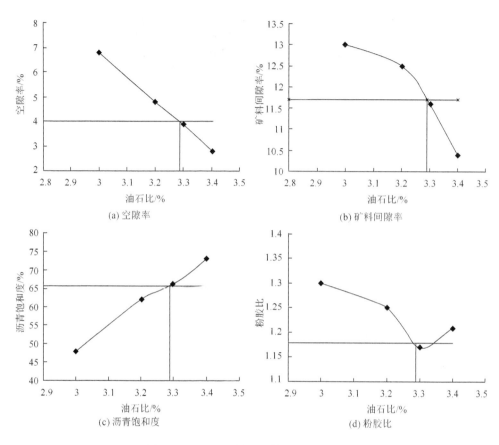

图 7.22　G1-37.5 体积参数与油石比关系

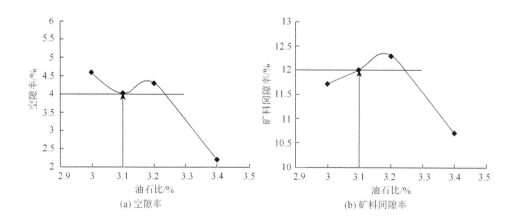

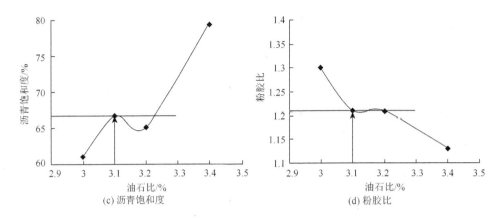

图 7.23　G2-37.5 体积参数与油石比关系

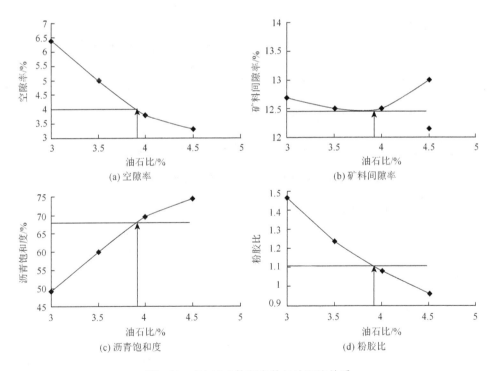

图 7.24　G4-37.5 体积参数与油石比关系

通过对旋转压实成型的数据处理发现，G3-37.5 空隙率大于 7.5，当油石比达到 3.4%时出现泛油，而空隙率仍为 7.7%。说明此级配未能形成密实的嵌挤结构，因此弃用此级配。

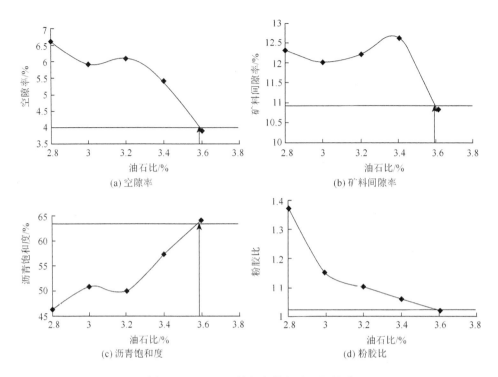

图 7.25　G5-37.5 体积参数与油石比关系

根据试验结果确定各个级配最佳油石比和体积参数，如表 7.30 所示。

表 7.30　SLSM-40 各级配最佳油石比及体积参数汇总

名称	最佳油石比/%	空隙率/%	矿料间隙率/%	沥青饱和度/%	粉胶比
G1	3.3	3.9	11.6	66	1.17
G2	3.1	4	12	66	1.21
G3	—	—	—	—	—
G4	3.2	3.9	12.2	68	1.20
G5	3.6	3.9	10.8	63.9	1.02

由 SLSM-40 各级配体积指标分析可得如下结论。

(1) 对于同一级配，当油石比在最佳油石比附近(±0.2%)时，空隙率变化一般较小(0.5%～1%)，而当油石比超过此范围时，空隙率变化一般在 1.5%以上。这说明，大粒径沥青混合料对于油石比的变化十分敏感，应严格控制油石比使其在最佳油石比±0.1%范围内，从而达到空隙率指标的要求。

(2) 对于不同级配的大粒径沥青混合料，如粗集料比例达到 71%的 G1-37.5，与粗集料比例为 42.5%的 G5-37.5 相比，其最佳油石比仅差 0.3%，但当油石比为

3.0%～4%时，G1-37.5 的空隙率变化是 G5-37.5 空隙率变化的 1.5 倍。这说明，粗集料占有率较大时其对沥青的敏感性更大，应适当减少粗集料的比例和严格控制油石比。

(3) G1-37.5、G2-37.5 和 G4-37.5 的 0.15mm 筛孔通过率均为 10.5%，其粗集料比例均约为 70%。最佳油石比时，矿料间隙率均约为 12%，沥青饱和度约为 67%，粉胶比均约为 1.2。G3-37.5 中粗集料比例也为 70%左右，但其 0.15mm 及以下筛孔的通过率偏低(6.7%)，导致旋转压实后试件空隙率偏大，并有明显的脱落现象。研究表明，对于密集配 SLSM-40，当粗集料比例较大时(70%)时，应适当增大 0.15mm 及以下筛孔的通过率，才可以保证各项体积指标符合规范要求。

3. SLSM-40 沥青膜厚度对体积指标的影响

1) 集料总表面积计算的标准方法

对于沥青混合料的集料总表面积和沥青膜厚度的计算，《公路沥青路面施工技术规范》(JTG F40—2004)(以下简称《规范》)规定了两种计算方法，分别应用于密级配沥青混合料和开级配抗滑表层(OGFC)混合料集料，并分别注明来自美国沥青学会和澳大利亚沥青路面设计手册。下面应用此方法对密级配沥青混合料的集料总表面积进行计算与分析。

按照 Hveem 的假设，把集料视为球形颗粒，可以计算出各粒径集料的比表面积。美国沥青学会给出的经验比表面积系数如表 7.31 所示。

表 7.31 通过各筛孔材料的比表面积系数

筛孔尺寸/mm	>4.75	2.36	1.18	0.6	0.3	0.15	0.075
比表面积系数/($m^2 \cdot kg^{-1}$)	0.41	0.82	1.64	2.87	6.14	12.29	32.77

这个经验比表面积系数以集料的有效相对密度 2.65 为准，当集料的有效相对密度与 2.65 相差较大时，各筛孔比表面积系数应根据集料实际有效密度适当调整。以各种筛孔通过量乘以比表面积系数，就得到集料的总比表面积系数。《规范》在沥青混合料配合比设计中已经引入该理论，后面以《规范》中规定的方法进行沥青混合料表面积计算。由于试验所采用的级配各筛孔的通过量均相同，矿粉密度相差也不大，计算得到的各种矿粉组成的矿料级配、集料总表面积应该是一样的，只是因沥青用量的不同，沥青膜厚度有所差异。但现行计算沥青混合料中集料表面积总和的方法有两处不妥，具体表现为：①0.075mm 以下部分变异性较大，不应确定为 32.77，应采用实测值；②采用比表面积系数与集料通过量相乘来计算该筛孔至下一个筛孔之间的集料的表面积，准确性难以保证，提出的系数与分级筛余相乘更恰当。

因此，根据实测和理论计算结果，提出各筛孔筛余的比表面积系数参考值，用这一系数与分级筛余相乘，即得该部分集料的表面积。但该计算方法仅适用于细集料中 0.075mm 以下粒径的表面积计算，矿粉采用实测值进行计算。建议的集料比表面积系数如表 7.32 所示。

表 7.32　集料比表面积系数

筛孔尺寸/mm	53	37.5	31.5	26.5	19	16	13.2	9.5	4.75	2.36	1.18	0.6	0.3	0.15	0.075	<0.075
实测数据	0.008	0.044	0.052	0.061	0.078	0.094	0.114	0.145	0.272	0.457	0.964	1.709	3.477	5.249	10.718	113.77

2) 沥青膜厚度计算方法及其结果分析

一般认为，当沥青碎石空隙率为 10%～15%时，沥青膜厚度应为 9～11μm；当沥青混合料 II 型级配空隙率为 4%～10%时，当沥青膜厚度应为 7～9μm；当沥青混合料 I 型级配空隙率为 3%～6%时，沥青膜厚度应为 6～8μm。通常情况下，连续密级配沥青混合料的沥青膜有效厚度不宜小于 6μm，密实型沥青碎石混合料的沥青膜有效厚度不宜小于 5μm，开级配抗滑磨耗层 OGFC 沥青混合料的沥青膜厚度宜为 14μm。但是，沥青混合料中沥青膜厚度的分布是不均匀的，沥青膜厚度的影响因素很多，主要有沥青用量、沥青的相对密度、集料的总表面积和集料的酸碱性。影响集料总表面积的主要因素有表面纹理、级配和粒径。为了计算方便，在此仅从材料的性质加以分析，假定沥青混合料的沥青膜厚度均匀，以沥青的体积除以集料的表面积，计算得到平均沥青膜厚度。可以采用两种方法计算沥青膜厚度，如下所示。

(1) 我国《公路沥青路面施工技术规范》(JTG F40—2004)给出的有效沥青膜厚度计算公式为

$$DA = \frac{P_{be}}{\gamma_b \times SA} \times 10 \tag{7.15}$$

(2) 美国沥青学会给出的沥青膜厚度计算公式为

$$DA = \frac{P_{be}}{(100 - P_b) \times \gamma_b \times SA} \times 1000 \tag{7.16}$$

式中，SA 为集料比表面积，$m^2 \cdot kg^{-1}$；DA 为沥青膜有效厚度，μm；P_{be} 为有效沥青用量，%；γ_b 为沥青相对密度。

利用式(7.15)和式(7.16)计算的结果如表 7.33 所示。

表 7.33　SLSM-40 各种级配下不同计算方法得到的沥青膜厚度

级配	油石比	P_{be}/%	SA_1/(m²·kg⁻¹)	SA_2/(m²·kg⁻¹)	DA_1/μm	DA_2/μm
G1	3.0	2.7			5.00	4.41
	3.2	2.8	5.24	6.13	5.19	4.58
	3.3	3.0			5.56	4.91
	3.4	2.9			5.37	4.75
G2	3.0	2.7			5.00	4.41
	3.1	2.9	5.24	6.13	5.37	4.74
	3.2	2.9			5.37	4.75
	3.4	3.1			5.74	5.08
G3	3.0	2.6	3.67	5.57	6.88	4.67
	3.4	3			7.94	5.41
G4	3.1	2.9			5.51	4.69
	3.2	3.0	5.11	6.20	5.70	4.85
	3.3	3.2			6.08	5.18
	3.4	3.2			6.08	5.19
G5	2.8	2.1			5.45	4.26
	3.0	2.5			6.49	5.09
	3.2	2.6	3.74	4.92	6.75	5.30
	3.4	2.7			7.01	5.52
	3.6	2.8			7.27	5.73

注：SA_1 表示利用《规范》中的方法计算集料比表面积；SA_2 表示利用改进的方法计算比表面积；DA_1 表示利用《规范》中的方法计算沥青膜厚度；DA_2 表示利用美国沥青学会给出的方法计算沥青膜厚度。

由沥青膜厚度分析可得如下结论。

(1) 对比各个级配的 SA_1 和 SA_2 表明，《规范》中的方法普遍比改进后的方法小 1～1.2μm，而 DA_1 均大于 DA_2，0.15mm 及以下筛孔的通过率越小，二者的差距越大。

(2) 对比 G1-37.5 和 G2-37.5，二者粗细集料比例相同(7∶3)，只是粗集料中各档集料所占的质量有所不同。但通过计算研究表明，无论哪种方法得到的集料，比表面积都是一样的，且在相同沥青用量下沥青膜厚度仅相差 0.25μm。将这两个级配与 G5-37.5 进行对比(G5-37.5 粗集料比例仅为 42.5%)表明，集料比表面积变化接近 1.5，相同沥青用量下 DA_1 变化接近 1.5，DA_2 变化为 0.7 左右，说明粗细集料的比例对沥青膜厚度有较大的影响。

(3) 通过分析达到最佳油石比时沥青膜厚度(主要看 DA_2)表明，当粗集料比例为 70%左右时(如 G1-37.5、G2-37.5)，沥青膜厚度在(4.84±0.1)μm 附近，各项指标也满足《规范》要求。对于粗集料仅占 42.5%的 G5-37.5，其沥青膜厚度为 5.73μm。粗集料比例减小 30%，沥青膜厚度增加 1μm。

4. SLSM-40 与 AC-25 体积指标对比分析

AC-25 级配设计曲线如图 7.26 所示，对各个级配 AC-25 沥青混合料进行旋转压实后的体积指标进行分析，结果如下所述。

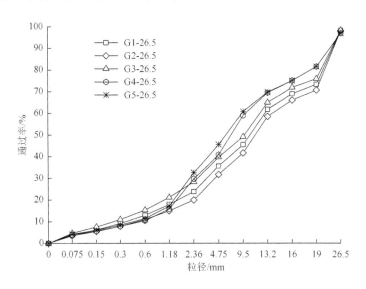

图 7.26　AC-25 级配设计曲线

(1) 沥青用量以 0.5%为间隔变化时，空隙率平均变化 0.75%～1.1%，粗集料比例越大，其空隙率对沥青变化的敏感性越小。当达到最佳沥青用量之后，沥青用量继续增加，空隙率的变化率明显减小。

(2) 在沥青用量统一的情况下，单纯改变 0.075mm 筛孔通过率，对空隙率等指标影响不明显，但是对于细集料占比较大的级配如 G5-26.5，粉胶比对空隙率、矿料间隙率等的影响是比较明显的，粉胶比为 0.5 左右，其空隙率为 50%左右。对于 G2-26.5 这种粗集料占比较大的级配，其粉胶比为 0.64，空隙率仅为 38%，可见对其影响较小。

(3) 各个级配中 0.15mm 筛孔的通过率为 5.5%～7.6%，平均值为 6.2%；0.075mm 关键筛孔的通过率为 3.5%～4.7%，平均值为 4.1%。其中 G2-26.5 的 0.15mm 筛孔的通过率为 5.5%，G3-26.5 的 0.15mm 筛孔的通过率为 7.6%，二者粗集料比例分别为 68.5%和 60.2%。但是，在同一沥青用量下其空隙率相差 1.2%左右，矿料间隙率相差 1%左右。G3-26.5(粗集料比例为 60.2%)和 G4-26.5(粗集料比例为 59.1%），其 0.15mm 筛孔的通过率分别为 7.6% 和 5.6%，在同一沥青用量下其空隙率相差仅为 0.3% 以下，矿料间隙率相差 0.2%～0.4%。这两组数据的对比研究表明，关键筛孔通过率对 AC-25 体积指标不是主要影响因素，其主要影响因素为粗、细集料的比例。因此在级配设计中应合理控制粗、细集料的比例。

选取二者中粗集料含量大的两个级配进行对比分析，即 G2-26.5 与 G1-37.5，二者粗集料含量均为 70% 左右，具体数据见表 7.34 和表 7.35。

表 7.34　G2-26.5 旋转压实试验结果

级配	油石比/%	密度/(g·cm⁻³)	最大理论密度/(g·cm⁻³)	空隙率/%	矿料间隙率/%	沥青饱和度/%	粉胶比
	3.0	2.401	2.601	7.7	13.1	41.2	1.64
	3.5	2.407	2.576	6.6	13.3	50.4	1.32
G2-26.5	4.0	2.418	2.558	5.5	13.3	58.6	1.13
	4.5	2.421	2.541	4.7	13.6	65.4	1.00

表 7.35　G1-37.5 旋转压实试验结果

级配	油石比/%	有效密度/(g·cm⁻³)	有效沥青用量/%	最大理论密度/(g·cm⁻³)	空隙率/%	矿料间隙率/%	沥青饱和度/%	粉胶比
	3.0	2.693	2.7	2.569	6.8	13.03	47.8	1.30
	3.2	2.692	2.8	2.569	4.8	12.5	62	1.25
G1-37.5	3.3	2.685	3.0	2.557	3.9	11.6	66	1.17
	3.4	2.701	2.9	2.565	2.8	10.4	73.1	1.21

通过对比各个指标变化，分析可得如下结论。

(1) G2-26.5 中 0.15mm 筛孔的通过率为 5.5%，而 G1-37.5 中 0.15mm 筛孔的通过率为 10.5%。通过逐级填充试验可知，0.15mm 及以下筛孔的通过率对集料整体密实性具有很大影响。二者对比研究表明，公称最大粒径从 26.5mm 变化到 37.5mm，0.15mm 及以下粒径集料与矿粉用量增加 5%，而达到同一空隙率时，沥青的用量却减少 0.5%。

(2) 随着粒径的增大，混合料各项指标对沥青的敏感性提高。例如，G2-26.5 油石比改变 0.5%，其空隙率变化约为 1%；对于 G1-37.5，其油石比变化 0.2%，空隙率变化 20%。G2-26.5 的沥青用量从 3% 增大到 4.5%，沥青饱和度变化 24.2%，平均油石比每变化 0.1%，沥青饱和度变化 1.3%；对于 G1-37.5，沥青用量从 3% 增大到 3.4%，沥青饱和度变化 25.3%，平均沥青用量每变化 0.1%，沥青饱和度变化 6.3%。

再选取二者中细集料含量大的两个级配进行对比分析，即 G5-26.5 和 G5-37.5。

G5-26.5, 其细集料含量为 54.4%; G5-37.5, 其细集料含量为 53.9%。旋转压实试验结果见表 7.36 和表 7.37。

表 7.36 G5-26.5 旋转压实试验结果

级配	油石比/%	密度/(g·cm⁻³)	最大理论密度/(g·cm⁻³)	空隙率/%	矿料间隙率/%	沥青饱和度/%	粉胶比
	3.0	2.396	2.613	8.3	14.5	42.8	1.57
	3.5	2.432	2.593	6.2	13.6	54.4	1.33
G5-26.5	4.0	2.454	2.575	4.7	13.3	64.7	1.16
	4.5	2.455	2.556	4.0	13.7	70.8	1.03

表 7.37 G5-37.5 旋转压实试验结果

级配	油石比/%	有效密度/(g·cm⁻³)	有效沥青用量/%	最大理论密度/(g·cm⁻³)	空隙率/%	矿料间隙率/%	沥青饱和度/%	粉胶比
	2.8	2.708	2.1	2.594	6.6	12.3	46.3	1.37
	3.0	2.695	2.5	2.580	5.9	12	50.8	1.15
G5-37.5	3.2	2.704	2.6	2.580	6.1	12.2	50	1.10
	3.4	2.713	2.7	2.579	5.4	12.6	57.4	1.06
	3.6	2.722	2.8	2.574	3.9	10.8	63.9	1.02

由上述两个表对比各个指标变化分析可得如下结论。

(1) G5-26.5 中 0.15mm 筛孔的通过率为 6%, 与 G5-37.5 相同。通过逐级填充试验可知, 0.15mm 及以下筛孔的通过率对集料整体密实性具有很大影响。上述两种级配 0.15mm 及以下筛孔的通过率相差不大。这说明, 两种级配集料形成骨架后剩余空隙率比较相近, 所以需要用于填充的集料数量相差无几。

(2) 当两种级配都达到 4% 的空隙率时, 研究表明, 二者油石比相差 1%。这说明, 虽然 G5-37.5 中 37.5mm 含量仅为 2%, 31.5mm 粒径集料含量仅为 8%, 但在集料剩余空隙率大致相同的情况下出现 1%(48g) 的油石比偏差, 其主要原因是集料尺寸的变化, 导致沥青膜厚度改变, 从而使有效沥青用量发生变化。

(3) 随着 37.5mm 和 31.5mm 粒径集料含量降低, 粗、细集料比变小, 混合料各项指标对沥青的敏感性与 G5-37.5 和 AC-5 相比有较明显的减小。例如, 当 G5-26.5 的油石比在 3.0%~4.5% 变化时, 油石比改变 0.5%, 空隙率平均变化约为 1.4%; 当 G5-37.5 的油石比在 2.8%~3.6% 变化时, 油石比改变 0.2%, 空隙率平均变化约为 0.67%。G5-26.5 油石比从 3.0% 增大到 4.5%, 沥青饱和度变化 28%, 平均油石比每变化 0.1%, 矿料间隙率变化 1.87%; 对于 G5-37.5, 油石比从 3.0% 增大到 3.4%, 矿料间隙率变化 0.6%, 平均油石比每变化 0.1%, 矿料间隙率变化 15%。

(4) 通过多组试验对比发现，对于 SLSM-40，因其集料尺寸较大，粗集料比例大，使其油石比浮动范围较小(2.8%~3.4%)，粉胶比变化范围也相应较小(1.1~1.4)。影响混合料体积指标的因素主要是粗细集料的比例，特别是公称最大粒径集料的比例(本书中主要指 37.5mm)。公称最大粒径集料约占 2%，对骨架结构的作用可能不很明显，但是对沥青用量和各项体积指标的影响还是十分显著的。

二、SLSM-50 体积指标

1. SLSM-50 设计级配

SLSM-50 体积指标研究中所用级配与试件成型方法研究中一致。

2. 试验结果分析和最佳沥青用量确定

现有规范未对公称最大粒径为 53mm 的沥青混合料空隙率等指标提出要求，在本书中，根据 SLSM-40 的试验数据提出 SLSM-50 设计空隙率为 5.5%，再根据试验结果得到各个级配最佳油石比和相应的体积参数，如表 7.38 所示。

表 7.38　SLSM-50 各级配最佳油石比和体积参数汇总

名称	最佳油石比/%	空隙率/%	矿料间隙率/%	沥青饱和度/%	粉胶比
G1	3.0	5.5	13.6	59.6	1.35
G2	2.8	5.5	13	57.7	1.4
G3	3.2	5.5	11.75	53.2	1.12

3. SLSM-50 沥青膜厚度对体积指标的影响

SLSM-50 各级配下不同计算方法得到的沥青膜厚度见表 7.39。

表 7.39　SLSM-50 沥青膜厚度

级配	油石比	P_{be}/%	SA_1 /(m²·kg⁻¹)	SA_2 /(m²·kg⁻¹)	DA_1/μm	DA_2/μm
	2.8	2.5			4.63	4.00
G1	3.0	2.6	5.24	6.24	4.82	4.17
	3.2	2.6			4.82	4.18
	2.8	2.5			4.75	4.03
G2	3.0	2.6	5.11	6.20	4.94	4.20
	3.2	2.7			5.13	4.37
	2.8	2.3			5.76	4.67
G3	3.0	2.4	3.88	4.92	6.01	4.88
	3.2	2.5			6.26	5.10

通过与 SLSM-40 对比可以得出下列结论。

(1) 虽然增加了 53mm 集料，但集料比表面积变化很小，甚至相同。这说明，53mm 集料对集料整体比表面积的影响可以忽略。由于有效沥青用量减少，两种方法计算得到的沥青膜厚度都比 SLSM-40 要小 0.3～0.5μm。

(2) G1-53 和 G2-53 粗细集料比例接近，只是粗集料中各档集料所占质量有所不同，但通过计算研究表明，无论哪种方法得到的集料比表面积都相差不大，仅为 0.08 左右，且在相同沥青用量下，沥青膜厚度也仅相差 0.20μm 左右。

(3) 将 G1-53、G2-53 与 G3-53 进行对比(级配三粗集料比例仅为 43.5%)，研究表明，集料比表面积变化接近 1.3，相同沥青用量下 DA_1 变化接近 1，DA_2 变化约为 0.5。这说明，粗、细集料的比例对沥青膜厚度有较大的影响，但与 SLSM-40 相比，影响有所减小。研究表明，当粗集料尺寸突破 37.5mm 后，由于 53mm 集料比表面积系数很小，对集料整体比表面积影响不大，因此粗、细集料比例对沥青膜厚度的影响有逐步减小的趋势。

(4) 两种计算方法得到的沥青膜厚度 DA_1 均大于 DA_2，但二者之间的差距比 SLSM-40 小，G1-53 和 G2-53(粗集料比例分别为 71%和 65.5%)中 DA_1 比 DA_2 平均高出 0.65。G3-53(粗集料比例为 43.5%)中 DA_1 比 DA_2 平均高出 1.1。这说明，在沥青用量相同的情况下，粗、细集料比例是影响沥青发挥作用，使其不能成为富余沥青的关键因素。

(5) 沥青膜厚度研究表明，当粗集料比例为 70%左右时(如 G1-53、G2-53)，沥青膜厚度为(4.15±0.1)μm，各项指标满足规范要求。对于粗集料仅占 43.5%的 G3-53，其沥青膜厚度为(4.8±0.25)μm。粗集料比例减小 30%，沥青膜厚度增加 0.75μm。与 SLSM-40 相比，沥青膜厚度进一步减小，粗集料比例变化使沥青膜厚度减小 25%。

4. SLSM-50 与 SLSM-40 体积指标对比分析

通过前面研究，对比 SLSM-50 与 SLSM-40 的体积指标，可以发现如下规律。

(1) 参照 SLSM-40 中级配二、四、五设计了 SLSM-50 的级配一、二、三，其中最大变化就是添加了 53mm 档集料，其用量一般为 5%左右。另外作为尝试，在 G3-53 设计中提出粗集料的间断区间为 37.5～31.5mm，这样主要是为了利用 1/2 粒径集料的骨架填充作用建立骨架密实结构。

(2) 对于 SLSM-50 各级配，其粗集料占有率依次为 G1-53(71%)＞G2-53(65.5%)＞G3-53(43.5%)。此时，沥青用量的变化已不再是体积指标最主要的影响因素，特别是对于空隙率，其数值并不与沥青用量成正比，而是有较大的浮动。这就要求在沥青用量的选择上一定要慎重，沥青用量变化 0.2%，就可以使空隙率变化 0.8%～1.5%。粗、细集料比越大，此影响越明显。

(3) SLSM-40 和 SLSM-50 二者粗、细集料比例变化不大，保证了二者骨架结构的相似性。二者粉胶比对比研究表明，SLSM-50 比 SLSM-40 平均高 0.05～0.1。分析其原因，主要是有效沥青用量的变化，使公称最大粒径达到 53mm 后有效沥青用量减少 0.1～0.3。这说明发挥作用的沥青用量进一步减少，富余沥青增多。

三、SLSM 体积参数与级配组成关系

国内外沥青混合料设计中都把体积设计作为不同交通等级道路沥青混合料设计的关键步骤，其核心是为了保证沥青混合料路用性能，体积参数应控制在合理范围内。本节通过前面对 SLSM 级配组成和体积参数的研究，探讨骨架密实型超大粒径沥青混合料级配组成与体积参数之间的关系，分析超大粒径沥青混合料级配类型、粗、细集料含量等对体积参数的影响。

1. 级配类型对空隙率的影响

我国实际工程中常采用传统级配方式即连续级配，而对于该级配是否适用于SLSM 等粗集料含量大、公称最大粒径大的沥青混合料还没有专门的研究。研究发现对于公称最大粒径≥37.5mm 的超大粒径沥青混合料，在通过逐级填充试验建立骨架密实结构的过程中，某一档或几档集料对整体骨架结构起破坏作用，且无法作为细集料起到填充密实的作用。如果坚持采用连续级配会使空隙率偏大，无法形成骨架密实结构。SLSM 选用两种不同级配类型粗细集料合成后，剩余间隙率对比如图 7.27 所示。采用间断级配的剩余空隙率比连续级配减小 3%左右。这说明，选用间断级配可以明显减小超大粒径沥青混合料剩余间隙率，从而有效降低其空隙率。这对于形成骨架密实结构、控制空隙率、提高路用性能有重要影响。

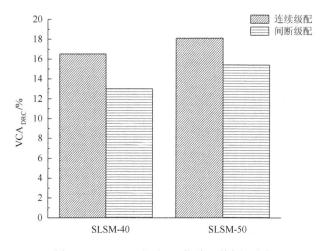

图 7.27　SLSM 不同级配类型下剩余间隙率

2. 级配组成对体积参数的影响

对比 SLSM 不同级配的各项体积参数以及粗、细集料比例的控制和各档集料的实际占有率，可得如下结论。

(1) 以 SLSM-40 为例，随着粗集料含量从 54%增加到 70%，矿料间隙率从 10.8%上升到 12%，平均提高了 1.2%。沥青饱和度从 63.6%增大到 66%，平均提高了 2.4%。当不考虑集料对沥青的吸收作用时，沥青混合料中各体积参数之间的关系为 VMA=VV+VA(其中 VMA 为矿料间隙率，VA 为沥青体积百分率)。在粗级配混合料中，由于粗集料用量较高且细集料空隙率较大，VMA 较大；当设计空隙率一定时，沥青饱和度也较高。我国规范只要求矿料间隙率大于某一值，因此在超大粒径沥青混合料级配设计中，可适当增加粗集料含量，提高矿量间隙率，从而相应提高沥青饱和度。这对于 SLSM 集料内部形成适当沥青薄膜、保证混合料耐久性、提高整体路用性能具有一定效果。

(2) 通过对各个级配最佳沥青用量总结可知，随着粗集料含量的增大，超大粒径沥青混合料沥青用量逐渐减小。这主要是因为粗集料含量大的级配集料比表面积小，设计相同的沥青膜厚度时其沥青用量相应减少。

(3) 偏粗的级配具有较高的粗集料用量，相应的细集料空隙率较大，单位体积矿质混合料中空隙率较大。为了保证沥青混合料在一定的压实功下达到 4%的设计空隙率，需要由沥青和矿粉(粒径<0.075 mm)来填隙，此时，可通过适当增大粉胶比。以 SLSM-40 为例，粉胶比从 1.02 增大到 1.21 时，矿料间隙率由 10.8%提高到 12%；最佳沥青用量由 3.6%降低到 3.1%；沥青膜厚度也由 5.73μm 降低到 4.74μm。这表明，在相同设计空隙率要求下，适当增大粉胶比，可以使设计沥青用量降低并减小沥青膜厚度。

第四节　超大粒径沥青混合料强度形成机理
及其使用性能

一、SLSM 强度形成机理

对国内外研究资料的研究表明，以往对大粒径沥青混合料强度形成机理研究主要关注点为粗集料大颗粒相互之间的嵌挤和在荷载作用下的表现，忽略了大粒径沥青混合料最大的特点，即粗、细集料尺寸差异大，随着公称最大粒径的增大，粗、细集料在混合料整体结构中各自作用是否发生变化；随着公称最大粒径的增大，粗、细集料在荷载作用下各自力学响应是否发生变化。本节主要研究在粗、细集料粒径比例增大的情况下，粗、细集料之间的相互关系以及各自的变化趋势对混合料整体强度的影响。主要研究方法是在确定具体级配后利用 PFC^{2D} 生成可视化试件，直观地分析混合料内部粗细集料的分布情况，并且模拟适当荷载条件下材料内部力学响应情况和应力分布路径，从而确定混合料力学响应对粗、细集料的依赖程度。

1. PFC^{2D} 模型处理

首先计算各档集料的半径，再计算单个颗粒模型的面积，计算公式如下。

集料半径 $r = \dfrac{d_1 + d_2}{2^2 \times 10}$，单个颗粒模型的面积 $S = \pi r^2$。其中，d_1、d_2 分别表示某档集料尺寸的上下限，r 的单位为 cm。

利用每档集料的质量除以密度，求得每一档集料的总体积(二维情况下高度为单位高度)，则可以计算出每一档集料的个数。模型尺寸与实际旋转压实试件尺寸一致，横向宽度为150mm，竖向高度为110mm，以便更好地模拟实际情况下试件内部粗细集料的分布。利用每一档集料的质量和实测密度计算二维情况下每档集料的总面积，然后除以单个颗粒的面积求出每档集料的个数。根据上述计算分析，SLSM 各级配可视化模型见图 7.28～图 7.31。

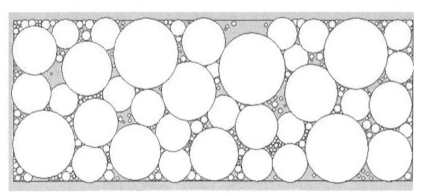

图 7.28　PFC^{2D} 建立的 G2-37.5 数字试件

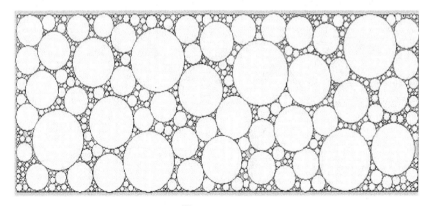

图 7.29　PFC^{2D} 建立的 G3-37.5 数字试件

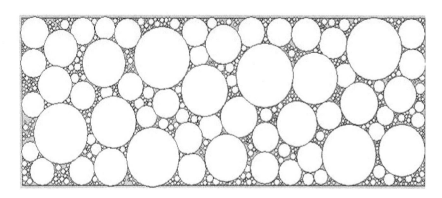

图 7.30　PFC^{2D} 建立的 G4-37.5 数字试件

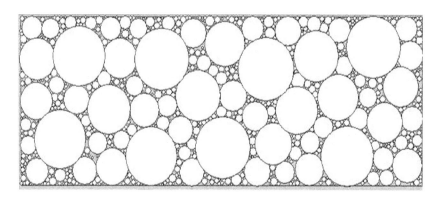

图 7.31　PFC^{2D} 建立的 G5-37.5 数字试件

2. 颗粒接触力链分析

颗粒力链分布如图 7.32～图 7.35 所示。力链是在侧向有约束的情况下，试件承受荷载时，荷载在颗粒介质间传递的路径。各级配力链分布表明，荷载传递路

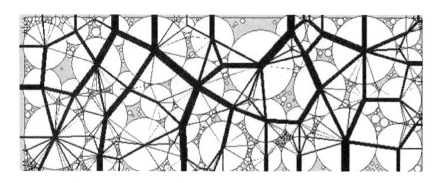

图 7.32　G2-37.5 颗粒力链分布

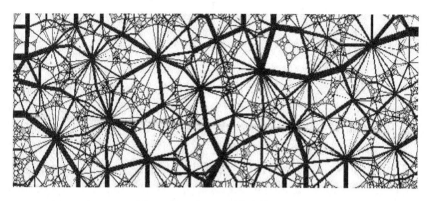

图 7.33　G3-37.5 颗粒力链分布

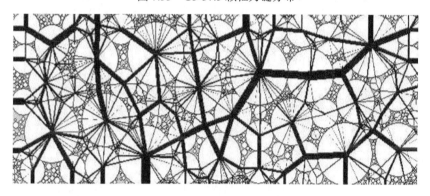

图 7.34　G4-37.5 颗粒力链分布

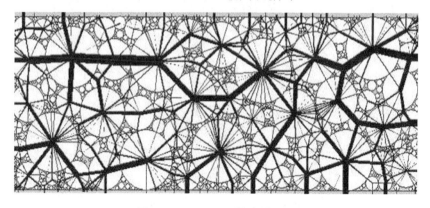

图 7.35　G5-37.5 颗粒力链分布

径主要为大粒径颗粒或大粒径颗粒分布较集中的区域。通过对比研究表明，随着粗集料比例的增大，级配五到级配二荷载传递路径越来越明显，荷载沿粗细集料之间传递越来越少，荷载在粗集料之间传递非常集中。这说明，随着粗集料含量的增加，混合料力学响应对小粒径集料的依赖度越来越小。

3. 不同公称最大粒径下模型对比分析

研究国内外的 DEM 可知,其常用方法如下。①都有相同的初始条件,即不含沥青、相同的集料堆积密度和矿料间隙率(VMA=15%)。②试件制备包括两个步骤:第一步,设定试模尺寸,由级配曲线算出各档筛余,在试模内随机生成各档颗粒;第二步,对试模内符合级配要求的颗粒压实至要求的空隙率。图 7.36～图 7.39 是利用 PFC^{2D} 生成的 AC-13、AC-25 的数字试件和力链分布。结果表明:①随着粒径的增大,荷载传递路径越来越多地依靠大粒径颗粒或大粒径颗粒分布较集中的区域,而对小粒径集料的依赖程度越来越小;②随着公称最大粒径增大,粗、细集料之间接触力传递急剧减少。这说明,SLSM 中粗、细集料的作用与普通沥青混合料已经出现差别,这对实际工程中材料的选择和级配的确定有重大的影响,即在 SLSM 设计中应从强度理论出发,以粗、细集料分工不同,选择强度大、棱角性好的粗集料建立骨架结构,并选择与沥青结合性能良好的细集料作为空隙填充,从而提高沥青混合料整体强度与刚度。

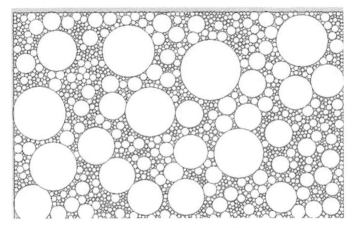

图 7.36　PFC^{2D} 建立的 AC-13 数字试件

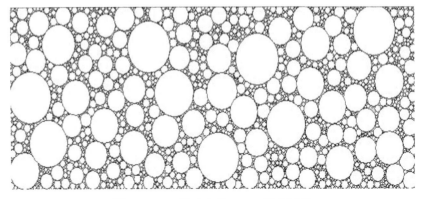

图 7.37　PFC^{2D} 建立的 AC-25 数字试件

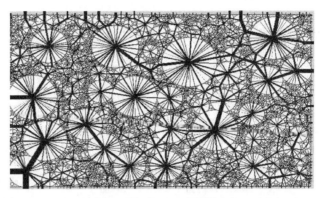

图 7.38　AC-13 颗粒力链分布

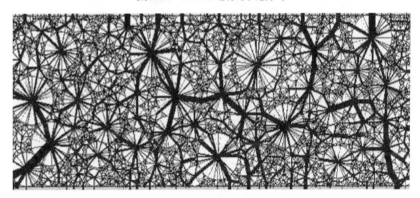

图 7.39　AC-25 颗粒力链分布

二、SLSM 的强度特性

1. 强度试验结果

SLSM 的无侧限抗压强度试验结果和劈裂强度试验结果分别如表 7.40 和表 7.41 所示。

表 7.40　无侧限抗压强度试验结果

级配类型	试件标号	旋转压实试件高度/mm	试件破坏时最大荷载/N	试件抗压强度/MPa	抗压强度平均值/MPa
G1-37.5	1	150	38 500	2.18	
	2	150	40 000	2.26	2.18
	3	150	37 000	2.09	
G2-37.5	1	150	32 000	2.03	
	2	150	29 000	1.94	1.98
	3	150	35 000	1.98	

续表

级配类型	试件标号	旋转压实试件高度/mm	试件破坏时最大荷载/N	试件抗压强度/MPa	抗压强度平均值/MPa
G4-37.5	1	150	23 000	1.30	
	2	150	26 000	1.47	1.40
	3	150	25 500	1.44	
G5-37.5	1	150	26 000	1.47	
	2	150	24 000	1.36	1.41
	3	150	24 500	1.39	
G1-53	1	150	40 000	2.26	
	2	150	36 500	2.07	2.22
	3	150	41 000	2.32	
G2-53	1	150	41 500	2.35	
	2	150	43 000	2.43	2.46
	3	150	46 000	2.60	
G3-53	1	150	32 500	1.84	
	2	150	35 000	1.98	1.90
	3	150	33 000	1.87	

表 7.41 劈裂强度试验结果

级配类型	试件标号	旋转压实试件高度/mm	试验荷载最大值/N	试件破坏时的劈裂抗拉强度/MPa	劈裂抗拉强度平均值/MPa
G1-37.5	1	110.7	9 590	0.37	
	2	110.2	10 430	0.40	0.41
	3	110.3	11 730	0.45	
G2-37.5	1	111.5	11 570	0.44	
	2	110.8	12 140	0.47	0.45
	3	110.2	11 630	0.45	
G4-37.5	1	110.0	12 050	0.47	
	2	110.5	10 210	0.39	0.42
	3	110.3	10 370	0.40	
G5-37.5	1	110.3	9 210	0.35	
	2	110.6	9 040	0.35	0.36
	3	110.2	9 950	0.38	

续表

级配类型	试件标号	旋转压实试件高度/mm	试验荷载最大值/N	试件破坏时的劈裂抗拉强度/MPa	劈裂抗拉强度平均值/MPa
G1-53	1	111.4	12 620	0.48	
	2	111.1	12 410	0.47	0.46
	3	110.8	11 250	0.43	
G2-53	1	112.1	10 710	0.41	
	2	111.6	10 120	0.39	0.44
	3	111.2	13 850	0.53	
G3-53	1	110.2	10 470	0.40	
	2	110.9	9 280	0.36	0.38
	3	111.4	10 070	0.38	

2. 强度特性分析

计算各种级配 SLSM 的黏结力 C 和内摩擦角 φ，并通过与传统沥青混合料和其他大粒径沥青混合料数据对比分析来研究随粒径变化。黏结力 C 和内摩擦角 φ 及其对混合料强度贡献率如表 7.42 所示。

表 7.42　不同类型沥青混合料强度参数对比

级配类型	C /MPa	φ /(°)	$\tan\varphi$	σ	$\sigma\tan\varphi$	τ	C 贡献率/%	$\sigma\tan\varphi$ 贡献率/%
AC-13	0.096	44.8	0.993	0.232	0.230	0.326	29.4	70.6
AC-16	0.135	42.7	0.923	0.328	0.303	0.438	30.7	69.3
细粒式 AM	0.099	42.9	0.929	0.239	0.222	0.321	30.8	69.2
中粒式 AM	0.076	44.0	0.965	0.184	0.178	0.254	29.9	70.1
ATB-25	0.185	45	1	0.289	0.289	0.474	39.1	60.9
LSM-30	0.224	42.0	0.9	0.317	0.285	0.509	44	56
G1-37.5	0.353	43.1	0.936		0.281	0.634	55.7	44.3
G2-37.5	0.279	39.2	0.816		0.245	0.524	53.2	46.8
G4-37.5	0.206	37.5	0.767		0.23	0.436	47.2	52.8
G5-37.5	0.211	36.4	0.737	0.3	0.221	0.432	48.8	51.2
G1-53	0.332	41.1	0.870		0.261	0.593	56	44
G2-53	0.362	44.2	0.972		0.292	0.654	55.4	44.6
G3-53	0.283	41.8	0.894		0.268	0.551	51.4	48.6

通过分析得出以下结论。

(1) 沥青混合料整体强度随粒径增大而逐渐增强，特别是本书设计的 SLSM 整体强度比传统大粒径沥青混合料提高 10%～20%，如图 7.40 所示。

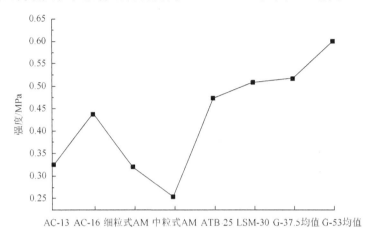

图 7.40　不同类型沥青混合料强度对比

沥青混合料强度提高主要由黏结力 C 的变化产生，特别是本书设计的 SLSM，其黏结力 C 比其他类型沥青混合料有显著增大，而内摩擦角 φ 减小 5°～10°。其减小主要是由富余沥青造成的。在整体强度有保证的条件下，适当增加富余沥青对减少集料破碎、破坏整体级配有重要作用。

(2) 黏结力 C 为材料固有的性质，矿质骨料的尺寸、颗粒形状、表面粗糙度等对其有很大影响。不同粒径下黏结力 C 的变化趋势如图 7.41 所示。

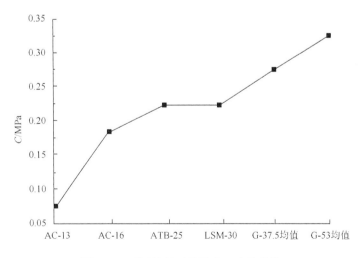

图 7.41　不同粒径下黏结力 C 变化趋势

随着粒径增大，黏结力 C 逐渐增大。SLSM 中黏结力 C 对整体强度贡献率占到 50%，比普通沥青混合料提高了 1～2 倍。这说明，随着公称最大粒径的增大，在混合料整体强度增加而内摩擦角 φ 减小的情况下，尺寸大的集料颗粒对强度的贡献要远大于尺寸小的集料颗粒。这证明了荷载作用下混合料内部应力分布以粗集料之间传递为主，粗集料形成的骨架结构是整体强度提高的主要因素。

(3) 随粒径增大沥青混合料黏结力 C 和 $\sigma \tan \varphi$ 贡献率如图 7.42 所示。

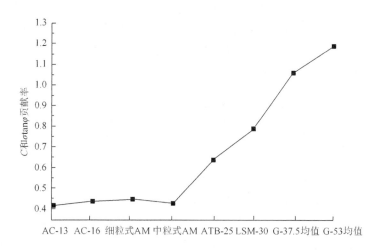

图 7.42　随粒径增大 C 和 $\sigma \tan \varphi$ 贡献率

随着粒径增大，黏结力 C 和 $\sigma \tan \varphi$ 贡献率逐渐接近乃至超过 1，证明了在内摩擦角 φ 变化较小的前提下，SLSM 整体强度高的主要原因是 SLSM 的特殊结构(即粗集料含量大、形成骨架)对整体强度的影响，说明粗集料含量多、公称最大粒径大的骨架密实型沥青混合料对提高整体强度具有一定优势。

(4) 通过对比 SLSM 各级配的强度发现，粗集料含量多(达 70%)的沥青混合料强度优势明显，如 G1-37.5、G2-37.5 以及 G1-53、G2-53。进一步分析，当粗集料含量相同时，各级配间强度差别也较大，以 G1-37.5、G2-37.5 为例，主要是 G2-37.5 粗集料虽然含量也接近 70%，但对应公称最大粒径的集料含量偏少，不足 G1-37.5 的 50%。根据相关理论表明粒径为 D 的粗集料形成的骨架结构是保证整体强度的关键。G2-37.5 中相应粒径为 D 的集料偏少(仅占 7%)，使得骨架未能形成密实结构，导致整体强度欠佳。

三、SLSM 的模量特性

沥青混合料的模量根据试验方法的不同可分为静态模量和动态模量。从国际路面结构设计的发展看，路面结构的设计从静态方法到动态方法的转变是路面设计理论发展的必然趋势，而路面材料用动态模量代替静态模量是其中的基础也是第一步。本节通过相关性能试验测定 SLSM 的动态模量和抗压回弹模量，并与其他常用高模量沥青混合料进行对比分析，探索 SLSM 应用于高模量沥青混合料的可行性。

1. SLSM 的抗压回弹模量

SLSM(G2-37.5)与 AC-25(70#沥青)的抗压回弹模量试验结果及对比如表 7.43 和图 7.43 所示。20℃试验条件下，SLSM 抗压回弹模量比 AC-25 显著提高，平均提高了约 2 000MPa。这主要是因为，随着粒径增大，粗集料含量增加、SLSM 形成骨架密实结构、粗集料嵌挤效果良好、细集料填充充分。

表 7.43　抗压回弹模量试验结果

沥青混合料类型	抗压回弹模量/MPa
	2 905
G2-37.5	3 130
	3 084
AC-25	1 171

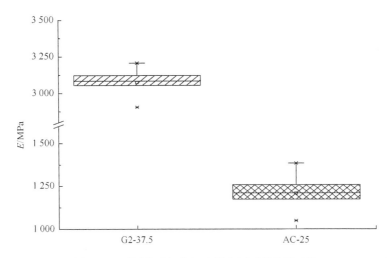

图 7.43　不同类型沥青混合料抗压回弹模量对比

2. SLSM 的动态模量

SLSM 的动态模量$|E^*|$、相位角 δ 和 $|E^*|/\sin\delta$ 试验结果分别如图 7.44～图 7.46 所示，结论如下所述。

(1) 在不同试验温度条件下，随着频率的增大，动态模量$|E^*|$逐渐增大，一般

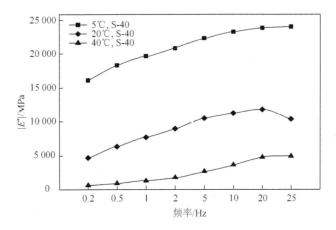

图 7.44　SLSM 的动态模量

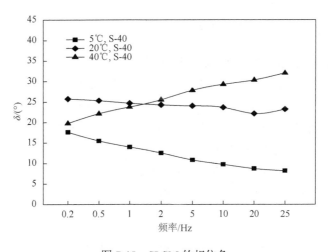

图 7.45　SLSM 的相位角

在 20Hz 或 25Hz 时出现最大值。随着温度升高，其动态模量减小，沥青混合料的抗车辙能力降低。这主要是因为沥青黏度的大小反映高温性能，当温度升高时，沥青黏度下降，其抗车辙性能下降，当受到外力作用时，沥青路面很容易发生永久剪切变形，导致横向流动而产生车辙。

(2) 相位角 δ 随温度和加载频率的变化规律与动态模量相比差异较大。理论上讲，随着温度的升高或频率的降低，沥青混合料的黏性增大，意味着相位角会相应增大。随着温度的升高，混合料的相位角均呈现逐渐增大的趋势。

(3) 在 5℃条件下，G2-37.5 的 $|E^*|/\sin\delta$ 表现最好，最高值接近 180 000，而在 20℃和 40℃时的 $|E^*|/\sin\delta$ 接近 30 000，若仅从该指标评价 SLSM 的抗永久变形能力，则 G2-37.5 表现优异。

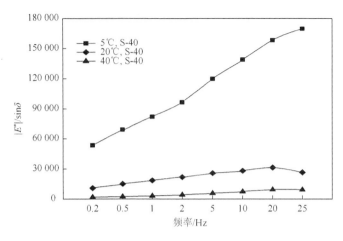

图 7.46 SLSM 的 $|E^*|/\sin\delta$ 对比

3. 不同类型高模量沥青混合料的动态模量

当前制备高模量沥青混合料主要有两种方法：①使用低标号沥青；②使用高模量添加剂。选用低标号沥青的比例约为高模量沥青混凝土总产量的 70%，而采用高模量添加剂的比例约占 30%，随着高模量专用添加剂产品的日益成熟，其所占的比例也在逐渐提高。针对这两种方法，选用 AH-30 制备 ATB-25(最佳油石比为 3.8%)，选用 SBS 改性沥青(添加 PRM)制备 AC-25(最佳油石比为 4.2%)，ATB-25、AC-25 所选沥青混合料级配如表 7.44 所示。对 ATB-25(AH-30)和 AC-25(SBS、PRM)进行抗压回弹模量试验和动态模量试验，试验结果如表 7.45 和表 7.46 所示。

表 7.44 两种高模量沥青混合料级配

筛孔尺寸 /mm	通过率/%	
	ATB-25(AH-30)	AC-25(SBS、4% PRM)
26.5	97.1	98.3
19	71.9	75.9
16	62.0	71.9
13.2	52.9	65.0
9.5	39.4	49.2
4.75	29.2	39.8
2.36	20.3	28.3
1.18	14.9	21.2

筛孔尺寸	通过率/%	
/mm	ATB-25(AH-30)	AC-25(SBS、4% PRM)
0.6	11.3	15.4
0.3	6.9	11.0
0.15	6.1	7.6
0.075	4.5	4.7

表 7.45　两种高模量沥青混合料抗压回弹模量

沥青混合料类型	试验温度/℃	抗压回弹模量/MPa
ATB-25(AH-30)		2 051
AC-25(SBS、PRM)	20	3 269

表 7.46　20℃条件下两种高模量沥青混合料动态模量

频率/Hz	动态模量/MPa	
	ATB-25(AH-30)	AC-25(SBS、PRM)
0.2	4 763	8 400
0.5	6 074	11 354
1	7 231	14 101
2	8 457	15 525
5	9 336	19 169
10	11 409	19 962
20	13 827	21 752
25	15 036	22 293

　　对比 G2-37.5、ATB-25(AH-30)和 AC-25(SBS、PRM)的抗压回弹模量和动态模量，结果如图 7.47 和图 7.48 所示。仅使用硬质沥青对沥青混合料抗压强度的提高作用不大(抗压回弹模量提高约为 300MPa)，使用改性沥青并添加高模量添加剂的效果十分明显。与之相比，使用基质沥青的 G2-37.5 表现突出，其抗压回弹模量超过 3 000MPa。这主要是因为其粗集料形成的骨架结构密实稳定、强度大、承载能力高。对于粒径大、粗集料含量多的级配应注意，压实功不足则空隙偏大，强度不足；压实功过大则粗集料易破碎，细集料增多，级配产生较大变化导致整体稳定性降低。加入高模量添加剂对动态模量的提升效果明显。SLSM 的表现与使用硬质沥青的 ATB-25 相近，说明利用 SLSM 作为高模量沥青混合料是可行的。

但是值得注意的是，在 25Hz 时，SLSM 的动态模量开始降低，与另外两种高模量沥青混合料表现不一致。本书认为，出现该情况表明 20Hz 是 SLSM 弹性变形回复能力的临界频率，之后其动态模量会降低。对于进一步的变化趋势还需要更深入的研究。综合模量研究和后面路用性能验证可知，无论从性能表现还是经济成本上分析，研究基于 SLSM 的高模量沥青混合料是可行的。

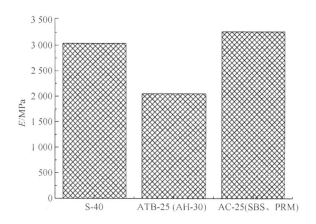

图 7.47　不同类型高模量沥青混合料抗压回弹模量对比

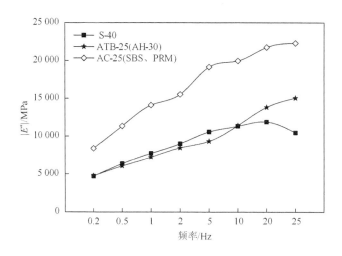

图 7.48　不同类型高模量沥青混合料动态模量对比

四、SLSM 的路用性能

1. SLSM 高温稳定性

现行规范中没有给出大粒径沥青混合料的车辙试验方法，因此在借鉴国内外研究成果的同时，参照传统的标准车辙试验制定了 SLSM 的车辙试验方案，车辙试件尺寸为 300mm×300mm×100mm，车辙试验数据结果如表 7.47 所示。

表 7.47　SLSM 车辙试验数据

类型	级配编号	D_1	D_2	DS/(次·mm^{-1})
SLSM-40	G1	4.477	4 759	2234
	G2	2.991	3.249	2441
	G4	3.625	3.913	2188
	G5	4.512	4.806	2143
SLSM-50	G1	3.017	3.26	2593
	G2	2.709	2.91	3134
	G3	2.806	3.064	2441

注：D_1 和 D_2 的别为 45min 和 60min 车辙试验变形量。

SLSM 抗车辙能力明显强于普通基质沥青混合料，原因是 SLSM 粗细集料比例对车辙起重要作用，粗集料形成骨架结构是抗车辙性能的关键。例如，G1-37.5 和 G2-37.5 粗集料含量大(约为 70%)，能形成骨架结构，所以其动稳定度比粗集料仅占 42.5% 的 G5-37.5 要大。此外，G4-37.5 虽然粗集料含量为 67.3%，但其粗集料中粒径≥26.5mm 的集料含量较少，故其动稳定度低于 G1-37.5 和 G2-37.5。总结可知，针对 SLSM，其粗集料含量大小是抵抗车辙的重点，而粒径≥26.5mm 的集料含量是重中之重。

对比 G1-37.5 和 G2-37.5，二者粗细集料比例相近，细集料中各档集料用量相同，得到的动稳定度相差 200 次·mm^{-1}，并且 G1-37.5 中对应于时间 t_1、t_2 的变形量明显大于 G2-37.5 中相对应时间的变形量。这说明 G1-37.5 在初期车辙破坏比较严重，碾压一段时间后逐渐稳定，而 G2-37.5 整个碾压过程中车辙较小，整体高温稳定性好。这主要是因为 G1-37.5 粗集料虽然含量也接近 70%，但对应公称最大粒径的集料含量较多，达 14.2%，是 G2-37.5 的 2 倍，而 26.5～16mm 集料含量小。根据相关理论表明，粒径为 D 的粗集料形成的骨架空隙应由粒径为 $D/2$ 和粒径更小的集料填充。G1-37.5 中对应粒径为 $D/2$ 的集料就是 26.5～16mm 集料，故使得粗集料形成的骨架中空隙过多，未能形成密实结构，在碾压初期荷载作用下空隙压实，整体结构发生变化，变形量明显增加。因此，针对 SLSM，解决其高温稳定性不仅需要足够的粗集料形成骨架结构，还要合理控制集料比例，特别是对应公称最大粒径的集料含量应严格控制，使粒径≤$D/2$ 的集料填充空隙形成一个相对密实的整体，而未能填充空隙的富余集料含量较少。

分析 SLSM-50 中各个级配，其动稳定度差异较大，但对应于时间 t_1、t_2 的变形量相近。分析各档集料含量，三者小于等于 9.5mm 的集料含量相近，而大于等于 31.5mm 的集料，由于单个质量较大，10%以内的质量差直接反映到集料个数上仅为 2～4 颗，故其对动稳定度影响也较小。三个级配中差异最大的是 26.5～9.5mm 的集料含量，分别为 49%、52%和 42%，G1-53 与其余两个级配在 16～9.5mm 集料含量相差最大。在一个车辙试件中大于 37.5mm 的集料个数仅为 2～4，所以对于骨架结构起主要作用的还是 37.5～26.5mm 的集料，16～9.5mm 集料含量少，导致粒径为 $D/2$ 和粒径更小的集料填充不充分，粗集料形成的骨架中空隙过多，未能形成密实结构，从而降低了动稳定度。

对比 SLSM-40 和 SLSM-50 各个级配动稳定度，如图 7.49 所示。随着粒径增大，其动稳定度增强，SLSM-50 动稳定度比 SLSM-40 提高了 20.9%，而且对应于时间 t_1～t_2 的变形量也减小了 1～1.5mm，证明了大粒径集料的骨架作用。由于 53mm 粗集料个数较少，对于 SLSM-50，对应公称最大粒径的集料含量已经不是最重要的因素。对于 SLSM，其高温稳定性影响因素首先是粗细集料比例，其次是对应公称最大粒径的集料含量。

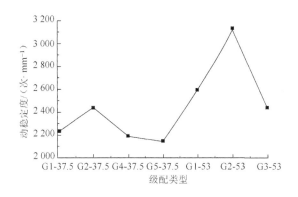

图 7.49　不同级配下动稳定度

通过车辙试验可知，G2-37.5 和 G2-53 在 7 种级配中的高温稳定性表现最好，特别是规定时间内的变形量小，说明两种级配已经建立了相对较好的骨架密实结构，这对于沥青混合料在荷载和其他外部因素影响下产生永久变形的抵抗能力起到至关重要的作用。

2. SLSM 低温抗裂性

进行–10℃下的沥青混合料的低温弯曲试验，试验数据见表 7.48。不同类型沥青混合料的抗弯拉强度和弯拉应变分别如图 7.50 和图 7.51 所示。

表 7.48　SLSM 低温弯曲试验数据

级配类型	试件标号	试件破坏的弯拉应变 $\varepsilon_{B_{max}}$ /10^{-3}	抗弯拉强度 R_B 平均值/MPa	弯拉应变 $\varepsilon_{B_{max}}$ 平均值/10^{-3}	技术要求 $\varepsilon_{B_{max}}$ /10^{-3} (冬冷区)
G1-37.5	1	1.81	13.05	1.7	2.0
	2	1.59			
	3	1.74			
	4	1.66			
G2-37.5	1	1.96	12.52	2.39	
	2	2.02			
	3	2.72			
	4	2.87			
G4-37.5	1	1.85	12.74	2.19	
	2	2.18			
	3	1.58			
	4	3.17			
G5-37.5	1	1.84	9.79	1.78	
	2	2.02			
	3	1.47			
	4	1.79			
G1-53	1	1.86	10.93	1.56	
	2	1.52			
	3	1.37			
	4	1.49			
G2-53	1	2.12	14.60	2.46	—
	2	2.47			
	3	2.59			
	4	2.66			
G3-53	1	1.83	9.05	1.90	
	2	1.81			
	3	1.94			
	4	2.01			

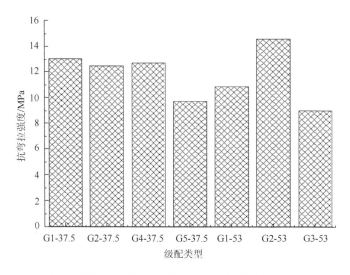

图 7.50　不同沥青混合料抗弯拉强度

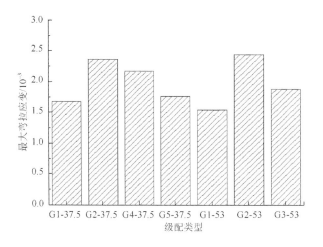

图 7.51　不同类型 SLSM 弯拉应变

　　SLSM 各级配抗弯拉强度较高，除个别级配外均大于 10MPa，SLSM-40 抗弯拉强度均值为 9.03MPa，SLSM-50 抗弯拉强度均值为 11.53MPa。与普通大粒径沥青混合料相比，其抗弯拉强度分别提高约 12.5% 和 44.1%。抗弯拉强度表征混合料抵抗弯拉应力作用的能力，抗弯拉强度越高，材料抵抗破坏的能力越强，低温时抵抗收缩应力的能力就越强，路面低温抗裂性也就越好。由此可知，SLSM 的低温抗裂性能显著提高。

　　一般而言，弯拉应变是评价低温抗裂性能的直接指标。低温破坏应变越大，其低温抗裂性就越好。SLSM-40 中 G2-37.5、G4-37.5 以及 SLSM-50 中 G2-53 满足冬冷区的要求。SLSM-40 的级配二和 SLSM-50 的级配二弯拉应变均接近 $2.5×10^{-3}$，其关键影响因素是粗细集料比例适中、空隙填充密实。骨架结构强、粗集料含量大的级配(如 G1-37.5 和 G1-53)，低温表现欠佳，反而骨架结构松。粗集料含量相对较少的级配(如 G4-37.5 和 G3-53)，低温性能较好。

3. SLSM 水稳定性

由于我国现行规范中冻融劈裂试验(T0729 — 2000)方法明确规定要求集料公称最大粒径不大于 26.5mm，而本书中 SLSM 级配的集料公称最大粒径分别为 37.5mm 和 53mm。所以采用 AASHTO T283 试验，试验结果如表 7.49、图 7.52 和图 7.53 所示。

表 7.49　SLSM 冻融劈裂试验数据

级配类型	编号	未经冻融条件		编号	经过冻融条件		TSR/%	技术要求
		劈裂抗拉强度 RT/MPa	平均值 /MPa		劈裂抗拉强度 RT/MPa	平均值 /MPa		
G1-37.5	1	0.408		5	0.259			
	2	0.477	0.428	6	0.236	0.269	62.9	
	3	0.425		7	0.286			
	4	0.402		8	0.294			
G2-37.5	1	0.691		5	0.56			
	2	0.606	0.636	6	0.483	0.5	78.6	
	3	0.632		7	0.527			
	4	0.616		8	0.431			70%
G4-37.5	1	0.613		5	0.459			
	2	0.643	0.632	6	0.534	0.488	77.2	
	3	0.609		7	0.444			
	4	0.662		8	0.515			
G5-37.5	1	0.415		5	0.3			
	2	0.502	0.455	6	0.368	0.329	72.3	
	3	0.455		7	0.264			
	4	0.449		8	0.385			

级配类型	编号	未经冻融条件		编号	经过冻融条件		TSR/%	技术要求
		劈裂抗拉强度 RT/MPa	平均值 /MPa		劈裂抗拉强度 RT/MPa	平均值 /MPa		
G1-53	1	0.843		5	0.482			
	2	0.763	0.766	6	0.512	0.517	67.5	
	3	0.731		7	0.518			
	4	0.726		8	0.556			
G2-53	1	0.736		5	0.59			
	2	0.723	0.700	6	0.647	0.592	84.6	70%
	3	0.692		7	0.544			
	4	0.647		8	0.587			
G3-53	1	0.588		5	0.5			
	2	0.682	0.655	6	0.568	0.529	80.8	
	3	0.65		7	0.505			
	4	0.7		8	0.541			

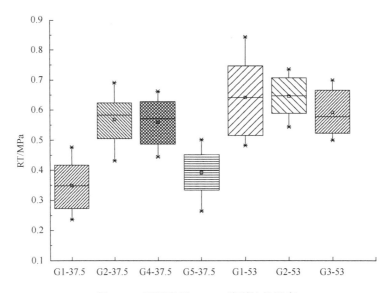

图 7.52　不同类型 SLSM 劈裂抗拉强度

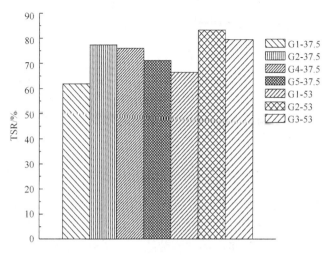

图 7.53 不同类型 SLSM 冻融劈裂抗拉强度比

超大粒径沥青混合料水稳定性整体表现良好，大部分级配均能满足 TSR 70% 的技术要求。其中 SLSM-40 的级配二和 SLSM-50 中的级配二水稳定性优良。但是部分级配未能达到规范要求，主要原因是粗集料含量大且沥青用量较小，在冻融循环过程中沥青的胶结作用失效，部分集料脱落产生较大的空隙使水分进入，从而导致水稳定性能降低。因此，建议在实际工程中，特别是在降雨量较大的地区采取适当的措施(如掺加水泥或抗剥离剂等)，以提高 SLSM 的水稳定性。

第五节 基于不同层位需求的超大粒径沥青混合料优化设计

目前，我国还没有一种针对公称最大粒径大于 37.5mm 的沥青混合料的设计方法。在实际工程中多采用贝雷法、SGC 法等进行级配设计，不同方法之间的差别造成大粒径沥青混合料配合比设计指标不统一、设计参数不确定，从而在评价其性能时缺少相应的评价标准。通过前面内容的分析，把理论研究和室内试验结果结合，建立一套设计指标明确、参数选取合理、评价体系完善的 SLSM 配合比设计方法。该设计方法的主要目标是利用粗集料建立骨架结构、细集料填充空隙，并根据不同的使用场合对空隙率的要求确定细集料填充程度,最后通过对油石比、沥青膜厚度、粗细集料比等指标的控制，提出基于不同层位要求的 SLSM 优化设计方法。

一、不同层位对 SLSM 性能的要求

沥青路面是一个由沥青面层、基层和底基层等多层结构组成的整体。各个层位的路面结构有着不同的分工,这就要求在设计中需根据道路的交通等级与气象、水文等因素,合理选择与安排路面结构各个层次,确保在设计使用期内,承受行车荷载与自然因素的共同作用,充分发挥各结构层的最大效能,使整个路面结构满足技术和经济的要求。

1. 柔性基层对 SLSM 性能的要求

SLSM 应用于基层时属于柔性基层,一般在路面 10cm 以下,所面临的气候条件远不如面层严峻。作为柔性基层的 SLSM,应具有一定的承载能力,能抵抗一定程度的永久变形,并具有良好的抗疲劳能力。SLSM 应用于柔性基层的技术控制指标如表 7.50 所示。

表 7.50　SLSM 应用于柔性基层的技术控制指标

名称	优化方法	具体措施	备注
抗永久变形能力	提高内摩阻力,抵抗剪切变形	优化集料性能;控制粗细集料比例;良好的骨架结构	形成合理的骨架密实结构是关键
	增大沥青矿料间较大的黏结力	控制有效沥青用量; 增大集料公称最大粒径; 提高沥青膜厚度	
抗疲劳能力	提高允许变形能力	增大公称粒径及粗集料含量; 骨架密实结构; 增加沥青用量; 控制合理的空隙率	沥青混合料整体稳定性是允许变形能力的保证

针对以上所述,结合 SLSM 自身特点可知,当 SLSM 用于基层时,粗集料建立骨架密实结构、粗集料含量大、整体承载能力稳定;细集料填充空隙,可以通过控制细集料含量来改变空隙率,从而优化 SLSM 柔性基层材料整体性能,对提高柔性基层的抗永久变形能力和抗疲劳能力起到重要的作用。此外,SLSM 粗集料含量大(约 70%),沥青用量小(2.8%～3.2%),对于降低成本、提高经济性有重要影响。

2. 下面层对 SLSM 性能的要求

沥青下面层经受与上面层相同的不利工作环境,平整性和抗滑性方面的要求略低一些,但在密实防水和抗剪切变形等方面要求较高。因此,适用于下面层的沥青混合料应具有良好的密水性,高温或重载条件下沥青混合料具有较高的抗剪

强度，良好的抗疲劳裂缝的性能以及兼顾其他性能的要求。下面层沥青混合料技术性能的要求如表 7.51 所示。

表 7.51　常用于下面层的沥青混合料技术性能要求

名称	评价方法	技术要求
高温稳定性	车辙试验	动稳定度>800 次·mm^{-1}
低温抗裂性	小梁弯曲试验	破坏应变>2000
水稳定性	AASHTO T283 试验	残留强度比>75%

根据前面分析，SLSM 路用性能良好，完全符合规范对沥青路面下面层的要求。通过进一步试验证明，SLSM 结构密实、抗剥离性较好、抗剪强度高于普通大粒径沥青混合料。此外，沥青面层是路面结构层中价格最高的，而 SLSM 因采用基质沥青和较大尺寸的粗集料，降低了成本，具有良好的经济性。因此，在面层结构中应用 SLSM 不仅性能有保证，而且成本优势更加明显。

3. 联结层对 SLSM 性能的要求

沥青路面结构设计中，基层常采用半刚性或刚性基层，其材料本身容易在温度变化和水分散失时产生较大的收缩变形，进一步形成基层收缩裂缝。当半刚性基层上加铺沥青面层后，在路面荷载和温度变化作用下基层的收缩裂缝会反射到沥青面层上，削弱路面结构强度。为了解决上述问题，在半刚性基层顶面设置联结层是一种常用方法。一般采用空隙率大于 10%的半开级配或开级配大粒径沥青碎石，其空隙率大、模量高，具有一定吸收应力的作用，能够延缓裂缝在其内部的发展。将 SLSM 用于联结层，其优势在于：①骨架结构稳定，嵌挤效果好；②可以通过粗细集料比例调整，适当增加细集料用量，提高整体抗裂性能；③有一定的结构厚度，可有效延缓反射裂缝的发展。此外，SLSM 强度大、承载能力高，应用于联结层时 SLSM 本身可以提供一定的承载能力，从而可以适当减小面层厚度，降低工程成本。

二、基于不同层位需求的 SLSM 材料组成优化设计方法

目前，国内外研究和实际工程中对大粒径沥青混合料组成设计尚未形成统一方法，控制指标的选取也各有不同，特别是在公称最大粒径≥37.5mm 的超大粒径沥青混合料。针对现有情况，本书在借鉴国内外研究成果和经验的基础上通过研究提出以不同层位需求为导向、利用不同控制指标设计不同类型超大粒径沥青混合料以满足各种功能需求的 SLSM 材料组成优化设计方法，流程如图 7.54 所示。

1) 原材料的选择

原材料的选择包括石料和沥青的类型及标号，原材料各项指标都必须满足现行规范的各项要求。严格控制集料压碎值，保证在荷载的作用下，集料的嵌挤作用不受损失。特别是针对其所用的不同层位的功能需求，严格控制关键的性能技术指标，选取更加合适的材料，从而尽量减小在实际使用中因原材料本身问题造成的破坏。

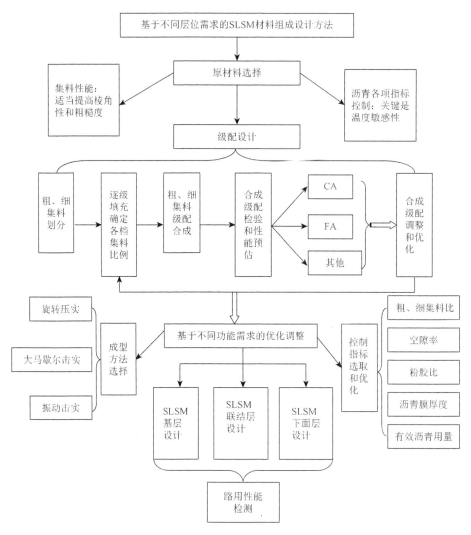

图 7.54 基于不同层位需求的 SLSM 材料组成优化设计方法流程

2) 级配设计及优化

(1) 粗、细集料划分。借鉴贝雷法的主要特点，通过控制粗集料与细集料关键筛孔尺寸的通过百分率比例关系，使沥青混合料的矿料级配获得良好的骨架结构。通常以公称最大粒径尺寸(D)的 0.22 对应的筛孔尺寸作为混合料中粗细集料的分界点，大于分界点的集料是粗集料，小于分界点的集料是细集料。以本书中公称最大粒径为 37.5mm 和 53mm 为例，通过理论计算和逐级填充试验确定其粗细集料分界分别为 9.5mm 和 16mm。

(2) 粗、细集料级配设计。应用逐级填充理论，将次级粒径 D_1 的集料以不同比例填充到 D_0 中，建立填充比例与间隙率的关系曲线，并在关系曲线上选取最小间隙率对应的集料比例作为不同粒径间形成嵌挤密实结构时的组成比例。此外，也可以根据实际情况选择相应的间隙率作为控制指标，最终在粗集料各档集料相对比例范围内初步拟定几组粗集料级配，并利用相同方法确定细集料级配。

(3) 粗、细集料合成。在粗、细集料级配确定之后，首先根据不同层位功能需求，确定设计空隙率。然后根据粗骨架空隙率和沥青混合料设计空隙率采用体积法，通过计算手段确定粗、细集料用量和沥青用量，使细集料体积、沥青体积和沥青混合料设计空隙体积的总和等于主骨架空隙的体积。

(4) 合成级配检验。为了评价合成级配不同部分之间的组成是否合理，利用粗集料比(CA 比)、细集料粗比(FA$_c$ 比)和细集料细比(FA$_f$ 比)三个判断指标进行评价验证。如果合成的级配不满足要求，应对级配进行调整。级配调整的关键是根据不同层位的功能需求，对粗、细集料比例进行调整。然后再进行上述检验，看其是否满足要求，如此反复。

3) 成型方法的确定

对于 SLSM 沥青混合料，不同成型方法之间各有特点。在选择时应结合实际条件，针对不同功能需求、不同试验方法选取合理的成型方法。各种成型方法分析见前文。

4) 控制指标优化

对成型试件进行试验计算分析各项体积指标，然后根据 SLSM 所应用的不同层位，研究在不同层位需求下控制指标的选取和合理取值，以便在设计中根据不同功能需求及时调整控制指标，从而更好地发挥 SLSM 的特点。

5) 路用性能评价

SLSM 沥青混合料由于集料粒径大，在路用性能检测方法选择上与普通沥青混合料有所不同。对于有些试验需进行改进或借鉴国外试验方法，具体试验方法见前面分析。在 SLSM 路用性能评价中，除去常规检测试验外，还应针对其不同的层位需求检测其相应的功能。具体检验方法应根据实际情况，结合功能需求决定。

第六节　超大粒径沥青混合料施工技术研究

一、SLSM 的施工工艺

1. SLSM 拌和

根据 SLSM 自身特点，在常用大粒径沥青混合料的基础上改进其拌和工艺，适当增加拌和时间，严格控制拌和温度是 SLSM 沥青混合料性能保证的关键。

(1) 沥青准备。沥青采用导热油加热，加热温度控制在 155~165℃为宜。

(2) 集料。在拌和前测试集料的含水量以调节冷料的进料速度，并确定集料的加热时间和温度，集料的加热温度控制在 170~185℃为宜。

(3) 拌和机。拌和机生产的混合料应符合生产配合比要求，并具有防止矿粉飞扬散失的密封性能，配备除尘设备。拌和机上二次筛分用的振动筛符合混合料规格的要求，筛孔尺寸与拌和的混合料类型相匹配并且必须有 3mm 和 6mm 筛。矿粉仓配备破拱装置。在供料工程中，随时检查有无窜料、料门大小和振荡器的频率及振幅是否符合要求，矿粉仓有无起拱现象。拌和机备有自记设备，在拌和过程中能逐盘采集并打印各个传感器测定的材料用量、沥青混合料拌和量、拌和温度等参数。

(4) 拌和。干拌 10s(一般沥青混合料只干拌 5s)，眼观混合料是否达到了均匀分布，确保无凝结成团现象，干拌温度不低于 180℃。加入沥青，拌和温度控制在 170~175℃；湿拌 33~38s，眼观沥青混合料均匀一致、无花白料、无结团成块或严重的粗料分离现象方可出料装车。

(5) 温度是满足各项性能要求的关键，各阶段温度应满足表 7.52 要求。

表 7.52　沥青混合料施工各阶段温度要求　　　　　　　　(单位：℃)

温度	要求
沥青加热温度	155~165
矿料温度	170~185
混合料出厂温度	正常范围 160~170，>195 废弃
混合料运输到现场温度	≥155
摊铺温度	≥150，≤165
低温施工	≥155，≤175
碾压温度	140
低温施工温度	145
碾压结束路表温度	≥90
开放交通的路表温度	≤50

2. SLSM 运输

运输车辆采用载重量大于 15t 的大吨位自卸车，运输车辆的数量和总运输能力应该比拌和机生产能力和摊铺机摊铺能力有所富余；运输车辆应对具体的摊铺位置、运输时间、运输路线、运距、摊铺能力和所需混合料数量等情况进行详细了解。

运输车辆的车厢采用紧密、清洁、光滑的金属板并打扫干净。沥青混合的运输过程中必须用篷布覆盖，以保持混合料温度，运料车在进出拌和站和进出摊铺现场时，轮胎上不得黏有可能污染路面的泥土等脏污。因此，应在拌和站门口和摊铺现场路口 50 米范围内用碎石铺垫便道并设置冲洗平台，保证不污染路面。

运料车在卸料过程时在摊铺机前 10～30cm 处停车，不得撞击摊铺机。卸料时运输车挂空挡，靠摊铺机的推动前进。摊铺现场凭运料单收料，并重点逐车检查沥青混合料的颜色是否均匀一致、有无花白料、有无结团或严重离析等现象、温度是否在容许范围内，并对检查记录做详细记录，如混合料温度过高或过低、已结块或遭雨淋必须废弃。

3. SLSM 摊铺

(1) SLSM 混合料的摊铺应采用具有自动找平功能、有可加热的振动熨平板、性能优良的摊铺机、至少两台成梯队进行摊铺。摊铺机配备自控装置，横坡控制器应能使熨平板保持理想坡度，能通过传感器控制标高和平整度，使摊铺机能铺筑出理想的纵、横坡，且误差在 0.1%内。

(2) 松铺系数。松铺系数预设为 1.2，在摊铺碾压一段后再根据实测的松铺系数进行调整。

(3) 将摊铺机置于正确位置，根据摊铺宽度调整好熨平板宽度，根据松铺宽度垫好垫块调试机器，使自动找平仪的传感器上标尺坡度一致，并且用横向拉线法校核。

(4) 摊铺开工前应提前 0.5～1h 预热熨平板，使其温度不低于 100℃。

(5) 摊铺机螺旋器将熨平板下充满混合料后，再次校核坡度，以减小误差。

(6) 摊铺机起步速度应适当放慢，控制在 1.5m/min，升至正常速度后应匀速摊铺，尽可能减少中途停机再走而产生的波浪，做到拌料速度与摊铺速度一致，一般控制在 2～6m/min。开始摊铺时，施工现场的运输车不得少于 5 辆。

(7) 由两人专门看护传感器，不让其滑出钢丝绳外，注意防止钢丝绳脱落。

(8) 混合料摊铺后的温度应不低于 150℃。

(9) 两台摊铺机应有 3～6m 的重叠，两台摊铺机宜相距 5～10m，且不得使前台摊铺机摊铺的混合料冷却。

(10) 摊铺机受料前应在料斗内喷涂少量隔离剂。

(11) 摊铺过程中随时检查摊铺层厚度和路拱、横坡度，并对混合料与摊铺面积进行校核。

4. SLSM 压实

建议采用 13t 双轮双碾压路机三台、30t 胶轮压路机两台组合碾压。初压采用 1 台双钢轮碾压 1 遍，前静后振，速度为 2～3km/h，振动频率为 35～50Hz，振幅为 0.3～0.8mm，初压后检查平整度和路拱，必要时应予以修整；错开轮后，紧接着进行复压，复压采用两台振动压路机和两台胶轮压路机组合碾压，组合顺序为先用两台振动压路机各压 1 遍，然后用两台胶轮压路机各压 1 遍，碾压速度为 3.0～4.5km/h，轮胎充气压不小于 0.5MPa；最后进行终压，采用 1 台钢轮压路机碾压两遍，碾压至无轮迹，且应在不低于 90℃ 前碾压完毕。

二、集料细化研究

1. SLSM 集料细化问题的提出

沥青混合料在压实过程中集料之间(特别是粗集料之间)相互挤压导致集料破碎，各档集料质量发生变化，粗集料减少，细集料增多，这种现象称为集料细化。针对公称最大粒径为 53mm 的 SLSM 沥青混合料，具有公称最大粒径大、粗集料含量多的特点，在摊铺碾压过程中极易产生集料细化。因此本书通过研究干压过程中各档集料质量变化来寻找容易产生细化现象的集料区间，从而在级配设计中针对该集料易破碎的特点，提前补充集料损失，减少一定量的细集料，保证各档集料质量不发生较大变化，避免设计级配与实际级配不一致影响路面的使用功能和寿命。

2. 基于集料干压筛分试验的集料细化研究

为了深入研究集料细化现象，本书采用 SLSM-50 的三种级配(图 7.55)，利用旋转压实仪干压集料。针对 SLSM-50 中粗集料含量大、公称最大粒径达 53mm 的特点，采用下列方法填充试模并旋转压实：先填充≥4.75mm 的集料，之后，将剩余部分集料分三次倒入试模，并用捣棒敲击试模侧壁使细集料能灌至试模底部，旋转压实 100 次。利用这种方法可以使粗细集料在试模内部有限的空间里分布得更加均匀，尽可能减小离析发生的可能性。试验中采用干压集料的方法，主要是为了产生集料细化的极端情况，通过在最不利情况下的分析来收集试验数据，进一步提出解决方法。将集料灌入试模后利用旋转压实仪干压 100 次，然后将集料重新筛分，计算各档集料质量。筛分前后各级配集料总质量对比如图 7.56 所示，筛分后集料级配与原有级配对比如图 7.57～图 7.59 所示。

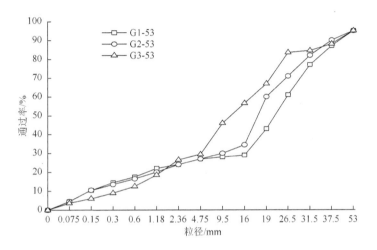

图 7.55　SLSM-50 级配设计曲线

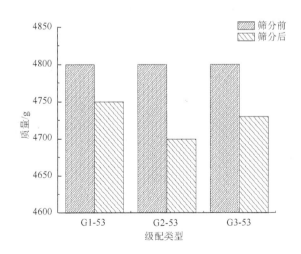

图 7.56　筛分前后各级配集料总质量对比

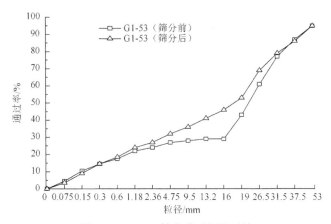

图 7.57　G1-53 筛分前后级配对比

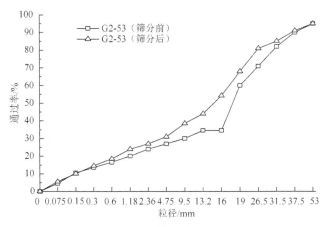

图 7.58　G2-53 筛分前后级配对比

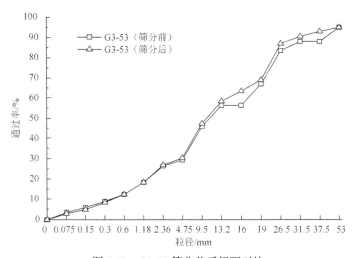

图 7.59　G3-53 筛分前后级配对比

干压筛分前后集料总质量损失为 1%～2%，这部分集料损失主要为试验过程中集料装填时细集料的损失，其数量较少，对分析整体级配变化影响不大。

对于粗集料比例达 70%左右的 G1-53 和 G2-53，干压筛分前后质量降低最大的是 31.5～26.5mm 和 19～16mm 两档集料，减少了近 50%；干压筛分前后质量增加最大的是 16～13.2mm 和 13.2～9.5mm 两档集料，增加了 200g 以上，占整体质量的 4%～5%。从整体上看，G1-53 经过干压筛分后粗集料仅占 53.6%，降低了17.4%，G2-53 经过干压筛分后粗集料仅占 48.2%，降低了 17.3%。

对于粗集料含量较少的 G3-53，干压前后各档集料变化不大，粗细集料比例仅变化了 6.7%。这主要是因为易破碎的集料区间如 31.5～26.5mm 和 19～16mm，质量偏小，干压筛分后对级配整体影响不大。

3. 基于旋转压实试验的油石分离研究

通过干压筛分发现，对于超大粒径沥青混合料特别是粗细集料比例较大时，37.5～9.5mm 集料细化现象比较明显。因此，利用 G1-53 和 G2-53(公称最大粒径均为 53mm，粗集料含量达 70%)来进一步研究实际压实成型的沥青混合料中集料细化问题。具体试验步骤如下。

(1) 成型试件后室温静置 24h，放在托盘上，然后将其放入 180℃的烘箱中 4～6h，期间用捣棒轻敲试件侧面观察是否有较多混合料塌落，若出现此情况则将试件取出，静置 15min 后利用捣棒和三角铲将试件粉碎，以还原为压实前沥青混合料松散状态为最佳，不得将集料打碎，人为造成集料的细化。将松散的沥青混合料静置冷却 1～1.5h。

(2) 针对冷却后的沥青混合料进行油石分离，利用三氯乙烯清洗混合料，浸泡 30min 后观察集料表面沥青是否洗净，针对个别附着沥青较多的集料颗粒单独清洗至沥青分离。

(3) 将清洗后的集料放入盘中，并放到室外静置 24h，使三氯乙烯完全挥发，称量集料质量。

(4) 将集料再次筛分，通过 53～9.5mm 筛记录各档集料筛余。然后与原级配和干压筛分后级配进行对比，通过分析确定实际压实后集料细化区间和相应的集料细化质量，为下一步集料预补提供数据。

对 G1-53 和 G2-53 各成型 3 个试件，通过静置、加热、粉碎、三氯乙烯清洗后称量集料质量，筛分记录各档集料质量，均值如表 7.53 所示，油石分离后部分集料细化如图 7.60～图 7.63 所示。53mm 集料的油石分离比较彻底，表面无明显破碎痕迹；26.5mm 集料破碎比较明显，其破碎面尺寸与 4.75mm 集料相当；16mm集料破碎面更明显，其破碎面尺寸较小，与 2.36mm 集料相当；13.2mm 集料的四面都出现明显破碎。

表 7.53　油石分离后集料质量均值

粒径/mm	油石分离后集料质量均值/g	
	G1-53	G2-53
53	209	224
37.5	332	251
31.5	428	397
26.5	687	556
19	714	512
16	764	1 178
13.2	199	140
9.5	87	193
总计	3 230	3 037

图 7.60　53mm 集料

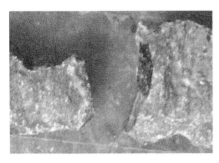 

图 7.61　26.5mm 集料

图 7.62　16mm 集料

图 7.63　13.2mm 集料

干压筛分后粗、细集料的比例变化达 17.5%，而沥青混合料油石分离后粗、细集料的比例变化减小，G1-53 粗集料含量为 71%，油石分离后粗集料含量为 62%(集料总质量为 4 619g)，粗集料含量变化 9%；G2-53 粗集料含量为 65.5%，油石分离后粗集料含量为 55%(集料总质量为 4 636g)，粗集料含量变化 10.5%。SLSM-50 压实后易细化区间与干压筛分结果相近，也同样出现在 31.5～26.5mm 和 19～16mm 两个区间。不过集料细化的质量相对减小，31.5～26.5mm 区间集料平均减少20%，19～16mm 区间集料平均减少30%。质量增加最大的是 16～13.2mm

和 13.2～9.5mm 两档集料，由于沥青膜的影响其增加值相应减小。试验表明，添加沥青后集料细化减少 10%左右，说明添加沥青后形成的沥青膜对集料细化有一定的抑制作用，特别是对粗集料起到很好的保护作用，降低了因细化而产生的级配变化等问题。因此，在超大粒径沥青混合料组成设计中适当增加沥青用量、提高沥青膜厚度，是避免出现集料细化造成级配变化的一种简单有效的方法。

由于分离法对细集料有一定的损失，因此本试验未对 9.5mm 以下的集料进行油石分离。但通过称量 9.5mm 以下混合料总质量、油石分离后粗集料质量和沥青用量，可计算得出旋转压实后 G1-53 中粒径小于 9.5mm 集料的质量约为 1 245g，G2-53 约为 1 403g，与实际 9.5mm 以下集料的质量相差仅为 99g 和 27g，对级配整体影响不大。

4. 基于集料细化的预补级配研究

上述分析表明，SLSM 公称最大粒径大、粗集料含量多、极易产生集料细化从而导致级配变化，影响其相关性能和使用寿命。因此，本书提出应在沥青混合料实际拌和摊铺压实前，对容易产生细化现象的集料区间采取措施，提前补充一定质量的集料，使摊铺压实前后集料细化缺失值和集料的预补值相当，从而避免设计级配与实际级配不一致影响路面的使用功能和寿命。

1) 集料预补值的确定

综合考虑集料、试验方法和操作水平等影响因素，确定预补值如表 7.54 所示。

表 7.54　集料预补值

集料	预补值	
	G1-53	G2-53
26.5mm	(20±3)%	(20±3)%
16mm	(20±3)%	(20±3)%
13.2mm	0	0
9.5mm	不添加该档集料	−100g

注：①通过 G1 浮动范围内取负值、G2 浮动范围内取正值来预补集料。16mm 集料应预补 30%左右，但由于此档集料破碎后产生 13.2mm 集料，对骨架结构有一定影响，故减少其预补值。②对于小于 9.5mm 集料，质量不变，虽然集料细化会增加这一部分集料质量，但由于原混合料空隙率均在 5.5%以上，因此适当增加细集料可以降低空隙率，形成更加密实的骨架结构。

根据表 7.54 的预补值来调整级配，则 G1-53 和 G2-53 各档集料质量如表 7.55 所示。

表 7.55　SLSM-50 集料预补后各档集料与矿粉质量

项目	各档集料筛余质量/g													
	53mm	37.5mm	31.5mm	26.5mm	19mm	16mm	9.5mm	4.75mm	2.36mm	1.18mm	0.6mm	0.3mm	0.15mm	0.075mm	矿粉
G1	240	384	480	900(增加 17%)	864	790(增加 17%)	0	48	144	96	216	144	192	288	216
G2	240	240	384	650(增加 23%)	528	1 500(增加 23%)	116	144	144	192	168	144	144	288	216

2) 集料预补效果分析

根据预补级配分别成型 3 个试件，进行油石分离筛分试验，试验结果如表 7.56 所示。

表 7.56　预补级配油石分离后集料质量均值

集料	油石分离后集料质量均值/g	
	G1-53	G2-53
53mm	209	224
37.5mm	332	251
31.5mm	428	397
26.5mm	687	556
19mm	714	512
16mm	764	1 178
13.2mm	199	140
9.5mm	87	193
共计	3 420	3 451

与原级配相比，最易细化区间 31.5～26.5mm 和 19～16mm 两档集料通过预补后集料质量变化减小。例如，G1-53 中 26.5mm 集料细化率减小了 10%，而 G2-53 中 16mm 集料细化率仅减小 3.9%，其他几档集料质量变化都不大。可见集料预补对级配整体有较好的保护作用。

通过油石分离法可以定量分析集料预补对级配整体的作用，但对混合料体积特性的影响还需进一步通过试验进行检测，结果如表 7.57 所示。

表 7.57　SLSM-50 预补级配旋转压实试验结果

级配	油石比/%	有效密度/(g·cm⁻³)	有效沥青用量/%	最大理论密度/(g·cm⁻³)	空隙率/%	矿料间隙率/%	沥青饱和度/%	粉胶比
预补 G1	2.8	2.690	2.6	2.57	6.3	13.7	54	1.2
	3.0	2.699	2.7	2.57	5.6	13.6	58.8	1.16
	3.2	2.706	2.8	2.57	5.1	12.8	60.2	1.12
预补 G2	2.8	2.692	2.5	2.58	5.9	13.4	56	1.25
	3.0	2.701	2.6	2.58	5.0	12.2	59	1.2
	3.2	2.713	2.7	2.58	4.8	11.8	59.3	1.16

研究表明，预补集料后，沥青混合料在不同油石比时体积指标稳定，特别是空隙率比未预补集料时明显降低，说明预补集料可以防止出现级配变化，有效地保证在旋转压实下骨架密实结构的形成，并且本书针对超大粒径沥青混合料提出的预补值是合理可行的。

三、SLSM 离析控制

通过对混合料离析特性的研究，并根据混合料离析的施工特点，一般将混合料离析分为集料离析、温度离析和机械摊铺离析三类。集料离析是指沥青混合料中不同位置出现不同粒径的集料各自聚集的不均匀现象；温度离析是指沥青混合料中不同位置出现明显温度差异，使混合料施工流动性变差，形成不易摊铺和碾压的不均匀现象；机械摊铺离析是指沥青混合料在摊铺过程中，摊铺机的使用参数不当，或某部分机械结构设计不当，造成混合料不均匀的现象。因此，结合 SLSM 室内试验成果，提出三种控制 SLSM 离析的指标，旨在提前验证级配的优良性，并保证尽量减小级配变化造成离析的可能性。此外，在实际施工中严格控制温度，安排合适的机械进行摊铺压实也是控制离析的要点。

1. 基于离析控制的 SLSM 组成设计评价指标研究

目前，对 SLSM 配合比设计各国仅是提出适合本国、本地区实际情况的集料级配组成和各自规定的最佳沥青含量，缺少对 SLSM 配合比评价指标和参数选取的规定，对 SLSM 在不同地区推广应用造成了困难。为此本书借鉴国内外经验，结合 SLSM 自身特点，提出具有针对性的配合比控制新指标，通过对新指标的计算分析和后期性能验证，初步确定一个新指标的合理范围，为后期实际工程中配合比设计提供参考。

针对 SLSM，提出指标粗细集料填充比 A_1、沥青混合料整体填充比 A_2 作为配合比优化的依据：

$$A_1 = \frac{\text{粗集料干捣间隙率}}{\text{细集料填充率}}, \qquad A_2 = \frac{\text{粗集料剩余间隙率}}{\text{沥青砂浆填充率}}$$

SLSM 配合比设计的最大特点是粗集料建立骨架、细集料填充空隙、沥青胶浆起到集料黏结和调节剩余空隙大小的作用。针对此特点提出上述两个配合比评价指标，其中粗集料干捣间隙率通过粗集料干捣试验确定；细集料填充率利用级配合成后计算求得；粗集料剩余间隙率即干捣实粗集料骨架间隙率减去设计空隙率后的设计粗集料骨架间隙率，也就是可以容纳细集料、填料和沥青体积率之和的间隙率；沥青砂浆填充率是指粗集料剩余间隙率减去最佳沥青用量下的实际空隙率。

A_1 是通过干捣试验评价粗集料对整体骨架结构贡献大小和细集料填充效果的指标；A_2 是对实际成型的试件中沥青砂浆效果的评价指标。A_1 偏大表明细集料含量少，整体结构不密实；A_1 偏小表明粗集料含量不足，富余的细集料会对整体结构稳定性造成影响。A_2 偏大表明沥青砂浆不足，无法充分裹覆在沥青表面起到黏结作用；A_2 偏小表明沥青砂浆过多，会产生泛油甚至离析等问题，影响使用寿命。根据 SLSM-40 和 SLSM-50 配合比，计算各自的 A_1、A_2 值，结果如表 7.58 和图 7.64 所示。

表 7.58　SLSM 不同级配 A_1、A_2 值

指标	G1-37.5	G2-37.5	G3-37.5	G4-37.5	G5-37.5	G1-53	G2-53	G3-53
A_1	1.55	1.57	1.83	1.58	1.66	1.67	1.69	1.71
A_2	1.40	1.43	1.51	1.46	2.18	1.71	1.85	3.39

不同级配 SLSM 的 A_1 值为 1.55～1.83，A_2 值为 1.40～3.39。二者整体趋势良好，各级配下 A_1、A_2 值变化相近，呈现同增同减的趋势。但是随着级配的不同，在各项体积指标变化，特别是实际空隙改变的情况下，两指标反应明显。对于 A_1，其值变化区间小，比较稳定，说明 SLSM 级配设计中虽然粗、细集料比例变化，但整体达到了一个相对密实的状态。对于 A_2，G5-37.5、G3-53 与其他级配的数值差异明显。在空隙率等体积指标相近的情况下，A_2 值偏大的主要原因是粗、细集料剩余间隙率偏小(约 5%)。根据逐级填充试验的结果和实际试件的剖面分析可知，其出现较大差异的最关键因素是粗细集料比例偏小、粗集料含量过小(43.5% 左右)，与其他级配相比，粗集料含量减少约 30%，导致粗集料含量不足，骨架结构效果不明显，而细集料富余不利于整体稳定。

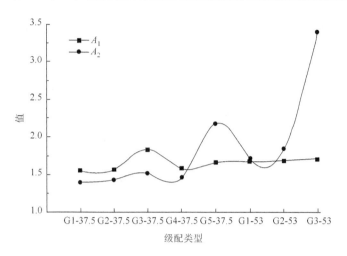

图 7.64　不同级配下 A_1、A_2 变化趋势

　　结合 SLSM 路用性能的研究，推荐 SLSM-40 中 A_1 的取值为 1.50~1.60，A_2 的取值为 1.40~1.45；SLSM-50 中 A_1 的取值为 1.65~1.70，A_2 的取值为 1.80~1.90。在此区间内，SLSM 整体骨架结构良好、填充密实、路用性能良好。通过成型试件剖面并利用软件生成可视化模型研究可知，此区间内设计的 SLSM 粗细集料比例适中，粗、细集料分布较均匀，无明显离析现象。

2. 基于集料预补的 SLSM 离析控制

　　针对 SLSM 沥青混合料，除去由于级配设计和施工机械造成的原因，其自身公称最大粒径大、粗集料含量多的特点也会在摊铺碾压过程中产生集料细化，从而产生级配变化造成集料离析。为了减小压实过程中集料破碎造成的影响，可以寻找容易产生细化现象的集料区间，从而在级配设计中针对该集料易破碎的特点，提前补充集料损失，减少一定量的细集料，保证各档集料质量不发生较大变化，避免设计级配与实际级配不一致，具体预补值如表 7.59 所示。

表 7.59　SLSM 集料预补值

集料	预补值
26.5mm	(20±3)%
16mm	(20±3)%
13.2mm	0

　　由于施工方法、原材选择等存在差异，集料预补质量会有一定的变化。在实际操作中应因地制宜地提出合理的集料预补值，从而减小因压实过程中集料破碎造成的级配变化。

第八章　柔性基层沥青路面材料抗车辙优化

柔性基层沥青路面的基层主要由级配碎石、沥青稳定碎石或两者的组合构成。沥青稳定碎石基层黏结性较好，路面的变形协调性、结构受力好，可以减少应力集中的现象，延缓路面基层裂缝的产生。和半刚性基层沥青路面一样，车辙也是柔性基层沥青路面的主要病害之一。在高温与行车荷载的综合作用下，面层沥青混合料产生塑性流动导致荷载作用区域压缩沉陷，同时侧向出现隆起，形成流动性车辙。路面车辙深度随着交通量和交通荷载的增大而增大，尤其是我国普遍存在的车辆超载情况，使得车辙由上面层发展到中下面层。对于柔性基层沥青路面，在荷载的作用下可能发生局部的变形，同时由于土基的一般塑性变形反映到路表，还会产生一部分的结构性车辙。

本章先分析柔性基层沥青路面力学响应特征，在此基础上，根据各结构层的受力特征，分别对沥青混合料面层、沥青稳定碎石基层及级配碎石基层材料开展抗车辙性能优化，综合提升柔性基层沥青路面抗车辙性能。

第一节　柔性基层沥青路面力学响应分析

一、级配碎石基层沥青路面典型结构力学响应分析

我国针对级配碎石基层沥青路面开展过一定的研究与尝试，很多省份铺筑过级配碎石基层沥青路面试验段或实体工程，并进行了良好的跟踪观测。实体工程应用表明，级配碎石基层沥青路面与半刚性基层沥青路面一样具有良好的承载力，也显现出优良的稳定性与耐久性，且对于不同的交通量水平、材料、气候条件都具有良好的适用性。国内工程所采用的级配碎石基层沥青路面结构形式汇总见表 8.1。

表 8.1　国内级配碎石基层沥青路面结构形式汇总

省/市	路面结构	主要结论
江苏	4cmSMA-13+8cmSUP-20+8cmSUP-25+10cm LSM-40+16cm 乳化沥青冷再生沥青碎石+20cm 级配碎石+16cm 水稳再生料	柔性基层有较好抗疲劳能力；便于利用路面再生材料且施工速度快

省/市	路面结构	主要结论
内蒙古	4cm AC-13(SBS)+ 5cm AC-16(SBS)+7cm AC-20+13cm ATB-30+36cm 天然砂砾+土基	13cm ATB-30 抗车辙能力差于 30cm 级配碎石
内蒙古	4cm AC-13(SBS)+ 5cm AC-16(SBS)+7cm AC-20+30cm 级配碎石+36cm 天然砂砾+土基	
天津	4cm 细粒式沥青混凝土+8cm 粗粒式沥青混凝土+18cm 级配碎石+18cm 石灰粉煤灰土	从 2010 年 9 月沥青面层施工完至今,路面未出现车辙及裂纹等质量问题,路面平整度良好;节约水泥
安徽	4cm 改性沥青 SMA 上面层+6cm 中粒式改性沥青砼 AC-20C 下面层+18cm 密级配沥青稳定碎石 ATB-25 上基层+16cm 级配碎石下基层+1cm 单层热沥青表处下封层 +35cm 的 3%水泥稳定碎石底基层	大大增强了沥青路面的抗车辙能力、减缓反射裂缝的发生
河北	4cm AC-16+5cm AC-20+6cm AC-25+6cm+8cm 沥青碎石+20cm 级配碎石+20cm 二灰土	柔性基层弯沉比半刚性路面大,但抗车辙能力不比半刚性路面差,可以减少或延缓裂缝的产生
青海	4cmAC-13+6cmAC-20+12cm 沥青稳定碎石+34cm 级配碎石	柔性基层和设级配碎石过渡层的结构可以大量减少、延缓横向裂缝的产生
四川	5cmAC-13+8cmAC-20+12cmATB-30+40cm 级配碎石	通车 2 年未出现任何病害,使用状况良好
四川	5cm 中粒式沥青混凝土 LH-20I+7cm 沥青碎石 LS-30+20cm 级配碎石+砂砾	使用 8 年后承受标准轴载约 280 万次,未发生任何反射裂缝,但路面整体强度不足引起的病害时有发生
山西	4cm AC-13+6cm AC-20+6cm AC-25+23cm ATB(改修)	采用柔性基层,与半刚性基层比,实测弯沉减小近一半;平整度有所提高
云南	4cmSMA-13+8cmSUP-20+8cmSUP-25+13cmATB-25+35cm 骨架密实型级配碎石	抗车辙性能不比半刚性基层差,甚至可能更好

　　基于弹性层状体系原理采用 BISAR 软件对级配碎石基层沥青路面进行力学响应分析,选取的级配碎石基层沥青路面的典型结构及材料参数取值如表 8.2 所示,并对比分析典型半刚性基层沥青路面和倒装结构沥青路面,选取的结构与材料参数取值如表 8.3 和表 8.4 所示。路面计算的标准荷载采用我国规范 BZZ-100 标准轴载,设置双轮垂直均布荷载,单轴传压面当量圆半径 δ 为 10.65cm,轮胎压强为 0.7MPa,各轮轮载 25kN,双圆中心距为 3δ cm[56~58],如图 8.1 所示。计算点位取 A 点(0,0)、B 点(10.65,0)、C 点(15.975,0)。其中,路表竖向位移和路基顶面竖向压应变取 A 点为计算点,拉应力(变)、压应力(变)取 A 点和 B 点中的最大值,剪应力(变)计算取 C 点[59,60]。

表 8.2　级配碎石基层沥青路面典型结构及材料参数取值

材料	厚度/cm	模量/MPa	泊松比
细粒式沥青混凝土	4	12 000	0.25
中粒式沥青混凝土	6	11 000	0.25

续表

材料	厚度/cm	模量/MPa	泊松比
粗粒式沥青混凝土	8	10 000	0.25
沥青稳定碎石	18	9 000	0.25
级配碎石	30	350	0.35
土基	—	60	0.40

表 8.3　半刚性基层沥青路面典型结构及材料参数取值

材料	厚度/cm	模量/MPa	泊松比
细粒式沥青混凝土	4	12 000	0.25
中粒式沥青混凝土	6	11 000	0.25
粗粒式沥青混凝土	8	10 000	0.25
水泥稳定碎石	24	18 000	0.25
水泥稳定土	24	6 000	0.25
土基	—	60	0.40

表 8.4　倒装结构沥青路面典型结构及材料参数取值

材料	厚度/cm	模量/MPa	泊松比
细粒式沥青混凝土	4	12 000	0.25
中粒式沥青混凝土	8	11 000	0.25
沥青稳定碎石	12	9 000	0.25
级配碎石	24	350	0.35
水泥稳定碎石	18	18 000	0.25
土基	—	60	0.40

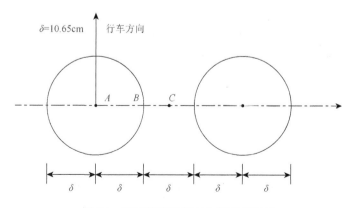

图 8.1　双圆均布荷载与计算点位图示

三种典型路面结构力学响应见图 8.2。从图 8.2(a)可看出，路表竖向位移和路基顶面竖向压应变的变化趋势相同，级配碎石基层沥青路面的路表竖向位移和路基顶面竖向压应变均为三种路面中最高的，其次是倒装结构沥青路面，半刚性基层沥青路面路表竖向位移和路基顶面竖向压应变最小。路表竖向位移是用来保证整体刚度，但是研究表明不能完全根据路表竖向位移来判断路面破坏状况[61,62]，只能将其作为参考指标。国外的设计方法和我国现行设计规范均将路基顶面竖向压应变作为设计指标。

由图 8.2(b)和(c)可知，半刚性基层沥青路面沥青层和上基层上部水平受压，上基层下部受拉，且上基层底部拉应力最大；级配碎石基层沥青路面上中面层和下面层上部均水平受压，沥青下面层底部和沥青稳定碎石层底部受拉，且沥青碎石层底部拉应力最大；倒装结构沥青路面上面层和下面层上部大部分水平受压，下面层底部和沥青碎石层受拉，其中沥青碎石层底部拉应力最大。半刚性基层和级配碎石基层沥青路面的最大拉应变均出现在路基上部结构层底部，而对于倒装结构沥青路面，最大拉应变出现在沥青碎石层底部。因此，对于级配碎石基层沥青路面，沥青碎石层是路面抗疲劳性能的关键层位。

由图 8.2(d)和(e)可看出，随着与路表距离的增加，压应力逐渐变小，且压应力在沥青层减小速率大。三种路面结构中，沥青层中的压应变最大值均位于距路表 7~8cm 附近；对于半刚性基层和级配碎石基层沥青路面压应变最大值均位于路基上部结构底面，而倒装结构沥青路面压应变最大值位于上基层(级配碎石夹层)内部。因此，对于级配碎石基层沥青路面，沥青层是路面抗车辙性能的关键层位。

由图 8.2(f)和(g)可知，半刚性基层路面沥青层中剪应力峰值位于上面层中，级配碎石基层和倒装结构沥青路面剪应力峰值位于上面层层底。另外，级配碎石基层和倒装结构沥青路面的沥青稳定碎石层层底(级配碎石层顶部)剪应力较大，尤其是倒装结构沥青路面，接近沥青层中剪应力峰值。半刚性基层沥青路面剪应变峰值位于路基顶部，略大于沥青层中最大剪应变；级配碎石基层沥青路面最大剪应变为 66.33μm，位于路基顶部且远大于沥青层中最大剪应变以及半刚性基层和倒装结构沥青路面结构中的最大剪应变；倒装结构沥青路面最大剪应变位于级配碎石层与半刚性底基层接触面，且远大于沥青层中剪应变。因此，对于级配碎石基层沥青路面，沥青路面中上面层和级配碎石层层顶最大剪应力是路面抗剪切性能的关键层位。有研究表明，级配碎石层层顶剪切破坏最不利位置为单圆荷载中心处，故对于级配碎石层顶部最大剪切应力的计算位置取 B 点[61]。

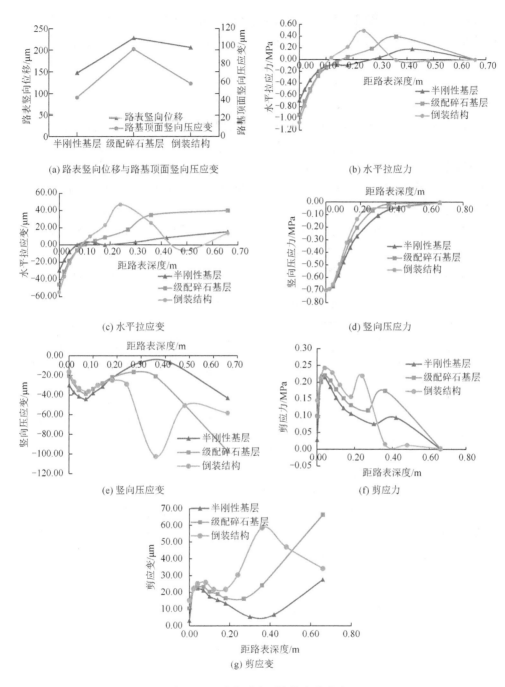

图 8.2　三种典型路面结构力学响应

按照《公路沥青路面设计规范》(JTG D50-2017)中公式对三种路面结构进行

沥青混合料层疲劳开裂验算以及路基顶面竖向压应变验算，并将其作为沥青混合料的质量要求和施工控制指标，结果如表 8.5 所示。结构验算过程中设置轻、中、重、特重、极重典型交通量，设计使用年限内设计车道累计大型客车和货车交通量分别为 $2.9×10^6$ 辆、$4.0×10^6$ 辆、$8.0×10^6$ 辆、$19.0×10^6$ 辆、$50.0×10^6$ 辆。根据《公路沥青路面设计规范》附录 A 将交通量换算成当量设计轴载累计作用次数，其中轻交通荷载等级对应于沥青混合料层永久变形的当量设计轴载作用次数为 $7.36×10^6$，对应于路基顶面竖向压应变的当量设计轴载作用次数采用 $1.27×10^7$；中交通荷载等级对应于沥青混合料层永久变形的当量设计轴载作用次数为 $1.01×10^7$，对应于路基顶面竖向压应变的当量设计轴载作用次数采用 $1.75×10^7$；重交通荷载等级对应于沥青混合料层永久变形的当量设计轴载作用次数为 $2.03×10^7$，对应于路基顶面竖向压应变的当量设计轴载作用次数采用 $3.51×10^7$；特重交通荷载等级对应于沥青混合料层永久变形的当量设计轴载作用次数为 $4.82×10^7$，对应于路基顶面竖向压应变的当量设计轴载作用次数采用 $8.33×10^7$。

表 8.5　三种路面结构验算结果

路面结构	沥青层疲劳开裂寿命/10^6	轻交通量下路基顶面容许竖向压应变/με	中交通量下路基顶面容许竖向压应变/με	重交通量下路基顶面容许竖向压应变/με	特重交通量下路基顶面容许竖向压应变/με
半刚性基层	—	278.57	260.44	225.02	187.67
级配碎石基层	29.23	236.73	221.32	191.22	159.48
倒装结构	55.01	266.77	249.40	215.48	179.72

　　由表 8.5 可知，半刚性基层沥青路面的抗疲劳层位于无机结合料稳定基层层底，且路基顶面的容许竖向压应变是三种路面结构中最大的；级配碎石基层沥青路面的沥青层疲劳开裂寿命表明其可承受的交通量荷载等级为特重交通量，路基顶面容许竖向压应变为三种路面结构中最小；倒装结构沥青路面可承受极重交通量，路基顶面容许竖向压应变介于半刚性基层路面和级配碎石基层路面之间。

二、结构层模量对路面结构力学响应影响分析

1. 上面层模量影响分析

　　进行沥青层材料参数取值时，不能仅在规范推荐的范围内取值，因为夏天沥青会变"软"，模量也会比较小，此时用较小的模量能反映结构的受力状态。在冬天或者掺入了高模量改性剂时，沥青混合料的模量会有较大的增加，此时用较高的模量可以反映结构的受力状态。因此，在规范推荐的模量范围外扩大沥青层模

量的取值范围进行力学响应分析。沥青上面层模量变化对力学响应参数的影响见表 8.6。

表 8.6　沥青上面层模量变化对力学响应参数的影响

上面层模量/MPa	路表竖向位移/μm	面层层底拉应变/με	沥青稳定碎石层层底拉应变/με	级配碎石层层顶竖向位移/μm	级配碎石层层顶最大剪应力/MPa	路基顶面竖向压应变/με
2 000	245.50	6.66	39.03	243.30	0.014	−116.30
4 000	241.00	7.18	37.83	238.60	0.014	−112.20
6 000	237.00	7.65	36.85	234.40	0.013	−108.70
8 000	233.50	8.07	36.03	230.70	0.013	−105.70
10 000	230.30	8.44	35.32	227.40	0.013	−103.00
12 000	227.50	8.78	34.73	224.50	0.013	−100.70
13 000	226.20	8.94	34.46	223.20	0.012	−99.61
14 000	224.90	9.08	34.21	221.80	0.012	−98.59
15 000	223.70	9.22	33.97	220.60	0.012	−97.63
16 000	222.60	9.36	33.75	219.40	0.012	−96.72
18 000	220.40	9.60	33.35	217.20	0.012	−95.03
20 000	218.40	9.83	32.98	215.10	0.012	−93.50
22 000	216.60	10.04	32.66	213.20	0.012	−92.10
24 000	214.90	10.22	32.36	211.40	0.012	−90.82
26 000	213.30	10.40	32.10	209.80	0.011	−89.64
28 000	211.90	10.56	31.85	208.30	0.011	−88.55
30 000	210.50	10.70	31.63	206.80	0.011	−87.54

注：表中负值表示方向，计算时取绝对值，后同。

由表 8.6 可知，上面层模量从 2 000MPa 增加到 30 000MPa 时，只有面层层底拉应变随之增加，且增加幅度逐渐减小，其他力学响应指标均随着上面层模量的增加而减小，且减小幅度逐渐减小，减小幅度由大到小排序为路基顶面竖向压应变>级配碎石层层顶最大剪应力>沥青稳定碎石层层底拉应变>级配碎石层层顶竖向位移>路表竖向位移。

不同上面层模量下沥青层竖向压应力分布和面层最大剪应力分布分别见图 8.3 和图 8.4。由图 8.3 可知，上面层模量越大，沥青层竖向压应力就越小，其中中面层和下面层的竖向压应力对上面层模量变化更为敏感。图 8.4 表明，当上面层模量为 2 000MPa 时，面层最大剪应力的峰值位于路表；当上面层模量介于 4 000~15 000MPa 时，面层最大剪应力的峰值位于距路表 4cm 左右处；当上面层模量超过 15 000MPa 时，面层最大剪应力的峰值位于距路表 2~3cm 处。此外，上面层中基本符合最大剪应力随着上面层模量增加而增大的趋势，面层中最大剪应力随着上面层模量的增加而减小，转折点位于中面层中，距路表约为8cm。

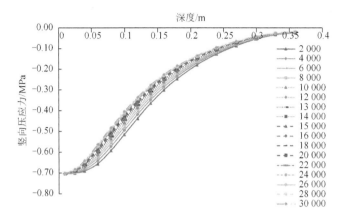

图8.3　不同上面层模量下沥青层竖向压应力分布

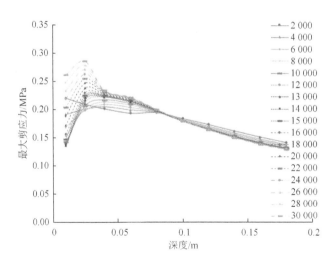

图8.4　不同上面层模量下面层最大剪应力分布

不同上面层模量下结构验算结果见表 8.7。从表 8.7 可看出，上面层模量从 2 000MPa 增加到 30 000MPa 时，沥青层疲劳开裂寿命由 19×10^6 增加到 41.89×10^6，均可承受特重交通量。结合表 8.6 可知，在上面层模量从 2 000MPa 增加到 30 000MPa 过程中，路基顶面竖向压应变的大小均小于特重交通量下路基顶面容许竖向压应变。

表 8.7 不同上面层模量下结构验算结果

上面层模量/MPa	沥青层疲劳开裂寿命/10⁶	轻交通量下路基顶面容许竖向压应变/με	中交通量下路基顶面容许竖向压应变/με	重交通量下路基顶面容许竖向压应变/με	特重交通量下路基顶面容许竖向压应变/με
2 000	19.00	238.78	223.23	192.87	160.86
4 000	21.22	237.98	222.49	192.23	160.33
6 000	23.37	237.50	222.04	191.84	160.00
8 000	25.43	237.17	221.72	191.57	159.78
10 000	27.42	236.92	221.50	191.38	159.61
12 000	29.23	236.73	221.32	191.22	159.48
13 000	30.11	236.65	221.24	191.16	159.43
14 000	30.96	236.58	221.17	191.10	159.38
15 000	31.81	236.51	221.11	191.05	159.34
16 000	32.61	236.45	221.06	191.00	159.30
18 000	32.56	236.34	220.96	190.91	159.22
20 000	35.64	236.25	220.87	190.84	159.16
22 000	37.01	236.17	220.80	190.77	159.11
24 000	38.35	236.10	220.73	190.71	159.06
26 000	39.56	236.04	220.67	190.66	159.02
28 000	40.78	235.98	220.62	190.62	158.98
30 000	41.89	235.93	220.57	190.58	158.94

2. 中面层模量影响分析

沥青中面层模量变化对力学响应参数的影响见表 8.8。从表 8.8 可看出，随着中面层模量从 3 000MPa 增加到 29 000MPa，依然只有面层层底拉应变随之增大。其余力学响应指标随中面层模量的增大而减小，减幅由大到小排序为路基顶面竖向压应变>级配碎石层层顶最大剪应力>沥青稳定碎石层层底拉应变>路表竖向位移>级配碎石层层顶竖向位移。

表 8.8 沥青中面层模量变化对力学响应参数的影响

中面层模量/MPa	路表竖向位移/μm	面层层底拉应变/με	沥青稳定碎石层层底拉应变/με	级配碎石层顶竖向位移/μm	级配碎石层层顶最大剪应力/MPa	路基顶面竖向压应变/με
3 000	240.60	5.78	37.86	236.50	0.014	−111.10
5 000	235.70	6.97	36.49	232.50	0.013	−107.30
7 000	232.40	7.73	35.69	229.40	0.013	−104.60
9 000	229.70	8.31	35.14	226.70	0.013	−102.50

续表

中面层模量 /MPa	路表竖向 位移/μm	面层层底拉 应变/με	沥青稳定碎石 层层底拉应变 /με	级配碎石层层 顶竖向位移 /μm	级配碎石层层 顶最大剪应力 /MPa	路基顶面 竖向压应 变/με
11 000	227.50	8.78	34.73	224.50	0.013	−100.70
12 000	226.50	8.98	34.55	223.50	0.012	−99.89
13 000	225.50	9.17	34.40	222.50	0.012	−99.16
14 000	224.60	9.35	34.26	221.60	0.012	−98.47
15 000	223.80	9.51	34.13	220.70	0.012	−97.82
17 000	222.20	9.80	33.90	219.10	0.012	−96.63
19 000	220.70	10.06	33.71	217.60	0.012	−95.56
21 000	219.40	10.29	33.53	216.20	0.012	−94.60
23 000	218.20	10.49	33.37	215.00	0.012	−93.72
25 000	217.10	10.67	33.23	213.80	0.012	−92.92
27 000	216.00	10.84	33.10	212.70	0.012	−92.18
29 000	215.10	10.98	32.98	211.70	0.012	−91.49

　　不同中面层模量下沥青层竖向压应力分布和面层最大剪应力分布分别见图 8.5 和图 8.6。由图 8.5 可知，上面层和中面层的竖向压应力对中面层模量的变化更为敏感。由图 8.6 可知，当中面层模量在 3 000～9 000MPa 时，面层最大剪应力峰值位于距路表 2～3cm 处；当中面层模量在 11 000～15 000MPa 时，面层最大剪应力峰值位于距路表 4cm 左右处；当中面层模量大于 15 000MPa 时，面层最大剪应力峰值位于距路表 6cm 左右处。此外，上面层中最大剪应力随着中面层模量增加而减小，中面层和下面层中最大剪应力随着中面层模量的增加而增加。

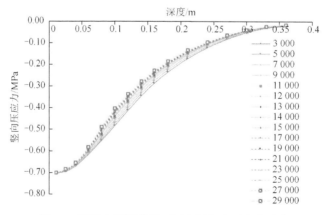

图 8.5　不同中面层模量下沥青层竖向压应力分布

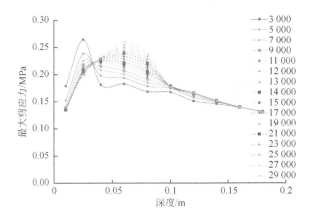

图 8.6　不同中面层模量下面层最大剪应力分布

不同中面层模量下结构验算结果见表 8.9。由表 8.9 可知，中面层模量从 3 000MPa 增加到 29 000MPa 时，沥青层疲劳开裂寿命由 21.32×10⁶ 增加到 35.41×10⁶，均可承受特重交通量。结合表 8.9 可知，在中面层模量从 3 000MPa 增加到 29 000MPa 过程中，路基顶面竖向压应变均小于特重交通量下路基顶面容许竖向压应变。

表 8.9　不同中面层模量下结构验算结果

中面层模量/MPa	沥青层疲劳开裂寿命/10⁶	路基顶面竖向压应变/με	轻交通量下路基顶面容许竖向压应变/με	中交通量下路基顶面容许竖向压应变/με	重交通量下路基顶面容许竖向压应变/με	特重交通量下路基顶面容许竖向压应变/με
3 000	21.32	136.02	238.44	222.92	192.60	160.64
5 000	24.38	135.59	237.69	222.21	192.00	160.13
7 000	26.44	135.33	237.25	221.80	191.64	159.83
9 000	27.99	135.71	236.95	221.52	191.40	159.63
11 000	29.23	135.04	236.73	221.32	191.22	159.48
12 000	29.80	134.99	236.64	221.23	191.15	159.42
13 000	30.28	134.95	236.56	221.15	191.08	159.37
14 000	30.74	134.91	236.48	221.08	191.02	159.32
15 000	31.18	134.87	236.41	221.02	190.97	159.27
17 000	31.97	134.80	236.29	220.91	190.87	159.19
19 000	32.64	134.74	236.19	220.81	190.78	159.12
21 000	33.30	134.68	236.09	220.72	190.71	159.05

续表

中面层模量/MPa	沥青层疲劳开裂寿命/10⁶	路基顶面竖向压应变/με	轻交通量下路基顶面容许竖向压应变/με	中交通量下路基顶面容许竖向压应变/με	重交通量下路基顶面容许竖向压应变/με	特重交通量下路基顶面容许竖向压应变/με
23 000	33.90	134.44	236.01	220.64	190.64	159.00
25 000	34.43	134.58	235.93	220.57	190.57	158.94
27 000	34.94	134.55	235.86	220.50	190.52	158.90
29 000	35.41	134.50	235.79	220.44	190.46	158.85

3. 下面层模量影响分析

沥青下面层模量变化对力学响应参数的影响见表 8.10。由表 8.10 可知，当下面层模量从 4 000MPa 增加到 28 000MPa 时，只有面层层底拉应变随之增大，其中当下面层模量由 4 000MPa 增加到 6 000MPa 时，面层层底拉应变增幅最大，达到 66.81%；之后增幅逐渐减小，当下面层模量由 26 000MPa 增加到 28 000 时，面层层底拉应变增幅仅为 0.38%。其余力学响应指标均随着下面层模量的增大而减小，减幅由大到小排序为路基顶面竖向压应变>沥青稳定碎石层层底拉应变>级配碎石层层顶最大剪应力>路表竖向位移>级配碎石层层顶竖向位移。

表 8.10　沥青下面层模量变化对力学响应参数的影响

下面层模量/MPa	路表竖向位移/μm	面层层底拉应变/με	沥青稳定碎石层层底拉应变/με	级配碎石层层顶竖向位移/μm	级配碎石层层顶最大剪应力/MPa	路基顶面竖向压应变/με
4 000	234.90	3.91	36.91	230.00	0.013	-107.30
6 000	231.10	6.51	35.81	227.30	0.013	-103.90
8 000	229.00	7.92	35.16	225.70	0.013	-102.00
10 000	227.50	8.78	34.73	224.50	0.013	-100.70
11 000	226.90	9.09	34.56	224.00	0.012	-100.20
12 000	226.40	9.34	34.41	223.60	0.012	-99.74
13 000	225.90	9.55	34.28	223.20	0.012	-99.35
14 000	225.50	9.72	34.16	222.80	0.012	-99.00
16 000	224.80	10.00	33.96	222.20	0.012	-98.40
18 000	224.10	10.19	33.79	221.60	0.012	-97.88
20 000	223.50	10.34	33.64	221.10	0.012	-97.44
22 000	223.00	10.45	33.50	220.60	0.012	-97.04
24 000	222.60	10.53	33.38	220.20	0.012	-96.68
26 000	222.10	10.59	33.27	219.80	0.012	-96.35
28 000	221.70	10.63	33.16	219.40	0.012	-96.05

　　由图 8.7 可知，中面层竖向压应力对下面层模量变化的敏感性最大。并且路表至距路表 15cm 范围，竖向压应力随着下面层模量的增加而增加；距路表超过 15cm，竖向压应力随着下面层模量的增加而减小。由图 8.8 可知，下面层模量变化并不影响面层中最大剪应力峰值位置，均位于距路表 4cm 左右处，其中当下面层模量为 4 000MPa 和 6 000MPa 时，最大剪应力峰值相比于其他下面层模量时较大，分别为 0.251MPa 和 0.236MPa。路表至距路表 9cm 范围，最大剪应力随着下面层模量的增加而减小；距路表超过 9cm 时，最大剪应力随着下面层模量的增加而增加。此外，随着下面层模量的增加，最大剪应力变化幅度越来越小。

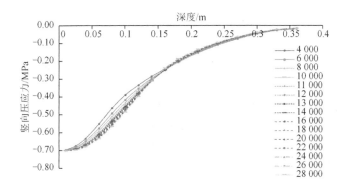

图 8.7　不同下面层模量下沥青层竖向压应力分布

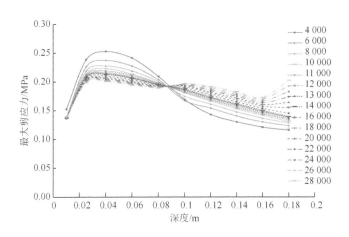

图 8.8　不同下面层模量下面层最大剪应力分布

　　由表 8.11 可知，下面层模量从 4 000MPa 增加到 28 000MPa 时，沥青层疲劳开裂寿命由 $23.74×10^6$ 增加到 $34.16×10^6$，均可承受特重交通量。结合表 8.10 可知，在下面层模量从 4 000MPa 增加到 28 000MPa 过程中，路基顶面竖向压应变均小于特重交通量下路基顶面容许竖向压应变。

表 8.11　不同下面层模量下结构验算结果

下面层模量/MPa	沥青层疲劳开裂寿命/10^6	轻交通量下路基顶面容许竖向压应变/με	中交通量下路基顶面容许竖向压应变/με	重交通量下路基顶面容许竖向压应变/με	特重交通量下路基顶面容许竖向压应变/με
4 000	23.74	238.83	223.28	192.91	160.90
6 000	26.35	237.89	222.41	192.16	160.27
8 000	28.05	237.23	221.79	191.63	159.82
10 000	29.23	236.73	221.32	191.22	159.48
11 000	29.71	236.52	221.12	191.05	159.34
12 000	30.15	236.33	220.95	190.90	159.22
13 000	30.53	236.16	220.79	190.77	159.10
14 000	30.89	236.01	220.64	190.64	159.00
16 000	31.50	235.74	220.39	190.42	158.82
18 000	32.04	235.51	220.17	190.23	158.66
20 000	32.52	235.30	219.98	190.07	158.52
22 000	32.99	235.12	219.82	189.92	158.40
24 000	33.39	234.96	219.67	189.80	158.29
26 000	33.77	234.82	219.53	189.68	158.20
28 000	34.16	234.69	219.41	189.57	158.11

4. 模量梯度影响分析

为探究面层模量梯度对级配碎石基层沥青路面结构力学响应的影响，除了典型结构的模量梯度 a 以外，设置了 b、c、d 三种模量梯度，面层模量梯度取值及其对力学响应参数的影响分别如表 8.12 和表 8.13 所示。

表 8.12　沥青路面结构面层模量梯度取值　　　　　（单位：MPa）

项目	a	b	c	d
沥青混凝土上面层	12 000	13 000	9 000	10 000
沥青混凝土中面层	11 000	11 000	11 000	11 000
沥青混凝土下面层	10 000	9 000	13 000	12 000
沥青稳定碎石层	9 000	9 000	9 000	9 000
级配碎石层	350	350	350	350
土基	60	60	60	60

表 8.13　沥青面层模量梯度对力学响应参数的影响

面层模量梯度	路表竖向位移/μm	面层层底拉应变/με	沥青稳定碎石层层底拉应变/με	级配碎石层层顶竖向位移/μm	级配碎石层层顶最大剪应力/MPa	路基顶面竖向压应变/με
a	227.50	8.78	34.73	224.50	0.013	−100.70
b	226.90	8.56	34.66	223.70	0.013	−100.20
c	230.10	9.11	35.21	227.50	0.013	102.80
d	229.10	9.04	35.00	226.40	0.013	−102.00

由表 8.13 可知，模量梯度 c 和 d 条件下的各项力学响应指标值均大于模量梯度 a 和 b，模量梯度 a 的各项力学响应指标值均大于模量梯度 b，因此可得出结论：面层模量梯度由上到下各面层模量逐渐减小优于由上到下面层模量逐渐增大，且当上中下面层模量的平均值相同的条件下，面层模量间隔大的梯度组合优于面层模量间隔小的梯度组合。

不同面层模量梯度下沥青层竖向压应力分布和面层最大剪应力分布如图 8.9 和图 8.10 所示。从图中可知，不同面层模量梯度下沥青层竖向压应力分布趋势一致且大小符合前述规律，相对来说中面层竖向压应力对面层模量梯度变化较为敏感。此外，不同面层模量梯度下面层中最大剪应力峰值位于距路表 4cm 左右处。最大剪应力跟面层模量梯度之间的关系可分为三个区间：一是在路表至深度为 1.5cm 左右，最大剪应力由大到小排序为 c>d>a>b；二是深度 1.5~9cm，最大剪应力由大到小排序为 b>a>d>c；三是深度 9cm 以下，最大剪应力由大到小排序为 c>d>a>b。

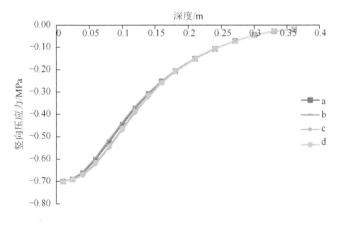

图 8.9　不同面层模量梯度下沥青层竖向压应力分布

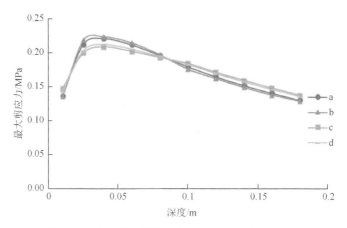

图 8.10　不同面层模量梯度下面层最大剪应力分布

不同面层模量梯度下结构验算结构如表 8.14 所示，四种梯度下沥青层疲劳开裂寿命和路基顶面竖向压应变均满足特重交通量等级。

表 8.14　不同面层模量梯度下结构验算结果

面层模量梯度	沥青层疲劳开裂寿命/10⁶	轻交通量下路基顶面容许竖向压应变/με	中交通量下路基顶面容许竖向压应变/με	重交通量下路基顶面容许竖向压应变/με	特重交通量下路基顶面容许竖向压应变/με
a	29.23	236.73	221.32	191.22	159.48
b	29.53	236.89	221.46	191.35	159.59
c	27.58	236.49	221.09	191.03	159.32
d	28.26	236.53	221.13	191.06	159.35

5. 沥青稳定碎石层模量影响分析

由表 8.15 可知，随着沥青稳定碎石层模量从 5 000MPa 增加到 27 000MPa，各力学响应指标均不同程度减小，且所有力学响应指标的减幅随着沥青碎石层模量的增大而减小。各力学响应指标的减幅(即对沥青碎石层模量变化敏感性大小)由大到小排序依次为面层层底拉应变>沥青稳定碎石层层底拉应变>级配碎石层层顶最大剪应力>路基顶面竖向压应变>路表竖向位移>级配碎石层层顶竖向位移。

表 8.15　沥青稳定碎石层模量变化对力学响应参数的影响

沥青碎石层模量/MPa	路表竖向位移/μm	面层层底拉应变/με	沥青稳定碎石层层底拉应变/με	级配碎石层层顶竖向位移/μm	级配碎石层层顶最大剪应力/MPa	路基顶面竖向压应变/με
5 000	245.70	19.47	46.05	240.90	0.016	−118.80
7 000	235.00	12.99	39.38	231.30	0.014	−108.10

续表

沥青碎石层模量/MPa	路表竖向位移/μm	面层层底拉应变/με	沥青稳定碎石层层底拉应变/με	级配碎石层层顶竖向位移/μm	级配碎石层层顶最大剪应力/MPa	路基顶面竖向压应变/με
9 000	227.50	8.78	34.73	224.50	0.013	−100.70
10 000	224.50	7.19	32.89	221.70	0.012	−97.72
11 000	221.80	5.84	31.29	219.30	0.011	−95.12
12 000	219.40	4.68	29.88	217.10	0.011	−92.81
13 000	217.20	3.69	28.63	215.00	0.011	−90.75
15 000	213.50	2.06	26.51	211.50	0.010	−87.21
17 000	210.30	0.79	24.77	208.60	0.009	−84.24
19 000	207.50	−0.22	23.31	206.00	0.009	−81.71
21 000	205.10	−1.03	22.07	203.70	0.008	−79.50
23 000	202.90	−1.69	21.00	201.60	0.008	−77.56
25 000	201.00	−2.24	20.06	199.70	0.008	−75.82
27 000	199.20	−2.69	19.22	198.00	0.007	−74.25

　　不同沥青碎石层模量下沥青层竖向压应力分布如图8.11所示,从图中可看出,下面层竖向压应力对沥青碎石层模量变化最为敏感,且沥青碎石层模量越大,沥青层竖向压应力越大。不同沥青碎石层模量下面层最大剪应力分布如图8.12所示,从图中可看出,当沥青碎石层模量在5 000～13 000MPa 时,最大剪应力峰值位于距路表 4cm 处;当沥青碎石层模量在 15 000～27 000MPa 时,最大剪应力峰值位于距路表 3cm 左右。此外,随着沥青碎石层模量的增加,最大剪应力变化幅度逐渐减小。

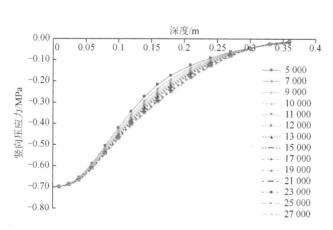

图8.11　不同沥青碎石层模量下沥青层竖向压应力分布

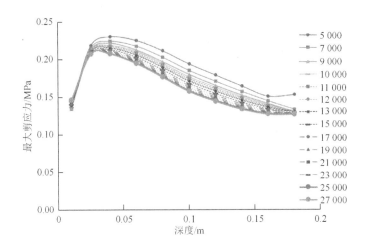

图 8.12　不同沥青碎石层模量下面层最大剪应力分布

　　不同沥青碎石层模量下结构验算结果如表 8.16 所示，可以看出当沥青碎石层模量为 5 000MPa 时，沥青层疲劳开裂寿命符合重交通量标准；沥青碎石层模量为 7 000～12 000MPa 时，沥青层疲劳开裂寿命符合特重交通量标准；沥青碎石层模量为 13 000～27 000MPa 时，沥青层疲劳开裂寿命符合极重交通量标准。同时可以发现，沥青碎石层模量对沥青层疲劳开裂寿命影响极大。结合表 8.16 可知，路基顶面竖向压应变也满足特重交通量下路基顶面容许竖向压应变。

表 8.16　不同沥青碎石层模量下结构验算结果

碎石层模量/MPa	沥青层疲劳开裂寿命/10⁶	轻交通量下路基顶面容许竖向压应变/με	中交通量下路基顶面容许竖向压应变/με	重交通量下路基顶面容许竖向压应变/με	特重交通量下路基顶面容许竖向压应变/με
5 000	11.81	239.34	223.76	193.33	161.24
7 000	19.39	237.89	222.40	192.16	160.26
9 000	29.23	236.73	221.32	191.22	159.48
10 000	35.00	236.23	220.85	190.82	159.15
11 000	41.33	235.78	220.43	190.45	158.84
12 000	48.23	235.36	220.04	190.12	158.56
13 000	55.69	234.97	219.68	189.80	158.30
15 000	72.24	234.28	219.02	189.24	157.83
17 000	91.00	233.66	218.45	188.74	157.42
19 000	111.98	233.11	217.93	188.30	157.04

续表

碎石层模量/MPa	沥青层疲劳开裂寿命/10⁶	轻交通量下路基顶面容许竖向压应变/με	中交通量下路基顶面容许竖向压应变/με	重交通量下路基顶面容许竖向压应变/με	特重交通量下路基顶面容许竖向压应变/με
21 000	135.04	232.61	217.46	187.89	156.71
23 000	160.17	232.15	217.04	187.52	156.40
25 000	187.53	231.73	216.64	187.18	156.11
27 000	217.41	231.33	216.27	186.86	155.85

6. 级配碎石层模量影响分析

当施工质量不佳时级配碎石层的模量会有较大变化，或者其围压发生变化时其模量也会有较大变化。此外，湿度变化对级配碎石层模量也会产生较大影响。因此，除了在规范推荐的级配碎石层模量范围内变化模量，也在规范推荐的模量范围外变化级配碎石层模量，以细化分析级配碎石层模量变化对级配碎石基层沥青路面结构受力的具体影响。

级配碎石层模量变化对力学响应参数的影响见表 8.17。由表 8.17 可知，级配碎石层模量变化对级配碎石层层顶最大剪应力的影响最大，同时，随着级配碎石层模量从 100MPa 增加到 800MPa，级配碎石层层顶最大剪应力和路基顶面竖向压应变随之增大；其余力学响应指标随之减小，减幅由大到小排序为沥青稳定碎石层层底拉应变>面层层底拉应变>级配碎石层层顶竖向位移>路表竖向位移。

表 8.17　级配碎石层模量变化对力学响应参数的影响

级配碎石层模量/MPa	路表竖向位移/μm	面层层底拉应变/με	沥青稳定碎石层层底拉应变/με	级配碎石层层顶竖向位移/μm	级配碎石层层顶最大剪应力/MPa	路基顶面竖向压应变/με
100	244.40	9.45	39.34	241.40	0.005	−94.97
150	239.30	9.29	38.21	236.30	0.007	−99.36
250	232.60	9.02	36.35	229.60	0.010	−101.50
350	227.50	8.78	34.73	224.50	0.013	−100.70
450	223.20	8.56	33.28	220.20	0.015	−98.94
550	219.30	8.37	31.95	216.30	0.017	−96.87
650	215.70	8.19	30.72	212.80	0.020	−94.70
750	212.50	8.03	29.59	209.50	0.022	−92.54
800	211.00	7.95	29.05	208.00	0.023	−91.47

不同级配碎石层模量下沥青层竖向压应力分布和面层最大剪应力分布分别如

图 8.13 和图 8.14 所示,从图中可知,级配碎石层模量变化对沥青层竖向压应力和面层最大剪应力的影响甚小。

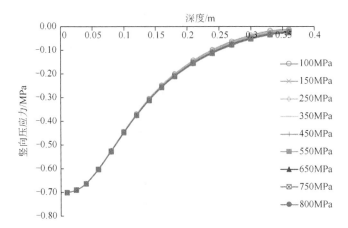

图 8.13　不同级配碎石层模量下沥青层竖向压应力分布

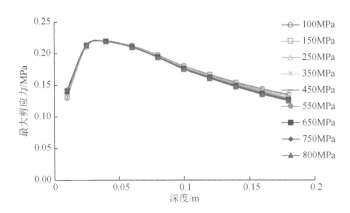

图 8.14　不同级配碎石层模量下面层最大剪应力分布

不同级配碎石层模量下结构验算结果如表 8.18 所示。当级配碎石层模量为 100MPa 和 150MPa 时,沥青层疲劳开裂寿命可承受重交通量;当级配碎石层模量为 250～550MPa 时,沥青层疲劳开裂寿命可承受特重交通量;当级配碎石层模量为 650～800MPa 时,沥青层疲劳开裂寿命可承受极重交通量。结合表 8.17 可知,不同级配碎石层模量下的路基顶面竖向压应变均小于特重交通量下路基顶面容许竖向压应变。

表 8.18 不同级配碎石层模量下结构验算结果

级配碎石层模量/MPa	沥青层疲劳开裂寿命/10^6	轻交通量下路基顶面容许竖向压应变/με	中交通量下路基顶面容许竖向压应变/με	重交通量下路基顶面容许竖向压应变/με	特重交通量下路基顶面容许竖向压应变/με
100	15.10	219.42	205.13	177.24	147.82
150	17.89	226.49	211.75	182.95	152.59
250	23.33	233.33	218.14	188.47	157.19
350	29.23	236.73	221.32	191.22	159.48
450	35.79	238.80	223.25	192.89	160.88
550	43.21	240.20	224.56	194.03	161.82
650	51.62	241.23	225.52	194.86	162.52
750	61.05	242.02	226.26	195.49	163.05
800	66.24	242.35	226.57	195.76	163.27

研究表明，碎石类材料具有显著的横观各向同性特征，如果将级配碎石材料特性假设为各向同性来进行路面设计将会低估路面结构的应力状态，容易导致出现早期的路面变形和开裂[63]。因此，有研究人员分析了设置分层梯度模量的微沥青级配碎石倒装路面结构的力学响应，结果表明，设置了分层梯度模量的微沥青级配碎石对路面结构受力状态起到有利作用[64]。为探究设置分层梯度模量的微沥青级配碎石对级配碎石基层沥青路面结构力学响应的影响，将级配碎石层均分为5层(每层6cm)，从上到下编号为1~5，除了典型结构的模量梯度 a 以外，还设置了 b、c、d、e、f、g 六种模量梯度，模量梯度取值及其对力学响应参数的影响分别如表 8.19 和表 8.20 所示。

表 8.19 沥青路面结构面层模量梯度取值 （单位：MPa）

结构层	梯度						
	a	b	c	d	e	f	g
1		330	370	290	410	250	450
2		340	360	320	380	300	400
3	350	350	350	350	350	350	350
4		360	340	380	320	400	300
5		370	330	410	290	450	250

表 8.20 不同级配碎石层模量梯度对力学响应参数的影响

级配碎石层模量梯度	路表竖向位移/μm	面层层底拉应变/με	沥青稳定碎石层层底拉应变/με	级配碎石层层顶竖向位移/μm	级配碎石层层顶最大剪应力/MPa	路基顶面竖向压应变/με
a	227.50	8.78	34.73	224.50	0.013	−100.70
b	227.50	8.79	34.81	224.50	0.012	−51.87
c	227.60	8.77	34.65	224.50	0.013	−53.94
d	227.40	8.81	34.99	224.50	0.011	−49.98
e	227.70	8.76	34.52	224.70	0.014	−56.29
f	227.50	8.83	35.20	224.50	0.010	−48.16
g	228.00	8.74	34.42	225.00	0.015	−59.07

由表 8.20 可知，对于级配碎石基层沥青路面而言，设置分层梯度模量的微沥青级配碎石可以显著降低路基顶面竖向压应变。在同等梯度条件下，采用正向梯度时的路基顶面竖向压应变比逆向梯度小，且随着梯度的增加，路基顶面竖向压应变的减幅随之增加。此外，设置分层梯度模量的微沥青级配碎石对沥青层中压应力分布和面层中的最大剪应力分布几乎无影响，故不展示其分布。

不同级配碎石层模量梯度下结构验算结果如表 8.21 所示，可以看出，设置分层梯度的微沥青级配碎石对沥青层疲劳开裂寿命以及不同交通量下的路基顶面容许竖向压应变影响较小。

表 8.21 不同级配碎石层模量梯度下结构验算结果

级配碎石层模量梯度	沥青层疲劳开裂寿命/10⁶	轻交通量下路基顶面容许竖向压应变/με	中交通量下路基顶面容许竖向压应变/με	重交通量下路基顶面容许竖向压应变/με	特重交通量下路基顶面容许竖向压应变/με
a	29.23	236.73	221.32	191.22	159.48
b	29.05	236.92	221.50	191.38	159.61
c	29.41	236.52	221.12	191.05	159.34
d	28.60	237.26	221.81	191.65	159.84
e	29.65	236.04	220.68	190.67	159.02
f	28.05	237.54	222.07	191.87	160.03
g	29.76	235.48	220.15	190.21	158.64

路基在冬天发生结冰或者夏天浸水时也会出现模量较大或较小的现象，从而影响结构受力。选取路基模量为 20～100MPa，分析路基模量变化对结构受力的影响。

从表 8.22 可知，随着路基模量的增大，各力学响应指标均不同程度减小，且减幅随着路基模量的增大而逐渐减小，将各力学响应指标的减幅由大到小排序为级配碎石层层顶竖向位移>路表竖向位移>路基顶面竖向压应变>沥青稳定碎石层层底拉应变>级配碎石层层顶最大剪应力>面层层底拉应变。

表 8.22　路基模量变化对力学响应参数的影响

路基模量/MPa	路表竖向位移/μm	面层层底拉应变/με	沥青稳定碎石层层底拉应变/με	级配碎石层层顶竖向位移/μm	级配碎石层层顶最大剪应力/MPa	路基顶面竖向压应变/με
20	468.60	8.83	39.67	465.70	0.013	−147.40
30	358.30	8.81	37.83	355.40	0.013	−129.20
40	296.50	8.80	36.54	293.50	0.013	−117.10
50	256.20	8.79	35.54	253.20	0.013	−108.00
60	227.50	8.78	34.73	224.50	0.013	−100.70
70	205.90	8.77	34.05	202.90	0.013	−94.66
80	188.90	8.77	33.48	185.90	0.012	−89.55
90	175.30	8.76	32.97	172.30	0.012	−85.11
100	163.90	8.76	32.52	160.90	0.012	−81.20

不同路基模量下沥青层竖向压应力分布和面层最大剪应力分布分别如图 8.15 和图 8.16 所示，由图可知，路基模量对沥青层中竖向压应力和面层中最大剪应力影响极小。同时，面层中最大剪应力峰值在不同路基模量下均位于距路表 3cm 左右处。

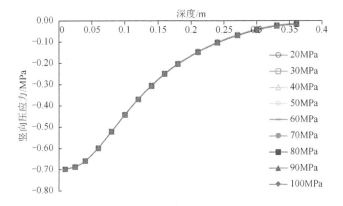

图 8.15　不同路基模量下沥青层竖向压应力分布

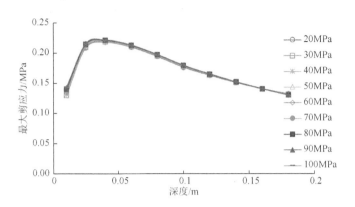

图 8.16 不同路基模量下面层最大剪应力分布

不同路基模量下结构验算结果见表 8.23。由表 8.23 可知，当路基模量为 20MPa 时，沥青层疲劳开裂寿命可承受重交通量；当路基模量为 30～100MPa 时，沥青层疲劳开裂寿命可承受特重交通量。结合表 8.22 可知，不同路基模量下路基顶面竖向压应变小于特重交通量下路基顶面容许竖向压应变。

表 8.23 不同路基模量下结构验算结果

路基模量/MPa	沥青层疲劳开裂寿命/10⁶	轻交通量下路基顶面容许竖向压应变/με	中交通量下路基顶面容许竖向压应变/με	重交通量下路基顶面容许竖向压应变/με	特重交通量下路基顶面容许竖向压应变/με
20	17.24	236.73	221.32	191.22	159.48
30	20.82	236.73	221.32	191.22	159.48
40	23.89	236.73	221.32	191.22	159.48
50	26.67	236.73	221.32	191.22	159.48
60	29.23	236.73	221.32	191.22	159.48
70	31.62	236.73	221.32	191.22	159.48
80	33.81	236.73	221.32	191.22	159.48
90	35.93	236.73	221.32	191.22	159.48
100	37.95	236.73	221.32	191.22	159.48

三、结构层厚度对路面结构力学响应影响分析

在实际工程中，有可能会出现施工问题而造成结构层厚度偏薄，或者基于使

用的需要，在实际工程中会设计较厚的结构层以提高路面结构的使用质量与使用寿命。因此，需要分析不同结构层在不同厚度时结构受力状态的变化。

1. 上面层厚度影响分析

上面层厚度变化对力学响应参数的影响见表 8.24。由表 8.24 可知，当上面层厚度从 2cm 增加到 6cm 时，只有面层层底拉应变随之增大，其余力学响应指标均不同程度减小，减幅由大到小排序为级配碎石层层顶最大剪应力>路基顶面竖向压应变>沥青稳定碎石层层底拉应变>级配碎石层层顶竖向位移>路表竖向位移。

表 8.24　上面层厚度变化对力学响应参数的影响

上面层厚度/cm	路表竖向位移/μm	面层层底拉应变/με	沥青稳定碎石层层底拉应变/με	级配碎石层层顶竖向位移/μm	级配碎石层层顶最大剪应力/MPa	路基顶面竖向压应变/με
2	239.10	8.10	38.14	236.40	0.014	-110.80
3	233.10	8.50	36.37	230.20	0.013	-105.50
4	227.50	8.78	34.73	224.50	0.013	-100.70
5	222.20	8.96	33.20	219.10	0.012	-96.19
6	217.10	9.08	31.77	213.90	0.011	-92.00

不同上面层厚度下沥青层竖向压应力分布和面层最大剪应力分布分别见图 8.17 和图 8.18。由图 8.17 可知，当上面层厚度为 2~5cm 时，沥青层中竖向压应力大小相近，当上面层厚度为 6cm 时，中上面层中的压应力骤减。由图 8.18 可知，上面层厚度为 2cm 时，最大剪应力峰值位于距路表 4cm 处；上面层厚度为 3~5cm 时，最大剪应力峰值位于距路表 3cm 处；上面层厚度为 6cm 时，最大剪应力峰值位于距路表 4cm 处。此外，上面层厚度对面层中最大剪应力影响不大。

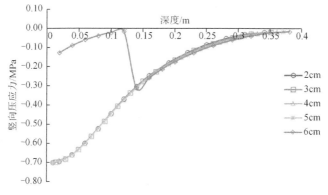

图 8.17　不同上面层厚度下沥青层竖向压应力分布

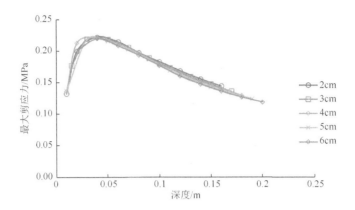

图 8.18　不同上面层厚度下面层最大剪应力分布

不同上面层厚度下结构验算结果如表 8.25 所示。上面层厚度为 2～6cm 时，沥青层疲劳开裂寿命可承受特重交通量，路基顶面竖向压应变也小于特重交通量下路基顶面容许竖向压应变。

表 8.25　不同上面层厚度下结构验算结果

上面层厚度/cm	沥青层疲劳开裂寿命/10⁶	轻交通量下路基顶面容许竖向压应变/με	中交通量下路基顶面容许竖向压应变/με	重交通量下路基顶面容许竖向压应变/με	特重交通量下路基顶面容许竖向压应变/με
2	22.58	238.44	222.92	192.61	160.64
3	25.63	237.58	222.11	191.91	160.05
4	29.23	236.73	221.32	191.22	159.48
5	33.48	235.90	220.54	190.55	158.93
6	38.47	235.09	219.79	189.90	158.38

2. 中面层厚度影响分析

中面层厚度变化对力学响应参数的影响见表 8.26。由表 8.26 可知，只有面层层底拉应变随着中面层厚度的增加而增大，且增幅越来越小。其余力学响应指标均随着中面层厚度的增加不同程度减小，减幅从大到小排序为级配碎石层层顶最大剪应力>沥青稳定碎石层层底拉应变>路基顶面竖向压应变>级配碎石层层顶竖向位移>路表竖向位移。

表 8.26　中面层厚度变化对力学响应参数的影响

中面层厚度/cm	路表竖向位移/μm	面层层底拉应变/με	沥青稳定碎石层层底拉应变/με	级配碎石层层顶竖向位移/μm	级配碎石层层顶最大剪应力/MPa	路基顶面竖向压应变/με
4	238.50	8.22	38.02	235.70	0.014	−110.20
5	232.80	8.55	36.32	230.00	0.013	−105.30
6	227.50	8.78	34.73	224.50	0.013	−100.70
7	222.40	8.93	33.24	219.30	0.012	−96.36
8	217.50	9.02	31.84	214.30	0.011	−92.32

　　不同中面层厚度下沥青层竖向压应力分布和面层最大剪应力分布分别见图 8.19 和图 8.20。由图 8.19 和图 8.20 可知，中面层厚度的变化对沥青层竖向压应力和面层最大剪应力影响甚微，面层最大剪应力峰值位于距路表 4cm 左右处。

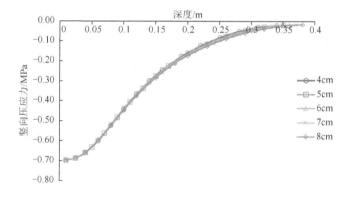

图 8.19　不同中面层厚度下沥青层竖向压应力分布

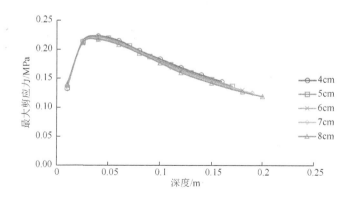

图 8.20　不同中面层厚度下面层最大剪应力分布

不同中面层厚度下结构验算结果见表8.27。由表8.27可知,中面层厚度从4cm增加到8cm过程中,沥青层疲劳开裂寿命可承受特重交通量,路基顶面竖向压应变也小于特重交通量下路基顶面容许压应变。

表8.27　不同中面层厚度下结构验算结果

沥青层厚度/cm	沥青层疲劳开裂寿命/10^6	轻交通量下路基顶面容许竖向压应变/με	中交通量下路基顶面容许竖向压应变/με	重交通量下路基顶面容许竖向压应变/με	特重交通量下路基顶面容许竖向压应变/με
4	22.86	238.43	222.91	192.60	160.63
5	25.77	237.57	222.11	191.90	160.05
6	29.23	236.73	221.32	191.22	159.48
7	33.32	235.90	220.55	190.56	158.93
8	38.14	235.09	219.79	189.90	158.38

3. 下面层厚度影响分析

下面层厚度变化对力学响应参数的影响见表8.28。由表8.28可知,下面层厚度从4cm增加到12cm时,只有面层层底拉应变随着下面层厚度的增加而增大,且增幅越来越小。其余力学响应指标均随着下面层厚度的增加而不同程度减小,减幅从大到小排序为级配碎石层层顶最大剪应力>沥青稳定碎石层层底拉应变>路基顶面竖向压应变>级配碎石层层顶竖向位移>路表竖向位移。

表8.28　下面层厚度变化对力学响应参数的影响

下面层厚度/cm	路表竖向位移/μm	面层层底拉应变/με	沥青稳定碎石层层底拉应变/με	级配碎石层顶竖向位移/μm	级配碎石层层顶最大剪应力/MPa	路基顶面竖向压应变/με
4	250.20	7.39	41.64	247.60	0.015	−120.70
6	238.20	8.32	37.96	235.50	0.014	−110.00
8	227.50	8.78	34.73	224.50	0.013	−100.70
10	217.70	8.96	31.88	214.50	0.011	−92.47
12	208.70	8.98	29.35	205.30	0.010	−85.22

不同下面层厚度下沥青层竖向压应力分布和面层最大剪应力分布分别见图8.21和图8.22。由图8.21可知,沥青层中压应力对下面层厚度变化最敏感的是

沥青稳定碎石层，并且下面层越厚，沥青层中压应力越大。由图 8.22 可知，下面层厚度从 4cm 增加到 12cm 过程中，面层最大剪应力峰值位于距路表 4cm 左右，且下面层厚度对中面层和下面层中最大剪应力影响较大，下面层厚度越大，中面层和下面层中最大剪应力越小。

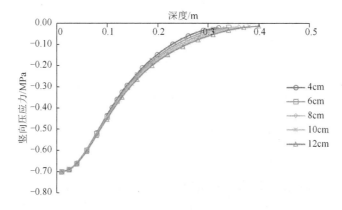

图 8.21　不同下面层厚度下沥青层竖向压应力分布

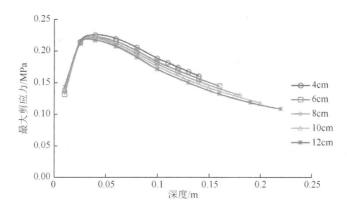

图 8.22　不同下面层厚度下面层最大剪应力分布

不同下面层厚度下结构验算结果如表 8.29 所示。当下面层厚度为 4cm 时，沥青层疲劳开裂寿命可承受重交通量；当下面层厚度为 6～12cm 时，沥青层疲劳开裂寿命可承受特重交通量。不同下面层厚度下路基顶面竖向压应变均小于特重交通量下路基顶面容许竖向压应变。

表 8.29　不同下面层厚度下结构验算结果

下面层厚度/cm	沥青层疲劳开裂寿命/10⁶	轻交通量下路基顶面容许竖向压应变/με	中交通量下路基顶面容许竖向压应变/με	重交通量下路基顶面容许竖向压应变/με	特重交通量下路基顶面容许竖向压应变/με
4	18.71	240.18	224.54	194.01	161.81
6	23.00	238.43	222.90	192.59	160.63
8	29.23	236.73	221.32	191.22	159.48
10	37.95	235.10	219.79	189.90	158.38
12	49.89	233.52	218.32	188.63	157.32

4. 沥青稳定碎石层厚度影响分析

沥青稳定碎石层厚度变化对力学响应参数的影响见表 8.30。由表 8.30 可知，各项力学响应指标均随着沥青碎石层厚度的增加不同程度减小，且减幅逐渐减小。各力学响应指标减幅由大到小排序为路基顶面竖向压应变>面层层底拉应变>级配碎石层层顶最大剪应力>沥青稳定碎石层层底拉应变>级配碎石层层顶竖向位移>路表竖向位移。

表 8.30　沥青稳定碎石层厚度变化对力学响应参数的影响

沥青稳定碎石层层厚度/cm	路表竖向位移/μm	面层层底拉应变/με	沥青稳定碎石层层底拉应变/με	级配碎石层层顶竖向位移/μm	级配碎石层层顶最大剪应力/MPa	路基顶面竖向压应变/με
6	310.70	30.53	61.76	309.20	0.024	−181.80
12	262.80	14.71	45.60	260.50	0.017	−132.50
18	227.50	8.78	34.73	224.50	0.013	−100.70
24	200.70	6.36	27.20	197.00	0.010	−79.08
30	179.70	5.37	21.82	175.40	0.008	−63.76
36	162.80	5.03	17.86	158.10	0.006	−27.44

不同沥青碎石层厚度下沥青层竖向压应力分布如图 8.23 所示，当沥青碎石层厚度变化时，中上面层竖向压应力变化极小，下面层竖向压应力变化较大。图 8.24 为不同沥青碎石层厚度下面层最大剪应力分布，随着沥青碎石层厚度的增加，面层最大剪应力峰值从距路表 4cm 逐渐上移至距路表 3cm 处。当沥青碎石层厚度为

6～12cm 时，最大剪应力峰值位于距路表 4cm 深度，而当沥青碎石层厚度为 18～36cm 时，最大剪应力峰值位于距路表为 3cm 处，即沥青碎石层厚度增加使面层最大剪应力峰值位置上移。

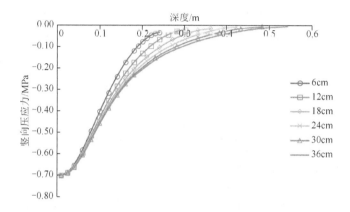

图 8.23 不同沥青碎石层厚度下沥青层竖向压应力分布

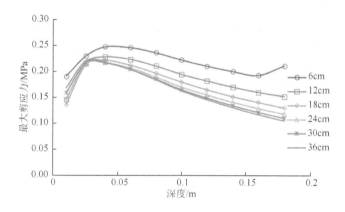

图 8.24 不同沥青碎石层厚度下面层最大剪应力分布

表 8.31 为不同沥青碎石层厚度下结构验算结果，可以看出沥青碎石层厚度对沥青层疲劳开裂寿命影响显著。当沥青碎石层厚度为 6～12cm 时，沥青层疲劳开裂寿命可承受重交通量；当沥青碎石层厚度为 18m 时，沥青层疲劳开裂寿命可承受特重交通量；当沥青碎石层厚度为 24～36cm 时，沥青层疲劳开裂寿命可承受极重交通量，并且沥青碎石层厚度为 30cm 和 36cm 时，沥青层疲劳开裂寿命分别达到 145.83×10^6 和 311.47×10^6，远大于规范中 50×10^6 的标准。

表8.31　不同沥青碎石层厚度下结构验算结果

沥青层厚度/cm	沥青层疲劳开裂寿命/10⁶	路基顶面容许竖向压应变/με			
		轻交通量	中交通量	重交通量	特重交通量
6	13.16	248.02	231.88	200.34	167.09
12	16.27	242.05	226.29	195.52	163.07
18	29.23	236.73	221.32	191.22	159.48
24	64.93	232.01	216.90	187.41	156.30
30	145.83	227.77	212.94	183.98	153.45
36	311.47	223.94	209.36	180.89	150.87

5. 级配碎石厚度影响分析

级配碎石层厚度变化对力学响应参数的影响见表8.32。由表8.32可知,级配碎石层厚度从15cm增加到45cm时,只有级配碎石层层顶最大剪应力随之增加,且增幅逐渐减小。其余力学响应指标随着级配碎石层厚度的增加而不同程度减小,减幅由大到小排序为路基顶面竖向压应变>沥青稳定碎石层层底拉应变>级配碎石层层顶竖向位移>路表竖向位移>面层层底拉应变。

表8.32　级配碎石层厚度变化对力学响应参数的影响

级配碎石层厚度/cm	路表竖向位移/μm	面层层底拉应变/με	沥青稳定碎石层层底拉应变/με	级配碎石层层顶竖向位移/μm	级配碎石层层顶最大剪应力/MPa	路基顶面竖向压应变/με
15	240.20	9.13	37.15	237.10	0.012	−116.40
20	236.00	8.99	36.26	233.00	0.012	−111.30
30	227.50	8.78	34.73	224.50	0.013	−100.70
40	218.90	8.62	33.49	215.90	0.013	−90.57
45	214.60	8.56	32.96	211.60	0.013	−85.87

不同级配碎石层厚度下沥青层竖向压应力分布和面层最大剪应力分布分别如图8.25和图8.26所示,级配碎石层厚度对沥青层压应力和面层最大剪应力几乎无影响。

不同级配碎石层厚度下结构验算结果见表8.33。由表8.33可知,当级配碎石层厚度为15cm时,沥青层疲劳开裂寿命可承受重交通量,并且达到18.96×10^{6};

当级配碎石层厚度为 20～45cm 时，沥青层疲劳开裂寿命可承受特重交通量。同时，不同级配碎石层厚度下路基顶面竖向压应变均小于特重交通量下路基顶面容许竖向压应变。

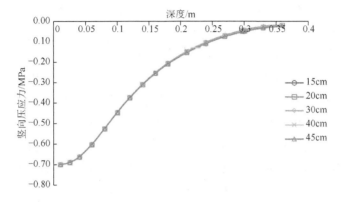

图 8.25　不同级配碎石层厚度下沥青层竖向压应力分布

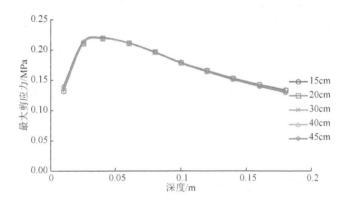

图 8.26　不同级配碎石层厚度下面层最大剪应力分布

表 8.33　不同级配碎石层厚度下结构验算结果

级配碎石层厚度/cm	沥青层疲劳开裂寿命/10^6	下路基顶面容许竖向压应变/$\mu\varepsilon$			
		轻交通量	中交通量	重交通量	特重交通量
15	18.96	214.20	200.25	173.02	144.31
20	22.36	223.92	209.34	180.87	150.85
30	29.23	236.73	221.32	191.22	159.48
40	36.17	244.99	229.04	197.90	165.05
45	39.64	248.15	231.99	200.45	167.18

四、沥青层结构层位组合及材料性能需求优化

前文对级配碎石基层沥青路面精细化分层研究表明，当路面结构的层位组合、模量等材料参数发生变化时，路面结构的力学响应特征与单一结构层参数发生变化后的力学响应不同。因此，结合前文所述和实际工程应用，拟定几种级配碎石基层沥青路面的层位组合，分析其力学响应特征，并借鉴国内外对长寿命沥青路面的指标要求对路面结构的层位组合以及材料性能需求进行优化。

对于级配碎石基层沥青路面，土基的累积变形量是路面的破坏标准之一，因此路基顶面竖向压应变也是路面结构设计的指标。此外，沥青层的疲劳破坏是路面结构设计的关键破坏标准，因此沥青层层底拉应变是路面结构设计的重要指标。如果路基顶部的压应力和压应变足够小，则路基处于弹性变形范围不会发生变形累积，或很快变形累积就达到不再变化的状态，路基不会过量变形，既不发生破坏也不会影响路面结构；如果沥青层底部的拉应变足够小，低于沥青层的疲劳极限值，则沥青层不发生破坏也能够达到耐疲劳沥青路面的使用要求。

针对这两种指标的限值，国内外研究人员根据实际工程经验提出了很多参考值。美国加州提出的沥青层底拉应变的极限值为 70με，伊利诺伊州则认为应小于 60με，AI 法规定沥青层层底拉应变限值为 70με。Martinn 等也认为沥青层底拉应变限值应为 70με。此外，很多学者认为可以将改性沥青混合料的疲劳极限提高到 100με。也有不少学者认为这两个指标应该同时控制，Monismith 和 Long 建议沥青层层底极限疲劳拉应变和路基顶面极限疲劳压应变宜分别取 60με 和 200με。对于本书研究而言，级配碎石基层强度较低，较传统半刚性基层承载能力弱，在轴载作用下极易产生较大的路基顶面变形，导致路面永久变形过大。因此，为控制路面的永久变形，控制沥青层层底拉应变为 60με，路基顶面极限压应变为 200με。

通过前文分析可知，沥青稳定碎石层对提高沥青层的抗疲劳作用显著，因此可以采用不设沥青稳定碎石层的路面结构进行对比分析。结果表明当把采用的级配碎石基层沥青路面结构的沥青稳定碎石层替换为同等厚度的级配碎石，并保持路面材料的参数不变的情况下，沥青层层底拉应变达到了 77.52με，不满足耐疲劳沥青路面沥青层层底拉应变的要求。因此，在保持级配碎石层厚度为 48cm，模量为 350MPa 的情况下通过提高下面层模量或者增加沥青层厚度来降低沥青层层底拉应变，结果如表 8.34 所示。

表 8.34 不设置沥青碎石层时的力学响应

措施	沥青层层底拉应变/$\mu\varepsilon$	路基顶面竖向压应变/$\mu\varepsilon$
无	77.52	190.9
上面层 30 000MPa	71.56	166.3
中面层 29 000MPa	74.18	181.4
下面层 28 000MPa	46.59	169.2
下面层 13 500MPa	67.06	184.3
下面层 15 000MPa	63.66	182.1
下面层 16 500MPa	60.71	180.1
下面层 18 000MPa	58.12	178.2
面层(4cm+8cm+8cm)	68.58	170.5
面层(4cm+8cm+9cm)	64.73	161.5
面层(4cm+8cm+10cm)	61.16	153.2
面层(4cm+8cm+11cm)	57.87	145.4
面层(4cm+8cm+12cm)	54.81	138.2
下面层 18 000MPa(3cm+5cm+7cm)	70.84	216.0
下面层 28 000MPa(3cm+5cm+7cm)	57.03	206.8
面层(20 000MPa+19 000MPa+18 000MPa/3cm+5cm+7cm)	66.33	194.7
面层(22 000MPa+21 000MPa+20 000MPa/3cm+5cm+7cm)	62.04	188.5
面层(24 000MPa+23000MPa+22000MPa/3cm+5cm+7cm)	58.34	182.8
面层(23 000MPa+22 000MPa+21 000MPa/3cm+5cm+7cm)	60.12	185.5

由表 8.34 可看出，当面层厚度组合保持不变时，提高下面层模量可以有效减小沥青层层底拉应变，将下面层模量增加到 18 000MPa 时沥青层层底拉应变小于 60$\mu\varepsilon$；当面层材料模量保持不变时，将面层厚度组合变为 4cm+8cm+11cm，也就是说面层厚度不宜小于 22cm。如果面层厚度组合采用 3cm+5cm+7cm，可以发现虽然单独提高下面层模量到 28 000MPa 可以使沥青层层底拉应变小于 60$\mu\varepsilon$，但是路基顶面的竖向压应变却大于 200$\mu\varepsilon$。因此，应同时提高上中下面层的模量使沥青层层底拉应变与路基顶面竖向压应变分别小于 60$\mu\varepsilon$ 和 200$\mu\varepsilon$。由表 8.34 可知，当上中下面层模量组合为 24 000MPa+23 000MPa+22 000MPa 时符合前述确定的沥青路面的要求。

当级配碎石基层沥青路面设置了沥青稳定碎石层，在路面的实际使用中依然会碰到各种各样的问题，如夏季路面温度较高导致面层材料模量降低幅度较大，或者是造价有所限制，需要对路面层位组合进行平衡设计。对面层模量较低情况下以及各种路面层位组合(若无说明，级配碎石层厚度为 30cm)进行计算，结果如表 8.35 所示。

表 8.35　设置沥青碎石层时的力学响应

工况	沥青层层底拉应变/με	路基顶面竖向压应变/με
沥青层 (2 000MPa+3 000MPa+4 000MPa+ 5 000MPa/4cm+6cm+8cm+18cm)	59.92	169.2
沥青层 (2 000MPa+3 000MPa+4 000MPa+ 5 000MPa/4cm+6cm+8cm+17cm)	62.48	176.4
沥青层 (2 000MPa+3 000MPa+4 000MPa+ 5 000MPa/3cm+6cm+8cm+18cm)	61.95	174.1
沥青层 (2 000MPa+3 000MPa+4 000MPa+ 5 000MPa/3cm+6cm+8cm+19cm)	59.41	166.9
沥青层 (2 000MPa+3 000MPa+4 000MPa+ 5 000MPa/3cm+5cm+7cm+19cm)	64.34	180.3
沥青层 (2 000MPa+3 000MPa+4 000MPa+ 5 000MPa/3cm+5cm+7cm+20cm)	61.66	172.7
沥青层 (2 000MPa+3 000MPa+4 000MPa+ 5 000MPa/3cm+5cm+7cm+21cm)	59.12	165.6
沥青层厚度(4cm+6cm+8cm+7cm)	58.59	171.9
沥青层厚度(3cm+6cm+8cm+6cm)	65.47	193.4
沥青层厚度(3cm+6cm+8cm+7cm)	62.04	182.6
沥青层厚度(3cm+6cm+8cm+8cm)	58.84	172.6
沥青层厚度(3cm+5cm+7cm+6cm)	73.63	218.9
沥青层厚度(3cm+5cm+7cm+8cm)	65.82	194.1
沥青层厚度(3cm+5cm+7cm+9cm)	62.32	183.2
沥青层厚度(3cm+5cm+7cm+10cm)	59.06	173.1

　　由表 8.35 可知，当面层采用 4cm+6cm+8cm 的组合时，沥青碎石层厚度应不小于 6cm；当面层采用 3cm+6cm+8cm 的组合时，沥青碎石层厚度应不小于 8cm；当面层采用 3cm+5cm+7cm 的组合时，沥青碎石层厚度应不小于 10cm。由于面层厚度组合采用这三种时，级配碎石层厚度合理，因此在设置沥青碎石层的情况下使用规范推荐的模量范围即可。

　　当沥青层由于温度的升高而模量降低较大时，对于不同的面层厚度组合只要合理控制沥青碎石层厚度依然可以满足前述确定的沥青路面的要求。将路面处于高温环境时的沥青层模量设定为 2 000MPa+3 000MPa+4 000MPa+5 000MPa。当面层采用 4cm+6cm+8cm 的组合时，沥青碎石层厚度应不小于 18cm；当面层采用 3cm+6cm+8cm 的组合时，沥青碎石层厚度应不小于 19cm；当面层采用 3cm+5cm+7cm 的组合时，沥青碎石层厚度应不小于 21cm。

综上分析，对于级配碎石基层沥青路面，要想控制沥青路面面层疲劳，推荐如表 8.36 所示的结构层位组合。

表 8.36　级配碎石基层沥青路面推荐层位组合

类别	组合一	组合二	组合三	组合四	组合五
细粒式沥青混凝土	4cm/ 12 000MPa	4cm/ 12 000MPa	4cm/ 12 000MPa	3cm/ 12 000MPa	3cm/ 12 000MPa
中粒式沥青混凝土	6cm/ 11 000MPa	8cm/ 11 000MPa	6cm/ 11 000MPa	6cm/ 11 000MPa	5cm/ 11 000MPa
粗粒式沥青混凝土	8cm/ 18 000MPa	11cm/ 10 000MPa	8cm/ 10 000MPa	8cm/ 10 000MPa	7cm/ 10 000MPa
沥青稳定碎石	—	—	7cm/ 9 000MPa	8cm/ 9 000MPa	10cm/ 9 000MPa
级配碎石	48cm/ 350MPa	48cm/ 350MPa	30cm/ 350MPa	30cm/ 350MPa	30cm/ 350MPa
土基	60MPa	60MPa	60MPa	60MPa	60MPa

对于不设置沥青碎石层的级配碎石基层沥青路面，当路面处于高温环境时 (沥青层模量设定为 2 000MPa+3 000MPa+4 000MPa+5 000MPa)，即使采用 6cm+ 12cm+18cm 的面层厚度组合，沥青层层底拉应变也才达到 61.84με。因此，当路面处于高温环境时，建议设置沥青碎石层，因为如果仅通过增加面层厚度来降低沥青层层底拉应变会使路面造价过大。此外，高温环境下的沥青层厚度应不小于 36cm。

以组合三为例，利用《公路沥青路面设计规范》(JTG D50-2017)中相关公式对采用前述推荐的各层位材料的路面结构分别在轻、中、重、特重、极重交通量下的沥青层永久变形进行验算。前述推荐使用的沥青层材料类型总结如表 8.37 所示，不同层位材料组合以及相应的沥青层永久变形量如表 8.38 和表 8.39 所示。

表 8.37　推荐使用的沥青层各层位材料

层位	推荐材料
上面层	70#-0.3%PRS、70#-0.5%PRM
中面层	70#-0.3%PE、HCRB
下面层	70#-0.3%PE、70#-0.3%PRM
沥青稳定碎石层	70#-0.3%PE、橡胶沥青

表 8.38　不同层位材料组合

编号	上面层	中面层	下面层	沥青稳定碎石层
组合 1	70#-0.3%PRS	70#-0.3%PE	70#-0.3%PE	70#-0.3%PE
组合 2	70#-0.3%PRS	70#-0.3%PE	70#-0.3%PE	橡胶沥青
组合 3	70#-0.3%PRS	70#-0.3%PE	HCRB	70#-0.3%PE
组合 4	70#-0.3%PRS	70#-0.3%PE	HCRB	橡胶沥青
组合 5	70#-0.3%PRS	HCRB	70#-0.3%PE	70#-0.3%PE
组合 6	70#-0.3%PRS	HCRB	70#-0.3%PE	橡胶沥青
组合 7	70#-0.3%PRS	HCRB	HCRB	70#-0.3%PE
组合 8	70#-0.3%PRS	HCRB	HCRB	橡胶沥青
组合 9	70#-0.5%PRM	70#-0.3%PE	70#-0.3%PE	70#-0.3%PE
组合 10	70#-0.5%PRM	70#-0.3%PE	70#-0.3%PE	橡胶沥青
组合 11	70#-0.5%PRM	70#-0.3%PE	HCRB	70#-0.3%PE
组合 12	70#-0.5%PRM	70#-0.3%PE	HCRB	橡胶沥青
组合 13	70#-0.5%PRM	HCRB	70#-0.3%PE	70#-0.3%PE
组合 14	70#-0.5%PRM	HCRB	70#-0.3%PE	橡胶沥青
组合 15	70#-0.5%PRM	HCRB	HCRB	70#-0.3%PE
组合 16	70#-0.5%PRM	HCRB	HCRB	橡胶沥青

注：PE 表示聚乙烯。

表 8.39　不同交通量下各层位组合沥青层永久变形量　　（单位：mm）

编号	轻交通量	中交通量	重交通量	特重交通量
组合 1	3.73	4.35	6.08	9.20
组合 2	3.74	4.35	6.09	9.22
组合 3	4.31	5.01	7.01	10.61
组合 4	4.31	5.02	7.02	10.63
组合 5	4.81	5.60	7.82	11.85
组合 6	4.81	5.60	7.83	11.86
组合 7	5.38	6.26	8.75	13.26
组合 8	5.38	6.27	8.76	13.27
组合 9	5.18	6.03	8.43	12.77
组合 10	5.18	6.04	8.44	12.78
组合 11	5.75	6.69	9.36	14.17
组合 12	5.76	6.70	9.37	14.19
组合 13	6.25	7.28	10.17	15.41
组合 14	6.26	7.28	10.18	15.42
组合 15	6.82	7.94	11.10	16.82
组合 16	6.83	7.95	11.11	16.83

规范中对于除无机结合料稳定类基层、水泥混凝土基层和底基层为无机结合

料稳定类的沥青混合料基层以外的沥青路面沥青层容许永久变形量要求为
10mm。结合表 8.39 可知，在轻交通量和中交通量下，上述的 16 种材料组合均满足要求；在重交通量下，除组合 13～16 外的材料组合均符合要求；在特重交通量下，只有组合 1 和组合 2 满足容许永久变形量的要求。

第二节　沥青混合料抗车辙性能优化

一、沥青混合料配合比设计

1. 原材料

1) 沥青

采用镇海 70#基质沥青及 SBS I-D 改性沥青，其主要技术指标如表 8.40 所示。

表 8.40　镇海 70#基质沥青、SBS I-D 改性沥青技术指标

技术指标	单位	镇海 70#沥青	SBS I-D 改性沥青
针入度(25℃)	0.1mm	68	46
软化点	℃	46.5	86.6
延度(15℃)	cm	>150	>150
闪点	℃	281	295
60℃动力黏度	Pa·s	212.6	5582
薄膜加热质量损失	%	-0.1	-0.2
薄膜加热针入度比	%	69	77

选用的低标号沥青和高模量改性沥青分别为 30#沥青、20#沥青以及 HCRB 改性沥青，其主要技术指标如表 8.41 所示。

表 8.41　30#、20#以及 HCRB 沥青技术指标

技术指标	单位	30#	20#	HCRB
针入度(25℃)	0.1mm	27	18	26
软化点	℃	59.4	65.7	76.3
延度(15℃)	cm	8.8	3.5	32.6
闪点	℃	271	269	299
60℃动力黏度	Pa·s	1094	1636	6373
薄膜加热质量损失	%	-0.45	-0.39	-0.11
薄膜加热针入度比	%	77.0	75.8	87

2) 改性剂

采用六种类型的 PE 抗车辙剂 A、B、C、D、E、F，对基质 70#沥青进行改性，掺量分别为 6%、7%、8%，进行软化点试验，试验结果如图 8.27 所示。

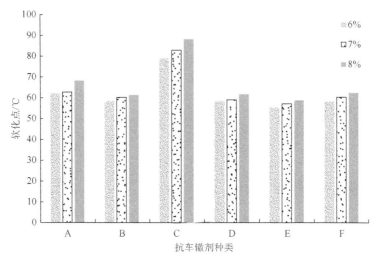

图 8.27　基质 70#沥青添加不同掺量抗车辙剂后软化点

大量文献表明沥青胶结料的高温性能对沥青混合料的抗车辙性能贡献率约为 40%[65]，故通过添加抗车辙剂后的改性沥青软化点试验可以初步筛选抗车辙剂，由图 8.27 可看出抗车辙剂 C 软化点较高，故采用抗车辙剂 C(下文统称 PE 抗车辙剂)与两种 PR 高模量剂(PR MODULE 和 PR PLAST S)，对比不同改性剂对沥青混合料的改性效果。PE 抗车辙剂呈圆柱状颗粒，如图 8.28 所示，而 PR MODULE(简写为 PRM)和 PR PLAST S(简写为 PRS)高模量剂呈片状颗粒，如图 8.29 和图 8.30 所示。

图 8.28　PE 抗车辙剂

图 8.29 PRM 高模量剂

图 8.30 PRS 高模量剂

3) 矿料

AC-13 级配使用的集料为玄武岩,AC-20 和 AC-25 级配使用的集料是石灰岩,集料质地坚硬、棱角性较好,填料为石灰岩矿粉。按照我国《公路工程集料试验规程》(JTG E45—2005)的要求开展粗集料和细集料试验,试验结果如表 8.42 和表 8.43。

表 8.42 粗集料基本性能

检验指标		玄武岩			石灰岩				
		9.5~13.2mm	4.75~9.5mm	2.36~4.75mm	19.5~26.5mm	13.2~19.5mm	9.5~13.2mm	4.75~9.5mm	2.36~4.75mm
毛体积相对密度/(g·cm⁻³)		2.881	2.875	2.836	2.731	2.719	2.701	2.705	2.660
表观相对密度/(g·cm⁻³)		2.952	2.954	2.944	2.750	2.738	2.723	2.741	2.721
吸水率/%		0.86	0.91	1.22	0.19	0.27	0.33	0.46	0.91
针片状含量/%	>9.5mm	3.8	—	—	3.6	6.0	9.2	—	—
	<9.5mm	—	4.6	—	—	—	—	13.9	—
集料压碎值/%		12.2		—		20.5			—
洛杉矶磨耗损失/%		14.8		—		24.7			—
对沥青的黏附性/级		4		—		4			—

表 8.43 细集料基本性能

检验指标	玄武岩	石灰岩
表观相对密度/(g·cm⁻³)	2.946	2.653
砂当量/%	77	80
亚甲蓝值/(g·kg⁻¹)	1.6	1.5
棱角性/s	46	45
坚固性(>0.3mm 部分)	5.8	6.9

2. 选择矿料级配

参考《公路沥青路面施工技术规范》JTG F40—2004 中对于 AC-13 级配范围
的规定，在规范上限、下限之间选择两条级配，级配组成如表 8.44 所示。对于
AC-13 级配，其关键筛孔为 2.36mm，控制设计级配在 2.36mm 筛孔的通过率在规
范中值的上下 3%以内。对于 AC-20 和 AC-25 级配，其关键筛孔为 4.75mm，控制
设计级配在 4.75mm 筛孔的通过率在规范中值的上下 3%以内。

表 8.44　面层沥青混合料级配组成

级配类型	下列筛孔(mm)的集料通过率/%												
	31.5	26.5	19	16	13.2	9.5	4.75	2.36	1.18	0.6	0.3	0.15	0.075
AC-15-1	100	100	100	100	95.4	71.9	53.4	33	24.4	18.9	13.3	9.2	6.3
AC-15-2	100	100	100	100	95.4	72.1	55.2	34.3	24.9	18.8	12.5	8.0	6.0
AC-20	100	100	95	80.6	67.8	56.1	37.7	26.1	20	15.5	10.2	7.8	4.8
AC-25	100	95	83	75.1	66.7	55.9	40.5	29.3	22.6	15.7	10.6	8.2	5

3. 确定最佳油石比

对 AC-13 级配 1 的 70#、30#、20#、SBS I-D 和 HCRB 改性沥青的油石比进
行预估，初步预估 AC-13 级配的 70#沥青油石比为 5%，30#、20#、SBS I-D 和
HCRB 改性沥青的油石比均为 5.1%。70#沥青混合料按照油石比 4.4%、4.7%、5%、
5.3%、5.6%制作马歇尔试件，马歇尔试件双面击实 75 次，测试其各项指标，试
验结果如表 8.45 所示。

表 8.45　AC-13 级配 70#沥青马歇尔指标

油石比/%	毛体积密度/(g·cm⁻³)	空隙率/%	VMA/%	VFA/%	稳定度/kN
4.4	2.482	6.24	14.43	56.77	10.32
4.7	2.509	4.83	13.78	64.98	9.52
5.0	2.513	4.22	13.86	69.58	9.98
5.3	2.535	2.96	13.36	77.88	9.74
5.6	2.532	2.68	13.729	80.63	9.77

注：VFA 为沥青饱和度。

70#沥青混合料各项马歇尔指标随油石比的变化如图 8.31 所示。

根据图 8.31 的各项指标结果，以及密级配沥青混凝土的马歇尔试验技术标准
的要求，确定 OAC1=4.9%，OAC2=5.0%(OAC1 和 OAC2 为最佳油石比上下限)，
可得最佳油石比 OAC 为 4.9%。

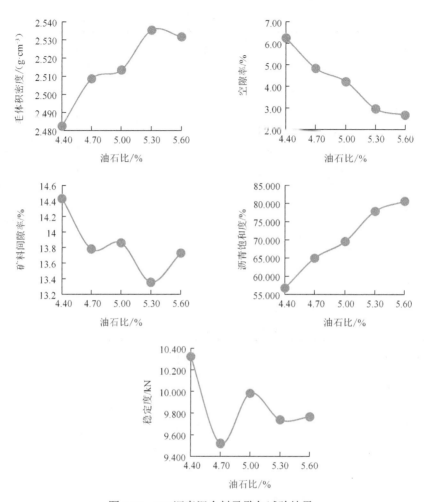

图 8.31　70#沥青混合料马歇尔试验结果

　　30#、20#、SBS I-D 和 HCRB 沥青混合料按照油石比 4.5%、4.8%、5.1%、5.4%、5.7%制作马歇尔试件，马歇尔试件双面击实 75 次，测试其各项指标，试验结果如表 8.46 所示。

表 8.46　AC-13 级配 30#、20#、SBS I-D 和 HCRB 沥青混合料马歇尔指标

沥青混合料	油石比/%	毛体积密度/(g·cm⁻³)	空隙率/%	VMA/%	VFA/%	稳定度/kN
	4.5%	2.496	7.70	16.59	53.62	16.96
	4.8%	2.544	5.47	15.21	64.02	16.84
AC-13 级配 30#	5.1%	2.559	4.50	14.97	70.04	15.20
	5.4%	2.582	3.19	14.51	78.02	17.74
	5.7%	2.571	3.19	15.04	78.83	16.09

续表

沥青混合料	油石比/%	毛体积密度/(g·cm⁻³)	空隙率/%	VMA/%	VFA/%	稳定度/kN
AC-13 级配 20#	4.5%	2.542	5.68	15.03	62.26	20.77
	4.8%	2.558	4.65	14.75	68.56	24.02
	5.1%	2.510	5.98	16.58	63.96	20.75
	5.4%	2.578	3.01	14.66	79.57	18.68
	5.7%	2.573	2.75	14.99	81.73	19.15
AC-13 级配 SBS I-D	4.5%	2.50	7.37	16.39	55.06	14.07
	4.8%	2.52	6.48	16.17	59.99	12.48
	5.1%	2.50	6.46	16.79	61.53	12.88
	5.4%	2.55	4.11	15.52	73.56	13.19
	5.7%	2.58	2.73	14.72	81.50	14.22
AC-13 级配 HCRB	4.5%	2.596	7.30	16.26	53.62	16.86
	4.8%	2.616	5.37	15.17	64.02	16.59
	5.1%	2.569	4.40	14.74	70.16	15.33
	5.4%	2.572	3.79	14.63	77.28	17.64
	5.7%	2.591	3.69	15.17	77.69	16.22

　　30#、20#、SBS I-D 和 HCRB 沥青混合料各项马歇尔指标随油石比的变化如图 8.32～图 8.35 所示。

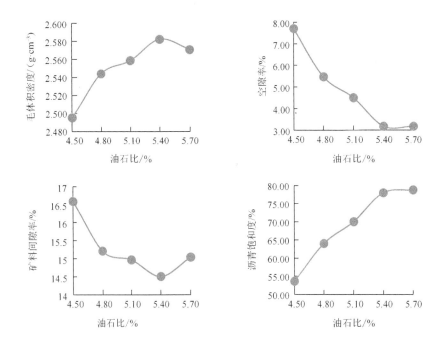

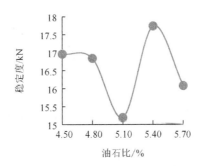

图 8.32　30#沥青混合料马歇尔试验结果

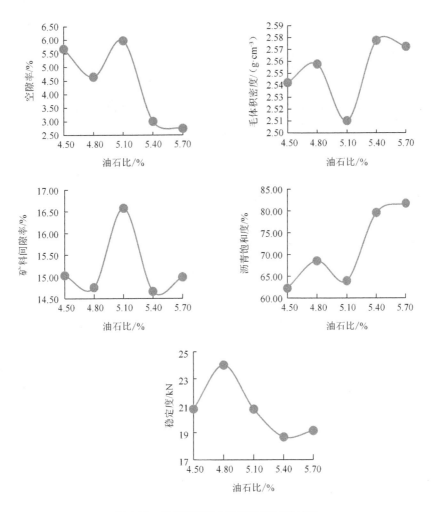

图 8.33　20#沥青混合料马歇尔试验结果

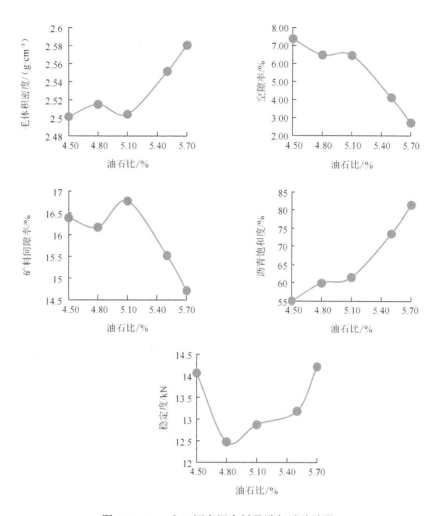

图 8.34　SBS I-D 沥青混合料马歇尔试验结果

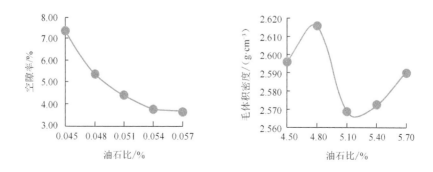

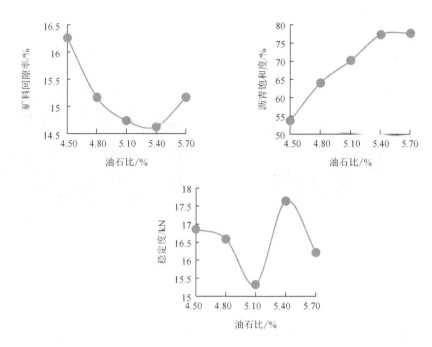

图 8.35　HCRB 沥青混合料马歇尔试验结果

　　根据图 8.32～图 8.35 的各项指标结果，以及密级配沥青混凝土的马歇尔试验技术标准的要求，确定 30#、20#、SBS I-D 以及 HCRB 混合料的最佳油石比分别为 5.1%、5.0%、5.3%和 5.1%。

　　用同样的方法确定了 AC-20 级配和 AC-25 级配沥青混合料的最佳油石比，因篇幅所限这里不对过程进行展示。AC-20 级配的 70#、30#、20#、SBS I-D 和 HCRB 的最佳油石比分别为 4.5%、4.6%、4.6%、4.7%和 4.6%。对于 AC-25 级配的沥青混合料采用了 70#、SBS I-D 和 HCRB，最佳油石比分别为 4.0%、4.2%和 4.0%。

二、沥青混合料抗车辙性能关键影响因素分析

　　按照我国规范 JTG E20—2011 的要求，首先成型 300mm×300mm×50mm 的标准车辙板试件，并放置 48h 以上保证沥青固化，接着放入车辙试验机，在 60℃的恒温下保温 5h，最后启动试验机，将橡胶轮胎以 0.7MPa 的轮压压在试件上，控制轮碾速度为 42 次/min，最终得到试件变形量与时间的曲线，根据最后 15min 内的变形量求得沥青混合料的动稳定度(DS)。车辙仪以及碾压后的车辙板如图 8.36 所示。

(a)车辙仪

(b)碾压后的车辙板

图 8.36　车辙仪与碾压后的车辙板

动稳定度按照式(8.1)计算。

$$DS = \frac{(t_2 - t_1) \times N}{d_2 - d_1} \times C_1 \times C_2 \tag{8.1}$$

式中，DS 为沥青混合料动稳定度，次/min；d_1 为对应时间 t_1 的变形量，mm，t_1 一般取 45min；d_2 为对应时间 t_2 的变形量，mm，t_2 一般取 60min；C_1 为试验机类型系数，曲柄连杆驱动加载轮往返运行方式为 1.0；C_2 为试件系数，试验室制备宽 300mm 的试件为 1.0；N 为胶轮往返碾压速度，通常为 42 次/min。

分别从沥青标号、改性剂种类、级配以及改性剂掺量四个方面研究其对沥青混合料抗车辙性能的影响。

1. 沥青标号的影响

为了对比沥青标号对抗车辙性能的影响，分别对 70#、30#、20#沥青在 AC-13 级配的级配 1 下进行两个温度(60℃、70℃)的车辙试验，试验结果如表 8.47 和表 8.48 所示。

表 8.47　不同沥青标号混合料动稳定度　　　　（单位：次·mm⁻¹）

测试温度	沥青标号		
	70#	30#	20#
60℃	1852.94	3480.66	5833.33
70℃	935.37	1446.52	3218.47

表 8.48　不同沥青标号混合料车辙深度　　　（单位：mm）

测试温度	沥青标号		
	70#	30#	20#
60℃	3.134	2.097	2.057
70℃	5.836	4.226	1.797

由试验结果可发现，动稳定度从低到高和车辙深度从大到小顺序均为 70#、30# 和 20#，因此可得结论：沥青标号越低，沥青混合料的抗车辙性能越好。

2. 改性剂种类的影响

基质沥青采用 70#，改性剂种类包括 SBS I-D、PE 抗车辙剂、PRM 高模量剂、PRS 高模量剂和 HCRB。对比不同种类的改性剂对抗车辙性能的影响，试验结果见表 8.49 和表 8.50。

表 8.49　掺不同改性剂沥青混合料动稳定度　　　（单位：次·mm^{-1}）

测试温度	改性剂				
	0.3%PE	0.3%PRM	0.3%PRS	SBS I-D	HCRB
60℃	12053.55	3480.66	13695.65	6079.66	7590.35
70℃	5121.95	1171.00	4532.37	3382.84	4263.93

表 8.50　掺不同改性剂沥青混合料车辙深度　　　（单位：mm）

测试温度	沥青标号				
	0.3%PE	0.3%PRM	0.3%PRS	SBS I-D	HCRB
60℃	0.99	2.84	1.16	1.89	1.63
70℃	2.06	4.55	2.271	4.25	2.00

试验结果表明，在相同改性剂掺量下沥青混合料动稳定度从低到高依次为 PRM 高模量剂、PE 抗车辙剂、PRS 高模量剂，车辙深度从大到小依次为 PRM 高模量剂、PRS 高模量剂、PE 抗车辙剂。当动稳定度和车辙深度表征的结果出现差异时，应该以车辙深度为准，因此对于改性剂来说，在相同掺量下，PE 抗车辙剂的高温稳定性最好。对于 SBS I-D 和 HCRB 改性沥青，从试验结果易知后者的高温稳定性更好，尤其是在极端高温条件下。综合对比这几种材料，高温稳定性能排序依次为 0.3%PE>0.3%PRS>HCRB>SBS I-D>0.3%PRM。值得注意的是，在极端高温条件下，HCRB 沥青混合料的性能优于添加 0.3%PE 抗车辙剂的沥青混合料性能。

3. 级配的影响

基质沥青采用 70#，改性剂采用 PRS 高模量剂，掺量选择 0.5%，对比级配 1 和级配 2 对抗车辙性能的影响。试验结果如表 8.51 和表 8.52 所示。

表 8.51　两种 AC-13 级配下的动稳定度　　　　（单位：次·mm⁻¹）

测试温度	沥青标号	
	级配 1	级配 2
60℃	15 365.85	9 692.31
70℃	7 327.94	6 083.72

表 8.52　两种 AC-13 级配下的车辙深度　　　　（单位：mm）

测试温度	沥青标号	
	级配 1	级配 2
60℃	0.791	1.432
70℃	1.586	2.099

由试验结果可知，虽然同是 AC-13 级配，但是高温稳定性能差异明显，级配 1 明显优于级配 2，可见 4.75mm 以上集料的筛孔通过率对沥青混合料的抗车辙能力有较大的影响。

4. 改性剂掺量的影响

由前述试验结果发现在相同改性剂掺量的沥青混合料抗车辙对比试验中，PE 改性剂抗车辙性能效果最佳，因此对比不同 PE 改性剂掺量对沥青混合料抗车辙性能的影响，采用五种 PE 掺量(0.25%、0.3%、0.35%、0.5%、1%)进行车辙试验，试验结果如表 8.53 和表 8.54 所示。

表 8.53　不同 PE 掺量下的动稳定度　　　　（单位：次·mm⁻¹）

测试温度	PE 掺量				
	0.25%	0.3%	0.35%	0.5%	1%
60℃	10 836.15	12 053.55	14 056.59	17 031.74	26 496.06
70℃	5 121.95	7 532.25	8 314.33	11 959.07	15 945.51

表 8.54　不同 PE 掺量下的车辙深度　　　　　　（单位：mm）

测试温度	PE 掺量				
	0.25%	0.3%	0.35%	0.5%	1%
60℃	1.204	0.991	0.785	0.539	0.366
70℃	2.057	1.827	1.729	1.279	0.748

试验结果表明，改性剂掺量越高抗车辙性能越好，当 PE 改性剂掺量小于 0.35% 时，其动稳定度随 PE 改性剂的增加而显著增大，而当 PE 改性剂掺量大于 0.35% 时，其动稳定度随 PE 改性剂的增加增大缓慢，因此，考虑到项目经济性，建议 PE 改性剂掺量不大于 0.35%。

5. 改性类型的影响

硬质沥青与 SBS I-D 改性沥青混合料具有一定的抗车辙性能，但是与改性剂 改性的沥青混合料相比还存在一定的差距，故通过对 SBS I-D 改性沥青混合料中 添加 PE 抗车辙剂进行复合改性，和对 30#、20# 硬质沥青混合料中添加 PE 抗车辙 剂进行硬质改性，来研究其与基质沥青改性混合料的抗车辙性能差异。由于 SBS I-D 改性沥青与 30#、20# 硬质沥青本身性能优于 70# 沥青，故选择 0.2%、0.25% 和 0.3% 三个掺量进行试验，级配均选择 AC-13 级配 1，试验结果如表 8.55～表 8.60 所示。

表 8.55　SBS I-D 复合改性沥青混合料动稳定度　　（单位：次·mm^{-1}）

测试温度	PE 掺量		
	0.2%	0.25%	0.3%
60℃	10523.59	13383.31	15373.68
70℃	5893.94	7777.78	9706.78

表 8.56　SBS I-D 复合改性沥青混合料车辙深度　　（单位：mm）

测试温度	PE 掺量		
	0.2%	0.25%	0.3%
60℃	1.573	1.140	0.820
70℃	1.959	1.444	1.248

表 8.57　30#硬质改性沥青混合料动稳定度　　（单位：次·mm⁻¹）

测试温度	PE 掺量		
	0.2%	0.25%	0.3%
60℃	4629.85	6363.64	8983.92
70℃	2632.51	6702.13	7105.93

表 8.58　30#硬质改性沥青混合料车辙深度　　（单位：mm）

测试温度	PE 掺量		
	0.2%	0.25%	0.3%
60℃	1.693	1.421	1.184
70℃	2.208	1.648	1.526

表 8.59　20#硬质改性沥青混合料动稳定度　　（单位：次·mm⁻¹）

测试温度	PE 掺量		
	0.2%	0.25%	0.3%
60℃	8530.64	10000.00	13508.25
70℃	7259.36	8513.51	9425.32

表 8.60　20#硬质改性沥青混合料车辙深度　　（单位：mm）

测试温度	PE 掺量		
	0.2%	0.25%	0.3%
60℃	0.942	0.795	0.746
70℃	1.669	1.535	1.359

　　分析可看出，SBS Ⅰ-D 复合改性沥青混合料的抗车辙性能优于硬质改性沥青混合料，而 20#硬质改性沥青混合料抗车辙性能优于 30#硬质改性沥青混合料。此外，在同等抗车辙剂掺量下，SBS Ⅰ-D 复合改性沥青混合料的抗车辙性能明显好于 SBS Ⅰ-D 改性沥青混合料，但是 30#硬质改性沥青混合料抗车辙性能与 SBS Ⅰ-D 改性沥青混合料差不多，而 20#硬质改性沥青混合料抗车辙性能又明显优于 SBS Ⅰ-D 改性沥青混合料。分析原因，可能是 PE 抗车辙剂与硬质沥青的融合效果不如与 SBS 的融合效果好。

三、抗车辙性能评价指标优化

1. 两阶段分析模型

我国公路沥青路面设计规范将动稳定度(DS)作为评价沥青混合料车辙敏感性的指标，沥青混合料动稳定度的推荐极限设计值取决于沥青胶浆和七月份最高预测温度。例如，对于使用 SBS 改性沥青设计的中上层沥青层，当预测日平均温度分别高于 30℃、介于 20℃和 30℃之间以及低于 20℃时，其最小动稳定度分别应为 1500 次·mm^{-1}、1000 次·mm^{-1} 和 800 次·mm^{-1}。Du 和 Dai 研究了动稳定度指标(DS)和复合动稳定度指标(CSI)对沥青劲度模量的影响，结果表明复合动稳定度指标是一种较好的评价沥青混合料抗车辙性能的指标。

通过对动稳定度计算公式的修正，确定了复合动稳定度的计算公式，如式(8.2)所示。

$$\text{CSI} = \frac{(t_2 - t_1) \times N}{(d_2 - d_1) \times d_1} \times C_1 \times C_2 \tag{8.2}$$

式中，CSI 为沥青混合料复合动稳定度，次·mm^{-2}；d_1 为对应时间 t_1 的变形，mm，t_1 一般取 45min；d_2 为对应时间 t_2 的变形量，mm，t_2 一般取 60min；C_1 为试验机类型系数，曲柄连杆驱动加载轮往返运行方式为 1.0；C_2 为试件系数，试验室制备宽 300mm 的试件为 1.0；N 为胶轮往返碾压速度，通常为 42 次/min。

Gladkikh 等提出了一个两阶段分析模型，该模型描述了沥青混合料车辙发生的初始阶段(第一阶段)和第二阶段，如式(8.3)所示。

$$\varepsilon_p = D\left(\frac{2}{1 + e^{-BN}} - 1\right) + EN \tag{8.3}$$

式中，ε_p 为累积永久变形，mm；N 为加载时间，s；D、B、E 为模型相关系数。

模型的指数部分描述了初始阶段的变形，而线性部分描述了第二阶段的变形。在 Gladkikh 等的研究中，参数 D 被认为是与沥青混合料的压密即车辙发生的初始阶段有关，将其定义为致密化指数，而模型线性部分的参数 E 与沥青混合料的剪切流动即车辙发生的第二阶段有关，将 E 定义为剪切指数。

式(8.4)所示的 Tseng-Lytton 模型也可用于模拟车辙发展，它的局限性在于能够分别使用 A、B、C 参数拟合同一条车辙曲线，这些参数与车辙没有显著的相关性。为了在拟合车辙曲线时消除其参数值的可变性，Javilla 等根据经验，将参数 B 取值 500 000，修正后的公式如式(8.5)所示。

$$\varepsilon_p = A e^{-\left(\frac{B}{N}\right)^C} \tag{8.4}$$

$$\varepsilon_{\mathrm{p}} = A\mathrm{e}^{-\left(\frac{500000}{N}\right)^{C}} \tag{8.5}$$

式中，ε_{p} 为累积永久变形，mm；N 为加载时间，s；A、B、C 为模型相关系数。

目前还没有对基于车辙初始阶段指标的研究。为了避免危险的交通事故发生，Carvalho 建议沥青路面需要在车辙达到第三阶段之前进行修复。基于这一考虑，大多数车辙性能指标是基于第二阶段车辙指标确定的。初始车辙阶段指标被认为是沥青混合料最不重要的指标。可靠的基于车辙初始阶段的指标可以降低沥青混合料抗车辙性能检测的成本和时间。因此，本小节的第一个研究目标是提出合适的基于车辙初始阶段的指标，并与基于车辙发生第二阶段的指标进行对比分析。本小节提出的基于车辙初始阶段的指标为致密化指数 D。对以往研究中提出的几个车辙指标进行了一些验证工作，可以确定其中最可靠的车辙指标。例如，流动数(flow number)是评价沥青混合料的常用指标，但 Walubita 等和 Li 等认为流动数指数(flow number index)与现场性能的相关性会更好。本小节研究的第二个目标是比较致密化指数 D、A/C 指标、剪切指数(E)、动稳定度(DS)和复合动稳定度(CSI)这五个车辙指标在相似试验条件下的性能，并推荐最可靠的评价沥青混合料抗车辙性能的指标。

Tarefder 的研究表明，当沥青混合料的车辙第二阶段速率基本相同的情况下，最终车辙深度也会有很大不同。在这种情况下，基于车辙第二阶段的指标，如动稳定度，将无法用来区别抗车辙性能优异的沥青混合料。由于 A/C 指标取决于车辙初始阶段和第二阶段的变形情况，所以将 A/C 指标分别与基于车辙初始阶段与第二阶段的指标进行对比分析。

2. 抗车辙性能评价指标相关性拟合与分析

将之前的各类沥青混合料的车辙试验数据进行汇总，并通过 Excel 规划求解功能拟合确定致密化指数 D、复合动稳定度 CSI、动稳定度 DS、剪切指数 E 和 A/C，其中只有致密化指数 D 是基于车辙发生初始阶段的指标。数据汇总结果如表 8.61～表 8.63 所示。

表 8.61　AC-13 级配沥青混合料车辙试验与拟合结果

试样标号	D	E	DS /(次·mm^{-1})	CSI /(次·mm^{-2})	A/C	车辙深度/mm (60min)
70#	1.218 1	0.000 7	1 852.94	663.19	5.51	3.134
70#-70℃	3.183 2	0.000 9	935.37	181.19	16.294	5.836
70#-0.25%PE	0.795 2	0.000 1	10 836.15	9 456.77	3.421 4	1.204
70#-0.3%PE	0.638 2	0.000 1	12 053.55	12 853.92	2.853 2	0.99

续表

试样标号	D	E	DS /(次·mm^{-1})	CSI /(次·mm^{-2})	A/C	车辙深度/mm (60min)
70#-0.35%PE	0.527 4	0.000 1	14 056.59	19 119.90	2.310 3	0.78
70#-0.5%PE	0.458 4	0.000 1	17 031.74	33 927.08	1.606 3	0.539
70#-1.0%PE	0.379 3	0.000 1	26 496.06	77 423.40	1.147 3	0.366
70#-0.25%PE-70℃	1.146 2	0.000 2	7 532.25	4 320.54	5.193 2	1.827
70#-0.3%PE-70℃	1.198 7	0.000 3	5 121.95	2 648.37	5.771 7	2.057
70#-0.35%PE-70℃	1.142 4	0.000 2	8 314.33	5 029.15	4.820 5	1.729
70#-0.5%PE-70℃	0.859 3	0.000 2	11 959.07	9 752.00	3.730 6	1.279
70#-1.0%PE-70℃	0.527 9	0.000 1	15 945.51	22 506.32	2.279 4	0.748
70#-0.3%PRM	1.740 3	0.000 3	3 480.66	1 311.48	8.192 3	2.835
70#-0.5%PRM	1.313 5	0.000 3	5 692.08	2 777.55	6.119 5	2.160
70#-0.3%PRM-70℃	2.083 0	0.000 7	1 171.00	291.58	12.313 7	4.554
70#-0.5%PRM-70℃	2.642 0	0.000 7	1 068.49	260.90	13.083 7	4.685
70#-0.3%PRS	0.829 3	0.000 1	13 695.65	12 327.32	3.348 5	1.157
70#-0.5%PRS	0.516 5	0.000 1	15 365.85	20 487.80	2.297 1	0.791
70#-0.3%PRS-70℃	1.458 7	0.000 2	4 532.37	2 125.88	6.553 5	2.271
70#-0.5%PRS-70℃	1.024 5	0.000 2	7 327.94	4 885.20	4.548 1	1.586
级配 5-70#-0.3%PRM	2.467 6	0.000 6	1 836.73	442.80	12.518 0	4.491
级配 5-70#-0.5%PRM	1.531 0	0.000 3	4 344.83	1 899.79	6.949 1	2.432
级配 5-70#-0.3%PRS	1.141 2	0.000 1	8 630.14	5 614.93	4.584 5	1.610
级配 5-70#-0.5%PRS	0.966 0	0.000 1	9 692.31	7 090.20	4.170 6	1.432
级配 5-70#-0.3%PRS-70℃	1.425 7	0.000 3	4 937.67	2 178.63	6.827	2.394
级配 5-70#-0.5%PRS-70℃	1.279 3	0.000 3	6 083.72	3 048.80	5.792 6	2.099
SBS	1.362 6	0.000 2	6 079.66	3 403.35	5.349 6	1.89
SBS-70℃	2.426 1	0.000 6	3 382.84	832.44	12.173 2	4.25
SBS-0.25%PE	0.831 9	0.000 1	13 383.31	12 245.39	3.274 9	1.140
SBS-0.2%PE	1.036 3	0.000 2	10 523.59	6 954.83	4.682 9	1.573
SBS-0.3%PE	0.582 9	0.000 1	15 373.68	19 734.62	2.285 3	0.820
SBS-0.25%PE-70℃	0.939 8	0.000 2	7 777.78	5 706.37	4.244 5	1.444
SBS-0.2%PE-70℃	1.242 6	0.000 2	5 893.94	3 182.28	5.572 8	1.959
SBS-0.3%PE-70℃	0.902 5	0.000 1	9 706.78	8 204.55	3.684 9	1.248
级配 5-SBS-0.5%PRM	0.623 1	0.000 3	7 974.68	6 781.19	2.627 4	1.255
级配 5-SBS-0.5%PRS	0.519 5	0.000 1	13 404.26	16 651.25	2.505 6	0.852
级配 5-SBS-0.5%PRM-70℃	1.322 1	0.000 2	5 040.00	2 576.69	5.949 1	2.081
级配 5-SBS-0.5%PRS-70℃	1.023 7	0.000 2	6 000.00	3 957.78	4.724 8	1.621

试样标号	D	E	DS /(次·mm⁻¹)	CSI /(次·mm⁻²)	A/C	车辙深度/mm (60min)
30#	1.017 1	0.000 3	3 480.66	1 816.63	6.083 4	2.097
30#-70℃	2.427 3	0.000 6	1 446.52	381.62	11.679 5	4.226
30#-0.25%PE	0.864 9	0.000 2	6 363.64	4 813.65	3.891 8	1.421
30#-0.2%PE	1.135 2	0.000 2	4 629.85	2 973.71	4.754 9	1.693
30#-0.3%PE	0.803 0	0.000 1	8 983.92	8 065.47	3.463 2	1.184
30#-0.25%PE-70℃	1.053 8	0.000 2	6 702.13	4 312.82	4.811 4	1.648
30#-0.2%PE-70℃	1.305 2	0.000 3	2 632.51	1 337.19	6.463 8	2.208
30#-0.3%PE-70℃	0.963 3	0.000 2	7 105.93	4 943.80	4.177 8	1.526
20#	1.342 3	0.000 2	5 833.33	2 992.99	5.983 7	2.057
20#-70℃	1.079 2	0.000 2	3 218.47	2 009.97	5.052 2	1.797
20#-0.25%PE	0.459 1	0.000 1	10 000.00	13 661.20	2.232 5	0.795
20#-0.2%PE	0.682 1	0.000 1	8 530.64	9 826.24	2.697 5	0.942
20#-0.3%PE	0.552 5	0.000 1	13 508.25	19 315.11	2.267 8	0.746
20#-0.25%PE-70℃	1.068 4	0.000 1	8 513.51	5 827.18	4.600 4	1.535
20#-0.2%PE-70℃	1.052 6	0.000 2	7 259.36	4 588.10	4.753 8	1.669
20#-0.3%PE-70℃	0.882 1	0.000 1	9 425.32	7 294.24	3.964 9	1.359
HCRB	1.019 4	0.000 3	7 590.35	4 893.84	4.679 3	1.634
HCRB-70℃	1.214 9	0.000 2	4 263.93	2 308.26	5.754 8	1.995

表 8.62　AC-20 级配沥青混合料车辙试验与拟合结果

试样标号	D	E	DS /(次·mm⁻¹)	CSI /(次·mm⁻²)	A/C	车辙深度/mm (60min)
70#	1.698	0.000 5	2 964.53	1 089.71	8.099 4	2.933
70#-0.3%PE	0.676 4	0.000 2	12 386.14	13 654.11	2.743 8	0.958
70#-0.3%PRS	0.721 5	0.000 2	13 925.96	13 253.22	3.096 1	1.096
70#-0.3%PRM	1.579 2	0.000 2	3 610.79	1 415.71	7.601 6	2.725
30#	1.208 4	0.000 5	4 253.84	2 282.23	5.662 4	2.012
20#	1.195 8	0.000 3	6 246.38	3 367.06	5.472 1	1.956
SBS	1.117 3	0.000 3	6 952.75	4 105.82	5.057 7	1.784
HCRB	0.982 5	0.000 2	8 182.46	5 551.17	4.282 8	1.551

表 8.63　AC-25 级配沥青混合料车辙试验与拟合结果

试样标号	D	E	DS /(次·mm^{-1})	CSI /(次·mm^{-2})	A/C	车辙深度/mm (60min)
70#	1.793 5	0.000 4	2 635.18	878.12	9.3251	3.24
70#-0.3%PE	0.768 2	0.000 1	11 963.52	11 577.53	3.1025	1.086
70#-0.3%PRS	0.881 6	0.000 2	12 605.66	10 173.88	3.6422	1.289
70#-0.3%PRM	1.670 2	0.000 5	3 682.49	1 289.42	8.4187	3.027
70#-0.5%PRM	1.531 7	0.000 4	5 163.71	2 506.66	6.1625	2.182
SBS	1.206 2	0.000 1	6 481.33	3 477.49	5.5193	1.961
HCRB	1.116 9	0.000 3	8 042.24	5 097.56	4.5929	1.656

对三种级配的各沥青混合料车辙试验与拟合结果综合分析,将致密化指数 D、剪切指数 E、A/C 指标、动稳定度 DS 和复合动稳定度 CSI 分别与车辙深度建立关系,如图 8.37～图 8.41 所示。

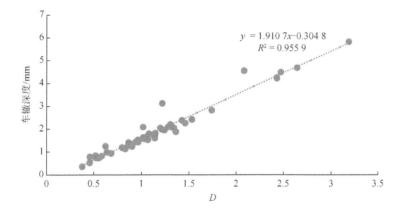

$$y = 1.910\ 7x - 0.304\ 8$$
$$R^2 = 0.955\ 9$$

图 8.37　致密化指数 D 与车辙深度相关性分析

可以看出,致密化指数 D、剪切指数 E 和 A/C 指标均与车辙深度呈正相关关系,R^2 分别为 0.9559、0.8961 和 0.9793。虽然复合动稳定度与车辙深度的相关性优于动稳定度指标,但是二者与车辙深度的相关性较其他指标依然很差,故规范里面的动稳定度指标以及 Du 和 Dai 研究的复合动稳定度指标并不适合用来评价和优化沥青混合料的抗车辙性能。因此,A/C 指标最适宜用于评价和优化沥青混合料的抗车辙性能。

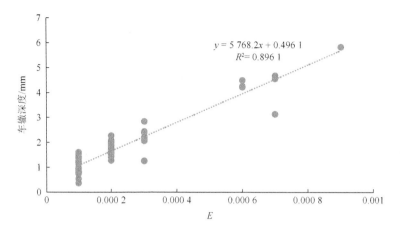

图 8.38 剪切指数 E 与车辙深度相关性分析

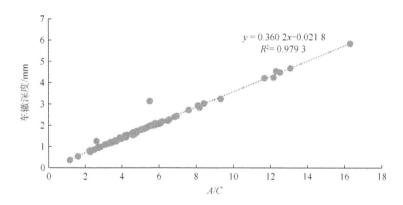

图 8.39 A/C 指标与车辙深度相关性分析

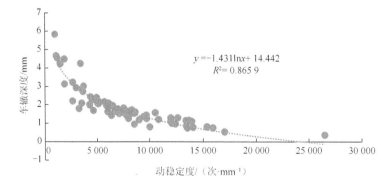

图 8.40 动稳定度与车辙深度相关性分析

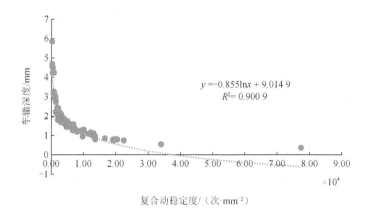

图 8.41　复合动稳定度与车辙深度相关性分析

第三节　沥青稳定碎石抗车辙性能优化

一、沥青稳定碎石抗疲劳性能影响因素分析

SHRP 对不同沥青混合料疲劳试验的优缺点进行了分析，并从各试验方法的可应用性、简便性以及对现场情况的模拟程度等角度进行了综合评价，认为小梁弯曲试验最能代表实际路面的受力情况[66]，因此疲劳试验选用三分点加载小梁弯曲疲劳试验。

对于应变控制的疲劳试验，试验终止条件现在广为应用的是所测劲度模量下降到初始模量的一半，并且将第 50 次的循环荷载时的劲度模量作为初始劲度模量[67]。

对于应变水平的选取，按照规范的要求，应至少选择 3 种应变水平，并且疲劳寿命次数宜在几千次至几十万次的范围内。根据文献调研选择了 60με，这个应变水平较小，很有可能出现试件不发生破坏(始终无法达到初始劲度模量的一半)。因此，选用 200με、400με 和 600με 三个应变控制水平。

四点弯曲疲劳试验中试件的制备按照我国规范中的方法，均采用振动轮碾成型设备碾压成尺寸为 400mm×300mm×75mm 的试板，然后用割石机切割成 380mm×63mm×50mm 的四点弯曲小梁试件。

同样根据 SHRP 的研究[68]，常温及以上的疲劳破坏主要是变形累积导致的破坏，而不是层底弯拉应力导致的破坏，因此小梁疲劳试验的温度采取 15℃。在进行试验前，将所有试件放入恒温箱中 15℃保温 5 小时，然后采用 UTM 试验机进行试验，通过气动施加荷载。

沥青稳定碎石级配选用常规的 ATB-25 和 ATB-30 两种级配类型,并且均选用中间级配,级配组成如表 8.64 所示。

表 8.64　沥青稳定碎石级配组成

级配类型	下列筛孔(方孔筛,mm)的通过率/%												
	31.5	26.5	19.0	16.0	13.2	9.5	4.75	2.36	1.18	0.6	0.3	0.15	0.075
ATB-25	100	95.0	70	58.0	52.0	42.0	30.0	23.5	17.5	13.0	9.5	6.5	4.0
ATB-30	95.0	80.0	62.5	55.0	49.5	41.0	30.0	23.5	17.5	13.0	9.5	6.5	4.0

1. 沥青标号

为了对比沥青标号对沥青稳定碎石抗疲劳性能的影响,分别选取了 70#、30#、20#沥青,级配均采用 ATB-25,且油石比为 3.3%,不同应变水平下的疲劳寿命如表 8.65 所示。

表 8.65　不同沥青标号下的沥青稳定碎石疲劳寿命次数

应变水平/με	沥青标号		
	70#	30#	20#
200	261 350	284 291	220 463
400	8 103	8 936	5 395
600	1 961	2 853	904

从表 8.65 可看出,不同应变控制水平下,不同标号沥青稳定碎石的疲劳寿命次数由大到小排序为 30#>70#>20#。这与预想的结果略有差距,预想的结果是沥青标号越低,其模量越大,也就更"硬",因此疲劳寿命次数就越小。虽然沥青标号从 70#到 20#时,沥青稳定碎石的疲劳寿命降低了,但是当沥青标号从 70#降低到 30#时,疲劳寿命反而增加了,这主要是因为低标号的 30#沥青具有较大的高温黏度,提高了沥青和集料之间的黏附性能。模量的增加不利于沥青碎石的疲劳性能,而沥青和集料之间黏度性能的提高有利于沥青碎石的疲劳性能,在使用 30#沥青的时候,模量增加的不利影响小于沥青和集料之间黏附性能的提高产生的有利影响,而当沥青标号为 20#时,模量增加产生的不利影响占据了主导。由此可知,采用低标号沥青稳定碎石可以在一定程度上提高材料的抗疲劳性能,但是沥青标号不宜低于 30#。

2. 公称最大粒径

ATB-25 和 ATB-30 两种级配的公称最大粒径分别为 26.5mm 和 31.5mm,分别在两种级配下，沥青采用基质 70#，油石比依然采用 3.3%，在不同的应变水平进行四点弯曲小梁试验，结果如表 8.66 所示。

表 8.66　不同公称最大粒径下的沥青稳定碎石疲劳寿命次数

应变水平/με	公称最大粒径/mm	
	26.5	31.5
200	284 291	306 833
400	8 936	9 784
600	2 853	3 259

由表 8.66 可知，公称最大粒径越大的沥青稳定碎石在不同的应变水平下，疲劳寿命次数均较大，且随着应变水平的提高，疲劳寿命次数之间的差距变小。因此可得结论，公称最大粒径越大的沥青稳定碎石抗疲劳性能越好。

3. 油石比

不同油石比下的沥青稳定碎石疲劳寿命次数见表 8.67。由表 8.67 可知，在不同的应变水平下，油石比大的沥青稳定碎石疲劳寿命次数均较大，且随着应变水平的增加，不同油石比之间的疲劳寿命次数差距变小。值得注意的是，当油石比为 3.8% 时，600με 应变水平下沥青碎石的疲劳寿命次数较相同应变水平时 3.3% 油石比下混合料的疲劳寿命次数增加幅度较大，说明在 ATB-25 级配、基质 70# 沥青、应力控制水平为 600 με 时，3.8% 的油石比对沥青碎石疲劳性能的提高非常显著。此时对于油石比的选用应综合考虑对抗车辙性能、水稳定性能等的影响选取。

表 8.67　不同油石比下的沥青稳定碎石疲劳寿命次数

应变水平/με	油石比/%		
	2.8	3.3	3.8
200	268 403	284 291	305 728
400	6 762	8 936	15 938
600	804	2 853	10 384

4. 改性剂种类

工程中常常对沥青稳定碎石通过添加各种改性剂以提高沥青碎石层的抗车辙性能，改性剂在提高了沥青碎石抗车辙性能的同时也会对疲劳性能产生影响。因此采用基质 70# 沥青，油石比采用 3.3%，改性剂种类选用 SBS、PE 抗车辙剂、PRM 高模量剂、PRS 高模量剂和 HCRB，其中 PE 抗车辙剂、PRM 高模量剂和 PRS 高模量剂的掺量均采用 0.3%(质量比)。对比不同种类改性剂对沥青稳定碎石疲劳寿命的影响，试验结果如表 8.68 所示。

表 8.68　不同改性剂种类下的沥青稳定碎石疲劳寿命次数

应变水平/με	改性剂				
	0.3%PE	0.3%PRM	0.3%PRS	SBS I-D	HCRB
200	289 173	317 481	294 725	297 393	309 476
400	9 157	19 372	13 722	13 748	19 413
600	828	6 839	3 804	3 958	7 295

由表 8.68 可知，不同类型改性剂对沥青稳定碎石疲劳性能均有一定程度的提高，按照对疲劳寿命次数提高的幅度从大到小排序依次为 0.3%PRM>HCRB>SBS I-D>0.3%PRS>0.3%PE。其中，0.3%PRM 高模量剂对疲劳性能的改善效果与 HCRB 相似，0.3%PRS 高模量剂对疲劳性能的改善效果与 SBS I-D 改性相似。

二、高模量抗车辙沥青稳定碎石

由本章第一节的结构计算可知，要使用的沥青稳定碎石模量和动稳定度均较大，因此本节不仅进行沥青稳定碎石的疲劳试验，而且进行动态模量试验和车辙试验。由试验结果得出兼具高模量性能和抗疲劳性能的沥青稳定碎石材料，为本章第一节推荐的级配碎石基层沥青路面结构优选材料。

根据前述对于高模量沥青混合料以及沥青稳定碎石抗疲劳性能影响因素分析得知，PE 抗车辙剂、PRS、PRM 高模量剂和 SBS 均可以提高沥青稳定碎石的模量以及抗疲劳性能。因此，本小节首先对上节的低标号沥青稳定碎石和改性沥青稳定碎石进行车辙试验和动态模量试验。然后，对同时掺加 SBS 和改性剂的复合改性沥青稳定碎石、使用低标号沥青且同时掺加改性剂的硬质改性沥青稳定碎石以及橡胶沥青稳定碎石进行疲劳试验、车辙试验和动态模量试验。对比分析不同种类的高模量抗疲劳沥青稳定碎石的性能。

首先对各标号沥青稳定碎石和改性沥青稳定碎石进行车辙试验和动态模量试验，级配采用 ATB-25 中值，油石比采用 3.3%(本小节级配和油石比均保持相同)，结果如表 8.69 和表 8.70 所示。

表 8.69　各标号沥青和改性沥青稳定碎石车辙试验结果

指标	70#	30#	20#	0.3%PE	0.3%PRM	0.3%PRS	SBS I-D	HCRB
动稳定度/(次·mm^{-1})	1 815	3 592	5 736	10 837	9 483	11 935	5 148	6 816
车辙深度/mm	3.256	2.074	1.982	1.051	1.392	1.259	1.935	1.671

表 8.70　各标号沥青和改性沥青稳定碎石动态模量试验结果

类型	温度/℃	动态模量 E/MPa								
		25Hz	20Hz	10Hz	5Hz	2Hz	1Hz	0.5Hz	0.2Hz	0.1Hz
70#	0	16 730	16 583	15 412	14 197	12 582	11 359	9 937	8 084	6 791
	20	7 492	7 073	5 728	4 586	3 291	2 572	1 979	1 316	972
	40	2 083	2 048	1 692	1 359	973	771	702	635	497
30#	0	24 603	23 894	22 879	21 595	19 617	18 692	17 084	14 792	12 988
	20	16 284	15 528	13 812	11 930	9 924	8 416	6 972	5 204	4 029
	40	5 248	4 832	3 699	2 675	1 728	1 294	973	628	505
20#	0	26 393	25 589	24 058	22 647	20 913	19 714	18 592	16 932	15 621
	20	17 721	17 384	15 612	14 285	12 602	11 125	9 924	8 592	8 412
	40	6 413	6 025	4 922	3 818	2 714	2 072	1 557	1 258	926
0.3%PE	0	20 516	19 736	18 582	17 429	16 025	14 820	13 814	11 272	9 913
	20	12 186	11 572	10 162	9 328	7 701	6 517	5 740	4 921	4 391
	40	4 129	3 899	3 358	2 923	2 294	1 912	1 682	1 417	1 123
0.3%PRM	0	20 624	19 842	18 886	17 682	16 245	14 855	14 015	11 841	10 882
	20	12 692	11 927	10 682	9 725	7 993	6 614	5 925	5 149	4 495
	40	4 868	4 539	3 895	3 395	2 822	2 358	1 993	1 672	1 542
0.3%PRS	0	21 130	20 294	19 207	17 729	16 521	15 475	14 481	12 236	10 893
	20	13 525	12 861	11 822	10 483	8 728	7 697	6 842	5 591	4 518
	40	5 028	4 730	4 104	3 611	3 084	2 593	2 248	1 941	1 805
SBS I-D	0	20 185	19 952	18 837	17 608	15 831	14 528	13 144	11 253	9 935
	20	9 862	9 414	8 082	6 771	4 988	3 859	2 946	1 995	1 480
	40	2 377	2 194	1 639	1 284	893	702	615	535	431
HCRB	0	19 084	18 948	18 428	17 520	16 185	15 124	14 027	12 593	11 522
	20	11 625	11 208	10 294	8 920	7 499	6 627	5 712	4 682	3 975
	40	5 013	4 628	3 986	3 284	2 515	1 936	1 523	1 048	935

　　由表 8.69 可看出，沥青稳定碎石的标号越低，其抗车辙性能越好。SBS I-D 和 HCRB 沥青稳定碎石的抗车辙性能介于低标号和添加 0.3%改性剂的沥青稳定碎石之间，其中 HCRB 优于 SBS I-D 改性沥青，0.3%掺量的改性剂中，PE 抗车辙剂效果最好，PRM 高模量剂效果最差。

　　以 10Hz 时的动态模量对沥青稳定碎石性能进行分析评价可知，动态模量和抗车辙性能之间并没有直接的关联。同时，低标号沥青稳定碎石的动态模量大于添加 0.3%掺量改性剂的沥青稳定碎石，掺加 0.3%改性剂的沥青稳定碎石动态模量大于 SBS I-D 和 HCRB 沥青稳定碎石。对比 PE 抗车辙剂、PRM 高模量剂和

PRS 高模量剂，PRS 高模量剂对于沥青稳定碎石动态模量的提高效果最佳，PE 抗车辙剂效果最差。如果仅依据本章第一节推荐结构中 20℃沥青稳定碎石动态模量9 000MPa 的标准去推荐沥青稳定碎石，则添加 0.3%PE 抗车辙剂的沥青稳定碎石为推荐材料。

1. 复合改性沥青稳定碎石

SBS 和改性剂对沥青稳定碎石的单一改性均可以提高沥青稳定碎石的模量以及抗疲劳性能，不同掺量的改性剂对沥青稳定碎石的性能影响也就不同。由上节分析可知，PRM 高模量剂对沥青稳定碎石的抗疲劳性能提高显著，因此通过车辙试验和四点弯曲小梁试验来探究不同掺量 PRM 高模量剂和 SBS Ⅰ-D 复合改性沥青稳定碎石之间的性能差异，PRM 高模量剂的掺量设为 0.3%、0.5%、0.7%，试验结果如表 8.71 和表 8.72 所示。

表 8.71　不同 PRM 掺量下 SBS 复合改性沥青稳定碎石车辙试验结果

指标	PRM 掺量/%		
	0.3	0.5	0.7
动稳定度/(次·mm⁻¹)	12 196	13 597	14 183
车辙深度/mm	0.975	0.818	0.775

表 8.72　不同 PRM 掺量下 SBS 复合改性沥青稳定碎石疲劳寿命次数

应变水平/με	PRM 掺量/%		
	0.3	0.5	0.7
200	472 944	514 526	481 153
400	36 295	39 571	33 314
600	10 496	12 583	8 482

由表 8.71 可看出，对于 SBS Ⅰ-D 和 PRM 高模量剂复合改性的沥青稳定碎石，随着 PRM 掺量的增加，沥青稳定碎石的抗车辙性能逐渐提高，并且随着掺量的增加，沥青稳定碎石动稳定度的提高幅度有所减小。由表 8.72 可知，SBS 和 PRM 复合改性沥青稳定碎石的疲劳寿命相比 70#基质沥青掺加同等剂量的沥青稳定碎石有很大提升，应变水平为 200με 时，提升幅度为 48.97%；应变水平为 400με 时，提升幅度为 87.36%；应变水平为 600με 时，提升幅度为 53.47%。对于不同 PRM 掺量下的 SBS 复合改性沥青稳定碎石，随着 PRM 掺量的增加，沥青稳定碎石的疲劳寿命先增加后减小。当掺量从 0.3%增加到 0.5%，应变水平为 200με 时，疲劳寿命增加幅度为 8.79%；应变水平为 400με 时，疲劳寿命增加幅度为 9.03%；

应变水平为 600με 时，疲劳寿命增加幅度为 19.88%。当掺量从 0.5% 增加到 0.7%，应变水平为 200με 时，疲劳寿命降低幅度为 6.49%；应变水平为 400με 时，疲劳寿命降低幅度为 15.81%；应变水平为 600με 时，疲劳寿命降低幅度为 32.59%。

2. 硬质改性沥青稳定碎石

目前对于硬质沥青稳定碎石添加改性剂的研究较少，因此对 30#、20#沥青稳定碎石添加 0.3%、0.5%、0.7% 的 PRM 高模量剂，并进行车辙试验以及四点弯曲小梁试验，对比分析两种硬质改性沥青混合料的抗车辙性能以及疲劳性能。试验结果如表 8.73 和表 8.74 所示。

表 8.73　不同 PRM 掺量下的硬质改性沥青稳定碎石车辙试验结果

指标	类型					
	30#+0.3%	30#+0.5%	30#+0.7%	20#+0.3%	20#+0.5%	20#+0.7%
动稳定度/(次·mm⁻¹)	11 593	13 046	13 395	12 638	14 250	15 036
车辙深度/mm	0.989	0.827	0.793	0.953	0.768	0.703

表 8.74　不同 PRM 掺量下的硬质改性沥青稳定碎石疲劳寿命次数

应变水平/με	类型					
	30#+0.3%	30#+0.5%	30#+0.7%	20#+0.3%	20#+0.5%	20#+0.7%
200	294 738	272 810	236 256	228 410	206 042	163 115
400	11 392	8 524	4 269	6 738	4 033	1 259
600	3 694	2 518	1 030	1 173	826	442

由表 8.73 可知，对低标号沥青稳定碎石添加 PRM 高模量剂的硬质改性沥青稳定碎石比单一改性对于抗车辙性能的改善效果好，并且随着 PRM 掺量的增加，沥青稳定碎石动稳定度的提升幅度变小。此外，在相同掺量的 PRM 下，20#硬质改性沥青稳定碎石的抗车辙性能优于 SBS 复合改性沥青稳定碎石，SBS 复合改性沥青稳定碎石的抗车辙性能优于 30#硬质改性沥青稳定碎石的抗车辙性能。

由表 8.74 可知，在相同 PRM 掺量下，硬质改性沥青稳定碎石的疲劳寿命优于单一改性沥青稳定碎石，但是小于 SBS 复合改性沥青稳定碎石的疲劳寿命。对于硬质改性沥青稳定碎石，随着 PRM 掺量的增加，疲劳寿命逐渐减小，分析原因可能有两个：一是 PRM 高模量剂掺入低标号沥青稳定碎石对疲劳性能存在直接的负作用；二是当掺入低剂量 PRM 高模量剂时，对低标号沥青稳定碎石的疲劳性能有所改善，随着掺量的增加，存在一个临界掺量，当 PRM 高模量剂的掺量超过这个临界掺量时，对沥青稳定碎石的疲劳性能就产生负作用。

3. 橡胶沥青稳定碎石

已有研究均表明橡胶沥青对于沥青稳定碎石高温性能、低温性能和疲劳性能的提高有着显著的作用[69-71]，同时研究表明稳定型橡胶沥青中胶粉与沥青的反应更加剧烈，与胶粉改性沥青相比离析情况大大改善。因此橡胶沥青选用三种不同产地的稳定型橡胶沥青，产地分别为北京、南京、镇江。按照《公路工程沥青及沥青混合料试验规程》(JTG E20—2011)对三种稳定型橡胶沥青进行试验，结果如表 8.75 所示。

表 8.75　三种稳定型橡胶沥青主要技术指标

沥青产地	25℃针入度/(0.1mm)	软化点/℃	5℃延度/cm	弹性恢复/%
北京	53.3	66.5	12.1	88.0
南京	57.9	70.1	19.2	89.0
镇江	54.8	65.6	10.9	88.0
试验方法	T 0604	T 0606	T 0605	T 0662

为了和其他沥青稳定碎石的性能进行对比分析，级配依然选择 ATB-25，油石比选择 3.3%，对三种稳定型橡胶沥青稳定碎石分别进行车辙试验、动态模量试验和四点弯曲小梁试验，试验结果如表 8.76 和表 8.77 所示。

表 8.76　三种稳定型橡胶沥青稳定碎石车辙试验结果

指标	沥青产地		
	北京	南京	镇江
动稳定度/(次·mm⁻¹)	5 725	6 074	5 569
车辙深度/mm	1.851	1.825	1.869

表中「动稳定度/(次·mm⁻¹)」的单位为 $次 \cdot mm^{-1}$

表 8.77　三种稳定型橡胶沥青稳定碎石动态模量试验结果

沥青产地	温度/℃	动态模量 E/MPa								
		25Hz	20Hz	10Hz	5Hz	2Hz	1Hz	0.5Hz	0.2Hz	0.1Hz
北京	0	21 749	21 184	20 037	18 683	17 205	15 591	14 385	12 525	10 907
	20	10 622	10 104	8 936	7 715	5 741	4 698	3 866	2 584	2 107
	40	2 581	2 399	1 982	1 613	1 274	1 025	880	741	656
南京	0	20 850	20 473	19 224	17 835	16 259	14 866	13 515	11 697	10 194
	20	10 048	9 572	8 254	6 913	5 154	4 028	3 190	2 137	1 683
	40	2 384	2 215	1 686	1 344	996	830	725	608	492

续表

沥青产地	温度/℃	动态模量 E/MPa								
		25Hz	20Hz	10Hz	5Hz	2Hz	1Hz	0.5Hz	0.2Hz	0.1Hz
镇江	0	21 492	20 834	19 775	18 424	16 931	15 301	14 147	12 259	10 720
	20	10 524	9 971	8 813	7 539	5 560	4 533	3 692	2 410	1 942
	40	2 512	2 387	1 903	1 562	1 163	958	802	698	526

由表 8.76 和表 8.77 可看出，三种稳定型橡胶沥青稳定碎石中，沥青产地为南京的抗车辙性能最好，但是 10Hz 时的动态模量最小；沥青产地为镇江的抗车辙性能最差，10Hz 时动态模量介于北京和南京两个产地之间。仅依据本章第一节推荐的路面结构对于沥青稳定碎石动态模量的要求，推荐使用产地为北京的橡胶沥青稳定碎石。

三种稳定型橡胶沥青稳定碎石疲劳寿命次数见表 8.78。由表 8.78 可知，三种稳定型橡胶沥青稳定碎石中，沥青产地为南京的疲劳性能最优，产地为镇江的疲劳性能最差。因此可得结论，无论是抗车辙性能还是疲劳性能，都是产地为南京的橡胶沥青稳定碎石最优，产地为镇江的最差，产地为北京的介于二者之间。

表 8.78　三种稳定型橡胶沥青稳定碎石疲劳寿命次数

应变水平/με	沥青产地		
	北京	南京	镇江
200	304 975	361 856	288 635
400	19 352	22 704	18 548
600	7 194	8 266	4 601

三、抗车辙性能评价指标验证

第二节通过两阶段分析模型对 AC-13、AC-20 和 AC-25 三种级配的各类沥青混合料车辙试验数据进行拟合，因此本小节对 ATB-25 级配的各类沥青稳定碎石车辙试验数据进行拟合，结果如表 8.79 所示。

表 8.79　ATB-25 级配沥青混合料车辙试验与拟合结果

试样标号	D	E	DS /(次·mm^{-1})	CSI /(次·mm^{-2})	A/C	车辙深度 /mm(60min)
70#	1.881 4	0.000 8	1 815	623.95	9.321 1	3.256
30#	1.205 8	0.000 6	3 592	1 988.25	5.582 5	2.074
20#	1.239 9	0.000 5	5 736	2 920.32	5.869 2	1.982
70#-0.3%PE	0.703 1	0.000 3	10 837	10 914.87	2.968	1.051
70#-0.3%PRM	0.842 6	0.000 2	9 483	7 153.93	3.947 3	1.392

续表

试样标号	D	E	DS /(次·mm^{-1})	CSI /(次·mm^{-2})	A/C	车辙深度 /mm(60min)
70#-0.3%PRS	0.786 9	0.000 4	11 935	9 894.60	3.575 2	1.259
SBS	1.195	0.000 4	5 148	2 840.08	5.428 5	1.935
HCRB	1.016 2	0.000 4	6 816	4 317.83	4.751 6	1.671
SBS-0.3%PRM	0.671 3	0.000 1	12 196	13 208.52	2.732 1	0.975
SBS-0.5%PRM	0.640 2	0.000 1	13 597	17 620.31	2.303 4	0.818
SBS-0.7%PRM	0.552 6	0.000 1	14 183	19 413.33	2.254 8	0.775
30#-0.3%PRM	0.754 2	0.000 1	11 593	12 403.48	2.848 1	0.989
30#-0.5%PRM	0.641 4	0.000 1	13 046	16 753.36	2.399 1	0.827
30#-0.7%PRM	0.608 2	0.000 2	13 395	17 956.55	2.253	0.793
20#-0.3%PRM	0.713 6	0.000 1	12 638	13 993.24	2.688 4	0.953
20#-0.5%PRM	0.509 4	0.000 2	14 250	19 688.05	2.163 8	0.768
20#-0.7%PRM	0.586 6	0.000 1	15 036	22 743.89	2.085 6	0.703
北京稳定型橡胶沥青	1.359 2	0.000 5	5 725	3 288.42	5.309 7	1.851
南京稳定型橡胶沥青	1.322 8	0.000 4	6 074	3 528.77	5.015 3	1.825
镇江稳定型橡胶沥青	1.230 3	0.000 4	5 569	3 171.64	5.149 5	1.869

分别将致密化指数 D、剪切指数 E、A/C、动稳定度 DS 和复合动稳定度 CSI 与车辙深度建立关系，如图 8.42～图 8.46 所示。

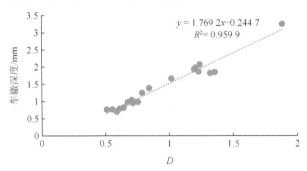

图 8.42　ATB-25 级配致密化指数 D 与车辙深度相关性分析

分析可知，与车辙深度相关性最大的指标依然为 A/C 指标，R^2 达到 0.998 8。与之前的 AC-13、AC-20 和 AC-25 级配有所不同的是，ATB-25 级配的动稳定度和复合动稳定度与车辙深度相关性较高，R^2 分别达到 0.960 1 和 0.978 7。与车辙深度相关性最差的指标为剪切指数 E，R^2 为 0.870 8。致密化指数 D 与车辙深度的相关性较好，R^2 为 0.959 9。因此可得结论，级配的不同会导致车辙评价指标与车辙深度相关性发生变化，但是在级配范围内 A/C 指标始终为最佳的车辙性能评价指标。

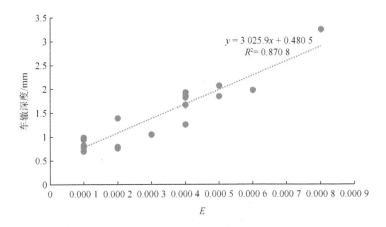

图 8.43 ATB-25 级配剪切指数 E 与车辙深度相关性分析

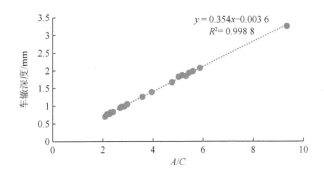

图 8.44 ATB-25 级配 A/C 指标与车辙深度相关性分析

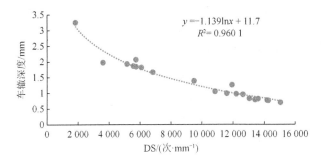

图 8.45 ATB-25 级配动稳定度与车辙深度相关性分析

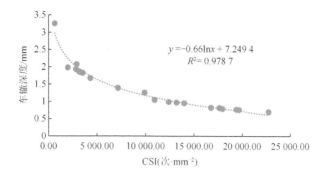

图 8.46　ATB-25 级配复合动稳定度与车辙深度相关性分析

第四节　级配碎石抗车辙性能优化

一、级配碎石动三轴试验

　　级配碎石在荷载的作用下主要承受的是水平和竖直应力以及剪应力，同时随着车辆荷载的变化，级配碎石的应力状态也随之改变。因此对级配碎石进行的室内试验目的在于将级配碎石试件放在接近实际环境的受力状态下进行测试。三轴试验的试件形状为圆柱体，可以直接测出主应力和应变，并且试件在实验室内的制备也较为简单。施加在试件上的围压为小主应力 3 或者中间主应力 2，二者大小相等，偏应力为第一主应力 1 和小主应力 3 的差。三轴试验一开始用于岩土工程领域对土壤的研究，现在其原理已经很好地拓展到道路领域的研究。

　　动三轴试验一般有两种试验方法，分别为变围压试验和不变围压试验[72]。虽然变围压试验更贴近级配碎石在实际使用中的受力状态，但是 Allen 和 Thompson 对两种试验做了大量的对比研究，发现两种试验之间的模量没有明显差别，在容许的误差范围内，采用不变围压的动三轴试验研究级配碎石是合理的且试验过程更简便。因此，本小节动三轴试验采用的是不变围压的试验方法。动三轴试验仪器采用 UTM-25，围压采用气压形式。

　　参考前人的研究[73,74]，选择最能反映道路内部典型应力状态的 Haversine 波加载模式，周期为 1.0s，其中加荷时间为 0.1s，间隙时间为 0.9s。同时，正式施压之前先进行预加载以消除初始阶段较大的塑性变形对后续试验的影响。此外，根据我国道路的特点进行统计计算分析，制定了如表 8.80 所示的加载序列，对每一个加载序列，应待应变水平平稳后取最后五个加载周期的数据计算动态回弹模量。

表 8.80　动三轴试验加载序列

加载序列号	围压应力 σ_3 /kPa	接触应力 $0.2\sigma_3$/kPa	循环偏应力 σ_d/kPa	最大轴向应力 σ_{max}/kPa	荷载作用次数/次
0(预载)	105	21	210	231	1 000
1	20	4	10	14	100
2	40	8	20	28	100
3	70	14	35	49	100
4	105	21	50	71	100
5	140	28	70	98	100
6	20	4	20	24	100
7	40	8	40	48	100
8	70	14	70	84	100
9	105	21	105	126	100
10	140	28	140	168	100
11	20	4	40	44	100
12	40	8	80	88	100
13	70	14	140	154	100
14	105	21	210	231	100
15	140	28	280	308	100
16	20	4	60	64	100
17	40	8	120	128	100
18	70	14	210	224	100
19	105	21	315	336	100
20	140	28	420	448	100
21	20	4	80	84	100
22	40	8	160	168	100
23	70	14	280	294	100
24	105	21	420	441	100
25	140	28	560	588	100

二、级配碎石动态模量影响因素分析

在压实功相同的情况下,不同级配的碎石密实度不同,而密实度越高的碎石,其回弹模量越高。细集料的含量对级配碎石回弹模量的影响与含水量、密实度等因素相关。通常认为级配碎石的回弹模量随着细料含量的增加而减小，而一些研究发现，对于不完全破碎的集料，回弹模量随着细料含量的增加而降低，而对完全破碎的集料则相反[75-76,42]。Khogali 和 Mohamed 的研究表明，在低于最佳含水量时压实的级配碎石回弹模量随细集料含量的增加而增大，但在含水量增加到高于最佳含水量时，其回弹模量随着细集料含量的增加而急剧减小。

1. 含水量对动态模量的影响

含水量对于级配碎石回弹模量的影响不仅取决于含水量本身，还与材料的类型和组成等其他因素有关。对于空隙率较大的开级配粒料，由于渗水速度快，含水量对回弹模量的影响较小。对于密集配粒料，回弹模量对含水量变化较为敏感，尤其当细集料含量高且接近水饱和的情况下。

现选取粗级配、中级配和细级配三种级配类型进行动三轴试验，每种级配在最佳含水量(OMC)和最佳含水量±2%分别制作两个试件。级配碎石试件的成型方式有静压成型、击实成型和振动成型，因为振动成型的试件更符合实际情况，并且能较好地维持原有级配，所有试件成型方式采用振动成型。目标压实度取 98%，级配组成如表 8.81 所示，试验结果见表 8.82、表 8.83 以及图 8.47～图 8.49。

表 8.81　级配组成

级配类型	下列筛孔(mm)的集料通过率/%												
	31.5	26.5	19	16	13.2	9.5	4.75	2.36	1.18	0.6	0.3	0.15	0.075
粗级配	100	90	68.7	49.9	42.5	35	33.8	21.6	15.8	10.7	7.5	5.9	3
中级配	100	91.6	75.3	57.1	51.8	42.7	32.5	25.9	19	16.5	11.5	9.1	4.3
细级配	100	99.7	79.8	66	59.2	49.5	37.3	28.4	23.8	17.8	13.7	9.9	5.6

表 8.82　级配碎石的最佳含水量和最大干密度

级配类型	最大干密度/(g·cm^{-3})	最佳含水量/%	试件尺寸/mm	试验个数
粗级配	2.213	4.3	ϕ150×300	1×3×2
中级配	2.395	4.9	ϕ150×300	1×3×2
细级配	2.438	5.2	ϕ150×300	1×3×2

表 8.83 含水量对不同级配类型的动态模量影响

偏应力/kPa	围压/kPa	粗级配			中级配			细级配		
		OMC-2%	OMC	OMC+2%	OMC-2%	OMC	OMC+2%	OMC-2%	OMC	OMC+2%
60	20	173.7	147.9	156.5	181.2	164.8	160.3	170.3	155.6	123.8
80	20	183.8	159.6	167.2	187	170.3	168.5	174.7	155.3	131.5
120	40	190.8	166.5	161.9	195.2	184.9	176.5	191.6	175.8	165.9
160	40	209.3	184.5	186.8	218.6	205.2	204.7	214.3	200.4	195.2
140	70	280.5	242.8	233.9	290.3	244.1	241.6	282.6	271.8	220.5
210	70	302.3	255.2	262.4	309.9	255.3	267.1	302.4	286.7	237.2
280	70	322.8	275.6	287.2	318.6	280	284.1	311.8	293.5	246.9
210	105	340.6	293.7	287.3	351	312.6	295.4	343.2	327.6	276.1
315	105	363.9	312.4	316.2	370.8	315.5	319.2	365.7	346.4	292.6
420	105	383.5	329.8	337.3	385.6	323.8	340.4	382.6	357.2	305.3
280	140	384.4	337.2	332.5	395.2	347.9	338.8	394.8	325.9	316.1
420	140	409.2	356.6	359.4	425.7	365.8	367.1	413.9	391.5	332.7
560	140	430.5	375.8	377.5	445.1	370.6	367.9	431.1	408.6	350.5

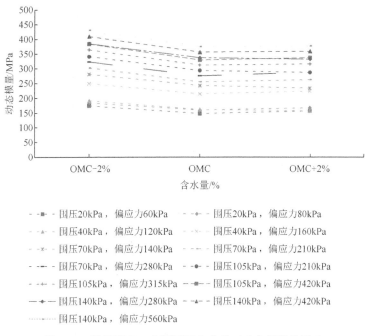

图 8.47 粗级配在一定围压下含水量对动态模量的影响

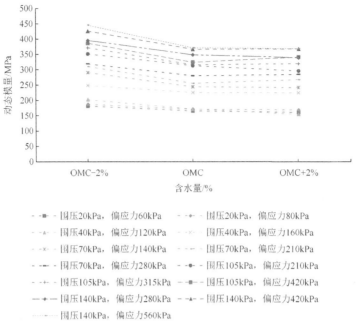

- - ■ - 围压20kPa，偏应力60kPa
- - ◆ - 围压20kPa，偏应力80kPa
- - ▲ - 围压40kPa，偏应力120kPa
- - ✕ - 围压40kPa，偏应力160kPa
- - ✻ - 围压70kPa，偏应力140kPa
- - - 围压70kPa，偏应力210kPa
- - ■ - 围压70kPa，偏应力280kPa
- - ● - 围压105kPa，偏应力210kPa
- - + - 围压105kPa，偏应力315kPa
- - ■ - 围压105kPa，偏应力420kPa
- - ◆ - 围压140kPa，偏应力280kPa
- - ▲ - 围压140kPa，偏应力420kPa
- ···· - 围压140kPa，偏应力560kPa

图 8.48　中级配在一定围压下含水量对动态模量的影响

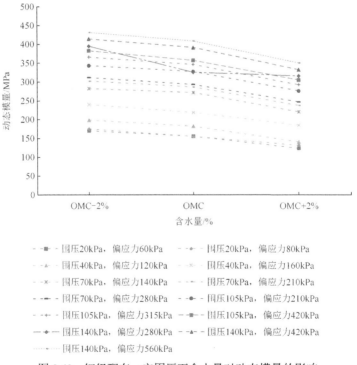

- - ■ - 围压20kPa，偏应力60kPa
- - ◆ - 围压20kPa，偏应力80kPa
- - ▲ - 围压40kPa，偏应力120kPa
- - ✕ - 围压40kPa，偏应力160kPa
- - ✻ - 围压70kPa，偏应力140kPa
- - - 围压70kPa，偏应力210kPa
- - ■ - 围压70kPa，偏应力280kPa
- - ● - 围压105kPa，偏应力210kPa
- - + - 围压105kPa，偏应力315kPa
- - ■ - 围压105kPa，偏应力420kPa
- - ◆ - 围压140kPa，偏应力280kPa
- - ▲ - 围压140kPa，偏应力420kPa
- ···· - 围压140kPa，偏应力560kPa

图 8.49　细级配在一定围压下含水量对动态模量的影响

　　从试验结果可以看出，随着含水量的增加，三种级配的级配碎石动态回弹模量均有不同程度降低，其中细级配类型降低幅度最大，原因在于水的存在减小了集料之间的摩擦力，而这种作用对于较细级配的影响更大，使得试件变形增大，从而模量下降。但是到达最佳含水量后继续增大含水量可以发现，粗级配和中级配在最佳含水量和最佳含水量+2%这一段动态模量变化并不大，说明达到最佳含水量后少量地增加水分对这两种级配的试件动态模量影响减弱。对于细级配，在到达最佳含水量后含水量继续增大会使动态模量下降速率变快，原因在于重复加载条件下的饱和粒料会产生超孔隙水压力，进而影响其变形行为，使得材料中有效应力降低，并表现为强度和刚度的降低。

　　2. 含水量对 CBR 的影响

　　对三种级配类型的级配碎石在最佳含水量和最佳含水量±2%的状态进行加州承载比(CBR)试验。CBR 试验是一种评价路面基层材料承载能力的试验，可作为衡量粒料类材料强度以及抵抗永久变形能力的指标。计算 CBR 的贯入值一般情况下取 0.254cm，按式(8.5)计算：

$$\text{CBR}=\frac{P}{P_0}\times100\% \tag{8.6}$$

式中，P 为试件在一定贯入值情况下的单位压力，MPa；P_0 为标准碎石材料在相同贯入值情况下的单位压力，MPa。

　　CBR 试验结果如图 8.50 所示。

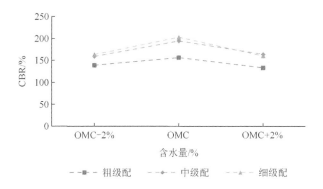

图 8.50　三种级配碎石 CBR 随含水量变化

　　由图 8.50 可看出，在最佳含水量时，级配碎石的承载力最高，在低于或者高于最佳含水量时 CBR 均不同程度降低。对于细级配，在含水量高于最佳含水量时

CBR 降低幅度较大。由于级配碎石的 CBR 和剪切强度具有较高的相关性，因此可知细级配的结构强度降低幅度也较大，这一点与上述对于动态模量的分析结果一致。对比这三种级配的 CBR 可知，由于细级配和中级配属于连续型级配，粗细集料分布均匀，成型后较为密实，因此在贯入荷载时稳定性较好。从粗级配的级配曲线可以看出，在 4.75～9.5mm 存在断级配趋势，且粗集料含量较高，试件成型后的密实性和稳定性较差，在贯入荷载的作用下就会有较大的变形和不稳定性。

通过上述分析可以看出，中级配试件在含水量发生变化时的性能优于粗级配试件和细级配试件。

3. 应力状态对动态模量的影响

级配碎石的一个很重要的特征就是具有应力依赖性，所以应力状态对于级配碎石的影响十分重要。随着围压和偏应力的变化，级配碎石的模量表现出不同的特征。三种级配体应力与动态模量的关系如图 8.51～图 8.53 所示。

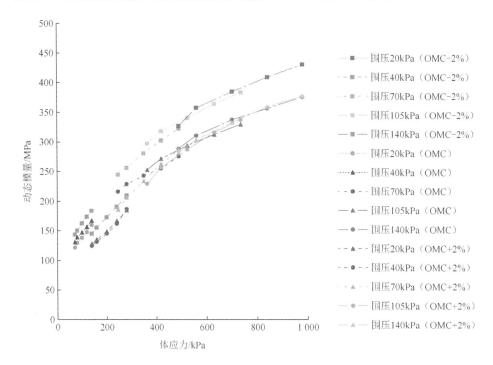

图 8.51　粗级配体应力与动态模量的关系

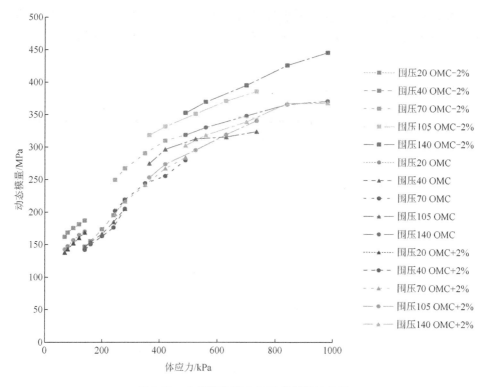

图 8.52　中级配体应力与动态模量的关系

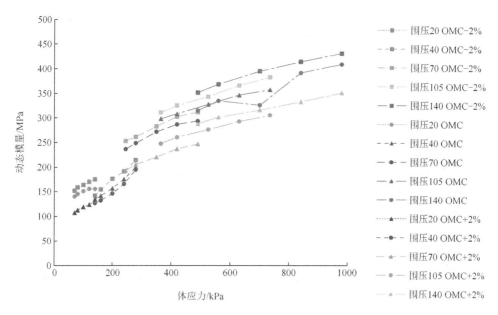

图 8.53　细级配体应力与动态模量的关系

由图 8.51～图 8.53 可知，动态模量随着体应力的增大而增大，并且随着围压的增大而增大，尤其是围压对级配碎石的影响较大，三种级配的增加幅度相差不大。

4. 密实度对动态模量的影响

选用中级配在最佳含水量(4.9%)、三种密实度(96%、98%、100%)条件下进行不同应力状态下的动三轴试验，结果如图 8.54 所示。

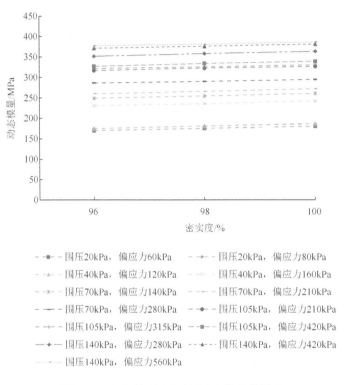

图 8.54　密实度对级配碎石动态模量的影响

由图 8.54 可看出，级配碎石动态模量与密实度呈现出明显的正相关关系，分析原因为密实度的增大使集料之间接触更充分，接触点增多接触面积增大，在外部荷载作用相同的情况下平均接触应力减小，变形也相应减小，因此级配碎石的动态模量增大。另外，集料之间的充分接触使得集料颗粒间的嵌挤作用增强，有效阻止了集料颗粒之间的相互移动和重新排列，从而减小了级配碎石的变形。然而在实际施工中，过高的密实度将会导致级配碎石层施工难度的增加从而难以碾压成型，所以级配碎石的密实度并不是越高越好，建议实际工程中密实度取 98% 为控制标准。

综合上述影响因素分析结果可知，级配碎石的动态模量与级配类型、含水量、应力状态都有一定关系。对于上述三种级配，通过含水量对动态模量、CBR 的影响分析可知，中级配对含水量变化的适应性较好，其模量在含水量大于最佳含水量之后受到的影响较小，且无论是动态模量还是 CBR 均较高，所以可用于后续试验的基本级配类型。

综合不同含水量下的动态模量可知，其动态模量在 150～450MPa，验证了力学分析时材料参数的取值合理性。

三、级配碎石车辙影响因素分析

对级配碎石基层沥青路面来说，级配碎石层的永久变形是路面结构整体永久变形的关键部分[77-78]，是路面永久变形的主要贡献层位，美国各州公路与运输工作者协会(AASHTO)通过大量的环道试验对车辙情况进行了调查，结果表明 59% 的永久变形位于粒料层。通过动三轴试验进行级配碎石的永久变形影响因素分析，为优化与研究级配碎石基层沥青路面的结构设计提供基础。

影响粒料层永久变形的重要因素之一是重复应力水平，大量重复荷载作用下的三轴试验结果均表明，轴向永久应变及累积不仅与重复偏应力有关，而且围压对轴向永久应变影响也较大。同时，级配类型、含水量、压实度对级配碎石的性能均有所影响。

参考前人的研究，对重复荷载作用下的级配碎石三轴永久变形试验选用主应力比控制应力加载路径。对于加载围压，根据前面结构计算中级配碎石层内的典型应力水平，选择采用 30kPa、50kPa 和 70kPa。

和级配碎石动态模量动三轴试验一样，永久变形试验也在 UTM-25 上进行，加载波形采用 Haversine 波形，加载周期为 1s，其中荷载持续时间为 0.1s，荷载间歇时间为 0.9s，加载次数共为 10 万次。

根据前文对级配碎石动态模量影响因素的分析可知，中级配的动态模量和 CBR 在不同情况下表现出较好的性能，因此选择其作为永久变形试验的基础级配，现将前文的中级配作为级配 1。同样根据前文分析可知，细级配的性能表现不是很好，粗级配的 4.75～9.5mm 粒径范围出现断级配，所以永久变形试验在级配 1 的基础上将级配调粗，避免出现断级配现象，作为级配 2。级配 2 的组成如表 8.84 所示。

表 8.84　级配 2 组成

级配类型	下列筛孔(mm)的集料通过率/%												
	31.5	26.5	19	16	13.2	9.5	4.75	2.36	1.18	0.6	0.3	0.15	0.075
级配 2	100	90	68.7	56	46.8	36.7	27.9	20.1	14.8	9.7	6.6	4.9	2.5

　　根据《公路土工试验规程》(JTG E40—2007)采用重型击实方法确定了级配 2 的最佳含水量与最大干密度，分别为 4.7%和 2.408g·cm^{-3}。

1. 级配的影响

　　对级配 1 和级配 2 进行相同主应力比和相同围压下的永久变形试验，以评价两种级配抵抗永久变形的能力。围压为 50kPa 下不同主应力比(3.0 和 4.5)的永久变形对比，如图 8.55 和图 8.56 所示。

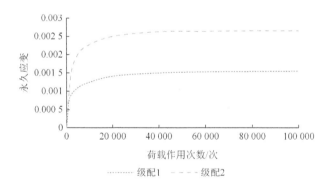

图 8.55　围压 50kPa 主应力比 3.0 两种级配永久变形对比

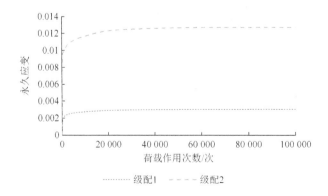

图 8.56　围压 50kPa 主应力比 4.5 两种级配永久变形对比

可以看出，两种级配在围压和主应力比皆相同的情况下永久应变相差较大，并且主应力比越大，两种级配的永久应变相差也越大，所以级配对永久变形的影响较大。究其原理，级配 1 除了具有嵌挤性较好的骨架还具有充足的细集料填充，因而密实度较高，具有较高的动态回弹模量和 CBR，抗剪切性能良好，因此抗永久变形能力强。级配 2 虽然形成了较为稳定的骨架结构，但是由于细集料的填充不够，密实度较低，在荷载的作用下稳定性较差，容易发生变形和失稳。因此，对级配碎石的级配进行调试时，应兼顾骨架的稳定和细集料的填充状况才能更好地保证级配碎石的抗变形能力。

2. 含水量的影响

通过前文分析可知，级配碎石的含水量对动态模量和 CBR 均有不同程度的影响，因而对级配碎石的抗变形能力也有一定的影响。级配 1(即前文的中级配)的动态模量和 CBR 对含水量变化的表现较好，现对级配 1 进行不同含水量下的永久变形试验，围压采用 50kPa，主应力比 4.0，含水量选用最佳含水量和最佳含水量±1%、最佳含水量±2%五种含水量，试验结果如图 8.57 所示。

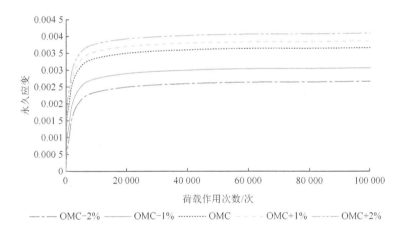

图 8.57　不同含水量下永久应变曲线

从图 8.57 可看出，含水量对级配碎石的永久变形有一定影响，含水量越大，永久应变越大。未达到最佳含水量时，永久应变随着含水量的增加，增加幅度较大；当达到最佳含水量以后，永久应变随着含水量增加，增加幅度减小，这与前文中的中级配在达到最佳含水量以后动态模量对含水量变化不敏感一致。分析原因，未达到最佳含水量时，含水量的增加使级配碎石的密度逐渐增加到最佳干密度，因此级配碎石的总体性能较好。

3. 主应力比的影响

由前文分析可知，级配碎石的应力状态对其动态模量的影响较大，所以主应力比对级配碎石的永久变形会产生影响。为进一步探究其影响，采用级配1进行永久变形试验，并将结果转化为永久变形量进行分析，见图8.58~图8.60。值得注意的是，并不是所有主应力比下的永久变形试验数据都有效，当主应力比较大时就有可能出现安定理论中的增量破坏现象，因此应寻找不同围压下试件破坏的最大主应力比，然后再进行小于对应的最大主应力比下各种应力加载路径的永久变形试验。级配1在围压为30kPa时对应的最大主应力比为7.0，永久变形试验采用主应力比为4.0、4.5、5.0、5.5、6.0和6.5；围压为50kPa时对应的最大主应力比为5.5，永久变形试验采用主应力比为3.0、3.5、4.0、4.5和5.0；围压为70kPa时对应的最大主应力比为6.5，永久变形试验采用主应力比为4.0、4.5、5.0、5.5和6.0。

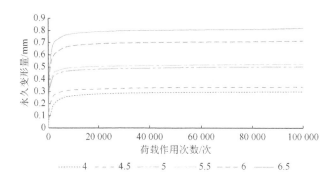

图8.58　围压30kPa下级配1在不同主应力比时的永久变形量

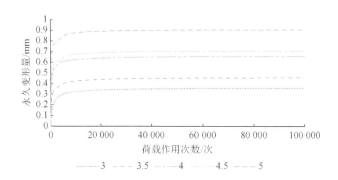

图8.59　围压50kPa下级配1在不同主应力比时的永久变形量

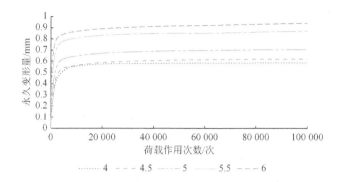

图 8.60　围压 70kPa 下级配 1 在不同主应力比时的永久变形量

从图 8.58～图 8.60 可知，在不同的围压下，级配碎石的永久变形均随主应力比增加而增加。当围压相同时，主应力比增加意味着偏应力增加，由此可知当围压不变时，永久变形量随着偏应力增加而增加，且永久变形速率也随着主应力比的增加而增加。此外，在荷载作用次数为 2 000 以内时，永久变形量的增长较为迅速，分析原因为与材料的被压实有关；在荷载作用次数为 2 000～20 000 时，永久变形量的增加速率变缓，但是仍有少量增长，这是因为此时材料已经处于被压实完成的状态；在荷载作用次数大于 20 000 时，永久变形量增长速率极为缓慢，并趋于稳定。因此，对于级配碎石来说，对压实度的控制可以减少变形初期的变形量。

另外，围压为 30kPa 时，永久变形量根据主应力比可以大致分为 3 个阶段：主应力比为 5.0 以下时，10 万次永久变形量在 0.3mm 附近，且永久变形量的增速趋于零；主应力比在 6.0 以上时，10 万次永久变形量在 0.7mm 附近，且 10 万次永久变形量依然保持一定增速；主应力比在 5.0～6.0 时，10 万次永久变形量在 0.5mm 左右，且永久变形量的增速介于二者之间。当围压为 50kPa 和 70kPa 时，也有相似的现象，围压为 50kPa 时三个阶段的分界主应力比分别是 4.0 和 4.5，围压为 70kPa 时三个阶段的分界主应力比是 5.0。因此，对于级配碎石，存在一个临界主应力比对永久变形起着重要的影响，当设计的主应力比低于这个临界主应力比时，永久变形量的增速就相对较低，且永久变形的累积也相对较小。

4. 围压的影响

同样通过前面对级配碎石动态模量的研究可知，围压对于级配碎石的性能具有一定的影响，为进一步探究围压对级配碎石抗永久变形性能的影响，选取主应力 4.0 对级配 1 在不同围压下的永久变形量进行对比分析，如图 8.61 所示。

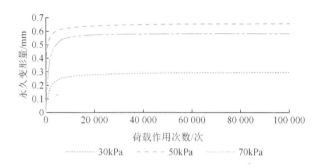

图 8.61　主应力比 4.0 时不同围压作用下永久变形量

从图 8.61 中可看出，围压对于级配碎石抗永久变形能力的影响与主应力比对其影响不同。当围压从 30kPa 增加到 50kPa 时，10 万次荷载作用下永久变形量从 0.3mm 左右增加到了超过 0.6mm，而当围压继续增加到 70kPa 时，永久变形量反而减小到 0.6mm 以下。分析原因，主要是主应力比不变时，随着围压的增加，偏应力随之增加，而随着围压的增加，偏应力对永久变形量的影响变弱。因此可以理解为当围压增加为 50kPa 时的永久变形量是围压和偏应力共同影响产生的较大值，而当围压为 70kPa 时，虽然仅由围压增加产生的变形量增大了，但是偏应力的增加对永久变形量的增长作用较小，主应力比一定，围压为 70kPa 时的永久变形量稍低于围压为 50kPa 时的永久变形量。

综上分析可知，为了保证级配碎石基层沥青路面结构的承载力，在施工的过程中，级配碎石应在最佳含水量下压实，同时尽可能提高压实度。偏细的级配受水的影响较大，因此当易受水作用影响时，级配碎石建议选取较粗的级配类型。

参 考 文 献

[1] 沈金安. 沥青及沥青混合料的路用性能[M]. 北京: 人民交通出版社, 2001.

[2] 黄晓明, 汪双杰. 现代沥青路面结构分析理论与实践[M]. 北京: 科学出版社, 2013.

[3] 张肖宁. 沥青与沥青混合料的黏弹性力学原理及应用[M]. 北京: 人民交通出版社, 2006.

[4] 邓聚龙. 灰色控制系统[M]. 2 版. 武汉: 华中科技大学出版社, 1993.

[5] 水乃翔, 董太亨, 沙震. 关于灰关联度的一些理论问题[J]. 系统工程, 1992, 10(6): 23-26.

[6] Witczak M W, Kaloush K, Pellinen T. Simple performance test for superpave mix design[R]. NCHRP Report 465, Washington D C: National Academy Press, 2002.

[7] 张登良. 沥青路面工程手册[M]. 北京: 人民交通出版社, 1997.

[8] 江苏省高速公路建设指挥部. 沥青混凝土抗车辙性能研究报告[R]. 南京: 东南大学, 2007.

[9] 中交公路规划设计院. 沥青路面设计指标和参数研究报告[R]. 南京: 东南大学, 2008.

[10] 刘刚, 陈磊磊, 钱振东, 等. 车辙深度对沥青路面结构性能影响性分析[J]. 振动与冲击, 2021, 40(24): 36-40.

[11] 刘立新. 沥青混合料黏弹性力学及材料学原理[M]. 北京: 人民交通出版社, 2006.

[12] 杨挺青. 黏弹性力学[M]. 武汉: 华中理工大学出版社, 1990.

[13] Song L, Fujian N, Zili Z, et al. Fractal evaluation of the rutting development for multilayer pavement by wheel tracking test[J]. Construction and Building Materials, 2019(222): 706-716.

[14] von Quintus H L, Scherocman J A, Hughes C S. Asphalt Aggregate mixture analysis system[R]. Washington D C: Transportation Research Board NCHRP Report 338, National Research Council, 1991.

[15] Kamil E K. Simple performance test for permanent deformation of asphalt mixtures[D]. California: Arizona State University, 2001.

[16] Chehab G R. Specimen geometry study for direct tension test based on mechanical test and air void variation in SGC-compacted asphalt concrete specimens[C]. Washington D C: Submitted for Presentation at 2000 Annual Meeting of the Transportation Research Board, 2000.

[17] 黄仰贤. 路面分析与设计[M]. 北京: 人民交通出版社, 1998.

[18] Barksdale R D. Laboratory evaluation of rutting in base course materials[C]. London: Presented at the Third International Conference on the Structural Design of Asphalt Pavements, 1972.

[19] American Association of State Highway and Transportation Offcials. Guide for the Design of Pavemen Structures[M]. 4th ed. Washington D C: AASHTO, 1993.

[20] Monismith C L, Ogawa N, Freeme C R. Permanent deformation characterization of subgrade soils due to repeated loading[R]. Washington D C: Transportation Research Record. 537, Transportation Research Board, 1975.

[21] Federal Highway Administration. VESYS users manual: Predictive design procedures[S]. FHWA, US Department of Transportation, Publication FHWA-RD-77-154, 1977.

[22] Mclean V, Lytton R L. Development and validation of performance prediction models and specifications for asphalt binders and paving mixes[R]. Washington D C: Strategic Highway Research, National Research Program Council, Report No. SHRP-A-357, 1993.

[23] Tseng K H, Lytton R L. Prediction of permanent deformation in flexible pavement materials[J]. ASTM STP, 1989, 1016: 154-172.

[24] Bayomy F. Development and analysis of a cement coating technique: An approach towards distress minimization and failure delay inflexible pavements[D]. Ohio: Ohio State University, 1982.

[25] Zhou F J, Scullion T, Sun L J. Verification and modeling of three-stage permanent deformation behavior of asphalt mixes[J]. Journal of Transportation Engineering, 2004, (6): 486-494.

[26] 李赫. 动静荷载作用下沥青混合料及沥青路面黏弹性力学响应分析[D]. 长春: 吉林大学, 2021.

[27] 徐世法. 沥青路面的黏弹性力学分析与车辙预估[D]. 上海: 同济大学, 1988.

[28] 张久鹏, 黄晓明, 李辉. 重复荷载作用下沥青混合料的永久变形[J]. 东南大学学报(自然科学版), 2008, 38(3): 511-515.

[29] 邓学钧, 黄晓明. 路面设计原理与方法[M]. 北京: 人民交通出版社, 2001.

[30] 董尼娅. 沥青面层混合料粘弹塑性参数及车辙预估模型研究[D]. 南京: 东南大学, 2019.

[31] Masoud K D, Rashmi K, Dallas N L, et al. Predicting rutting performance of flexible airfield pavements using a coupled viscoelastic-viscoplastic-cap constitutive relationship[J]. Journal of Engineering Mechanics, 2019, 145(2): 04018129.

[32] 郭大智. 层状黏弹性体系力学[M]. 哈尔滨: 哈尔滨工业大学出版社, 2001.

[33] 张垚. 基于多尺度分析的沥青混合料永久变形预估[D]. 南京: 东南大学, 2020.

[34] Sousa J B, Craus J, Monismith C L. Summary Report on Permanent Deformation in Asphalt Concrete[R]. Washington D C: Strategic Highway Research, National Research Program Council, Report No. SHRP-A-318, 1991.

[35] William R, William J P, Samuel H C. Bailey Method for Gradation Selection in HMA Mixture Design[R]. Transportation Research Circular Number E-C044, 2002.

[36] 沙庆林. 多碎石沥青混凝土 SAC 系列在设计与施工[M]. 北京: 人民交通出版社, 2005.

[37] 王浩苇. 基于汽车行驶特性的长大纵坡沥青路面受力特征及高温稳定性研究[D]. 南京: 南京林业大学, 2023.

[38] 张久鹏. 基于黏弹性损伤理论的沥青路面[D]. 南京: 东南大学, 2008.

[39] 李媛媛. 温度对沥青混合料抗车辙性能影响的试验分析[J]. 散装水泥, 2021(4): 126-128.

[40] Barber E S. Calculation of maximum pavement temperatures from weather reports[J]. Highway Research Board Bulletin, 1957.

[41] 袁峻, 黄晓明. 级配碎石回弹变形特性[J]. 长安大学学报(自然科学版), 2007, 27(6): 29-33.

[42] Hicks R G. Factors influencing the resilient properties of granular materials[D]. Berkeley: University of California, 1970.

[43] 童巨声. 柔性基层路面车辙与疲劳预估研究[D]. 南京: 东南大学, 2019.

[44] Darabi M K, Huang C W, Bazzaz M, et al. Characterization and validation of the nonlinear viscoelastic-viscoplastic with hardening-relaxation constitutive relationship for asphalt mixtures[J]. Construction and Building Materials, 2019, 216: 648-660.

[45] Tong J S, Ma T, Shen K R, et al. A criterion of asphalt pavement rutting based on the thermal-visco-elastic-plastic model[J]. International Journal of Pavement Engineering, 2022, 23(4): 1134-1144.

[46] 石飞荣. 山区高速公路纵坡设计[D]. 西安: 长安大学, 2000.

[47] 李凌林. 沥青路面长大纵坡段车辙性能研究[D]. 南京: 东南大学, 2008.

[48] 李海军, 黄晓明. 重载条件下沥青路面按弯沉等效的轴载换算[J]. 公路交通科技, 2004(7): 5-8.

[49] Ronald J C. The Superpave Mix Design Manual for New Construction and Overlays[R]. Washington D C: Strategic Highway Research, National Research Program Council, Report No. SHRP-A-407, 1994.

[50] 方开泰. 均匀设计与均匀设计表[M]. 北京: 科学出版社, 1996.

[51] 袁晓露. 矿物掺合料与外加剂对水泥净浆、砂浆流变性能及经时损失的影响[D]. 重庆: 重庆大学, 2005.

[52] 董营营. 高性能半柔性路面设计参数及施工工艺研究[D]. 重庆: 重庆交通大学, 2008.

[53] 李娜. 高模量沥青混合料研究[D]. 西安: 长安大学, 2007.

[54] Corté J F. Development and uses of hard-grade asphalt and of high-modulus asphalt mixes in france[J]. Transportation Research Circular, 2001(503): 12-31.

[55] 沙庆林. 矿料级配检验方法之一——VCADRF 方法[J]. 中外公路, 2005(2): 89-99.

[56] CapitãO S.D, Picado-Santos L. Assessing permanent deformation resistance of high modulus asphalt mixtures[J]. Journal of Transportation Engineering, 2006, 132(5): 394-401.

[57] Maupin G W, Diefenderfer B K. Design of a high-binder-high-modulus asphalt mixture[R]. Virginia Transportation Research Council, 2006.

[58] 乔英娟, 王抒红, 郭忠印. 基于侧向位移法的沥青路面抗车辙影响因素[J]. 同济大学学报(自然科学版), 2009, 37(11): 1487-1491.

[59] 谭忆秋. 基于沥青路面应力场分布沥青混合料抗剪特性的研究[D]. 上海: 同济大学, 2002.

[60] 毕玉峰. 沥青混合料抗剪试验方法及抗剪参数研究[D]. 上海: 同济大学, 2004.

[61] 董江涛. 级配碎石过渡层沥青路面结构研究[D]. 西安: 长安大学, 2008.

[62] 王德蜜. 长寿命沥青路面设计方法研究[D]. 西安: 长安大学, 2008.

[63] 颜可珍, 游凌云, 葛冬冬, 等. 横观各向同性沥青路面结构力学行为分析[J]. 公路交通科技, 2016, 33(4): 1-6.

[64] 戴文亭, 王宇放, 王振, 等. 分层梯度模量微沥青级配碎石对倒装式路面结构的影响[J]. 重庆交通大学学报(自然科学版), 2018, 037(5): 34-40.

[65] 戴雄威. 基于长期性能数据分析的沥青路面抗车辙性能研究[D]. 南京: 东南大学, 2020.

[66] 赵磊. 沥青混合料疲劳性能研究[D]. 重庆: 重庆交通大学, 2009.

[67] Tayebali A A, Rowe G M, Sousa J B. Fatigue response of asphalt-aggregate mixtures (with discussion)[J]. Journal of the Association of Asphalt Paving Technologists, 1992, 61.

[68] Tangella S C S R, Craus J, Deacon J A, et al. Summary Report on Fatigue Response of Asphalt Mixtures[R]. Strategic Highway Research Program, No. SHRP-A-312, 1990.

[69] 魏刚强. 橡胶沥青大粒径沥青碎石路用性能研究[D]. 合肥: 合肥工业大学, 2016.

[70] 陈智蓉, 严军. 橡胶沥青稳定碎石基层材料性能研究[J]. 公路, 2017, 62(1): 3.

[71] 张立华, 李杨. 胶粉改性沥青稳定碎石的低温力学性能研究[J]. 路基工程, 2018(1): 97-100.

[72] 吴善周, 钟梦武. 倒装结构在高速公路上的应用研究[J]. 公路交通科技(应用技术版), 2008, 2008(s1): 113-115, 166.

[73] 何兆益, 黄卫. 级配碎石动静弹性模量的对比研究[J]. 中国公路学报, 1998, 11(1): 15-20.

[74] 王随原, 罗志刚. 级配碎石动态回弹模量实验研究[J]. 地下空间与工程学报, 2010(4): 79-85.

[75] Hicks R G, Monismith C L. Factors influencing the resilient properties of granular materials[J]. Highway Research Record, 1971, 345: 15-31.

[76] Seed H B, Mitry F G, Monismith C L, et al. Predictions of pavement deflection from laboratory repeated load tests[R]. Rep. No. TE-65-6, University of California, Berkeley, 1965.

[77] Raad L, Minassian G H, Gartin S. Characterization of saturated granular bases under repeated loads[J]. Transportation Research Record Journal of the Transportation Research Board, 1992, 1369: 73-82.

[78] 罗志刚. 路基与粒料层动态模量参数研究[D]. 上海: 同济大学, 2007.